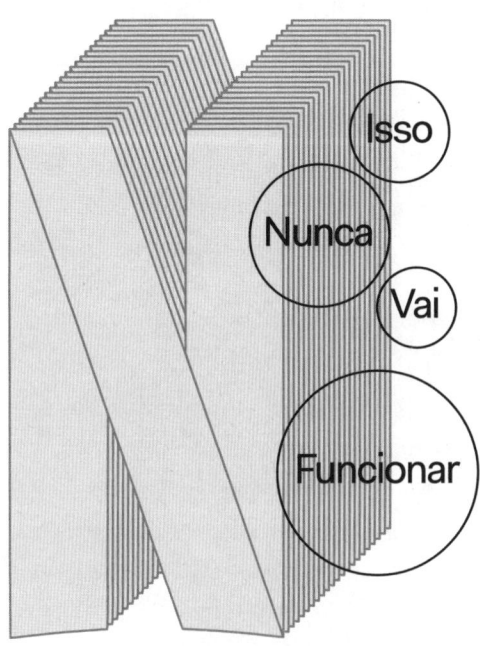

Marc Randolph

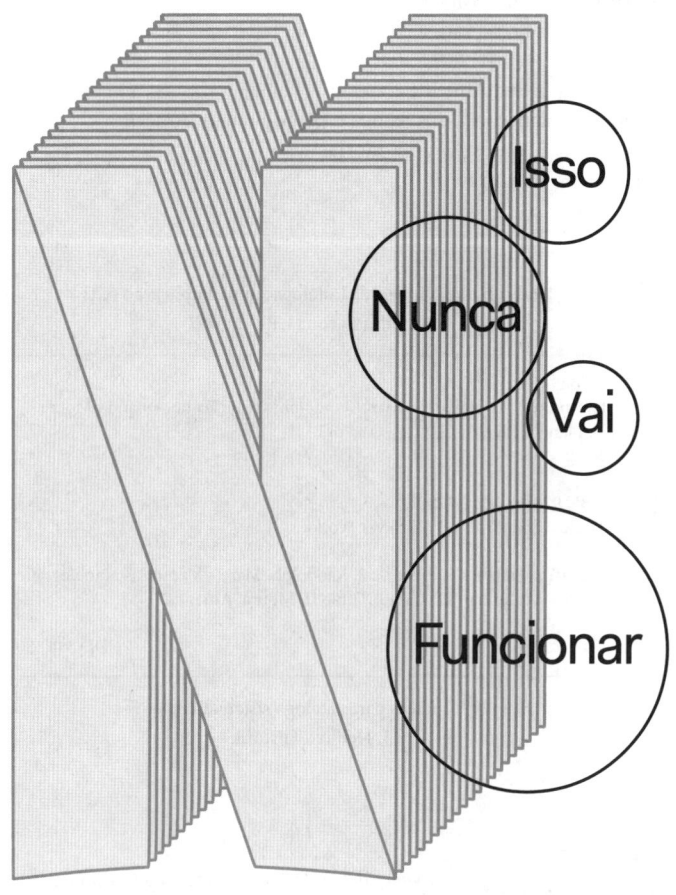

O nascimento da **NETFLIX**
e a incrível vida de uma ideia contada
pelo seu cofundador e primeiro CEO

Tradução:
Amanda Moura

Planeta ESTRATÉGIA

Copyright © Marc Randolph, 2019
Copyright © Editora Planeta do Brasil, 2021
Copyright © Amanda Moura
Título original: *That Will Never Work*
Todos os direitos reservados.

Preparação: Vanessa Almeida
Revisão: Karina Barbosa dos Santos e Diego Franco Gonçales
Diagramação: 3Pontos Apoio Editorial
Capa: Mateus Valadares

Dados Internacionais de Catalogação na Publicação (CIP)
Angélica Ilacqua CRB-8/7057

Randolph, Marc
 Isso nunca vai funcionar/Marc Randolph; tradução de Amanda Moura. - São Paulo: Planeta, 2021.
 368 p.

 ISBN 978-65-5535-479-9
 Título original: That Will Never Work

 1. Netflix(Empresa) - História 2. Randolph, Marc - Memórias autobiográficas 3. Tecnologia streaming - História I. Título II. Moura, Amanda

 21-3380   CDD 384.550973

Índices para catálogo sistemático:
1. Netflix - História

Ao escolher este livro, você está apoiando o manejo responsável das florestas do mundo.

2021
Todos os direitos desta edição reservados à
EDITORA PLANETA DO BRASIL LTDA.
Rua Bela Cintra 986, 4º andar – Consolação
São Paulo – SP CEP 01415-002
www.planetadelivros.com.br
faleconosco@editoraplaneta.com.br

À Lorraine — que pensou: isso nunca vai dar certo. *Apesar de você não ter acreditado na ideia, eu sei que você sempre acreditou em mim. Te amo.*

Sumário

Nota do autor 8

1. Na contramão das epifanias 9
2. Isso *nunca* vai dar certo 17
3. *Please, Mr. Postman* 33
4. Reunindo a banda 49
5. Mostre-me o dinheiro 60
6. Depositando um cheque de quase dois milhões de dólares ... 77
7. Por um triz, CinemaCenter 94
8. Preparados para o lançamento 116
9. Um dia no período pós-lançamento 142
10. Dias de Halcyon 168
11. Dois centavos por Bill Clinton 185
12. "Estou perdendo a confiança em você" 201
13. Sobre a colina 217
14. Ninguém sabe de nada 239
15. O sucesso: o mar onde nos afogamos 260
16. Choque 275
17. O cinto aperta 288
18. Indo a público 302

Epílogo: As regras de Randolph para o sucesso 331
Agradecimentos 351
Índice remissivo 356

Nota do autor

Este é um livro de memórias não tem a pretensão de soar como um documentário. A história é baseada nas lembranças que tenho de coisas que aconteceram há vinte anos, então, a maioria das conversas aqui descritas foi reconstruída. Durante a escrita, me preocupei em apresentar as personalidades da equipe fundadora da Netflix da forma mais vívida e precisa possível. Meu objetivo foi mostrar como cada um era, para rememorar o clima daquela época. E o mais importante: eu quis ilustrar o que nós, da Netflix, enfrentamos — e como, apesar de todas as dificuldades que deparamos, alcançamos o sucesso.

1

Na contramão das epifanias
(Janeiro de 1997: quinze meses antes do lançamento)

Estou atrasado, como sempre. O estacionamento em que encontro Reed Hastings para dividir carona até o trabalho fica a apenas três minutos de casa, mas quando acontece de tudo (seu filho vomita em você durante o café da manhã, você não consegue encontrar as chaves, está chovendo e no último instante você percebe que não tem combustível suficiente para atravessar as montanhas de Santa Cruz e chegar a Sunnyvale), só mesmo contando com a sorte para não chegar atrasado ao encontro marcado para as sete da manhã.

Reed administra uma empresa chamada Pure Atria, que produz ferramentas de desenvolvimento de software e que, mais recentemente, adquiriu uma startup de cuja fundação participei, a Integrity QA. Depois de comprar a nossa empresa, Reed me manteve no cargo de vice-presidente de marketing.

Normalmente, chegamos ao escritório na hora certa, mas o tempo de percurso depende de quem está ao volante. Quando é Reed quem dirige, saímos no horário, vamos num impecável Toyota Avalon. Fazemos o trajeto respeitando o limite de velocidade. Às vezes, é um motorista que leva a gente, um rapaz de Stanford devidamente instruído a pilotar pelas curvas sinuosas e montanhosas da Highway 17 com muita atenção e cuidado. "Dirija como se houvesse uma xícara cheia de café em cima do painel", escutei Reed dizer ao rapaz uma vez. E o pobre cumpriu a orientação à risca.

E eu? Dirijo um Volvo surrado com dois assentos traseiros. *Impaciente*. Digamos que seria essa uma resposta gentil de quem tentasse me descrever ao volante. Ou talvez *agressivo*, se a resposta fosse mais exata. Faço as curvas rapidamente. E quando por alguma razão estou animado, dirijo ainda mais rápido.

Hoje, é a minha vez de dirigir. Quando entro no estacionamento, Reed já está me esperando, encolhido debaixo de um guarda-chuva, o corpo encostado no próprio carro. Parece irritado.

— Está atrasado — diz, sacudindo o guarda-chuva ao entrar depressa no meu carro, e logo em seguida ele pega a lata de Coca diet amassada e os dois pacotes de fralda do banco da frente e joga tudo no banco de trás. — Com essa chuva, o trânsito deve estar daquele jeito.

E estava mesmo. Houve uma batida em Laurel Curve e tem um caminhão enguiçado na Summit. E sem falar no trânsito de sempre do Vale do Silício, carros e mais carros de programadores e executivos enfileirados pela estrada, feito um bando de formigas a caminho do formigueiro.

— Tá, já sei — digo. — Mas tenho uma nova. Tacos de beisebol personalizados. Mas personalizados mesmo, versão exclusiva. Os clientes fazem um cadastro on-line, aí usamos uma fresadora controlada por computador para fabricar um taco com todas as informações personalizadas do comprador: comprimento, espessura do cabo, tamanho do cano. Uma versão totalmente exclusiva. Ou não. E quem preferir uma réplica exata do taco de Hank Aaron, também podemos providenciar.

Reeds faz aquela cara inexpressiva. E que conheço tão bem. Quem não o conhece diria que Reed só estava olhando para o para-brisa sujo por causa das sequoias que passam zunindo pelo vidro do carro, ou para o Subaru que anda um *pouco* devagar demais à nossa frente. Mas eu sei bem o que está por trás dessa cara: uma rápida análise dos prós e contras, uma vertiginosa avaliação do custo-benefício, e um modelo preditivo quase instantâneo sobre possíveis riscos e escalabilidade.

Cinco segundos se passam, dez, quinze, e ele continua em silêncio. Depois de uns trinta segundos, ele vira para mim e diz:

— Isso nunca vai funcionar.

Estamos trabalhando nesse projeto há algumas semanas. Reed tem feito hora extra, finalizando os trâmites de uma grande fusão que deixará nós dois desempregados e, assim que a poeira baixar, estou planejando começar o meu próprio negócio. Todos os dias, no carro, enquanto a gente faz o percurso, lanço ideias para Reed. Tento convencê-lo a embarcar nessa como consultor ou investidor, e percebo que ele está bem intrigado. Ele me oferece feedback sem fazer rodeios e sem constrangimento. Reed é do tipo que reconhece algo bom assim que o vê. E também é capaz de reconhecer uma coisa ruim logo de cara. E o que dizer das minhas ideias matinais? A maior parte delas é ruim. Reed logo descarta essa que acabo de compartilhar, como fez com as outras. Inviável. Originalidade zero. Nunca vai dar certo.

— Sem falar que cada vez mais o beisebol se torna menos popular entre o público jovem — diz, quando paramos atrás de um caminhão de areia. Essa areia está a caminho de San Jose, onde se transformará em concreto para as estradas e os edifícios do pujante Vale do Silício. — Não quero logo de cara ficar preso a uma base de usuários que tende a diminuir.

— Você está errado — falo e explico por quê. Eu também fiz as minhas pesquisas. E me informei sobre os números do mercado de vendas de artigos esportivos. Pesquisei sobre a produção de tacos de beisebol (o custo da matéria-prima, bem como da compra e da operação de uma fresadora). E, tudo bem, admito que meu lado pessoal possa estar influenciando a ideia: meu filho mais velho acabou de encerrar a temporada na Little League[*].

Reed tem uma resposta para cada um dos tópicos que abordo. Ele é analítico, racional, não perde tempo com sutilezas. Eu também não. Nosso tom de voz aumenta, mas não chega a ser uma briga. É sim uma discussão, mas produtiva. Um entende o outro. E cada um sabe que o outro é firme, e que oferecerá resistência.

---

[*] Presente em mais de oitenta países, a Little League promove ligas juvenis de beisebol e softball (N.T.).

— Você se apegou à ideia, não está agindo pelo lado racional — afirma ele, e eu quase caio na risada. Já ouvi Reed sendo comparado ao Spock, pelas costas. Não acho que a intenção de quem faz essa comparação seja elogiá-lo, mas deveria ser. Em *Jornada nas Estrelas*, Spock quase sempre tem razão no que diz. E Reed é assim também. Se ele disser que algo não vai dar certo, provavelmente não vai dar mesmo.

A primeira vez que fiquei a sós com Reed foi numa viagem de avião, de San Francisco a Boston. Ele tinha acabado de adquirir a minha empresa, mas nunca tínhamos ficado muito tempo a sós. Lá estou eu, perto do portão, esperando para embarcar, lendo um material sobre detecção de vazamento de memória e sistema de controle de versões, quando de repente sinto alguém dar um tapinha no meu ombro. É Reed.

— Qual é seu assento? — pergunta, perscrutando o meu cartão de embarque.

Quando respondi, ele pegou a minha passagem, marchou até o balcão de atendimento e trocou meu assento para a primeira classe.

Que ótimo, pensei. *Vou aproveitar pra ler, relaxar um pouco, quem sabe até tirar um cochilo.*

Mas aquela seria apenas a primeira coisa que eu aprenderia com Reed. Quando a comissária de bordo se aproximou, ele dispensou as mimosas grátis, virou o corpo a noventa graus e me encarou. Então, pelas próximas cinco horas e meia, ele traçou um panorama amplo e minucioso sobre a situação do nosso negócio, mal parando para tomar um gole de água com gás. E eu mal consegui dizer uma palavra, mas não me incomodei. Foi uma das análises de negócios mais brilhantes que já ouvi, como se eu tivesse me conectado a um supercomputador.

Aqui, neste exato momento, não estamos mais na primeira classe. Estamos em um Volvo que clama desesperadamente por uma lavagem. Mas minha percepção em relação a Reed permanece: uma mente fascinante e uma conduta sempre revigorante. Sou grato pelos conselhos, pela consultoria que estou recebendo de graça durante essas viagens, "colina acima" rumo ao Vale do Silício ou voltando dele. Por pura sorte, acabei na mesma empresa que Reed — e na mesma cidade — com alguém que compreende a minha visão e que pode colaborar inestimavelmente comigo, sem falar no quanto economizamos de gasolina. Ainda assim, é frustrante ouvir que a minha ideia sobre a qual passei uma semana pesquisando é totalmente inviável. Uma parte de mim começa a se perguntar se todas as minhas ideias de negócio são tão instáveis e volúveis quanto a areia que o caminhão à frente carrega.

Esse caminhão, aliás, continua na pista da esquerda, andando devagar, segurando o trânsito. Estou irritado. Dou sinal de luz. O motorista do caminhão me olha pelo retrovisor, mas nem reage. Sem pensar muito, murmuro umas obscenidades.

— Você precisa relaxar — diz Reed, apontando para o trânsito à nossa frente. Ele já me disse (duas vezes) que o meu hábito de mudar toda hora de faixa acaba sendo, no final das contas, contraproducente e ineficiente. Meu jeito de dirigir o deixa irritado (e um pouco enjoado). — A gente vai chegar, de um jeito ou de outro.

— Vou arrancar os cabelos, e olha que não me restam muitos — afirmo.

Passo a mão pelo que restou dos meus cachos, e é aí que uma coisa interessante acontece. Um raro momento de epifania. Parece que tudo acontece ao mesmo tempo: o sol aparece entre as nuvens e para de chuviscar. O caminhão de areia acelera, entra na faixa certa, e o trânsito começa a se movimentar. Tenho a sensação de que posso enxergar quilômetros à frente, até o coração congestionado de San Jose: casas, edifícios comerciais, as copas das árvores balançando com a brisa. Aceleramos, deixando os galhos das sequoias para trás. De longe, avisto o Mount Hamilton, a neve fresca cintilando na crista. E é aí que me ocorre. A ideia que finalmente vai dar certo.

— *Xampu personalizado, enviado por correio* — digo.

O Vale do Silício ama boas histórias sobre o surgimento de grandes ideias. Aquela ideia que muda tudo, a lâmpada que acende no meio da noite, aquele papo de *e se a gente conseguisse fazer de um jeito diferente?*

Ideias originais não raramente nascem de uma epifania. Histórias que se contam aos investidores céticos, aos membros mais desconfiados de um conselho, aos repórteres curiosos e, por fim, ao público, geralmente jogam o holofote num momento específico: aquele em que tudo se torna muito claro diante dos olhos. Brian Chesky e Joe Gebbia não conseguem pagar o aluguel de onde moram em San Francisco, então, num dado momento, se dão conta de que podem encher um colchão inflável e cobrar uma taxa de quem quiser dormir nele. Assim nasce a Airbnb. Travis Kalanick paga oitocentos dólares por uma corrida a um motorista particular na véspera de Ano-Novo e chega à conclusão de que é preciso um meio de transporte mais barato que esse. Nasce a Uber.

Circula uma história famosa a respeito da origem da Netflix de que a ideia do negócio teria surgido depois de Reed ter pago à Blockbuster uma multa de quarenta dólares por atraso, pelo aluguel de *Apollo 13. E se não fosse cobrada nenhuma multa por atraso?,* ele teria pensado. E, aí, BOOM! Nasce a ideia da Netflix.

A história é linda. E valiosa. Ela é, como se diz no marketing, *emocionalmente* verdadeira.

Mas, como você verá neste livro, não foi bem assim que as coisas aconteceram. Sim, é verdade, a história envolve o atraso no aluguel de uma fita de *Apollo 13,* mas a ideia da Netflix não teve nada a ver com multa por atraso — na verdade, quando começamos, também cobrávamos taxa por atraso. E, o mais importante: a ideia da Netflix não surgiu de uma inspiração divina, não apareceu feito um clarão, perfeita, prática e toda certinha.

Epifanias são raras. E quando acontecem na ocasião do nascimento de uma ideia, não raramente são vistas com um olhar muito simplista ou então encaradas como uma falácia. Gostamos desse tipo de coisa porque remete àquele ideal romântico que paira entre a inspiração e a genialidade. Queremos que o nosso Isaac Newton esteja sentado debaixo da árvore quando a maçã cair do galho. Queremos Arquimedes em sua banheira.

Mas a realidade costuma ser um pouco mais complexa.

A verdade é que, para cada ideia boa, existem milhares de outras ideias ruins. E às vezes não é nada fácil distinguir uma da outra.

Artigos esportivos personalizados. Pranchas de surfe personalizadas. Nutrição canina formulada especialmente para o seu cachorro. Tive todas essas ideias e as compartilhei com Reed. Ideias às quais passei horas a fio me dedicando. Ideias até então consideradas por mim melhores do que aquela que, por fim, depois de meses de pesquisa, de centenas de horas de discussão, e de maratonas de reuniões em um restaurante familiar, se tornaram a Netflix.

Eu não fazia ideia do que daria certo ou não. Em 1997, a única coisa que eu sabia era que queria abrir a minha própria empresa e que o negócio envolveria a comercialização de algo pela internet. Só isso.

Parece absurdo que uma das maiores empresas de mídia do mundo pudesse surgir a partir desses dois desejos. Mas surgiu.

Essa é a história de como, do xampu personalizado, passamos para a Netflix. Mas é também a história sobre o incrível ciclo de uma ideia: do sonho ao conceito, e do conceito à realidade compartilhada. E sobre como as coisas que aprendemos nessa jornada transformaram as nossas vidas — das ideias compartilhadas ao longo de um percurso dentro de um carro, para encontrar uma dúzia de pessoas, cada uma de frente para um computador, num antigo banco, a centenas de funcionários assistindo às letras da nossa empresa rolarem pelo letreiro digital da bolsa de valores.

Um dos meus objetivos ao compartilhar essa história é desfazer alguns dos mitos que giram em torno de histórias como a nossa. Mas para mim é igualmente importante mostrar como e por que algumas atitudes que tivemos no começo — muitas delas involuntárias — funcionaram. Desde aquelas primeiras caronas compartilhadas com Reed, já se passaram mais de vinte anos e, ao longo desse tempo, percebi que há certas coisas que, se aplicadas de forma ampla, podem influenciar o sucesso de um projeto. Não falo necessariamente das leis, nem de princípios, mas de lições aprendidas que resultam de muito trabalho e suor.

Lições como: Desconfie de epifanias.

Raramente as melhores ideias surgem no topo de uma montanha feito o clarão de um raio. Tampouco lhe ocorrem naquele momento em que você está na encosta de uma montanha, preso no trânsito, parado bem atrás de um caminhão de areia. Ao contrário. As melhores ideias aparecem de forma mais lenta, gradual, no decorrer de semanas e meses. E, a bem da verdade, quando uma delas aparece, pode ser que você sequer a note, e leve muito tempo para se dar conta dela.

2

Isso *nunca* vai dar certo
(Primavera de 1997: um ano antes do lançamento)

Uma das lembranças mais marcantes que tenho da minha infância é de quando meu pai construiu miniaturas de trens a vapor. Mas não era daqueles trenzinhos elétricos que você pode comprar e conectar uma peça na outra, formando um conjunto que, interligado, se transforma num comboio. Não, os do meu pai eram para os verdadeiros fãs de trem: miniaturas fiéis ao modelo original, com rodinhas de aço movidas a vapor. Cada componente (rodas, pistões, cilindros, caldeiras, manivelas, hastes, escadas, e até as miniaturas de pás que a miniatura de engenheiro usaria para remover as miniaturas de carvão) tinha de ser construído à mão. As únicas peças que fugiam a essa regra eram os parafusos que mantinham tudo conectado.

E para o meu pai isso não tinha problema nenhum. Ele era um engenheiro nuclear que descobriu que suas habilidades seriam muito mais lucrativas se ele atuasse como consultor financeiro para grandes empresas que investiam em energia nuclear e no desenvolvimento de armas. O trabalho do meu pai propiciou uma vida confortável para a minha família, no subúrbio de Nova York, mas ele sentia falta da mão na massa. Sentia falta das ferramentas, dos cálculos, da sensação de orgulho por construir algo com as próprias mãos. Depois de um longo dia de trabalho em Wall Street, ele voltava para casa, tirava a gravata e vestia um macacão, do tipo que os engenheiros ferroviários usam (meu pai colecionava uniformes de engenheiros de todo o mundo). Depois de trocar de roupa, ele ia para o porão. Era hora de arregaçar as mangas.

Cresci em uma casa bem típica da classe média-alta: os pais de Chappaqua pegavam o trem rumo ao centro para trabalhar; as mães cuidavam dos filhos em belas (e um tanto grandes demais) casas; e as crianças se metiam em encrencas e travessuras enquanto os pais compareciam à reunião da escola ou a coquetéis.

Quando o nosso irmão caçula finalmente começou a trabalhar, minha mãe abriu a própria imobiliária. Nossa casa foi construída em uma colina ladeada por macieiras, com um lago enorme ao fundo. Passei grande parte da infância do lado de fora da casa, vagando pelos hectares de árvores que a cercavam. Mas também passei um bom tempo dentro de casa, lendo na biblioteca farta dos meus pais. Lá havia dois grandes retratos de Sigmund Freud pendurados nas paredes: em um deles, Freud estava sozinho; no outro, aparecia ao lado da esposa, Martha Bernays. Esses retratos ficavam cercados por meia dúzia de fotografias e quadros menores, e de correspondências emolduradas e assinadas, além de estantes cheias de livros: *O mal-estar na civilização, Além do princípio de prazer* e *A interpretação dos sonhos*. Estávamos na década de 1960. A análise freudiana não era tão incomum. Ainda assim, tínhamos um minimuseu de Freud na biblioteca de casa, não porque alguém da família vinha frequentando o sofá do psicanalista, mas porque ele era um membro da família. O tio Siggy. A questão é um pouco mais complicada. Na verdade, Freud era o tio-avô do meu pai, portanto, meu tio-bisavô.

Mesmo assim, por mais intrincados que fossem os laços familiares, meus pais tinham muito orgulho desse parentesco distante com Freud. Ele era um sucesso, um gigante do pensamento do século 20, a figura intelectual mais importante da existência dos meus pais. A sensação era de sermos parentes do Einstein, uma prova de que a família havia se destacado nos dois lados do Atlântico. Minha família também tinha uma ligação com outra importante figura do século 20: Edward Bernays. Bernays era irmão da minha avó e sobrinho do tio Siggy. Se você já fez algum curso de publicidade, se já participou de algum curso sobre mídia de massa no século 20 americano... Puta merda, se você ao menos assistiu a *Mad Men* ou já viu algum anúncio de cigarro, então teve contato com o trabalho de Bernays. Ele é, em muitos aspectos, o pai das relações públicas modernas, a pessoa que de fato descobriu como aplicar ao marketing as novas descobertas da psicologia e da psicanálise. É por causa dele que comemos bacon e ovos no café da manhã. É também por causa dele que reconhecemos Thomas Edison (e não Joseph Swan) como inventor da lâmpada. Ele é o cara que, depois de ajudar a popularizar as bananas para a United Fruit, voltou atrás na própria decisão e travou uma campanha ao lado da CIA para dar um golpe na Guatemala.

Portanto, nem tudo que envolve o nome dele é digno de aplausos. Mas embora muitas das atitudes do tio Edward não sejam admiráveis, elas incutiram na minha cabeça que eu poderia, tal como o meu pai fazia todas as noites no porão de casa, usar os recursos concebidos pelo tio para criar alguma coisa. No ensino médio, eu era um aluno indiferente. E cursei Geologia na faculdade. Mas se eu quisesse enxergar o meu destino num pedaço de papel, bastaria olhar para a minha certidão de nascimento. *Marc Bernays Randolph.* O marketing está no meu nome do meio.

Os trens do meu pai eram incríveis e demoravam anos para ficar prontos. Quando meu pai terminava um, aplicava uma demão de tinta, depois outra e depois mais outra. Em seguida, ele me chamava para ir ao porão, enganchava a caldeira do trem em um compressor de ar e enfileirava os trenzinhos em pequenos blocos, em cima da bancada de trabalho. Conforme o ar circulava tranquilamente pelas válvulas, a gente observava o movimento dos pistões, para a frente e para trás, a rotação suave das rodas motrizes, e ficava admirando o sistema de hastes e conectores, feito à mão, que lentamente transferiam a energia para as rodas. Meu pai usava até ar comprimido para fazer soar o apito na miniatura.

Eu amava aquele barulho estridente. Para mim, soava feito uma trombeta anunciando formalmente que mais uma tarefa tinha sido concluída com sucesso, que mais uma empreitada havia saído muitíssimo bem. Mas muitas vezes meu pai ficava meio melancólico quando ouvia esse apito.

Segundo meu pai, o apito de um trem de verdade, movido a vapor (não por um ar compressor) era muito mais real e emocionante, um som que ele só conseguia reproduzir na própria imaginação. No porão, não havia uma ferrovia por onde os trens dele poderiam circular. A maioria desses trenzinhos nunca esteve em movimento real, tendo se movimentado apenas por meio de compressores de ar. Depois que eu subia de volta para casa e meu pai desligava o compressor de ar, com todo o cuidado ele retirava o trem da bancada, colocava numa prateleira e começava a construir um novo.

Com o passar do tempo, percebi que terminar o trem não era a parte de que meu pai mais gostava. Foram anos de muito trabalho: dias no torno mecânico, milhares de horas na furadeira mecânica e na fresadora. Pelo que me recordo, foram poucas as vezes em que vi aqueles trens em movimento. Mas não me esqueço de todas as vezes que ele, todo entusiasmado, me chamou para ir ao porão e me mostrar uma peça que tinha acabado de construir — uma peça que, quando conectada a outras cinquenta, equivaleria a um único eixo.

— Quer um conselho? — disse ele uma vez, me espiando pela lente de aumento próxima do olho esquerdo. — Se quiser construir patrimônio, tenha um negócio próprio. Assuma o controle da sua vida.

Naquela época, eu estava no ensino médio. E gastava a maior parte das minhas energias com meninas, escalada e tentando convencer o cara da loja de bebidas de que eu já tinha idade para comprar cerveja. Eu não sabia muito bem o que significava patrimônio, mas tive a impressão de ter entendido o que meu pai quis dizer. *Claro, claro que quero, por que não haveria de querer?*, pensei.

Mas vinte anos depois (início dos anos 1990?), achei que finalmente tinha entendido esse conselho do meu pai. Passei anos trabalhando com marketing e oferecendo esse serviço a outras pessoas, de grandes corporações a pequenas startups. Fui cofundador da revista *MacUser*, bem como da *MacWarehouse* e da *MicroWarehouse*, dois dos primeiros meios de pedido de produtos de informática por correio. Passei anos na Borland International, uma das gigantes de software dos anos 1980. E em todos esses lugares por onde passei, meu foco era o marketing direto: enviar cartas e catálogos diretamente para cada consumidor e estudar o modo como eles reagiam. Eu gostava do que fazia e era bom nisso. Eu tinha talento especial para conseguir conectar os produtos aos clientes. Sabia o que as pessoas queriam, ou, quando não tinha esse conhecimento, sabia exatamente como descobri-lo. Eu sabia como abordar essas pessoas.

Mas, em certo sentido, sempre estive trabalhando para os outros. Na Borland, tive a oportunidade de fazer parte de uma grande empresa. E mesmo como cofundador da *MacUser* e da *MacWarehouse*, ajudei a desenvolver uma ideia que em partes era minha. Por mais gratificante que fossem esses trabalhos, uma parte de mim sempre se perguntava como seria construir uma empresa do zero, uma empreitada totalmente solo — se eu me sentiria mais preenchido se os problemas que eu resolvesse fossem meus. Afinal, entre outras palavras, foi isso que o meu pai me disse naquela ocasião, com um martelo na mão. E foi por isso que ele caiu feito um Vulcano* na própria bancada de trabalho, no porão da nossa casa, em Chappaqua. O que ele queria era arranjar seus próprios problemas para depois encontrar a solução e resolvê-los. E foi assim que, em 1997, fiz o mesmo. Faltava um ano para eu completar quarenta anos. Eu tinha uma vida maravilhosa, uma esposa maravilhosa, três filhos, dinheiro suficiente para comprar uma casa um pouco maior daquela em que morávamos, na encosta de uma colina com vista para Santa Cruz.

E também tinha, de certa forma, bastante tempo pela frente.

Apenas dois meses depois de adquirir nossa empresa e de me dar o sinal verde para desenvolver o departamento de marketing

---

* Vulcano é o nome dado ao deus do fogo, na mitologia romana. Era um ferreiro, que fabricava os raios que o deus Júpiter, seu pai, usava (N.E.).

que herdei, Reed concordou com a fusão corporativa que tornaria todos nós — eu, Reed e as duas pessoas que eu tinha acabado de trazer para trabalhar comigo — aspones. Pelos próximos quatro meses ou mais, enquanto corria pelo governo a papelada, todos nós, todo santo dia, tínhamos que ir trabalhar. Ainda recebíamos nosso salário, mas não tínhamos nada — *nada mesmo* — para fazer.

Foi um período muito entediante. Os escritórios da Pure Atria não se pareciam em nada com o ambiente descontraído que têm hoje. Não havia cabine de cochilo nem máquina de pinball no saguão. Imagine o seguinte cenário: bancadas de trabalho, plantas artificiais, um bebedouro que gorgolejava em intervalos regulares.

Reed estava ocupado, terminando os trâmites da fusão e já tinha começado a fazer planos para voltar a estudar. À medida que os dias no cargo de CEO se aproximavam do fim, ele se sentia esgotado. Reed queria transformar o mundo, mas se convencia cada vez mais de que não conseguiria fazer isso como CEO de tecnologia.

— Se quer mesmo transformar o mundo — disse ele —, você não precisa de milhões de dólares. Precisa de *bilhões*.

Salvo isso, Reed acreditava que o melhor meio de transformar o mundo era a educação. Estava cada vez mais apaixonado pela reforma educacional e achava que ninguém o levaria a sério, a menos que tivesse um diploma de pós-graduação na área. Ele já andava de olho em Stanford. Reed não queria mergulhar numa outra empresa, mas também dava indícios de que queria manter aos menos os pés dentro d'água, fosse como investidor ou conselheiro, ou talvez ambos.

No começo, durante os trâmites da fusão, ocupei meu tempo livre com atividades esportivas. Junto de um grupo grande de pessoas da Costa Leste, louco para matar a saudade das pistas de gelo e dos discos, engrupi uns californianos, improvisando um jogo de hóquei estranhamente assimétrico no estacionamento, com uns jogadores tão desequilibrados que a coisa chegava a ser cômica. Passávamos algumas horas à sombra do conjunto comercial, trocando movimentos defensivos uns com os outros entre os carros estacionados, atirando uma bola de tênis toda surrada num gol improvisado com cano de PVC.

Eu também passei um tempo numa área de treinamento de golfe, e as primeiras semanas em que fiz isso me trouxeram uma revelação: golfe nunca será a minha praia. Sempre achei que se eu me dedicasse tempo suficiente e treinasse o bastante, poderia um dia disputar uma partida de maneira decente, e por algumas semanas fiz o teste. Eu tinha uma hora e meia de almoço e, na volta para o escritório, passava no campo de golfe.

Mas independentemente de quantas bolas eu acertasse, nunca fui um bom jogador.

Acho que uma parte de mim sabia, mesmo naquela circunstância, que fazer algo totalmente diferente do que eu estava acostumado a fazer não seria a solução para o que me afligia. O que eu precisava não era de um jogo de hóquei, nem de um par* em DeLaveaga**. Precisava mesmo era da sensação de estar profundamente envolvido num projeto. Eu precisava de um propósito.

Daí surgiriam as ideias de um negócio. Daí surgiu a ideia de *xampu personalizado pelo correio*.

Eu andava com um caderninho na mochila, no qual escrevia as minhas ideias, e o levava para onde quer que eu fosse: no carro, andando de bicicleta, fazendo qualquer outra coisa. Ele cabia perfeitamente no bolso do short da caminhada. Eu levava esse caderninho até quando saía para surfar (claro que, nesse caso, deixava a mochila na areia). Há um motivo pelo qual a ideia nº 114 (pranchas de surfe personalizadas, com formato exclusivo e personalizado, de acordo com a altura, o peso e o estilo de surfe de seu dono) foi rejeitada. Dizem que as melhores ideias nascem de uma necessidade, e nada mais necessário do que uma prancha de surfe com tamanho, formato e estilo personalizados para quem está pegando onda em Pleasure Point, não é mesmo?

Sou um cara cheio de ideias. Se me derem algumas horas livres no escritório do Vale do Silício, com uma conexão de internet rápida e vários quadros brancos, com certeza vão precisar comprar mais uns marcadores para abastecer o estoque. Eu provavelmente

---

* Escore de golfe (N.T.).
** Campo de golfe situado na Califórnia, Estados Unidos (N.T.).

teria feito o esboço de vários planos de negócio só para evitar a vergonha de ter de encarar o campo de golfe.

Mas eu também me sentia responsável por aquelas pessoas que eu havia trazido para trabalhar comigo, que deixaram para trás um emprego muito bom para simplesmente ficar de braços cruzados, sem fazer nada. Christina Kish, com quem trabalhei numa empresa chamada Visioneer, que fabricava scanners para computadores de mesa, tinha entrado na empresa uma semana antes da fusão. Te Smith, minha amiga de Borland, foi dispensada no primeiro dia de trabalho.

Eu queria fazer a decisão delas valer a pena. Eu queria oferecer a elas uma segurança quando todos estivéssemos desempregados. E, sendo bem egoísta, admito, eu não queria perdê-las. Quando você encontra pessoas tão capazes, inteligentes e de fácil convivência como Christina e Te, tem de dar um jeito de mantê-las por perto.

Então, comecei a compartilhar com elas as minhas ideias em relação à nova empresa. As duas eram perfeitas ouvintes e avaliadoras. Sou ótimo para ter ideias, mas péssimo para concretizá-las. Não sou bom em detalhes. Mas Christina e Te são. Christina era gerente de projetos. Um tanto reservada, de cabelo escuro e preso em um rabo de cavalo simples, ela tinha uma ampla experiência, anos transformando ideias visionárias em produtos tangíveis. Com um olhar afiado para os detalhes, quando o assunto era cronograma, Christina era uma profissional ímpar, além de ter a habilidade implacável de fazer as coisas dentro do prazo — mesmo que tivesse de matar alguém para conseguir isso. Também era exemplar na arte de transpor uma ideia visionária do reino das *possibilidades* para a realidade.

Te era uma especialista em relações públicas e comunicação. Ela conhecia todo mundo, e todos a conheciam. Ela não só sabia escrever um comunicado de imprensa que chamasse a atenção, como também sabia quem da imprensa deveria recebê-lo — e o que dizer para receber o retorno de uma ligação. Ela era a rainha do *press tour*, e comparecia a todos como quem ia a um banquete oficial. Era versada em códigos de vestimenta e dominava até os protocolos mais obscuros. Sempre sabia qual garfo usar. Para ela, a publicidade servia como uma espécie de palco, e Te era uma verdadeira mestra nesse assunto, uma diva. Como Madonna, exigia que a chamassem por um único nome. Para todo mundo — desde a moderadora desgrenhada de um grupo até o editor mais formal da seção de negócios — ela era simplesmente Te.

Essas duas mulheres não poderiam ser mais diferentes. Christina é intensa e um tanto independente. Te é excêntrica, uma pessoa que se veste muitíssimo bem, de personalidade forte, cabelos ondulados e um sotaque de Boston que perdurou décadas a fio na Califórnia. Christina ia trabalhar de tênis, e corria maratonas. Te me ensinou quem é Manolo Blahniks e tinha um alter ego chamado "alter alto" que aflorava depois de algumas taças de champanhe.

Mas ambas eram — e continuam sendo — inteligentes, detalhistas e sensatas.

E tendo descoberto que Reed estava disposto a financiar a abertura de uma nova empresa se minha ideia fosse suficientemente boa, fui buscar a ajuda de Christina e Te. Passamos horas e mais horas de frente para os quadros brancos da Pure Atria. Tiramos ótimo proveito da internet de alta velocidade da empresa (uma raridade naquela época, até no Vale do Silício a internet não era tão boa), fazendo pesquisas em centenas de campos de todos os tipos, procurando meios de operacionalizar a minha ideia. Muito antes de essas ideias chegarem ao carro de Reed, tinham sido avaliadas por Christina e Te. Essas sessões de frente para o quadro branco fizeram eu me sentir muito melhor do que qualquer competição no estacionamento teria feito ou do que qualquer partida no campo de golfe poderia fazer. Mesmo que todas as ideias do quadro branco fossem ruins, mesmo que a pesquisa de Christina e Te deixassem claro o quanto as minhas ideias mirabolantes eram inviáveis, eu sabia que, no final das contas, chegaríamos a algo muito bom. Tal como a experiência do meu pai no porão, eu curtia o processo. Estávamos traçando as linhas de um projeto. E, algum dia, ele se concretizaria.

* * *

— Tá legal — falei com um suspiro, numa manhã de terça-feira, desta vez no impecável Toyota de Reed. — Mais uma que vai pro lixo, acho.

Reed concordou, conforme acelerávamos a 88 quilômetros por hora, o limite exato de velocidade. Nem mais nem menos.

Estávamos discutindo a ideia n.º 95, escrita no meu caderninho: comida customizada especialmente para o seu pet. A ideia era boa, mas muito cara. E Reed tinha destacado o fato de que seria um negócio de altíssimo risco.

— E se o cachorro de alguém morrer? — perguntou. — Perdemos um cliente.

— E o cliente perde o bichinho de estimação — respondi, pensando na minha labradora, que naquela mesma manhã tinha feito um buraco na cerca.

— Claro, claro — respondeu Reed distraidamente. — Mas a questão é que personalizar um produto para cada cliente é muito difícil. Nunca vai ser coisa fácil. Imagine só o trabalho para produzir uma dúzia, ou seja, doze vezes mais complicação. Desse jeito, seu negócio nunca vai avançar.

— Mas temos de vender alguma coisa.

— Sim. Mas você quer algo escalonável. Quer algo cujo esforço necessário para produzir uma dúzia seja idêntico ao esforço necessário para vender um. Outra coisa importante a se considerar. Tente encontrar algo que seja mais do que uma venda única para que, depois que encontrar um cliente, possa viabilizar a venda contínua.

Pensei em todas as minhas ideias mais recentes: pranchas de surfe personalizadas, comida para cachorro e tacos de beisebol. Todas se concentravam num produto exclusivo. E com exceção da comida para cachorro, os outros itens (pranchas de surfe e tacos de beisebol) são coisas que a gente adquire ocasionalmente. Já a ração para cachorro geralmente se compra uma vez por mês.

— E o que a gente usa com certa frequência? Algo que a mesma pessoa usa mais de uma vez?

Reed refletiu um pouco, com a cabeça ligeiramente inclinada para trás. O aluno de Stanford, no banco do motorista, olhou de relance para trás e respondeu:

— Pasta de dente.

Reed fez uma careta.

— Um tubo de pasta de dente dura um mês mais ou menos. Não é frequente o suficiente.

— Xampu — falei.

— Não. Chega de xampu — retrucou Reed.

Pensei um pouco, mas senti o cérebro lento naquela manhã. Tinha tomado duas xícaras de café de manhã, mas o cansaço do dia anterior prevalecia. Minha filha de três anos tinha acordado no meio da noite por causa de um pesadelo, e a única coisa que conseguiu fazê-la voltar a pegar no sono (leia-se enxugar as lágrimas e fechar os olhos) foi uma fita bem surrada de *Aladdin*, guardada bem no fundo da estante da nossa sala de estar. Acabei assistindo a maior parte do filme, mesmo depois de a minha filha ter adormecido.

— Fita de vídeo?

Reed olhou para mim.

— Ah, nem toque nesse assunto — disse, balançando a cabeça. — A Blockbuster acabou de me roubar quarenta dólares porque entreguei um filme atrasado. Mas... — Então, ele parou de falar e voltou a olhar para a janela, inexpressivo. De repente, arqueou a sobrancelha e assentiu. — Talvez seja uma boa ideia — complementou.

Naquela manhã, Christina, Te e eu nos encontramos no meu escritório, como sempre. Quando contei à Christina como tinha sido a carona com Reed, ela foi até o quadro branco e, devagar, começou a apagar o emaranhado de listas, projeções e cálculos que tínhamos rabiscado ali nos últimos dias.

— Valeu pessoal, até a próxima — disse Te, se despedindo das anotações.

— Precisamos de um produto que já exista no mercado — falei. — Mas podemos ajudar as pessoas a terem o acesso on-line a ele. Bezos fez isso com os livros. Ninguém precisa escrever livros para vendê-los.

E era verdade. A Amazon tinha acabado de abrir capital, provando para todo mundo que serviços antes estritamente limitados às lojas físicas agora poderiam ser adquiridos pela internet, e que o volume de compra poderia ser ainda melhor. O comércio eletrônico seria a próxima onda da vez. Todos sabíamos disso. E por esse motivo as pessoas vinham começando uma loja virtual para praticamente qualquer tipo de coisa que coubesse em uma caixa — fraldas, sapatos etc.

E é por isso que eu passava minhas manhãs com Reed, debatendo ideias, chacoalhando e revolvendo tudo até que se transformassem em pó.

— Estive pensando em fitas VHS — falei à Christina. — São pequenas. As pessoas não querem necessariamente ficar com elas depois de assistirem ao filme uma ou duas vezes. As locadoras de vídeo caminham bem. Poderíamos criar um meio de permitir ao cliente o aluguel das fitas on-line, e em seguida enviaríamos as fitas direto para o endereço dele.

Christina fez uma careta.

— Nesse caso, teríamos dois custos, o de envio e de retirada. E sabemos que as pessoas não gostam nada da ideia do frete.

— Tem razão — concordei.

— Isso vai sair caro — continuou Christina, anotando alguns números num caderninho. — Primeiro você precisa comprar as fitas, depois tem de pagar pelo transporte... duas vezes. Sem falar em todos os outros custos que envolveria a postagem, além do armazenamento de todas as fitas alugadas...

— E tem mais uma coisa... Quem esperaria uma semana para assistir *Sintonia de amor*? — interveio Te.

— Eu esperaria a vida inteira — comentei.

— O que quero dizer é que quem está a fim de assistir a um filme quer fazer isso agora, já! — acrescentou Te.

— Sim, mas quando foi a última vez que você entrou numa Blockbuster? — murmurou Christina, sem tirar os olhos das linhas ordenadas, desenhadas em seu caderninho. — Terrível. Tudo desorganizado, sem graça. E o estoque anda bem fraquinho.

Peguei meu taco de hóquei que deixei num canto do escritório e distraidamente comecei a bater a bola de tênis contra um arquivo. Te havia voltado para o quadro branco, e escrito "loja virtual de VHS" com um marcador azul.

Mais uma vez, estávamos prontos para a largada.

Naquela noite, fui para casa e fiquei olhando para a nossa coleção de fitas VHS. Era muito menor do que eu imaginava. *Aladdin, O rei leão, A Bela e a Fera*, todos numa caixinha protetora da Disney. E agora que eu começava a pensar em enviá-las pelo correio, pareciam enormes.

No jantar, minha esposa, Lorraine, limpou com uma das mãos o molho do espaguete que respingou na nossa filha de três anos, Morgan, enquanto, com a outra, dava purê de maçã com uma colherzinha para Hunter, nosso caçula. Tentei ensinar ao nosso filho mais velho, Logan, como pegar o espaguete com o garfo, usando uma colher de apoio. Na mesma noite, tentei explicar a minha ideia para Lorraine. Nenhuma das minhas tentativas deu muito certo.

Eu me esforçava para voltar para casa e jantar lá todos os dias, e de algum modo o trabalho conseguia me acompanhar. Lorraine não se incomodava, até certo ponto. E geralmente reagia feito um barômetro muito eficaz, palpitando sobre o que parecia viável ou não. Eu sou o tipo que sempre se entusiasma um pouco demais quando tem alguma ideia nova.

Desta vez, Lorraine ficou me escutando com uma cara de quem não estava botando nem um pouco de fé naquilo tudo. Faz quase vinte anos que conheci a minha esposa, em Vail, Colorado, por meio de uma colega de quarto do meu patrulheiro de esqui. Lorraine tinha vindo esquiar com o namorado e… bem, digamos que, quando entrei em cena, as coisas entre eles começaram a degringolar. Naquela época, eu a amava pelos mesmos motivos que continuo amando: Lorraine tem uma agudez de raciocínio e um senso de realidade afiado. Ela me controla. Observando Logan levar uma garfada de espaguete na direção da boca aberta, lancei mão da minha última reserva de entusiasmo do dia para convencer Lorraine do quanto a minha ideia era brilhante.

— Pense no quanto você detesta arrastar esses três para a Blockbuster — disse, apontando para o rosto manchado de molho de

Morgan e para a boca sorridente e desdentada de Hunter. — Um pesadelo! E pode haver uma solução para esse problema.

Lorraine comprimiu os lábios e remexeu com o garfo o prato de comida praticamente intacto. Eu sabia que, quando levantássemos, ela teria que praticamente engolir a comida e ir para a pia, enquanto eu começaria o longo processo de encurralar as três crianças até o banheiro para tomarem banho e ir para a cama.

— Pra começo de conversa, sua camiseta está toda manchada de molho — disse ela.

Olho para baixo. Ela tem razão. Não era uma das minhas melhores camisetas... era branca, com a frase BORLAND BUG HUNT '87* estampada, e só se passava por última moda num raio de sessenta quilômetros de Scotts Valley. E a mancha de molho só piorava a situação. Limpei a mancha com um dos lenços umedecidos que sempre ficavam perto da mesa enquanto as crianças comiam.

— Em segundo lugar — continuou ela, sorrindo de orelha a orelha —, isso *nunca* vai dar certo.

As justificativas de Lorraine eram muito parecidas com as que Te e Christina tinham me dado naquela mesma semana. As fitas eram muito grandes para serem enviadas por correio. Não havia como assegurar que seriam devolvidas por quem as alugasse. E a probabilidade de sofrerem avarias durante o transporte era grande. Mas, o motivo principal era: o custo alto. Nem todo mundo lembra o quanto as fitas VHS custavam caro. Só tínhamos em casa fitas VHS de filmes infantis, mas por um motivo: nos anos 1990, o único estúdio que vendia fitas VHS era a Disney e, mesmo assim, só comercializavam os filmes que já estavam havia anos no ar. Para a Disney, *Bambi* sempre foi um lançamento, simplesmente porque todo dia nasciam novos clientes que nunca tinham assistido ao filme.

E quem estivesse à procura de outro tipo de filme que não infantil? Se dava mal. Uma fita custava entre 75 e 80 dólares. Não tinha

---

* *Caça de bugs – Borland 1987*. Referência à empresa Borland Software Corporation (N.T.).

como bancar e abastecer uma biblioteca VHS para não ter de depender das locadoras de vídeo.

Christina passou dias estudando o modelo de negócio da Blockbuster e da Hollywood Video e o que ela descobriu não foi nada encorajador.

— Até as lojas físicas passam maus bocados — comentou ela. — Para conseguir algum lucro, é preciso alugar a mesma fita no mínimo vinte vezes por mês. Precisa de um fluxo constante de clientes. Isso significa que é necessário estocar o que as pessoas realmente querem. De preferência, lançamentos. Os clientes não fazem aquelas filas enormes na porta da Blockbuster toda sexta-feira à noite para alugar um filme de Jean-Luc Godard. Querem ver *Duro de matar*. É por isso que esse filme ocupa uma parede inteira da locadora.

— Legal. Então a gente pode focar em novos lançamentos — comentei. — Olho por olho, dente por dente.

Christina fez que não com a cabeça.

— Não é bem assim. Digamos que a gente compre uma fita por oitenta dólares e a aluguemos por quatro. Incluindo nessa conta o custo com a postagem, a embalagem e o manuseio, sobra um dólar de lucro.

— Então, teríamos de alugar oitenta vezes a mesma fita para conseguir um ponto de equilíbrio — comentou Te.

— Exatamente — afirmou Christina. — As locadoras podem alugar o mesmo lançamento 25 vezes por mês porque não dependem de serviço postal. Basta estipularem a regra de devolução em 24 horas. Sem falar que não têm custo com embalagem nem com envio, então, conseguem lucrar mais com o valor do aluguel.

— Então, a gente teria que estipular dois dias de prazo para a devolução — comentei.

— Ainda assim, levaria pelo menos três dias para despachar a fita — explicou Christina, olhando para seu caderninho. — No melhor dos cenários, apesar de pouco provável, o filme chegaria de volta depois de uma semana. Com isso, só conseguiríamos alugar a mesma fita quatro vezes por mês. Com sorte.

— Então, quando houvesse um lançamento, para conseguir ganhar dinheiro com ele, teria de alugá-lo várias vezes, mas, quando isso acontecesse, ele já não seria mais um lançamento — disse Te.

— Exatamente — comentou Christina.

— E ainda teria de continuar competindo com a Blockbuster — acrescentou Te. — E nos Estados Unidos para cada cliente em potencial tem uma Blockbuster a dez ou quinze minutos da casa dele.

— E se a gente se concentrar nas áreas rurais? — sugeri, mas percebendo, lá no fundo, que a ideia não era boa.

Eu sabia que Te e Christina tinham razão. A menos que as fitas ficassem mais baratas, ou que o serviço de entrega fosse mais rápido, alugar filmes pelo correio seria quase impossível.

— De volta para o quadro — falei, com o apagador na mão.

3

Please, Mr. Postman

(Início do verão de 1997: dez meses antes do lançamento)

Nas semanas seguintes, conversei sobre essas ideias com Christina e Te, debati essas mesmas ideias com Reed e vi, pouco a pouco, todas se transformarem em cinzas no assoalho do meu Volvo, em algum lugar entre Scotts Valley e Sunnyvale. Comecei a ficar desanimado.

Não lembro como ficamos sabendo dos DVDs. Talvez Christina tenha descoberto essa tecnologia então nascente em alguma das pesquisas de mercado que ela vinha fazendo. O meu colega e cofundador da Integrity QA, Steve Kahn, que era um geek da tecnologia de *home theater*, talvez tenha falado sobre o assunto no escritório da Pure Atria. Eu devo ter lido a respeito dos DVDs nos jornais, sabia que estavam em fase de teste em San Francisco e em outras seis cidades, isso em 1997.

Mas suspeito que fiquei sabendo através de Reed. Ele realmente lia todos os periódicos gratuitos de tecnologia que eram enviados para o Pure Atria — periódicos que, no meu caso, se acumulavam num canto do meu escritório e só serviam para formar uma pilha de poeira. E algum tempo depois que a ideia do aluguel de fitas queimou e virou pó, Reed voltou a se queixar de uma taxa abusiva que pagou por ter devolvido um filme com atraso à locadora. Os filmes não saíam da cabeça de Reed — e a ideia do aluguel das fitas por correio foi uma das poucas que chamaram a atenção dele.

De uma coisa tenho certeza: nunca vi um DVD numa prateleira.

Antes de 1997, os DVDs eram um recurso disponível apenas no Japão. E mesmo que você não estivesse no Japão e encontrasse algum por aí, não havia aparelhos de DVD disponíveis para venda nos Estados Unidos. Era mais fácil, muito, muito mais fácil achar um *laserdisc* do que um DVD.

Mesmo em 1º de março de 1997, quando os primeiros DVD players começaram a aparecer em testes de mercado, não havia DVDs disponíveis para compra fora do Japão. Só a partir de 19 de março é que esse tipo de mídia começou a ser lançado nos Estados Unidos, e os poucos DVDs disponíveis não eram lançamentos fresquinhos. *The Tropical Rainforest. Animation Greats. Africa: The Serengeti.* A primeira leva de lançamentos — 32 filmes no total — começou a aparecer duas semanas depois do lançamento da Warner.

A história do formato é fascinante, e muito extensa para caber neste livro. Mas, basicamente, todos — estúdios de cinema, fabricantes de reprodutores de vídeo, grandes cadeias de vídeo, empresas de computadores — queriam evitar a repetição das guerras VHS/Betamax, em que duas tecnologias guerreavam no mercado, confundindo os clientes e atrasando por anos a adoção do videocassete. E ninguém, a não ser os cinéfilos e os colecionadores, gostou de verdade dos laserdiscs grandes e caros que tinham sido lançados alguns anos antes. Em meados dos anos 1990, havia várias tecnologias concorrentes em desenvolvimento e todas tinham o tamanho de um disco compacto.

Preste atenção ao que eu disse: *do tamanho de um disco compacto*. Foi isso que chamou a minha atenção. Um CD era muito menor do que uma fita VHS. E muito mais leve. Na verdade, me ocorreu que esse tipo de mídia provavelmente era pequeno e leve o suficiente para caber num envelope comercial padrão, e cujo envio demandaria nada mais do que um selo de 32 centavos. Uma diferença e tanto se comparado a uma caixa de papelão — e às taxas caríssimas de remessa da UPS* — que implicaria o envio de uma fita VHS.

---

* United Parcel Service, empresa de logística considerada uma das maiores do mundo e que possibilita o envio de remessas para diferentes continentes (N.T.).

Christina fez algumas pesquisas e descobriu que estúdios e fabricantes planejavam estipular o preço dos DVDs como um item colecionável, portanto cada um custaria de 15 a 25 dólares. Esses dados estavam muito distantes do que aconteceu nos anos 1980, quando os estúdios reagiram à onipresença das locadoras de vídeo aumentando o preço das fitas. Depois de perceberem que as locadoras de vídeo estavam absorvendo todo o dinheiro (comprando uma fita VHS e alugando-a centenas de vezes — direito estabelecido pela Suprema Corte como "doutrina de primeira venda"), os estúdios decidiram que a única maneira de reagir seria aumentar o preço do VHS o suficiente para captar uma "porção justa" de toda a receita do aluguel. Eles sabiam que, ao aumentar o preço dessa forma, estariam se despedindo das compras diretas feitas pelos consumidores. Mesmo assim, a empreitada valeria a pena porque a maioria das pessoas não queria comprar um filme como um bem, mas assistir.

Tendo cometido esse erro, os estúdios aprenderam a lição e queriam que os DVDs fossem como os CDs: produtos de consumo colecionáveis. Se o preço de compra de um DVD fosse baixo, pensaram eles, os clientes deixariam de alugar os filmes e passariam a comprá-los, da mesma forma como compravam os álbuns em CD. Os estúdios imaginavam os clientes com prateleiras e mais prateleiras de filmes em seus quartos, evitando com isso o aluguel.

Estoque mais barato, remessa mais em conta — ao que parecia, o envio de filmes por correio poderia funcionar se (e tão somente SE) o DVD fosse vendido a um preço popular. Com outros segmentos enormes (livros, música e comida para pet) migrando aos poucos para a venda on-line, o aluguel de filmes (que rendia oito bilhões por ano!) era um alvo tentador. Apostar nos DVDs era um risco, mas também poderia finalmente representar uma maneira de resolver o problema desse segmento. Se o mundo todo consumia filmes por meio de fitas VHS, talvez o envio de DVDs por correio pudesse funcionar e, com isso, deteríamos, por um tempo, o aluguel de filmes por correio.

A ideia de envio de VHS por correio estava morta e enterrada. Mas o envio de DVDs pelo correio poderia funcionar.

Ah, se ao menos eu conseguisse encontrar um...

Sempre foi meu sonho trabalhar como carteiro. Depois de uns anos na Califórnia, essa história acabou virando uma coisa curiosa entre mim e Lorraine. Sempre que eu me cansava da conduta e das decisões que eram tomadas no escritório, ou quando me preocupava com o ciclo perpétuo de ascensão e queda das startups, com os fundos de investimento e as bolhas financeiras, nós dois íamos para nossa varanda, cada um com uma taça de vinho, e ficávamos ali imaginando uma vida alternativa, morando num lugar diferente. Eu trabalharia como carteiro numa cidadezinha ao noroeste de Montana, ela daria aula para as crianças em casa, e cozinharíamos juntos às cinco da tarde, quando eu já teria encerrado o expediente. Nenhuma crise. Nenhuma noite em claro. Fins de semana livres. Nenhuma viagem a trabalho. Uma noite de sono completa, sem ter de levantar às três da manhã para anotar tudo que se passa na minha cabeça quando a minha mente me desperta de um sono profundo.

Parte dessa fantasia era o simples desejo de ter uma vida mais tranquila, menos acelerada. "Parem o mundo que queremos descer", algo assim. A ideia de ter um trabalho em que, encerrado o expediente, você poderia simplesmente deixar tudo lá, era tentadora. E tenho certeza de que para Lorraine o sonho de ter uma vida simples era igualmente vívido. Por anos ela tolerou o meu hábito de parar de falar no meio de uma frase caso uma ideia ou um pensamento em relação ao trabalho me ocorresse de repente. Lorraine também se acostumou a esperar dois ou três segundos entre o que ela dizia e a minha reação, quando eu finalmente conseguia tirar o foco do trabalho para conseguir responder.

A vida simples era igualmente tentadora do ponto de vista financeiro. O Vale do Silício não só é um dos mercados imobiliários mais caros do país, como é o lugar em que absolutamente tudo é mais caro. Mesmo que tivéssemos economizado uma boa quantia em dinheiro com alguns empreendimentos meus anteriores — e recebêssemos um salário digno — tínhamos a sensação de que, por mais rápido que corrêssemos, continuávamos no mesmo lugar.

Na varanda, Lorraine e eu devaneávamos, fantasiando uma nova vida e respectiva nova realidade econômica: com o dinheiro que havíamos economizado, somado ao dinheiro que conseguiríamos com a venda da nossa casa, poderíamos, se quiséssemos, comprar um palácio em Montana. Aos quarenta, eu quase poderia me aposentar. E mesmo trabalhando como carteiro, meio-período, teríamos uma vida muito boa...

Mas, como toda fantasia, nossa perspectiva de uma vida no meio do nada provavelmente não se concretizaria. Se eu realmente morasse em, digamos, Condon, Montana, e só contasse com a minha rota de correspondência diária para manter a mente ocupada, provavelmente eu aprenderia por que os funcionários dos correios não raramente se sentem... irritados e enraivecidos.

Na real, eu sou do tipo que curte dor de cabeça. Gosto de encontrar um problema diferente todo dia, de ter algo para ficar matutando a respeito. Algo que precise de uma solução.

Naquele verão, eu estava quebrando bastante a cabeça em Lulu Carpenter's, uma cafeteria no começo da Pacific Avenue, no centro de Santa Cruz. Reed e eu nos encontrávamos ali para tomar café da manhã uma ou duas vezes por semana, antes de ir para o trabalho. De uma das mesas na calçada em que costumávamos sentar, de costas para as janelas enormes e abertas da cafeteria, dava pra ver claramente o correio de Santa Cruz, pairando feito uma igreja sobre a Pacific Avenue.

O posto dos correios de Santa Cruz é um edifício grande, com muitas colunas. É um lugar interessante, distintamente clássico — revestimento exterior de granito e arenito, piso de cerâmica lustrosa, um corredor de caixas-postais com alças de latão um tanto manchadas. Eu não enviava muita correspondência em 1997, trabalhava com tecnologia, e meu paraíso se chamava e-mail, mas ficar ali, observando o fluxo de gente entrando e saindo dos correios, me despertou a vontade de me corresponder com alguém. Aquela cena me fez lembrar das minhas primeiras experiências profissionais como rei do spam postal, quando enviava milhares (minto, centenas de milhares) de correspondências indesejadas (anúncios, propagandas etc.) por semana.

Vendo aquilo, senti vontade de voltar a enviar coisas para as pessoas.

— Olhe — falei, olhando para a delicada folha desenhada na superfície do meu cappuccino. Fazia meia hora que eu não parava de falar da ideia dos "DVDs por correio" que Te e Christina tinham me ajudado a formular. — Que tal a gente tentar? Mande um CD para a sua casa. Se quebrar, paciência. Aí a gente vai saber que a ideia nunca teria dado certo. Mas, se chegar intacto, você vai ter o que escutar na terça à noite.

Reed me fuzilou com os olhos. Eram oito horas da manhã de uma segunda-feira, e ele não só, provavelmente, estava acordado desde as quatro da manhã, como também já tinha tomado um expresso duplo. Agora, estava na metade de uma xícara de café normal. Ele já tinha me lembrado várias vezes que nós dois nunca tínhamos de fato *visto* um DVD na vida.

Eu? Estava tão animado quanto um passarinho. Também tinha acordado cedo e surfado na praia logo ao raiar do dia. Mas mesmo horas depois, bebericando uma xícara de café em terra firme, eu enxergava essa minha ideia mais recente bem ali, à minha frente, começando a despontar no horizonte, aparecendo a distância feito uma onda que começa a se formar. Ainda era cedo demais para saber se conseguiria surfar nela ou não, mas independentemente disso, era melhor estar posicionado quando ela chegasse.

Reed percebeu que eu estava inquieto.

— Ei, calma, calma — disse. — Termine seu café.

Descemos a rua e fomos até a Logos, uma loja de discos usados na Pacific Avenue, e ficamos esperando na porta, até abrirem. Ainda não vendiam DVDs, óbvio. Mas pensamos que um CD seria um bom exemplo para testar a ideia. Comprei um *Patsy Cline's Greatest Hits*, usado, um CD com as melhores músicas de Patsy Cline — se tudo desse errado, pelo menos era um disco que agradaria alguém. Dentro de poucos minutos, Reed tirava o CD da prateleira enquanto eu ia à Paper Vision, uma papelaria, para comprar um envelope. Não fazia o menor sentido comprar uma caixa inteira de envelopes para usar apenas um, então, comprei um cartão (com dois cachorrinhos em uma cesta de vime, latindo uma mensagem de FELIZ ANIVERSÁRIO). O cartão vinha com um envelope rosa. Já no correio, Reed imprimia a etiqueta com o endereço dele enquanto eu depositava moedas na máquina de venda automática para comprar um selo de 32 centavos.

Do lado de dentro do envelope, o CD; do lado de fora, selo devidamente colado. Lambi a aba adesiva do envelope, beijei-o para dar sorte e o depositei na urna onde havia uma placa de latão em que se lia: "EXCLUSIVO PARA CORRESPONDÊNCIA LOCAL".

E, falando em sorte, muitos meses depois, quando a Netflix já estava em fase de teste, fiz um tour pelos correios de Santa Cruz. Até então, a empresa ainda era embrionária. Não tínhamos lançado nada, mas avançamos muito em comparação àquele começo em que atirávamos dezenas de ideias pela janela de um Toyota Avalon na Highway 17. Estávamos bem perto do lançamento, foi quando decidi que precisava ver exatamente como os nossos DVDs passariam pelos correios, pois assim poderíamos adequar o design da nossa embalagem.

Eu me senti feito uma criança ao passar pelas cestas manchadas que ficavam atrás dos atendentes dos correios, fui até as docas de carregamento e também conheci o escritório de entrega. O próprio funcionário do correio de Santa Cruz traçou o caminho que, como explicou o próprio, era exatamente o mesmo caminho que o nosso envelope rosa havia percorrido nove meses antes: do selo à separação, da separação para o malote e do malote para o caminhão que, por fim, transportaria o objeto até a caixa de correio de Reed. Eu esperava um sistema altamente automatizado, rodando em alta velocidade e sob grande pressão, algo capaz de destruir até o mais robusto dos nossos protótipos. Ou, caso ali não houvesse um sistema assim, pensei que as cartas seriam enviadas para uma agência maior, nas proximidades de San Jose, para passarem pelo processo de triagem e separação, antes de voltarem para Santa Cruz para, por fim, serem entregues. Mas o que encontrei foi algo mais humano, mais analógico. Separada manualmente para o despacho imediato, a correspondência local era entregue diretamente aos motoristas. Um processo surpreendentemente rápido e tranquilo.

— E funciona assim nos outros lugares? — perguntei.

O funcionário riu da minha cara.

— Não, de jeito nenhum — respondeu. — Tudo que vai para fora da cidade é transportado de caminhão para San Diego e lá eles fazem a separação.

— Então, o que você está me dizendo é que se eu enviasse um CD sem nenhuma proteção, se eu simplesmente o colocasse dentro de um envelope e o mandasse para qualquer outra cidade que não Santa Cruz, ele teria arranhado, rachado ou mesmo quebrado?

— Provavelmente.

Sorte a nossa, pensei.

Esse fenômeno é designado falso positivo. Mas também é conhecido como sorte. Se tivéssemos postado o objeto em qualquer outra agência dos correios — ou se Reed morasse em Los Gatos ou em Saratoga — nosso CD teria sido danificado. Droga! Se tivéssemos enviado o envelope para a minha casa em Scotts Valley em vez da casa de Reed em Santa Cruz, o CD não teria chegado intacto. E eu não estaria escrevendo este livro. Ou talvez estivesse, mas seria sobre xampu.

Na manhã seguinte, menos de 24 horas depois de depositar o nosso envelope rosa naquela urna dos correios, encontrei Reed em um estacionamento, em Scotts Valley. Ele me mostrou o envelope. Dentro dele, lá estava o nosso CD, intacto.

— Chegou direitinho — disse ele.

— Graças a Deus.

Até um dia, pranchas de surfe personalizadas. Adeus, tacos de beisebol personalizados.

Quando o CD chegou "são e salvo", acho que tanto Reed quanto eu acreditávamos ter acertado na mosca. Todas as objeções de Christina e Te (o tempo de entrega e devolução, a questão da comodidade) continuavam válidas. Mas se gastássemos só 32 centavos para enviar um DVD pelo correio e conseguíssemos adquirir cada um por vinte dólares, Reed e eu sabíamos que era essa a nossa grande chance.

Uma diferença significativa e real entre DVD e VHS, como Christina, Te e eu descobrimos, era o tamanho do catálogo. Mesmo em lugares em que havia DVDs para compra nos Estados Unidos, a oferta de títulos era escassa. Em meados de 1997, havia apenas cerca de 125 títulos disponíveis. Por outro lado, quem quisesse uma fita VHS contava com dezenas de milhares de opções.

— Então, o que a gente precisa fazer é chegar antes? — perguntou Christina quando mostrei o CD para ela. — Engolir as locadoras de vídeo e ter um estoque maior que o delas?

Fiz que sim com a cabeça.

— O importante é *ter um estoque*, não importa qual seja. Ninguém tem DVD player ainda, então ainda vai demorar um pouco para as locadoras de vídeo começarem a comprar DVDs. Temos aí a chance de ser os pioneiros no negócio.

— Isso pode acabar virando algo a nosso favor — disse Te. Se está difícil encontrar DVD nas lojas, ninguém vai se importar de esperar um pouco pra receber em casa.

Apesar da testa franzida, percebi que Christina começava a concordar.

— Certo. Mas alguém aqui já assistiu a um DVD? — perguntou Christina.

A ideia estava pronta. A partir de então, só precisávamos descobrir como custeá-la.

Quando uma pessoa abre uma empresa, no fundo o que ela está fazendo é convencer as pessoas a se agarrarem a uma ideia. É preciso convencer os futuros colaboradores, investidores, parceiros de negócios e os membros do conselho de que a sua ideia vale o dinheiro, o tempo e a reputação deles. Hoje em dia, um meio de se fazer isso é pela validação por antecedência. Você desenvolve um site ou um protótipo, cria o produto, avalia o tráfego ou os números das primeiras vendas — tudo isso para que, no momento em que encontrar os investidores, você não chegue de mãos abanando, ou seja, tenha números para comprovar que não só a sua ideia é boa, como já foi testada e funciona.

Vou citar um exemplo. Há alguns anos, quando meu filho se formou na faculdade, ele decidiu se mudar para San Francisco com um amigo dele, com o objetivo de abrir uma empresa. Em menos tempo do que levou para ir de carro da nossa casa em Scotts Valley para San Francisco, ele criou um site no Squarespace, abriu uma conta na Stripe para receber pagamentos, investiu em alguns anúncios no Google AdSense e implementou a tecnologia da Optimizely para enxergar melhor os resultados. Tudo isso em uma semana.

Sabe qual foi uma das ideias de negócio que eles testaram? *Xampu entregue pelo correio*. É como eu digo, a maçã nunca cai longe da árvore.

Mas em 1997, era possível levantar dois milhões de dólares com o PowerPoint. Na verdade, não só era uma possibilidade como uma obrigação. Havia muitos motivos para isso, e o mais fundamental deles era o tempo. Em 1997 não havia Squarespace, nem o Stripe, muito menos AdSense. E nada de Optimizely. Nem nuvem. Quem quisesse criar um site precisaria contratar engenheiros e programadores para fazer isso. Precisaria de um servidor próprio (dedicado) para hospedar as páginas. E tinha de descobrir um modo de aceitar cartões de crédito. Fazer as suas próprias análises. Fim de semana livre? Esquece. Quem sabe dali a seis meses.

E precisava de dinheiro. Dinheiro para contratar as pessoas, para alugar um espaço, para comprar equipamentos... dinheiro para *sobreviver* até conseguir comprovar que a sua ideia era boa e levantar a primeira renda significativa.

Era meio que um paradoxo: não tinha como provar aos investidores que a sua ideia daria certo a menos que eles te dessem o dinheiro para você conseguir provar isso.

Você tinha que convencê-los a comprar a sua *ideia*.

Mas antes de aceitar aquele primeiro dólar e vender a sua primeira ação, precisava investir nele. E esse é um processo que se chama *avaliação da empresa*. Você chega com um número, que representa o quanto a sua empresa vale.

Popularmente falando, é quando a pessoa acredita tanto na viabilidade da própria ideia que brada a plenos pulmões:

"Ei! Essa minha ideia vale um milhão de dólares!"

Mas no Vale do Silício, isso não significa muita coisa.

A saber: hoje a Netflix vale aproximadamente 150 milhões de dólares. Mas em 1997, Reed e eu decidimos que a propriedade intelectual — a ideia do DVD por correio, somada ao fato de que nós dois éramos os únicos apostando nela — valia três milhões de dólares. Não era um valor tão alto, mas parecia o suficiente. O suficiente para confiarem na ideia, mas alto demais para alguém querer se arriscar a investir nela.

Calculamos que seriam necessários dois milhões de dólares para fazer a empresa decolar: um milhão para lançar o site, e mais um milhão para gerenciá-lo enquanto levantávamos a próxima rodada de financiamento. Precisaríamos de um investidor-anjo. Felizmente, tanto ele quanto eu conhecíamos um: o próprio Reed.

Reed topou ser nosso investidor-anjo porque, apesar de estar de saída do Vale do Silício e migrando para o mundo da educação, ele queria um meio de se manter conectado ao Vale. Investir financeiramente na nossa ideia era um meio de manter um dedinho dentro da água. O investimento permitiria que ele continuasse participando da cultura das startups, que Reed tanto amava. Abrir e administrar pequenas empresas permitiu a Reed ter disciplina, propósito de vida, satisfação e acho que talvez ele tenha ficado com medo de perder tudo isso ao fazer a transição para o ramo da educação. Como investidor-anjo da nossa própria empresa, Reed teria uma espécie de rede de proteção, uma corda que o traria de volta para o mundo que ele compreendia bem e em que sabia navegar; em outras palavras, medo de perder. Pura e simplesmente.

Decidi não investir dinheiro no negócio. Primeiro porque eu tinha acabado de ter o meu terceiro filho, o Hunter. E, ao contrário de Reed, dedicaria boa parte do meu tempo ao projeto.

Resumindo, eu arriscava meu tempo, e Reed, o dinheiro dele.

Mas, por não investir nada no começo, a minha porcentagem de propriedade era diferente da de Reed. Para entender o porquê, é preciso conhecer um pouco sobre o modo como as startups arrecadam dinheiro. E isso envolve matemática, mas seja paciente comigo, eu peço.

Como comentei antes, Reed e eu presumimos que a Netflix (que, naquela época, nada mais era que dois caras e uma ideia) valia três milhões de dólares. Portanto, para facilitar o processo, decidi que, no começo, haveria seis milhões de ações da Netflix, cada uma valendo cinquenta centavos e cada uma representando uma pequena fração da propriedade da empresa. No primeiro dia, a empresa tinha apenas dois proprietários (Reed e eu) e nós a dividimos ao meio. Cada um de nós recebeu três milhões de ações — ou cinquenta por cento da Netflix. Isso porque, se nada tivesse acontecido desde então, e se eu ainda tivesse cinquenta por cento da Netflix, meu mundo seria um pouco diferente. Como comentei, a Netflix vale agora cerca de 150 bilhões de dólares. Ter metade desse valor seria uma guinada e tanto.

Mas aí entra em jogo algo chamado *diluição*.

Lembre-se, até aqui, éramos apenas dois caras e uma ideia. Precisávamos criar um site. Contratar pessoal. Alugar um escritório. Comprar marcadores de quadro branco (sério, adoro quadro branco). Resumindo, precisávamos de dinheiro. Reed estava disposto a injetar o que era necessário, mas precisava receber algo em troca. Então, o que aconteceu foi o seguinte: vendemos as nossas ações para ele; não as que já tínhamos, criamos novas e vendemos para Reed. E como já dissemos que cada ação vale cinquenta centavos, em troca dos dois milhões de dólares de Reed, vendemos a ele quatro milhões de ações.

Portanto, agora todos saíram satisfeitos. Temos uma empresa que vale cinco milhões, e seus ativos incluem a ideia (avaliada por nós em três milhões) e mais dois milhões em espécie. Mas a sociedade do negócio mudou. Ainda tenho meus três milhões de ações, mas há dez milhões de ações no total, então, a minha porcentagem no negócio mudou de cinquenta para trinta por cento. Ao mesmo tempo, a propriedade de Reed aumentou. Ele agora tem sete milhões de ações: os três das ações originais, mais os quatro milhões de ações que recebeu em troca do investimento que fez.

Então, em vez de cinquenta por cento, ele passa a ter setenta por cento da empresa. Continuamos sócios, ele com setenta e eu com trinta por cento.

Isso não me incomodou nem um pouco. A diluição é um processo normal do mundo das startups. Sim, a minha participação caiu de cinquenta para trinta por cento, mas eu preferia os trinta por cento de uma empresa que tem dinheiro para seguir adiante e crescer aos cinquenta por cento de uma empresa que não tem dinheiro para absolutamente nada.

Eu poderia ter tentado dividir o investimento com Reed, assim teríamos uma sociedade meio a meio? Claro que sim. Esse procedimento chama-se *pro rata* e é bem comum. Mas eu não tinha tanto dinheiro no bolso quanto Reed, estava comprometido com muitas questões familiares e, diferentemente dele, pelos próximos anos eu passaria praticamente todas as horas do meu dia concentrado no negócio. Além disso, considerei que investir quantias significativas do meu dinheiro no projeto restringiria as minhas possibilidades de assumir outros riscos. Se eu perdesse um milhão de dólares — e não só meu emprego — não sei dizer se teria conseguido dar alguns saltos que foram tão importantes bem no começo do negócio.

No Vale do Silício, encontrar bons profissionais de tecnologia disponíveis é raríssimo, e uma empresa desconhecida pode encontrar dificuldade para atrair funcionários de alto nível. Mas Reed — graças à Pure Atria — era um cara influente. Dentro de poucos dias, ele nos colocou em contato com um cara que viria a ser uma peça-chave da excêntrica e em grande parte estrangeira equipe da Netflix: Eric Meyer, um francês parecido com um *muppet*, sempre entusiasmado, que acabaria se tornando nosso diretor de tecnologia. Eric havia trabalhado com Reed no começo da carreira, mas naquele momento ocupava um cargo sênior na KPMG. Eu sabia que levaria um tempo para um desenvolvedor de software talentoso (e muito bem pago) como Eric se juntar à baderna que era nossa equipe. Então, comecei a ir atrás dele assim que consegui o número de seu telefone.

Nesse meio-tempo, eu precisava criar algo que se aproximasse de um plano de negócios. Note que usei o verbo "aproximar". Nunca tive a sensação de ter conseguido concluir esse plano. A maioria dos planos de negócios — com suas exaustivas estratégias *go to market*, detalhadas projeções de receita e despesas e previsões otimistas de participação no mercado — é uma completa perda de tempo. Eles se tornam obsoletos no momento em que o negócio começa, e aí você se dá conta de como estava absolutamente equivocado quanto às próprias expectativas.

A verdade é que nenhum plano de negócios sobrevive à colisão com o cliente real. Então, a dica é: pegue a sua ideia e coloque-a em rota de colisão com a realidade, o mais rápido possível.

Mas ainda precisávamos descobrir por onde começar, e contei com a ajuda de Christina para executar essa tarefa. Ficamos horas de frente para o quadro branco do meu escritório, tentando visualizar como seria uma locadora de vídeo on-line. Christina desenhou à mão cada página do site que imaginamos, fazendo um esboço meticuloso de como cada parte do conteúdo — a imagem do título do DVD, a sinopse, as informações de pedido — apareceriam no layout. Comecei a procurar um escritório, ou pelo menos uma sala de reunião em que pudéssemos nos encontrar, tão logo eu conseguisse reunir a equipe. O Best Western, na mesma rua da minha casa em Scotts Valley, era o lugar favorito. Dava para alugar uma sala de reunião no edifício a 250 dólares por semana.

Talvez você tenha a sensação de que tudo isso aconteceu muito rápido. E aconteceu mesmo – em questão de poucas semanas, de uma lista com ideias nebulosas, migramos para um plano semicoerente que nos permitiria seguir adiante. Mas eis aqui o segredo do Vale do Silício ao final da década de 1990: *tudo* acontecia muito rápido.

Não que as coisas tivessem ido *devagar* nos anos 1980. Mas, naquela época, as coisas progrediam de uma forma mais gradativa. Era uma cultura movida pela engenharia, então tudo acontecia na velocidade com que as coisas podiam ser construídas, desenvolvidas. Na Borland International, onde trabalhei nos anos 1980, o próprio layout do escritório — engenheiros trabalhando no último andar, de frente para as janelas, e todo o resto do pessoal nos andares abaixo deles — reforçava o senso de hierarquia: engenheiros no topo e todos os demais trabalhando para eles. E essa hierarquia vinha acompanhada de uma certa rigidez. Mudanças aconteciam, obviamente, de acordo com o plano.

Em meados dos anos 1990, as coisas mudaram. O sucesso de Jeff Bezos com a Amazon mostrou que o progresso não mais dependeria de um hardware poderoso ou de um software inovador, mas da própria internet, cuja utilidade poderia ser alavancada para se comercializar as coisas. Esse era o futuro.

A internet não era previsível. E as inovações por meio dela não estavam centralizadas no ambiente corporativo. Era um mundo completamente novo.

Veja como as coisas mudaram de forma tangível e rápida. Em 1995, quando eu estava para sair da Borland, quem quisesse podia comprar um catálogo impresso com uma lista de todos os sites existentes. Como havia apenas 25 mil sites na internet, esse catálogo tinha menos de cem páginas. Mas em março de 1997, quando Reed e eu fazíamos uma viagem pelas montanhas de Santa Cruz, para falar do nosso projeto, havia aproximadamente trezentos mil sites na internet. Ao final daquele mesmo ano, o número saltou para um milhão, e o número de usuários era cem vezes maior que esse número de sites disponíveis. Não éramos os únicos tentando descobrir novas formas de rentabilizar a internet. Milhares de pessoas faziam exatamente o mesmo, estavam à procura do ângulo certo, do produto certo, da maneira certa de tirar proveito de um meio totalmente novo.

Já escutei pessoas se referindo a essa época dos anos 1990 do Vale do Silício como "a era do entusiasmo irracional". Concordo com essa parte do entusiasmo. Mas quem não ficaria entusiasmado com o advento de uma das tecnologias mais revolucionárias da história da nossa espécie?

Mas, quanto à parte do irracional... Não foi bem isso. A empolgação que o início da era da internet trouxe era *completamente* racional. Estávamos à beira de um campo verde, totalmente aberto — em estado bruto, inexplorado. Oportunamente, converse com alguns empreendedores e engenheiros, pergunte como foi o final dos anos 1990; não estranhe se sentir como se estivesse escutando alguma história do diário de Lewis e Clark. Todo mundo se sente pioneiro na véspera de uma grande expedição. E havia terra o bastante para todo mundo.

4

Reunindo a banda

(Julho de 1997: nove meses antes do lançamento)

Uma semana depois de enviar o CD pelo correio, lá estava eu, sentado à ponta de uma mesa com oito cadeiras, no Hobee's Cupertino, pronto para devorar um sanduíche enorme de bacon, alface e tomate. Na mesa, metade de um hambúrguer aqui, um punhado de batata frita mordida espalhado ali, tudo deixado de lado para abrir espaço para as pastas, os cadernos e as xícaras de café. Estávamos literalmente com a mão na massa.

Para os desavisados, o Hobee's não é o que se pode chamar de um restaurante fino. É um estabelecimento simples: mesas encostadas na parede, cardápio laminado com foto de comida e sem nenhuma mancha de gordura (porque vai para a máquina de lavar louça ao final de cada turno). Uma xícara de café custa dois dólares e é infinitamente completável.

Não escolhemos o Hobee's porque a comida é boa. E também não marcamos de fazer nossa reunião lá para evitar que o assunto vazasse por aí. Na verdade, a confidencialidade era a menor das nossas preocupações. Àquela altura, eu já tinha percebido que dividir com as pessoas a minha ideia era uma coisa boa. Quanto mais compartilhava a minha ideia, mais feedbacks recebia e mais refletia sobre o que tinha dado errado antes. Dividir a minha ideia me ajudou a refiná-la — e geralmente despertava o desejo das pessoas de participarem do processo.

Então, algum motivo especial para ser no Hobee's? A resposta é simples: localização, localização, localização. Usávamos uma bússola para desenhar círculos de tamanhos iguais em torno da casa de Christina, em Foster City, e fizemos o mesmo na minha casa, em Scotts Valley. Ao cruzar esses dois círculos, descobrimos que Stevens Creek Boulevard, em Cupertino, ficava bem no meio dos dois. Um percurso de no máximo meia hora, de carro.

Mas meia hora para quem? Para Christina, Te e para mim, claro. Para Eric Meyer, nosso CTO* temporário, olhando para seu cappuccino excessivamente espumoso com um desdém galês. E para Boris e Vita Droutman, um casal ucraniano com sotaque carregado (e, como assegurou Eric, dois gênios da codificação). E para Reed, nas raras ocasiões em que conseguia sair do escritório da Pure Atria.

A reunião aconteceu no Hobee's porque estávamos num estranho interstício: caminhando para se tornar uma empresa de verdade, mas ainda sem um escritório físico. E sem dinheiro para alugar um. Christina, Te e eu ainda trabalhávamos na Pure Atria, e não seria bom um entra e sai o dia inteiro de gente que estava trabalhando para outra empresa. Então, aproveitávamos algum tempo do intervalo do almoço ou nos reuníamos após o expediente, e íamos direto para o Hobee's, onde fazíamos uma reunião de mais ou menos duas horas para falar da empresa que estava por vir: o que precisava ser feito, como seria feito e quando poderíamos começar. Christina e Te faziam muitas pesquisas de mercado e, entre as garfadas em suas saladas Cobb, apresentavam para todos nós.

— Na semana passada, visitei quinze locadoras de vídeo e aqui está o que percebi — explica Te, antes de Christina mostrar o esboço de como achava que o site deveria ser. Boris e Vita se amontoavam em torno de Eric, e conversavam numa linguagem tão técnica e avançada que eu tinha a impressão de que estavam falando numa língua totalmente diferente da minha. E quanto a mim, geralmente eu estava fazendo três coisas ao mesmo tempo. Enquanto

---

* *Chief Technology Officer* — Diretor-chefe de tecnologia (N.T.).

meu corpo físico estava ali, à mesa, participando dessas conversas, meu cérebro muitas vezes estava em outro lugar, tentando descobrir como convencer uma pessoa a fazer parte da nossa equipe, ou qual deveria ser o nome da empresa, ou onde seria nosso escritório, tão logo saísse o financiamento. Não dava para se reunir no Hobee's para sempre.

Eu também precisava de um CFO* e estava de olho num cara, Duane Mensinger, que trabalhava na Borland. Era o perfil perfeito: profissional e com uma experiência de quase uma década na Price Waterhouse. Na região descolada da Califórnia, em que shorts e chinelos eram a norma, Duane nunca foi visto vestindo outro tipo de roupa senão uma camisa social. Mas as qualidades que me atraíam em Duane (um cara cuidadoso, organizado e avesso a riscos) foram as que o impediram de fazer parte do nosso pequeno e entusiasmado grupo de estranhos. E embora ele tenha repetida e sempre educadamente me dito "não", Duane sempre participou de projetos com a gente, e concordou em nos ajudar a construir nosso modelo financeiro, participando do processo como uma espécie de "CFO de aluguel".

Tive o problema oposto com um cara chamado Jim Cook, e que acabou se tornando uma das pessoas mais importantes da equipe da Netflix. Ele era amigo de Christina, um cara direto, franco, e que havia trabalhado por anos com finanças na Intuit e vivia com um sorrisão de orelha a orelha por todo canto; eu gostava do jeito dele (otimismo no mundo das startups é sempre bem-vindo). Mas o problema é que Jim queria desesperadamente ocupar o cargo de CFO. E certamente fazia o tipo. Ele se vestia feito um banqueiro: calça com vinco, camisa social muito bem passada, sempre azul-clara. Era organizado, detalhista e eficiente e, ao contrário de Duane, estava acostumado a se arriscar nas startups. Como todo o restante da equipe, Jim curtia mesmo passos ousados. Achei que essa característica o tornava perfeito para cuidar da área de operações e descobrir como comprar, armazenar e enviar os DVDs.

---

* *Chief Financial Officer* — Diretor financeiro (N.T.).

Mas ele não concordou. Só depois de algumas reuniões percebi que aquele sorrisão era muito mais que puro otimismo — era uma tática de negociação. A minha estratégia, quando não consigo o que quero, é suspirar e demonstrar toda a minha tristeza, na tentativa de comover o outro, como se ele estivesse diante de uma criança que acabou de levar uma bronca dos pais. Você sabe bem como funciona. *Não é raiva, só pura frustração.* Já a estratégia de Jim era diferente. Ele simplesmente abria um sorrisão para mim, que chegava a assustar e constranger.

Não deu certo. Em outubro, Jim se tornaria nosso diretor de finanças e de operações. No final das contas, acabei percebendo que ele estava mais interessado no cargo do que na função em si. Sou um cara meio desconfiado com essa obsessão por títulos — embora pareça algo puramente protocolar (*Ah, não custa nada oferecer o título para o cara!*), na verdade sai muito mais caro do que parece, porque resulta numa série de superpromoções em cascata. Por esse motivo, eu já tinha decidido que ninguém teria o título de vice-presidente da empresa — ou pelo menos no começo. Preferia o cargo de diretor, e as diretorias refletiriam aquilo que de fato cada uma faria, não o que queria fazer. Mas no caso de Jim, romper com essa regra era inevitável. Ele era um profissional valioso demais, um cara de que não dava para abrir mão só por causa de um título, então, relutantemente, concordei em acrescentar a área financeira ao título, embora tenha deixado muito claro que, com Duane no nosso time (embora provisoriamente), a área em que mais precisávamos dele no início era a área de operações. O título de CFO seria uma consequência. Ele só precisaria exercitar a paciência.

Enquanto isso, eu precisava encontrar um lugar para Jim (e para todo o resto da equipe) trabalhar. Precisávamos de um escritório. Eu queria muito continuar em Santa Cruz, contrariando as normas preponderantes do Vale do Silício. Não queria mais do mesmo, não queira um escritório comercial em Sunnyvale ou San Jose. Santa Cruz mexia comigo. É uma cidade praiana, uma cidade do surfe em que a *vibe* dos anos 1960 ainda persiste. É provável que em Santa

Cruz haja mais peruas Volkswagen do que gente. Lá, predomina a identidade da cidade, ao contrário do modelo "crescimento a todo custo" do Vale do Silício. Os moradores de Santa Cruz são contra o desenvolvimento da cidade. Opuseram-se ao ampliamento das vias. Não querem que Santa cruz cresça.

Enquanto *crescimento* é palavra de ordem do outro lado das montanhas, em Santa Cruz propriamente crescimento é coisa ofensiva e de mau gosto.

Eu queria que a minha empresa tivesse um pouco desse espírito descontraído de Santa Cruz. Eu não queria simplesmente atrair o mesmo tipo ambicioso de jovens da tecnologia que trabalhava do outro lado da colina. Eu queria gente que pensava com a própria cabeça, pessoas que literalmente pensassem fora da caixa. Queria algo diferente.

Explicando melhor, eu queria equilíbrio entre vida pessoal e vida profissional, tanto para mim quanto para os meus colegas de trabalho. Queria o acesso às trilhas e ondas e o estilo de vida mais tranquilo de Santa Cruz, e também não ter que passar duas horas por dia me deslocando para Palo Alto. Se fosse para abrir a minha própria empresa, queria que ela estivesse totalmente alinhada ao meu estilo de vida. Queria que meus filhos pudessem ir ao escritório para almoçar comigo, queria poder sair do escritório e chegar em casa rápido para jantar com eles, sem desperdiçar horas preso numa longa fila de carros.

Eu estava procurando um escritório em Santa Cruz. Mas enquanto não tínhamos dinheiro para isso, continuávamos presos ao Scotts Valley Best Western.

E, por falar nisso, o Best Western continua lá. Semana passada passei de carro lá em frente, deu saudade de sentar àquela mesa de reunião onde a gente se reuniu tantas semanas antes de ter um escritório de verdade. Eu queria testar a minha memória. Qual era o tamanho da mesa de reunião? Qual era mesmo a cor daquele carpete surrado? Estacionei e dei a volta ao redor do prédio, tentando ser discreto. Mas ao espiar pela janela o espaço que considero como o primeiro escritório que a Netflix já teve, não vi nenhuma mesa comprida, nem cadeiras ergonômicas, muito menos as jarras d'água com relevo, cercada de copos plásticos. O que vi foi uma sala cheia de coisas que não teriam nenhuma utilidade para nenhum de nós: uma esteira ergométrica tristonha, uma coleção de halteres que não combinavam nada entre si e um tapete de ioga sujo e desdobrado, deixado num canto.

O tempo é cruel e não há espaço para monumentos da tecnologia.

Naquele verão, almocei fora muitas vezes. Além do Hobee's, algumas vezes por mês eu ia para o Woodside, na tentativa incansável de cortejar Mitch Lowe, o dono de uma locadora de vídeo.

Conheci Mitch em Las Vegas, na Video Software Dealers Association (ou VSDA), que acontece anualmente. Aconteceu no mês de junho e eu fui mais para observar, sem nenhum objetivo real e específico a não ser pesquisar. Pareceu prudente, visto que pretendíamos começar um negócio de e-commerce focado na locação de vídeos, aprender mais sobre o assunto e não nos restringirmos à ideia vaga do que é a locação de um vídeo. Bem lá no fundo, eu tinha a expectativa de encontrar alguém que vendesse algum tipo de software que gerenciasse locadoras e de conseguir converter o serviço para o formato on-line.

Tive de me valer de um pequeno subterfúgio. A VSDA era uma "feira comercial", o que teoricamente significava que era aberta apenas a membros do setor, não ao público geral. Então, mais ou menos um mês antes de viajar para Las Vegas, quando fui me inscrever, decidi que naquele momento eu seria o gerente geral da "Randolph Video of Scotts Valley, Califórnia". Respondi o questionário da melhor maneira possível:

Total de empregados: 7

Receita anual: (esta foi difícil de responder, eu não fazia ideia de qual era o rendimento de uma locadora de vídeo. Vejamos... Que tal 750 mil dólares?)

Algumas semanas depois, recebi por correio meu crachá para participar do evento.

Não sei o que eu esperava da VSDA. Provavelmente alguns estandes, algumas mesas redondas, o tipo de convenção tradicional que conheço bem por conta dos anos de experiência com marketing direto. Acho que imaginei que encontraria por lá aquele ambiente estereotipado, cheio de funcionários de locadoras de vídeo. Se você é da época das locadoras de vídeo, conhece bem o tipo a que me refiro: vinte e poucos anos, óculos grandes, olhar de desprezo.

Mas o que encontrei foi algo totalmente diferente. A VSDA era uma *loucura*. Milhares de pessoas aglomeradas em torno de centenas de estandes com decoração bizarra. Modelos circulavam pelo centro de convenções, distribuindo brindes dos estúdios. Celebridades posavam para fotos. Banners coloridos e brilhantes pendurados por todo o lado. Trilhas sonoras de filmes tocavam de alto-falantes gigantes, tão alto a ponto de fazer o chão tremer. Era meio que uma profana mistura entre Disney World, a estreia de um filme hollywoodiano e uma Indiana State Fair*.

Lá, tive algumas experiências. Fiquei parado de frente para uma tela verde, e vi meu rosto sorridente reproduzido num cartaz de *Missão impossível*. Posei para uma foto com Wallace e Gromit. Fiquei boquiaberto debaixo de um Barney de quase dez metros de altura, parado na entrada do evento, e fiquei observando-o abrir e fechar a boca, saudando os participantes.

Era como se eu tivesse sob o efeito de algum alucinógeno.

Por horas a fio, fui andando de cabine em cabine, basicamente para tentar descobrir o funcionamento de uma locadora de vídeo. Quem dava as cartas? Quem conseguia ganhar dinheiro com o negócio? E como? Fui decidido a bancar o bronco — bem à la Columbo, para me inteirar de tudo. Mas não estava conseguindo muita coisa. No final do dia, passei por uns estandes enormes que, nesse tipo de evento, são conhecidos como sistema *pipe and drape*, porque o que separa um estande do outro é uma estrutura de canos de metal, forrada com cortinas para disfarçar a bagunça. Essa era

---

* Feira anual de agricultura que acontece em Indianápolis, Indiana (N. T.).

a seção dos estandes mais simples e menos visitados. Os monitores eletrônicos sofisticados tinham ficado para trás. Nenhum sinal de John Cusack nem de Denise Richards. Nenhum óculos 3D me recebeu e nem sinal de uma caneca personalizada. Em vez disso, nesses estandes encontrei uns rapazes sentados atrás de mesas de jogo, batendo papo sobre taxas de devolução e estoque.

Era com esses caras que eu queria conversar. Os que trabalhavam com o software.

Acabei indo parar num estande perto do fundo, onde conversei com um cara de bigode, que tinha trinta e poucos anos. Era muito gentil, receptivo, e carregava um crachá em que havia escrito à mão simplesmente "Mitch". Ativei meu modo "Columbo" e segui em frente.

— Na minha loja, meus sete funcionários e eu usamos caderno e lápis para controlar o que entra e o que sai — falei. — Que tipo de controle seu software *faz*?

O sorriso de Mitch sugeria que ele desconfiava das minhas intençoes, mas fosse esse caso, ele nao deixou transparecer muito. Durante a conversa, soube que Mitch tinha uma pequena rede de locadora de vídeos chamada Video Droid. Ele tinha dez lojas e gerenciava milhões de títulos em cada uma delas. Chamou a minha atenção a maneira como Mitch falava sobre os desafios de manter um estoque de filmes novos e de filmes clássicos, mas o que realmente me encantou foi o profundo conhecimento que ele tinha dos filmes e a relação próxima entre ele e os locatários. Mitch prestava atenção ao que eles gostavam, ao que pediam e ao que queriam. Ele era cinéfilo e queria ajudar seus clientes a encontrar o tipo de filme de que tanto gostavam. Com isso, Mitch não só oferecia aos clientes o que eles queriam, como também o que os clientes nem sabiam que queriam.

Mitch era um IMDb ambulante e falante. Enquanto estava na loja, ele assistia a filmes o tempo todo. Quando encerrava o expediente, ele chegava em casa e assistia a um filme enquanto jantava, e ainda ficava até tarde assistindo também. Diferentemente do funcionário estereotipado das locadoras — esnobe, elitista, nariz empinado e do tipo sabe-tudo — Mitch era sociável, gostava de compartilhar o que sabia e fazia isso com muito carinho. Ao longo das décadas em que geria o negócio, teve a oportunidade de conversar com milhares de pessoas sobre o que assistiam, do que gostavam e do que não gostavam, e o que mais tinham visto. Esse vasto e profundo repertório internalizado sobre filmes e percepção humana permitiu a Mitch indicar o filme certo de acordo com o humor, os interesses e o gosto do cliente.

Ele era um *sommelier* do cinema.

Mas eu também não estava conseguindo laçar Mitch com a minha estratégia à la Columbo. Depois de uns dez minutos de conversa, ele sorriu para mim, de um jeito aparentemente inocente, e com um brilho nos olhos, perguntou:

— O que você está tramando?

Hesitei, titubeei, até que comecei a contar a minha ideia de enviar vídeos pelo correio. Ele pareceu um tanto interessado. Trocamos cartões de visita e eu saí do estande com a sensação de talvez ter encontrado um parceiro discreto com quem trocar ideias. *Que cara legal*, pensei.

Mais tarde, naquele mesmo dia, procurando um mapa do centro de convenções, abri a programação da VSDA. Na capa interna havia uma fotografia colorida, ocupando meia página, do homem da seção dos estandes feitos com canos de metal. Embaixo da foto, o nome dele: *Mitch Lowe. Presidente da VSDA.*

Depois da VSDA, Mitch e eu mantivemos contato. Como ele morava em Marin, conversávamos sobretudo por telefone, mas eu o mantive a par de como caminhavam as coisas do nosso projeto, fazendo perguntas a ele sempre que julgava que Mitch poderia oferecer boas contribuições. Eu o encontrei algumas vezes em Woodside para um café. Quando começamos a levantar dinheiro, consultava Mitch sempre, e comecei a convidá-lo para almoçar no Buck's.

O Buck's é um dos templos do Vale do Silício. Tantas empresas brotaram dali (nasceram, foram financiadas ou estruturadas) que provavelmente os clientes deveriam começar a exigir um desconto de tanto que frequentam o lugar. A comida é ótima, caseira, coisa de primeira linha, mas é o tipo de lugar que você frequenta por conta do ambiente, não pela comida em si. Provavelmente o item de decoração que chama mais a atenção (num ambiente cheio de todo tipo de coisa imaginável) é um carro sem motor, suspenso, pendurado no teto. Lembra do Soap Box Derby? Aquele carrinho de madeira que se fazia em casa, para descer ladeira abaixo, em Boy Scouts? Pois digamos que esse carro, do Buck's, é a versão do Vale do Silício. Todo ano acontece uma corrida de carros não motorizados na Sand Hill Road, em Palo Alto, com empresas de capital de risco multimilionário disputando o estandarte da ostentação. Mas em vez de carros de madeira, usavam espaçonaves sobre rodas. Os patrocinadores fabricavam os carros com material de ponta, fibra de carbono de alta tecnologia. Usavam as ligações para ganhar tempo nos túneis de vento da Lockheed Martin. Cada rolamento que compravam custava milhares de dólares. Até as rodas eram mais leves, mais fortes e mais caras do que aquelas encontradas em corridas de arrancada.

E, no Buck's, uma dessas engenhocas ridículas (que tinha perdido em Sand Hill, mas certa vez havia batido o recorde de velocidade de veículos não motorizados no declive) ficava dependurada no teto enquanto você comia, um lembrete contínuo de que tudo é possível com muito esforço, muita engenhosidade e muito dinheiro.

E cada mesa do Buck's guarda o resíduo do financiamento de risco. Os guardanapos ali carregavam a marca de milhares de canetas e junto delas serviram de rascunho para milhares de ideias, viáveis ou não. De certa forma, é o VSDA do Vale do Silício — um ambiente maluco e ligeiramente alucinógeno que parece ter sido projetado para confundir seus visitantes. E foi justamente por isso que escolhi o Buck para almoçar com Mitch.

Durante esses almoços, eu coletava informações importantes. Eu conversava com ele sobre possíveis soluções que Christina, Te e eu estávamos considerando para resolver um problema, e só de ouvir Mitch desaconselhar cada uma delas, eu já aprendia algo. Mitch era a combinação perfeita entre conhecimento prático e experiência com o setor: amava tanto os filmes quanto a logística da locação.

Mitch não era (e continua não sendo) um cara do Vale do Silício. Era um empresário pé no chão, com ideias incrivelmente progressivas. Na verdade, o próprio nome de sua rede de locadoras, Video Droid, remetia à aposta inicial dele de que os filmes poderiam, oportunamente, ser distribuídos em quiosques. (Certa vez George Lucas procurou Mitch, com um mandato judicial em mãos, alegando que detinha os direitos da palavra *droid*. O processo correu até Mitch comprovar que a escolha dele foi baseada na palavra que existia muitos anos antes de *Guerra nas estrelas* surgir).

Mitch se vestia e se comportava tipicamente como um "cara normal". Mas quanto mais eu conversava com ele, mais eu percebia o conhecimento enorme que havia escondido por trás daquela fachada. Certa vez, ele deixou escapar que já havia trabalhado como contrabandista de roupas dentro e fora do Bloco Oriental, no regime do comunismo. Constrangido, admitiu que a mãe tinha ganhado um Oscar pornô. Não como atriz, mas por ter participado da produção. A casa da família dele, em Muir Woods, serviu de cenário para dezenas de filmes adultos entre as décadas de 1970 e 1980.

Por fim, com todas as letras, convidei Mitch para trabalhar comigo. Mas ele recusou a oferta educadamente. Adorava administrar os negócios da família. Amava o negócio dos filmes. Sair de Marin não era bem o que ele queria.

Mesmo assim, concordou em continuar almoçando comigo no Buck's. E não foi por causa das almôndegas (por mais saborosas que fossem). Mitch estava intrigado. Continuou me dando conselhos e orientações. E eu continuei pagando o nosso almoço. Comi tanto Reuben* naquela primavera e naquele verão, cortejando Mitch Lowe, que devo ter ganhado uns sete quilos. Continuei afrouxando o cinto, na esperança de que as calorias a mais valeriam a pena.

---

* Sanduíche de pastrami com chucrute, muito popular nos Estados Unidos (N.T.).

5

Mostre-me o dinheiro
(Outono de 1997: oito meses antes do lançamento)

Quem passa certo tempo no Vale do Silício, começa a se familiarizar com uma sigla curiosa: OPM. Especialmente se estiver andando com empreendedores calejados, que já têm algumas startups no currículo, o OPM vai apimentar aquelas conversas sobre empresas que estão dando seus primeiros passos. Às vezes, o termo é usado meio que como um mote de sabedoria: "Quer saber qual é o princípio mais importante para abrir uma empresa? OPM". Às vezes, vai ouvir a sigla como um sinal de advertência: "Sei que está confiante, mas, por favor, foque no OPM". Às vezes, alguns usam a palavra como um mantra, repetida feito uma parte da prática iogue nas salas de reuniões dos escritórios comerciais espalhados pelos quatro cantos: "OPM, OPM, OPM".

Mas, afinal, o que é OPM?, você deve estar se perguntando. Resposta: Um jargão das startups.

Dinheiro de outras pessoas*.

Quando os empreendedores imploram para não esquecer do OPM, o que querem dizer é: quando se trata de financiar o seu sonho, use *apenas* o dinheiro de outras pessoas. Empreender é arriscado, e é preciso assegurar que a única pele em jogo é... bom, a

---

* Em inglês, *other people's money* (N.T.)

sua própria pele. Dedique a sua vida a essa ideia. E deixe os outros dedicarem o que têm guardado na carteira.

Ao dedicar o meu tempo (e não o meu dinheiro) à ideia de enviar os DVDs por correio, eu seguia o meu próprio conselho de OPM. Reed não. Ele concordou, como vimos, em investir dois milhões do próprio bolso como capital inicial. Mas, depois de algumas semanas, ele reconsiderou a quantia. Não que Reed tenha voltado atrás na própria decisão, não foi bem isso; mas ele não queria ser o único financiador.

— Gosto da ideia, mas me preocupo com a possibilidade de a gente estar numa espécie de câmara de eco — disse ele.

— Você está preocupado é com a possibilidade de a gente se foder — falei.

Reed fez que sim com a cabeça.

— Você e essa sua mania de viajar nas coisas.

— Se você acreditar pra valer, vai ver que não é viagem nenhuma — rebati.

A propósito, é verdade que sempre fui visto como "o cara que viaja nas ideias". Durante a maior parte da minha carreira, fui criticado pela minha "mania de acreditar em tudo que vendo". Antes mesmo da Netflix, convenci muita gente a ganhar menos para trabalhar para mim, a deixar o emprego estável para embarcar numa startup com poucas chances de sobrevivência. Mas em nenhum desses casos era papo-furado; fosse a versão mais atualizada de uma planilha ou o envio de DVDs por e-mail, eu sempre acreditava naquilo que estava vendendo.

Eu acreditava piamente no que Reed e eu estávamos fazendo. Mas compreendia o lado dele. Pedir dinheiro a outras pessoas nos obrigou a permitir outras vozes no jogo — ouvir a opinião de pessoas que estavam de fora tanto da Pure Atria quando do Toyota Avalon de Reed. E nos obrigou a validar a ideia.

E aí está outro benefício do OPM: antes de se entregar de corpo e alma à abertura de uma empresa, não faz mal algum se precaver e ter a certeza de que não está cometendo nenhuma loucura. Convencer uma pessoa a investir o dinheiro dela implica saber diferenciar aqueles que te apoiam cegamente ("Nossa! Adorei a ideia!") daqueles que te apoiam de olhos bem abertos. Sempre aconselho jovens empreendedores a começarem perguntando às pessoas a opinião delas sobre o negócio, mas recomendo que ao ouvirem a inevitável e imediata resposta "Amei a ideia!", façam logo em seguida outra pergunta: "Então posso contar com o seu apoio para investir alguns milhões de dólares?". As pessoas tiram o pé da coisa tão rápido que Lance Armstrong pareceria fichinha perto delas.

Além disso, nunca é cedo demais para entrar em contato com futuros investidores de que você possa precisar mais tarde, quando estiver planejando a próxima rodada de financiamento. A "semente" do termo* *seed funding* geralmente se refere ao negócio ao si, recém-plantado e com perspectiva de crescimento. Mas também faz referência aos investidores, que apostam no negócio desde o primeiro momento.

No final das contas, Reed reduziu a oferta inicial de dois para 1,9 milhão de dólares. Procuraríamos outros investidores para levantar os outros cem mil restantes.

Eu deveria começar dizendo que pedir dinheiro não é nada fácil. É difícil, muito difícil. Mas não significa nada se comparado à sensação de implorar por uns trocados nas calçadas de Hartford, em Connecticut.

Na época da faculdade, todo verão eu passava dois meses liderando uma expedição de trinta dias pelas áreas remotas da National Outdoor Leadership School (NOLS), um programa que ensina lições de liderança por meio de expedições pela floresta. Da adolescência para a fase adulta, passei meses nas montanhas com a NOLS, assim como meus filhos também passaram, e até hoje continuo envolvido com a escola. O programa desenvolve a habilidade da autoconfiança, do trabalho em equipe, e também da convivência com a natureza, e me levou a diferentes lugares, desde rios do norte do Alasca às geleiras que circundam os picos da

---

* O termo "seed", de *seed capital* ou *seed funding*, significa "semente" (N.T.).

Patagônia. Devo muito à NOLS. Ela me ensinou a ter disciplina e autoconfiança e a respeitar a natureza. E também me ensinou sobre nós, navegação e como pescar uma truta usando as próprias mãos.

Quase tudo que aprendi sobre liderança foi com uma mochila nas costas.

Naqueles verões da faculdade, geralmente eu passava o terceiro mês em casa, repondo as energias e visitando a família. Mas no verão que sucedeu o terceiro ano da faculdade, comecei a trabalhar numa empresa cujo nome oficial era Wilderness School. Mas sabe como se referiam a ela, no boca a boca? *Rapaziada da quebrada*. Politicamente incorreto, óbvio, mas na prática também não era bem assim. Embora os alunos tivessem, de fato, cometido algum tipo de delito, a maioria dos que conheci naquele verão era inteligente, curiosa e bem-comportada. Mas o nome tendencioso pegou.

Um amigo meu, documentarista, estava produzindo um curta-metragem sobre um programa e precisava de alguém para ajudá-lo a carregar a comida, os suprimentos, os rolos de fita, as baterias extra, o microfone boom e um gravador Nagra de quase dez quilos (isso em 1979, muito antes das câmeras digitais). Tecnicamente, eu era o cara que cuidaria do som do documentário, mas na real? Servi mais de mula.

Mesmo assim, depois daquele mês na floresta, algo acendeu dentro de mim e eu me inscrevi para trabalhar no verão seguinte na Wilderness School, como instrutor.

A Wilderness School atendia crianças de áreas carentes de Hartford, New Haven e Stamford e apresentava a elas o mundo da expedição da natureza selvagem. Muitas das crianças que participavam do programa nunca sequer tinham saído da cidade, muitas mal punham o pé para fora da calçada. O programa incluía canoagem pelos rios, escaladas e trilhas pelas montanhas Catskill. Habilidades básicas do ambiente ao ar livre, por exemplo: como acender uma fogueira, como preparar um abrigo, como purificar a água e torná-la potável. Tudo isso era ensinado com o objetivo de desenvolver o espírito de liderança e do trabalho em equipe. Mas o verdadeiro objetivo era expor as crianças a situações das quais parecia impossível sair e mostrar a elas, repetidamente, que eram muito mais capazes do que imaginavam.

Aprendi muito sobre humildade ao trabalhar para a Wilderness School. Como a maioria dos outros líderes e instrutores, cresci em um subúrbio arborizado, fui uma criança privilegiada. Aparentemente, não tínhamos muita coisa em comum com as crianças que conduzíamos pela expedição na floresta. A maioria de nós cresceu tendo boa alimentação, uma moradia segura e muito dinheiro, já muitas daquelas crianças ou viveram nas ruas, ou não tinham uma residência fixa, além de terem de enfrentar a fome.

Pegar uma criança que nunca saiu de Hartford, que cresceu em meio à pobreza e enfrentou tantas privações que eu sequer posso mensurar, e largá-la numa floresta em Cornualha ou Goshen era, no mínimo, uma guinada e tanto. Para nos ajudar a compreender melhor o choque que esse tipo de experiência pode causar, a Wilderness School ofereceu aos instrutores uma série de treinamentos de diferentes tipos, cada um deles projetado para nos causar um desconforto semelhante ao que essas crianças sentiriam enquanto estivessem com a gente. Todos esses treinamentos aconteceram nas cidades de onde vinham os nossos alunos: Hartford, Stamford e New Haven. Novamente, tudo para provocar em nós o mesmo desconforto que as crianças sob a nossa responsabilidade sentiriam.

E qual desses exercícios foi o mais impactante? Quando nos vendaram e nos levaram a um certo cruzamento em Hartford e confiscaram a nossa carteira e o nosso relógio, dizendo que viriam nos buscar dali a três dias. Sem comida, sem água, sem lugar certo para dormir. Só um número de telefone escrito a caneta no nosso braço, caso resolvêssemos desistir. Nem preciso dizer que todos nós preferíamos morrer congelados debaixo de um viaduto a desistir e ligar para aquele número.

Fui deixado na esquina da Charter Oak com a Taylor, às cinco da tarde de uma terça-feira. No começo, não parecia muito diferente de uma tarde normal de qualquer cidade. Eu tinha almoçado tarde, então não estava nem um pouco preocupado com a fome. Minhas habilidades de leitura de mapas vieram a calhar e rapidamente consegui localizar o rio Connecticut. Eu sabia como sobreviver em espaços verdes. Quando anoiteceu, improvisei um abrigo com saco de lixo e alguns galhos de árvore caídos. Não fazia frio e, como não consegui dormir, desci até o rio e fui tomar umas cervejas com um grupo de adolescentes que estava reunido por ali, bebendo. Eu não queria ficar acordado até o dia amanhecer, ali com eles, bebendo a noite toda, mas sabia que a cerveja tem calorias suficientes para matar a fome. E que isso ajudaria a passar o tempo.

Quando acordei no dia seguinte, estava morrendo de fome. Fui caminhando até a cidade, atraído pelo cheiro inconfundível de fritura, e entrei em uma praça de alimentação, ali mesmo no centro. Circulei as mesas feito um abutre, tentando criar coragem para pedir a alguém que me pagasse um café da manhã, ou que pelo menos me desse um pedaço de pão. Mas foi aí que tive uma ideia. Por que se preocupar em pedir? Em vez disso, fiquei observando os caras de terno e gravata engolirem McMuffins de ovo e pãezinhos, e fiquei esperando eles saírem para, discretamente, ir até a mesa onde estavam. Não peguei nada do lixo, mas não pensei duas vezes em pegar uma porção de batata frita que deixaram pela metade. Eu era como um dos pombos que lotavam a praça, em estado de alerta, prestando atenção ao menor movimento. Eu também estava bem consciente do modo como as pessoas me olhavam — ou como desviam o olhar para não me ver — enquanto eu saía à caça das sobras nas mesas.

Nunca na minha vida alguém tinha me olhado daquele jeito.

No jantar daquele segundo dia, meu estômago doía de fome. Metade da sobra de uma pizza simplesmente não deu conta do recado. Eu precisava abordar alguém, arranjar um dinheiro e comprar algo para comer. Eu precisava de dinheiro. E as pessoas tinham. Tudo que eu precisava fazer era ir até elas e pedir. Olhei rapidamente para o meu reflexo na janela de um banco, vi minhas roupas relativamente limpas, bem mauricinho da Costa Leste, com o rosto ainda bem barbeado e me perguntei: *Será que vai ser difícil?*

Resposta: muito difícil.

Uma das maneiras de se avaliar o desempenho do marketing ou das vendas é analisar a dificuldade de se pedir. O que você pede e o que oferece em troca? Anos depois, quando comecei a trabalhar com marketing, eu olhava para a água engarrafada e me dava conta de que ela é uma das grandes sacadas da arte de vender: em outras palavras, o marketing na sua forma mais pura. *Você me dá o seu dinheiro e em troca eu te dou... água. Um produto que é quase gratuito e que está disponível em quase todos os lugares. Algo que cobre 75% da superfície da Terra.*

Mas isso não é nada, se comparado a mendigar por alguns trocados. Mendigar é a arte de vender, no seu estado mais puro. É a forma mais vazia de se pedir: você recebe dinheiro e não oferece nada em troca.

Fomos ensinados a não pedir nada e, quando pedimos, nos ensinam que temos de oferecer algo em troca. Mas pedir dinheiro e não oferecer nada em troca — nenhum serviço, nem produto, nem mesmo uma música — é verdadeiramente assustador. Tanto quanto se ver de frente para um abismo.

Naquele dia, em Hartford, achei que uma mão vazia e estendida seria forte demais. Então, peguei no lixo um copo plástico e me posicionei numa rua típica de pedestres, no centro, um pouco distante da via mais movimentada. Eu estava a 160 quilômetros de casa, mas não queria correr o risco de encontrar algum conhecido (fosse amigo, amigo de algum amigo, ou os pais de algum amigo). Na minha cabeça, eu ensaiava a seguinte frase: *Tem uma moeda?* E cheguei a pensar numa história do tipo *fui assaltado depois de pedir carona, me roubaram no ônibus, perdi minha carteira*. A única coisa que estava totalmente fora de cogitação era a verdade: *estou participando de um estranho treinamento que vai me preparar para trabalhar no verão guiando jovens carentes numa expedição pelo interior de Connecticut.*

A primeira pessoa a passar foi um cara alto, andando rápido, que fazia o tipo advogado. Fiquei com as pernas bambas antes mesmo de ficar a menos de um metro de distância dele. Nem consegui fazer contato visual. O mesmo aconteceu com o funcionário de alguma obra, enquanto tirava o colete a caminho do ponto de ônibus, depois com uma enfermeira de uniforme, correndo em direção à farmácia do outro lado da rua. Todas essas vezes, eu decidia fazer contato visual e pedir dinheiro, mas meu corpo recuava. Aos poucos, meus ombros caíam e minha cabeça começava a abaixar.

Eu tinha escalado montanhas. Praticado rafting. Feito triatlo. Mas essa foi a coisa mais difícil que tentei fazer em toda a minha vida.

Até que, por fim, consegui. Uma mulher de aparência amigável, mais ou menos da idade da minha mãe, cruzou a esquina e caminhava em minha direção. Ela caminhava a passos normais, não parecia a passeio, mas não aparentava muita pressa. Reuni coragem para olhar nos olhos dela e, praticamente num sussurro, minha voz saiu:

— Tem alguma moeda sobrando?

— Não — respondeu, e a expressão convidativa parecia ter se transformado em pedra enquanto ela passava direto por mim, sem parar.

Mas, com isso, eu tinha conseguido vencer uma barreira. Nas quatro horas seguintes, eu tinha conseguido 1 dólar e 75 centavos, o suficiente para comprar um cachorro-quente na praça de alimentação. Aos poucos, fui me sentindo mais confortável para pedir. Aprendi a ser breve. A fazer contato visual. A me rebaixar, mas na medida certa. A usar a voz na altura apropriada, mas não tão alta para não soar exigente demais nem assustador.

Mas a maior barreira que venci foi simplesmente dizer a verdade às pessoas.

— Tem uma moeda sobrando? Estou morrendo de fome.

Quando se fala direto com o coração, você acerta o alvo em cheio. Isso chama a atenção das pessoas e rompe o ceticismo e a defesa delas.

O segredo era superar a vergonha de pedir, ou seja, mostrar a um estranho a necessidade mais básica e essencial de um ser humano. É mais difícil do que parece.

Eu me senti humilhado por ter de pedir. Fiquei muito mal quando as pessoas diziam não. Mas a coisa mais difícil de suportar, de longe, era sentir como se eu não existisse. Reunir toda a coragem possível somada ao desespero, para se rebaixar diante de um estranho, e ser completamente ignorado — essa era a pior parte de todas.

Acredite, depois *disso*, pedir 25 mil dólares para um investidor não era *nada*.

Um dos primeiros alvos para pedir financiamento era um cara chamado Alexandre Balkanski. Ele faz parte de uma imensa fila de franceses intrigantes que fizeram parte da minha vida. E Philippe Kahn, meu antigo chefe na Borland International, que compareceu à minha entrevista de emprego sem camisa, com um shorts de corrida. E também Alain Rossmann, CEO da Unwired Planet, que quase virou do avesso quando recusei a oferta de emprego dele. (Fala sério?! Quer coisa mais ridícula do que essa ideia de ter um navegador no telefone celular?) E claro que eu não poderia me esquecer de Eric Meyer, que estava entrando como CTO na minha empresa recém-criada.

E também tinha o Alexandre, um grande entendedor de tecnologia de DVD e vídeo. A empresa dele, a C-Cube Microsystems, fez um software de compressão de vídeo para converter vídeo analógico e imagens em bytes digitais, que podiam ser facilmente armazenados ou transportados. Em Alexandre tínhamos encontrado a pessoa perfeita: alguém que compreendia o que estávamos fazendo e por que funcionaria, e cujo profundo conhecimento na área nos permitiria uma visão valiosa sobre como posicionar o serviço que oferecíamos.

Reed e eu fomos de carro até a sede da empresa dele, em Milpitas. Ciente da importância da reunião, eu tratei de me arrumar um pouco, e troquei meu eterno shorts de caminhada por um jeans limpo, e minha eterna camiseta simples por uma polo. Reed estava usando o que, para ele, era um traje chique: um jeans escuro e uma camisa social branca. Àquela altura, eu já não ficava mais nervoso com esse tipo de encontro. Reed e eu já estávamos calejados com esse tipo de coisa e sabíamos que tínhamos em mãos algo em que valia a pena investir. Mas quando a recepcionista nos convidou a sentar numas cadeiras no salão e ninguém apareceu pelos próximos cinco, dez, quinze minutos, acho que tanto Reed quando eu começamos a transpirar.

O cara está dando um gelo na gente, pensei.

E foi então que a porta se abriu e um cara alto e malhado apareceu. Usava um blazer, calça slack e um chinelo de couro que parecia caro.

— Olá — disse ele, com um sotaque sutilmente europeu.

Oh-oh, pensei. *Francês, será?*

Ao elaborar um *pitch** para alguém, ninguém espera conseguir chegar ao fim da apresentação. É como apresentar um caso à Suprema Corte: alguns minutos depois de explicar o primeiro tópico, inevitavelmente a rodada de perguntas começa. Do contrário, pode apostar que você se deu mal: nove em cada dez vezes, quem escuta não fica quieto porque está te ouvindo atentamente, mas faz isso porque não está nem um pouco interessado no que você diz. Ou pior: está achando seus argumentos tão fracos e patéticos que julga nem valer a pena prosseguir com a conversa.

Portanto, fomos preparados para interrupções, perguntas e para sondagens a respeito da nossa ideia de negócio. Mas definitivamente não estávamos preparados para a reação de Alexandre, que, na metade da nossa fala, soltou um: "DVDs por correio! O maior estoque do mundo! O primeiro que vai precisar ocupar até o espaço!", fez que não com a cabeça e, com a mão cerrada, deu umas batidinhas no vidro da mesa entre nós dois e ele e, com um sotaque que eu ainda não conseguia reconhecer bem de onde vinha, completou:

— Que bosta.

(Ou pelo menos assim eu entendi).

Bosta? Sério? Quase dois milhões em jogo, uma equipe toda entusiasmada e a uma oportunidade genuína de sermos a próxima Amazon e o cara fala uma coisa dessas? Olhei para Reed, que encarava Alexandre de um jeito (para quem não o conhece) indecifrável. Mas eu o conhecia. E como. Reed estava preocupado.

Alexandre nos disse que os DVDs eram fogo de palha.

— Ninguém vai adotar essa tecnologia no longo prazo — disse.

— O grande salto foi a migração do analógico para o digital. Estan-

---

* Com o objetivo de despertar o interesse de um ouvinte ou uma plateia, o *pitch* é uma técnica de apresentação rápida, curta e direta que inclui informações importantes e atrativas a respeito do assunto tratado (N.T).

do os filmes em formato digital, não tem sentido armazenar os bits num pedaço de plástico. Coisa totalmente ineficiente e lenta. Daqui a pouco tempo as pessoas vão começar a fazer o download dos filmes que quiserem. Ou transmitir. Em algum momento, provavelmente muito em breve, vocês ficarão presos a um depósito cheio de DVDs inúteis.

— Não tenho tanta certeza disso — digo. — Acho que vai demorar um pouco pra isso acontecer. Temos pelo menos uns cinco anos pela frente.

Alexandre fez que não.

— Muito antes disso. E por que eu deveria investir numa empresa que vai quebrar daqui a cinco anos?

A verdade é que Alexandre tinha razão em praticamente tudo que disse. Os DVDs eram apenas uma etapa intermediária entre as fitas VHS analógicas e os downloads ou o *streaming*. Ele, melhor do que ninguém, sabia que a tecnologia que tornaria os DVDs obsoletos estava batendo à porta. Afinal, essa era a área de atuação dele. E basta olhar para o modelo de negócios da Netflix para confirmar a teoria de Alexandre de que, por fim, os usuários teriam acesso pela internet a praticamente todos os filmes que bem quisessem.

Mas a previsão cronológica de Alexandre estava errada. O que ele não entendia era dos negócios de Hollywood. Sabíamos que os estúdios apostavam alto no formato DVD e, o mais importante, apostavam na aquisição do DVD. Não queriam que se repetisse o que aconteceu nos anos 1980, quando as locadoras de vídeo se firmaram como intermediárias entre o estúdio e o consumidor, alugando o mesmo vídeo dezenas de vezes. Os estúdios de cinema não queriam aumentar os preços dos filmes só para garantir participação no mercado doméstico. Queriam levar os filmes direto para a casa dos consumidores, e o DVD, uma nova tecnologia cujo preço poderia ser competitivo, era a oportunidade de apertar o *reset*.

Mas e o download on-line? Na casa dos seus sessenta anos, os executivos dos estúdios não eram lá o tipo de profissional muito afinado à tecnologia. Estavam apavorados com o que havia acontecido com a indústria da música. O Napster inaugurou a era do compartilhamento ilegal de arquivos e, embora os DVDs tenham sido desenvolvidos com mecanismos de prevenção de pirataria mais robustos do que os CDs, os estúdios de cinema ainda tinham receio de permitir aos clientes o acesso aos filmes por meio de arquivos digitais facilmente compartilháveis.

Alexandre também subestimou o problema da "última milha". Na maior parte do país, baixar um filme ainda era, do ponto de vista funcional, impossível, ou pelo menos inviável. A internet de alta velocidade estava disponível apenas de forma intermitente e, na verdade, nem era tão rápida assim. E, além disso, a internet se restringia ao computador, ainda não estava na televisão. Mesmo que você pudesse baixar um filme em poucos dias, não havia como transferi-lo do computador para a televisão (e a maioria das pessoas não queria se jogar na cadeira do escritório e dar o play em *O vingador do futuro* no seu Compaq Presario).

Mas Alexandre viveu para assistir ao momento em que tanto os filmes quanto a programação da televisão poderiam ser transmitidos pela internet. A C-Cube Microsystems, em muitos aspectos, foi a facilitadora que tornou tudo isso possível. Mas, como a maioria dos pioneiros, Alexandre chegou cedo demais.

Nesse meio-tempo, tínhamos um modelo de negócio que funcionava no mundo do DVD. Podíamos esperar. Cada parte do valor da marca que estávamos construindo — o relacionamento com os clientes, toda a *expertise* com filmes — seria útil e relevante quando o mundo mudasse.

Foi o que dissemos a Alexandre. Mas ele rebateu todos os nossos argumentos, fazendo um gesto de desprezo com a mão bem manicurada. E quando a conversa com o investidor se transforma numa discussão, é melhor parar por aí. Saímos daquele escritório desanimados, surpresos e um tanto aflitos. Na viagem de volta a Sunnyvale, dirigi em alta velocidade, como sempre faço, e sem tirar o pé nas curvas durante todo o percurso a caminho de casa. Reed não disse uma palavra sequer.

No Vale do Silício, ninguém diz literalmente "não". Depois de um discurso, normalmente o que se ouve é uma frase que começa mais ou menos assim: "Sua ideia é ótima, mas...", e você se acostuma tanto com isso que ao ouvir alguém dizer "A ideia é ótima", mentalmente você já começa a se levantar, pegar as suas coisas e tatear o bolso à procura da chave.

A ideia é ótima, mas eu gostaria de ver algo mais concreto antes de me comprometer.

A ideia é ótima, mas que tal a gente voltar a se falar quando você tiver dez mil assinantes?

A ideia é ótima, mas não é bem o tipo de investimento em que estamos focando agora.

Alexandre não disse para a gente: *A ideia é ótima*, mas disse: *Que bosta*.

E isso nos deixou simplesmente apavorados.

Era chegada a hora de fazer um pedido ainda mais difícil: abordar Steve Kahn. Normalmente, eu ficava entusiasmado de apresentar a minha ideia e abordar alguém com quem estava acostumado, mas nesse caso foi uma coisa estranha e complicada. Porque Reed estava me pressionando a voltar atrás num acordo que havia sido feito.

Steve foi meu primeiro chefe na Borland, e de muitas maneiras ele era, e ainda é, um mentor. Ele é um cara conservador e que com frequência tinha de me dar um chacoalhão e me trazer de volta à realidade. Uma vez ele me contou que ao me ver batendo à porta do escritório dele, costumava pensar: *Quem foi que ele aporrinhou desta vez?*, ou *Qual é a ideia maluca que ele meteu na cabeça agora?* Tenho certeza que Steve pensou uma dessas duas coisas naquele dia quando desci até o escritório dele na Pure Atria para convidá-lo para almoçar.

Mesmo antes de ter a certeza absoluta de que a nossa ideia (que um dia viria a se tornar a Netflix) avançava, eu já sabia que queria Steve no meu conselho de diretores. Primeiro porque todos os conselhos precisam de pelo menos uma terceira pessoa para o voto de Minerva. Segundo porque Steve era um tecnófilo voraz de vídeo. Ele pegou os espólios da venda da Integrity QA e os usou para dar início a uma corrida armamentista do sistema de *home theater* com

Bob Warfield, nosso colega e cofundador da Integrity QA. Essa competição entre os dois era contínua e implacável. Som *surround*, assento de arquibancada, isolamento acústico na parede, poltronas de couro reclináveis, sistemas de proteção de última geração... Tudo que pudesse se conectar a um *home theater*, Steve e Bob já tinham feito (ou fariam muito em breve). Mais ou menos a cada quarenta e cinco dias, surgia uma tecnologia de vídeo, e Steve e Bob estavam sempre na disputa para serem os pioneiros dessa descoberta.

Mas quer saber qual foi o motivo principal para eu querer Steve no conselho? Ele era meu amigo. Não só era uma pessoa prestativa, como também honesta e atenciosa. E seria ótimo contar com alguém que estivesse de fato comigo, para o que fosse preciso.

Convidá-lo para fazer parte do conselho foi fácil. Eu estava basicamente pedindo a ele um favor que não demandava nada a não ser uma pequena disponibilidade de tempo. Quando o levei para almoçar (num restaurante indiano tipo bufê, num shopping perto do escritório), ele me ouviu prestando toda a atenção enquanto eu falava da minha ideia, com o meu *tikka masala* intacto, bem de frente para mim na mesa. Não demorou muito para ele responder: "Claro!", mas senti pelo modo como ele respondeu que a ideia do negócio não fazia muita diferença para ele.

Reed achava que não bastava eu pedir a Steve uma mera disponibilidade de tempo. Se Steve estava prestes a entrar no jogo, disse Reed, precisava ter a sensação de estar arriscando a própria pele.

Mas pedir a ele 25 mil dólares — pelo simples privilégio de integrar o conselho da empresa — não seria fácil. Tive medo. Adiei a conversa vários dias. Parecia um *toma lá dá cá* (o simples favor agora tinha virado um negócio com uma etiqueta de preço anexada).

Quando chegou o dia, fomos ao mesmo restaurante indiano (fiz isso porque achei que daria sorte). Eu estava nervoso. Steve mal teve a chance de escolher o prato no cardápio quando comecei a falar. *Poderia injetar 25 mil dólares no negócio?*

Nunca vou esquecer a cara que Steve fez. Ele respirou fundo, comprimiu os lábios, colocou o cardápio de volta na mesa, e um aborrecimento foi tomando pouco a pouco seu semblante. Mesmo naquele momento, diante de uma cesta de pão *nann* de alho, rasgando devagar um guardanapo de papel debaixo da mesa, reconheci aquela expressão. É a de quem se vê diante de um dilema, de quem pensa: *E agora?*

Se Steve se recusasse, se dissesse que não injetaria os 25 mil dólares, soaria mesquinho (como se realmente não acreditasse na ideia, embora provavelmente não acreditasse mesmo). Mas se dissesse que sim, teria de desembolsar essa grana que não estava preparado para gastar — além disso, nesse caso, nós dois saberíamos que Steve teria aceitado não porque apostava mesmo na ideia ou porque achava que daria certo, mas porque fui eu quem pedi. Porque ele tinha visto no meu rosto e escutado na minha voz a mesma coisa que me fez passar por aquela situação de extrema dificuldade nas ruas de Hartford, quando eu estava sentindo muita, muita fome.

Quando Steve disse sim, nós dois sabíamos que a resposta não tinha nada a ver com a ideia. Ele me contou, tempos depois, ter pensado naquele momento: *"Adeus, 25 mil dólares. Nunca mais voltarei a ver vocês"*.

Mas fiquei nervoso mesmo no momento de pedir à minha mãe.

Muita gente, durante o estágio inicial de uma startup, recorre à ajuda financeira dos próprios pais. Na verdade, naquela época ninguém chamava isso de "rodada *seed*"; chamava mesmo de "recorrer aos amigos e à família".

Ainda assim, é meio patético uma pessoa com quase quarenta anos, casada, com três filhos e várias empresas bem-sucedidas no próprio nome ligar para os pais para pedir dinheiro. É como se voltasse a ter oito anos de idade e tivesse puxando a barra da saia da mãe, implorando por cinquenta centavos para comprar um chocolate no supermercado.

Pois, mesmo assim, eu pedi.

Pedi à minha mãe porque pedir para o meu pai estava totalmente fora de cogitação. Em se tratando de dinheiro, meu pai era severo e inflexível. Meus avós tinham perdido tudo na época da Grande Depressão e, por isso, meu pai era extremamente contra correr riscos que envolvessem dinheiro. Ele fazia o controle dos gastos naqueles livros-razão da época da escola, e tinha tudo anotado ali, de receitas a investimentos e contas mensais (água, luz etc.). Quando meu pai morreu, examinando as anotações dele, encontrei o registro de todas as contas de gás, de 1955 a 2000, tudo escrito com a mão precisa de um engenheiro. Em Wall Street, ele tinha testemunhado com os próprios olhos muita gente perder tudo. A maneira como meu pai pensava sobre negócios tinha mais a ver com o funcionamento das grandes empresas e dos bancos — tudo tinha que ser sólido, com fins lucrativos, tangível — do que com capital de risco e startups que passavam anos sem lucro nenhum, isso *se* viessem a ter um dia. Se eu tivesse contado para o meu pai a minha ideia, que mais tarde viria a se tornar a Netflix, ele teria a analisado com sua lupa e a deixado de lado.

Minha mãe, embora fosse muito conscienciosa com o dinheiro, gostava de correr um risco vez em quando. Além disso, ela também tinha espírito empreendedor. Quando eu estava no colégio, ela abriu a própria empresa, uma imobiliária, que deu supercerto e agora minha mãe vivia do próprio dinheiro. Na verdade, foi graças a ela e ao trabalho dela que meu irmão e eu cursamos a faculdade.

Naquele momento, minha mãe estava na Costa Leste, então era impossível falar com ela pessoalmente. E eu tinha medo de falar sobre o assunto por telefone. Vender é como atuar: cada *pitch*, cada ligação, cada interação em que você, empreendedor, está tentando convencer a outra pessoa — um cliente, um provável investidor, quem quer que seja — é um pequeno espetáculo em que cada um dos lados desempenha o próprio papel. Mas um filho ligando para a mãe para pedir dinheiro? Não é só teatro. É teatro *Kabuki*. Tudo é ritualizado e prescrito.

Nós dois sabíamos que ela acabaria dizendo que sim, afinal, era a minha mãe, o dinheiro não era uma quantia tão absurda e ela sempre me apoiou, em todos os sentidos, inclusive em relação à minha carreira. Minha mãe confiava em mim. Na verdade, um dos motivos que me levou a cogitar pedir dinheiro à minha mãe foi a certeza de que ela apostaria na ideia. Além do mais, ela sabia que eu já conhecia a resposta.

Mãe e filho sabiam que a lógica de raciocínio dela seria mais ou menos assim:

a) Não faço a menor ideia do que você está falando.
b) Espera um pouco. O quê?!
c) Ah, pelo amor de Deus.
d) Tá legal, acho que vou ajudá-lo. Afinal de contas, ele é meu filho.

Em outras palavras, eu sabia que de certa forma ela bancaria o filho mimado. Ela faria o papel da mãe cética, mas generosa. Cada um interpretaria seu próprio papel ancestral, fazendo jus às décadas de gerações familiares. E os dois sairiam satisfeitos.

Que tal dar alguns motivos para o tio Siggy se sentir orgulhoso?

Não me lembro muito daquela ligação terrível. Eu não era calejado "na arte de pedir" como sou agora. Tenho certeza que deixei escapar alguns clichês de vendas hediondos: *"Estou te ligando hoje porque trago a 'oportunidade' de investir na minha empresa"* etc. Se eu estivesse em casa, em Chappaqua, provavelmente eu teria a levado para a biblioteca para tocar no assunto do investimento enquanto tomávamos um conhaque.

Até hoje sinto calafrios quando me lembro daquela ligação.

Tenho certeza de que minha mãe fez perguntas curiosas e educadas. E tenho certeza de que dei respostas educadas e entusiasmadas. A única que lembro claramente — e que foi um verdadeiro epítome de graça — é de a minha mãe dizendo ter certeza que o investimento renderia muitos frutos a longo prazo.

— Tenho certeza que daqui a quinze anos vou poder usar esse dinheiro para comprar um apartamento na cidade — disse, sorrindo.

Ela queria me provar que o dinheiro que investia não era um mero presente, mas um investimento real, embora tanto ela quanto eu soubéssemos que os motivos pelos quais ela estava investindo não tinham nada a ver com os meus prós e contras, nem com as minhas projeções, e tudo a ver com o fato de sermos mãe e filho.

Quase cheguei a desejar que minha mãe tivesse dito não. Porque, agora que ela tinha dito sim, eu tinha que fazer a coisa dar certo.

6

Depositando um cheque de quase dois milhões de dólares

(Outono/inverno de 1997: seis meses antes do lançamento)

Depois de semanas perseguindo Reed (que, sabe-se lá por qual motivo, parecia relutar em assinar o cheque), seu primeiro investidor finalmente te entrega o cheque que vai permitir alugar um escritório, contratar funcionários e comprar algumas mesas dobráveis.

É claro que o cheque significa muito mais do que isso. Ele representa a capacidade de começar. É a diferença entre ter uma ideia na cabeça e uma empresa formalmente lançada ao mundo. É a diferença entre o nada e alguma coisa.

E significa muito. Inclusive uma grana e tanto.

Você examina o cheque de todas as maneiras possíveis, olha uma, duas, três vezes para o valor. Certifica-se de que as vírgulas estão lá. De que a data está correta. Que a assinatura se parece com aquela que você já conhece.

Uma parte de você quer entrar no carro e pegar a estrada para Santa Cruz o mais depressa possível, depositar no banco esse raio de luz impresso num pedaço de papel, percorrer aquele piso lustroso, olhando para aquela porta dourada do cofre entreaberta atrás do balcão, brilhando em meio à escuridão feito o leme de um iate. Uma parte de você quer ir direto para casa, trocar a camiseta por uma camisa (*quem sabe role uma gravata?*), vestir-se a rigor para a ocasião.

Um milhão e novecentos mil dólares é uma bolada e tanto. Você fica meio nervoso de estar com uma coisa dessa nas mãos, como se tivesse roubado alguém. Melhor ir direto para o banco mais próximo. E qual é o problema se ele fica num pequeno centro comercial à beira da estrada, em Los Gatos? É melhor se livrar logo disso, rápido.

Você começa a se sentir meio que um fugitivo.

Na fila do banco, segura e toca o cheque com as mãos suadas, uma, duas, três vezes, até que a folha úmida vai parar dentro do seu bolso. Quem olha de fora deve estar pensando que você está fugindo de algo ou de alguém.

Você já lidou com grandes quantias antes, claro. E trabalhou para empresas que movimentavam quantias consideravelmente maiores do que essa. Mas nunca segurou um montante desses assim, com as próprias mãos.

A fila se movimenta devagar, mas por fim você chega ao caixa. E pensa ao ver a funcionária: ela vai ganhar o dia quando vir o que tenho aqui. Aposto que vai ficar impressionada. Aposto que ela vai fazer um discreto sinal para o gerente, e que ele vai me levar a um escritório aos fundos, onde há móveis antigos e um tapete persa. Ele vai me oferecer um pouco de champanhe e conversar amistosamente comigo enquanto algum encarregado dele cuida de todos os detalhes.

#US$1.900.000,00#
Um milhão e novecentos mil dólares.

Mas aí você entrega o cheque à moça do caixa e não acontece nada. Nenhum sinal de surpresa, nenhum alvoroço, nada. Mais um negócio, como qualquer outro.

— Vai sacar algum valor? — pergunta ela.

Com o dinheiro de Reed no banco, e com a fusão da Pure Atria praticamente consumada, poderíamos enfim sair de Best Western. Mas não precisamos ir para muito longe. Encontrei um lugar bem do outro lado da rua, num edifício comercial em Scotts Valley. O valor do aluguel era exorbitante, extremamente caro para o que eu podia pagar, e o contrato também seria válido por alguns anos, o que acrescia uma bela dose de otimismo à empreitada. Eu torcia muito para que nada disso fosse em vão.

O lugar estava longe de ser aquele prédio todo luxuoso em que trabalhei na Borland, com todas aquelas salas amplas e poucas divisórias, mobília e decoração altamente em voga, feita de madeira louro e com suculentas espalhadas por todo lado (que provavelmente decoravam até as escadas de incêndio e os pufes). Não, nosso escritório não tinha nada disso. Era completamente discreto. Parecia mais o consultório de um dentista ou o escritório de um advogado. Na verdade, no prédio também havia alguns psiquiatras e um optometrista. Mas a maioria das salas comerciais era ocupada por pequenas startups, que entravam e saíam do prédio num vaivém de altos e baixos.

Havia um canteiro de flores bem de frente para o mastro com flores e plantas sempre frescas. Nada crescia muito ali, nem era cuidado dia a dia exatamente, mas havia alguns botões no solo e, quando as flores morriam, eram arrancadas e substituídas por uma nova rodada de tulipas, amores-perfeitos ou narcisos. O custo pouco importava, desde que as flores estivessem desabrochando. Ao passar pelo jardineiro que levava um carrinho cheio de tulipas semiabertas para serem plantadas o mais depressa possível, era impossível evitar a (perversa) comparação entre um jardim e o ciclo de vida de uma startup. Plantar, nascer, crescer, morrer... e ser substituída.

Nosso escritório era uma sala grande e aberta, com um tapete verde horrível. Já havia sido o escritório de um banco pequeno e ainda havia ali um cofre grande, cuja porta foi deixada destravada. O escritório ficava num corredor comprido, tinha uma sala de reunião e uma sala menor no canto, com vista para o estacionamento e para o Wendy's, do outro lado da rua. Como CEO, quis que essa sala fosse minha. Apesar de não ter absolutamente nada para colocar nela.

Enfim, era um lugar sem muito luxo. Gastamos menos de mil dólares equipando o escritório. Não tinha cadeiras Aeron, nem mesas de pingue-pongue, nem uma geladeira cheia de LaCroix.

O que tínhamos eram seis ou sete mesas dobráveis daquelas mais baratas, do tipo que os bufês usam. E um conjunto de cadeiras de sala de jantar que não combinavam entre si e que eu trouxe do depósito da minha casa. Se alguém quisesse algo melhor do que aquilo, tinha que trazer de casa. Lembro claramente de vários funcionários arrastando cadeiras de praia pelo escritório, ainda cobertas de areia. Na primeira vez que Lorraine veio ao escritório, ela apontou para a nossa mesa de reunião e perguntou: "Por caso são as cadeiras da nossa sala de jantar?"

Em vez de gastar com móveis, preferíamos investir em tecnologia. Compramos dezenas de computadores da Dell e pedimos para entregar no escritório. Compramos nossos próprios servidores (em 1997 ainda não havia nuvem compartilhada) e os instalamos num canto. Também compramos milhares de cabos, e sozinhos cabeamos o escritório inteiro, depois do expediente. Fios de extensão e cabos de rede serpenteavam o escritório feito um emaranhado de cobras laranja e pretas. A fiação pendia do teto feito as ramificações de uma videira.

Não lembro do dia da mudança. Mas a gente deve ter pedido umas pizzas ou ido ao Costco* algumas vezes para providenciar o que faltava. Porém, o mais provável é que as pessoas simplesmente aparecessem trazendo aquilo que precisavam para executar o próprio trabalho. Quem aparecesse no primeiro escritório da Netflix, no outono de 1997, teria visto uma sala que lembrava uma mistura maluca entre o porão de um geek e o diretório de uma carreata política. Mas a gente curtia essa miscelânea.

Nosso escritório transparecia a seguinte mensagem: *A prioridade aqui não somos nós, mas os nossos clientes*. Ninguém estava ali trabalhando em troca de algum benefício mirabolante ou de comida grátis. O que nos unia era o espírito de equipe e o desafio, a oportunidade de resolver problemas complexos e intrigantes com pessoas inteligentes.

---

* Varejista que vende eletrônicos, eletrodomésticos, móveis, entre outros produtos (N.T.).

Ninguém trabalhava com a gente porque queria estar num escritório luxuoso, mas pela oportunidade de construir algo que fizesse a diferença.

Ao mesmo tempo em que estávamos de mudança para Scotts Valley, eu cogitava (e estava mesmo, finalmente, me preparado para) outra mudança.

Nos primeiros meses de testes da Netflix, eu morava a cinco minutos (a pé) do escritório, numa casa pequena e alugada. Lorraine e eu nos mudamos para lá em 1995, depois de ter morado anos nas montanhas. Cansados da viagem de carro de meia hora até Santa Cruz, e da viagem de uma hora e meia para subir a colina todos os dias e trabalhar, Lorraine e eu vendemos a nossa casa e nos mudamos para uma casa menor e alugada, em Scotts Valley, decidindo poupar dinheiro para o futuro.

Eu gostava de ir e voltar do trabalho a pé. Morar assim, pertinho de casa, me permitia sair do escritório e chegar a tempo do jantar, ir para casa para passar um tempo com a minha família vez ou outra e depois voltar para o escritório para terminar o que precisava fazer. Mas pensando no futuro, essa não seria uma solução sustentável. Eu queria um quintal que fosse maior que um selo postal e Lorraine queria uma casa grande para criar os nossos três filhos. Na nossa casa minúscula, em que morávamos de aluguel, era como se os três se trombassem o tempo todo. As crianças também não tinham muito espaço para brincar do lado de fora, e ficávamos tão perto da rodovia que não conseguíamos dormir à noite por conta do barulho dos carros.

Mas as nossas tentativas de encontrar uma casa nova não chegavam a lugar nenhum. Não havia imóvel perto de Santa Cruz de acordo com a faixa de preço que podíamos pagar e, quando pesquisávamos na região do outro lado da colina, em direção a San Jose, ficávamos ainda mais desanimados com o que havia disponível. Os corretores de imóveis, cientes de quanto podíamos gastar, nos mostraram imóveis que beiravam o ridículo, tamanho mau estado em que se encontravam. Num certo imóvel, o mato crescia no telhado (e não, não era peça de decoração) e um deles vinha acompanhado de um rebanho de cabras.

Foi então que, em outubro, uma casa de três andares com pouco mais de vinte hectares, nas colinas de Scott Valley, estava disponível para venda. A propriedade já tinha sido um vinhedo e, no começo do século 20, um resort. Os proprietários tinham oitenta e poucos anos e não conseguiam mais manter a casa. Na primeira vez em que fomos visitá-la, arrastando as crianças com a gente, ficamos encantados. A casa era perfeita: grande e com um terreno amplo.

E também custava quase um milhão de dólares.

Naquela noite, um tanto apavorado, liguei para a minha mãe para pedir a opinião dela. Ela era corretora de imóveis e conhecia a minha família quase tão bem quanto eu.

— A gente quer muito a casa. Mas é muito dinheiro, mais do que eu já gastei — falei. — E acabei abrindo a empresa... Será que compensa correr mais esse risco? Será que a gente deve fazer uma proposta?

— Se quer mesmo essa casa, não tente negociá-la, nem corra o risco de perdê-la — disse a minha mãe. — A angústia de ter de pagar o preço alto não vai durar para sempre. Mas o prazer de morar lá, sim. Então, vá em frente.

E assim fomos.

Se me arrependi da compra? Claro que sim. Mesmo naquela noite, depois que a papelada já tinha sido assinada e entregue, quando Lorraine e eu estávamos sentados na varanda, conversando com alguns amigos, tomando uma garrafa de vinho, vendo nossos filhos brincarem de pega-pega debaixo das sombras grandes das sequoias que cobriam o nosso gramado — mesmo naquela noite, enquanto comemorávamos muito entusiasmados e brindávamos aquela grande conquista, eu não parava de pensar: *Será que cometi o maior erro da minha vida?*

E se a empresa fracassasse? E se eu perdesse o meu emprego? E se a ideia dos DVDs por correio nunca decolasse?

— Lembra daquela época, depois da faculdade? — perguntou Lorraine naquela primeira noite, depois que os nossos convidados foram embora. — Do quanto a gente esbanjava dinheiro?

Quando Lorraine e eu nos casamos, tínhamos dívidas que somavam mais ou menos dez mil dólares. Naquela época, eu trabalhava com marketing por mala-direta (era o meu primeiro emprego na área) e ganhava aproximadamente trinta mil dólares por ano. A renda de Lorraine era praticamente igual à minha, ela trabalhava como corretora de valores iniciante, ligando para as pessoas para oferecer serviços. Traçamos a meta de liquidar as dívidas dali a um ano e, nos doze meses seguintes, mantivemos um caderninho, anotando tudo meticulosamente, cada despesa, por menor que fosse. Pasta de dente: 1 dólar e 50 centavos. Donut na estação de trem: 75 centavos.

Uma vez por semana, a gente se permitia dois grandes gastos: pizza no Athens Pizza e um engradado de Shlitz. Depois de beber a cerveja, devolvíamos as garrafas para receber o desconto.

— Se fizemos isso uma vez, podemos fazer de novo — concordei.

Na real, não sou um cara muito econômico. Para ser sincero, o modo como encaro os negócios é uma recusa do cuidado meticuloso que o meu pai tinha com o dinheiro. O caderno em que ele anotava as despesas era uma aberração, um modo de reagir a determinado problema. Normalmente, se tenho dinheiro, eu gasto. Não com desperdícios nem sem ter a consciência do que estou fazendo, mas no sobe e desce da economia do Vale do Silício, sempre acreditei que a gente deve gastar aquilo que recebe. Gastar com sabedoria, mas gastar.

Embora no começo eu tenha me saído bem com uma startup, nunca fui um grande acionista — então, embora tenha conseguido bons resultados, nunca tive grandes recompensas. Meu primeiro inesperado golpe de sorte aconteceu quando entrei para a Borland, poucos meses depois do meu aniversário de trinta anos. Peguei uma época boa: as vendas decolavam, assim como as nossas ações. Eu era rico... mas só no papel, já que tudo que eu tinha eram ações. Uma noite dessas, num bar em Hong Kong, fui tomar cerveja com Doug Antone, vice-presidente sênior de vendas da Borland. Conversávamos sobre o bom desempenho das ações e, quando contei que não tinha percebido nada do que ele falava, Doug quase cuspiu a cerveja.

— E o que está esperando? — perguntou. — Sempre que uma das *minhas* ações se torna exercível, não importa qual, eu a vendo. É muito mais vantajoso se a ação continuar subindo, mas se ela cair, vai dar graças a Deus por ter conseguido poupar alguma.

Daquele dia em diante, não só adotei essa filosofia como me tornei um de seus maiores defensores. Sempre aconselhei meus funcionários a venderem suas ações enquanto podiam. Uma das minhas frases preferidas foi dita por um ex-chefe de Lorraine, na época em que ela trabalhava numa corretora de valores: *"Os touros fazem dinheiro. Os ursos fazem dinheiro. E os porcos são abatidos."**

A propósito, esse ex-chefe, certo tempo depois, foi acusado de se aproveitar de informações privilegiadas para benefício próprio.

Apesar da minha declarada ambivalência em relação ao dinheiro, toda vez que, por algum motivo, eu parava o que estava fazendo, naquele primeiro outono da Netflix, a preocupação em relação às finanças voltava a me afligir. E o único remédio, ao que parecia, era o trabalho. Eu não me preocupava com o futuro da Netflix enquanto me mantinha devidamente empenhado em garanti-lo. E eu não me desesperava em relação à compra da casa enquanto trabalhava para mantê-la. Por meses, passei todos os sábados e domingos fazendo reparos na casa antes de a gente mudar de fato: podando as vinhas, cortando o mato com um trator, arrancando árvores secas que os proprietários anteriores tinham deixado caídas fazia dez, vinte e até trinta anos.

Eu visualizava as videiras carregadas, as árvores abarrotadas de frutas. Depois de uma infância na Costa Leste regada a salada de frutas enlatada e peras em calda, tudo que eu queria era passear pelo meu quintal, arrancar uma fruta direto do pé e comê-la num terreno que era meu. Mas, para conseguir isso, eu precisava plantar, carpir. Eu precisava abrir espaço, plantar uma muda e, semana após

---

* Referência a um ditado popular de Wall Street. O touro é o símbolo do mercado "em alta", já que ataca com o chifre para cima. Já o urso é o símbolo do mercado "em baixa", já que ataca com as patas de cima para baixo, isto é, descendo (N.T).

semana, mês após mês, nutrir aquele doce desejo que crescia sob os meus cuidados.

Minha rotina, durante o outono e o inverno de 1997, meses antes da nossa mudança de casa, foi exatamente como eu esperava que seria. Eu acordava, ajudava Lorraine a arrumar as crianças para a escola, depois entrava no carro e dali a três minutos já estava no escritório. Quando o tempo estava bom e eu não tinha pressa, fazia o caminho a pé. Eu passava o dia todo trabalhando na ideia que tive, na agradável companhia de uma talentosa equipe que escolhi a dedo. Estávamos nas trincheiras do planejamento. Para alguém com TDAH (e, como eu havia muito tempo suspeitava, com um leve caso de TOC), há poucos lugares mais agradáveis que esse.

No trabalho, todo santo dia eu tinha a opção de escolher entre centenas — ou melhor, milhares — de problemas para resolver. E como eu era o líder, e estava cercado de profissionais brilhantes, podia me concentrar no que me interessava. Esse é um dos grandes prazeres de estar no comando do estágio inicial de uma startup. A empresa é tão pequena que todos os envolvidos têm de usar diferentes chapéus, mas todos de tamanho grande o bastante para servir em todos os funcionários, sem exceção.

Aqui vai uma lista de alguns dos problemas que enfrentamos naquele outono:

1. Montar um escritório

Essa é uma questão em que você nunca terá de pensar enquanto estiver trabalhando numa empresa de grande porte como a Borland ou a Pure Atria, nem mesmo quando estiver numa startup que já tenha dado seus primeiros passos. Mas fui aprendendo que, uma vez na liderança, cabe a você garantir que aquelas coisas básicas de escritório (telefone, impressora, grampo para o grampeador etc.) nunca faltem para os funcionários. Precisávamos comprar telefones. E computadores. Precisávamos cabear o escritório inteiro para que tudo funcionasse perfeitamente. E mesmo que a gente passasse...

vejamos, cinco minutos, no máximo?... preocupados com a decoração do ambiente, alguém tinha de comprar as mesas dobráveis de carteado e dar um jeito de montá-las para ficarem parecidas com uma bancada de trabalho.

Mais do que isso, também tive que tomar decisões a respeito de coisas sobre as quais nunca havia pensado. Queríamos que o escritório fosse limpo uma vez por semana ou a cada quinze dias? Como faríamos com as chaves? Que banco vamos usar? Devo contratar uma empresa externa de RH?

De certo modo, todas essas decisões eram uma espécie de microcosmo dos problemas que enfrentávamos como inovadores do final dos anos 1990. Quando se constrói uma empresa do zero, você começa literalmente do zero, ou seja, do nada. E tem de descobrir como fazer a coisa dar certo. O mesmo era válido para uma startup de tecnologia em 1997, especialmente uma cujo objetivo era usar o poder emergente da internet para vender um tipo de tecnologia *totalmente nova*. OS DVDs mal existiam no mundo, a internet de alta velocidade era um bebê engatinhando e não havia *templates* prontos para criar um site. Quem quisesse construir alguma coisa teria de se virar sozinho, começando do zero.

2. Formar uma equipe

Agora que éramos uma empresa de verdade, precisávamos completar o elenco. Éramos em sete (Christina, Te, Eric, Boris, Vita, Jim e eu), mas havia ainda muitas lacunas. Precisávamos de alguém que pudesse nos colocar em contato com os usuários de DVDs. E de alguém que nos colocasse em contato com estúdios e distribuidores. E também precisávamos de alguém que cuidasse da programação *back-end* e de bons profissionais de tecnologia (o tipo mais escasso no Vale do Silício e de que sempre precisaríamos).

No final de outubro, sabe-se lá como, consegui convencer Mitch Lowe a vir trabalhar com a gente. Hoje, ele confessa, brincando, que por fim tomou a decisão de aceitar se deslocar uma hora e meia todo dia (tanto na ida quanto na volta) para cumprir a sua missão de concluir mais algumas de suas biografias presidenciais às quais vinha se dedicando. Mitch seguia uma ordem cronológica, tendo começado em Washington e, depois de vários anos, finalmente havia chegado a John Tyler (isso sim é o que podemos chamar de interesse na história presidencial).

Mas acho que o verdadeiro motivo que levou Mitch a integrar a nossa equipe foi o fato de ele estar meio entediado com suas lojas e de começar a perceber que seus experimentos com estandes estavam ainda muitos anos à frente de seu tempo. A empresa de software sobre a qual Mitch me falou quando o conhecia na VSDA, a Nervous System, Inc., também ainda estava a alguns anos de se tornar viável.

Com Mitch, tínhamos um recurso inestimável: alguém que entendia perfeitamente do negócio de aluguel, que tinha uma pilha enorme de contatos de executivos de estúdio e distribuidores, e que sabia como captar os clientes de acordo com os filmes que desejavam. Mitch era um poço de experiência e conhecimento. Desde o momento em que consegui convencê-lo, tive a certeza de que seria uma das contratações mais importantes que faria.

A esposa dele, no entanto, ainda acreditava que a ideia nunca daria certo.

Para nos ajudar a nos conectar ainda mais com os nossos clientes, Te trouxe Corey Bridges para trabalhar na captação de clientes ou, para ser mais específico, em algo que apelidamos de Black Ops. Tendo cursado Estudos Linguísticos e Literários da Língua Inglesa em Berkeley, Corey era um escritor brilhante que tinha o dom de criar personagens. Ele percebeu, desde o começo, que o único modo de encontrar os donos de DVDs era nas comunidades periféricas da internet: grupos, murais, fóruns da web e todos os demais canais digitais que serviam de ponto de encontro para os entusiastas.

O plano de Corey era se infiltrar nessas comunidades. Ele não se identificaria como um funcionário da Netflix, mas se passaria por um fã de *home theater* ou por algum cinéfilo, e com isso começaria a interagir e a se envolver nas conversas das comunidades voltadas para os fanáticos por DVD e para os cinéfilos. Faria amizade com os principais integrantes e, aos poucos, com o tempo, contaria aos mais respeitados comentaristas, aos moderadores e aos proprietários de sites sobre esse novo site chamado Netflix. Estávamos a alguns meses do lançamento, mas Corey plantava as sementes que vingariam... pra valer.

E quanto aos bons profissionais de tecnologia? Por meio dos contatos de Eric, contratamos Suresh Kumar, um engenheiro talentoso da Pure Atria, bem como o brilhante e excêntrico alemão Kho Braun. Eric, Boris e Vita foram unânimes ao dizer que Kho era um verdadeiro gênio. Ele geralmente chegava ao escritório por volta das três ou quatro da tarde e ficava até o começo da manhã. Às vezes, quando eu chegava muito cedo, encontrava Kho na mesa dele, às seis da manhã, cercado de saquinhos de chá secos e de barrinhas de cereal mordidas. Foi ele quem terminou de cabear o escritório, tendo completado a tarefa sozinho depois de trabalhar uma noite inteira. Kho era muito dedicado, criativo e sobretudo discreto. Durante o tempo em que trabalhamos juntos, se escutei vinte palavras saírem da boca dele, foi muito.

3. Erguer as bases

Acredito piamente que a cultura de uma startup promissora é construída a partir dos valores e das escolhas de seus fundadores. A cultura de uma empresa é o reflexo de quem você é e do que você faz, não do discurso pronto e elaborado sobre missão que comumente se ouve durantes as reuniões de área e de equipe.

Você pode falar, se esgoelar até perder o fôlego, repetir o quanto seus funcionários são o seu maior patrimônio, ou o quanto se preocupa em garantir que o escritório seja um bom lugar para trabalhar, mas de nada adianta esse discurso se não começar a dar os primeiros passos para colocar tudo isso em prática.

Bem, uma vez que depositei o cheque, precisei tomar algumas decisões. Qual seria o salário dos funcionários? Teriam benefícios? Plano odontológico, talvez?

Respostas:

Não muito alto.

Claro, com certeza.
Não.

No começo, todos nós tivemos uma redução de salário em comparação com o quanto recebíamos nos empregos anteriores. Não porque cada um não merecesse um salário melhor, mas porque não sabíamos ao certo quanto tempo seria preciso para fazer o dinheiro render, e porque precisaríamos muito dele para acrescentar outras perguntas a essa lista.

Naquela época, eu deixava um pote de moedas de um dólar na minha mesa, que eu recebia do banco em bolinhos de quarenta e, a cada reunião semanal, eu entregava um desses bolinhos como um "bônus" para o funcionário que naquela semana tinha oferecido a maior contribuição para a empresa. "Não gaste tudo de uma vez só", eu dizia.

Ainda assim, se era para pedir que todos se sacrificassem em prol do nosso futuro sucesso, eu queria que todos recebessem uma "fatia" desse sucesso que (com sorte!) chegaria logo. Embora o salário de cada um naquela época estivesse bem abaixo do mercado, cada um dos primeiros funcionários recebeu uma importante participação no negócio em forma de ações. No começo, ninguém ganharia muito, mas todos apostávamos no nosso próprio trabalho, acreditando que a recompensa final valeria muito a pena.

4. Organizar o inventário

Nosso objetivo era ter a coleção de DVDs mais completa do mundo. Daria uma bela jogada de marketing e nos colocaria à frente dos nossos competidores de lojas físicas, que ainda viviam num mundo em que apenas uma porção de seus clientes tinha um DVD player. Para eles mal fazia sentido manter um DVD no estoque, que dirá uma cópia em DVD de cada lançamento.

Esse não só era o nosso objetivo, como planejávamos ter várias cópias dos títulos populares. Desse modo, nunca deixaríamos um cliente na mão quando ele quisesse esse ou aquele título.

Mas como definiríamos quantos DVDs de *Nós somos os campeões 2* deveríamos manter em estoque? É claro que, com o tempo, desenvolvemos algoritmos complexos para ter uma previsão de demanda o mais precisa possível. Mas, ainda assim, naquela época, o que fazíamos era um mero palpite ou, para ser mais preciso, Mitch Lowe supunha, por meio das décadas de experiência com o consumidor, qual seria o número ideal para uma biblioteca de empréstimo (acontece que ele raramente se enganava. Mitch era capaz de reconhecer um *blockbuster* à primeira vista, e conseguia sentir o cheiro de carne assada no forno mesmo a quilômetros de distância dela).

Ele também nos ajudou a entrar em contato com as distribuidoras. Em 1997, as distribuidoras de DVD formavam um grupo heterogêneo, espalhado por dezenas de cidades. Eram pequenas empresas de nicho, e às vezes você levava dias e dias para conseguir falar com alguém por telefone. E demorava semanas para conseguir uma remessa, sem falar que na metade das vezes você não recebia tudo que tinha encomendado. Em nossas pesquisas para construir uma biblioteca com todos os títulos de DVDs disponíveis no mercado, muitas vezes passamos semanas procurando uma cópia, de um único título, muito difícil de encontrar. Embora houvesse apenas algumas centenas de filmes disponíveis no formato de DVD, levamos meses para construir uma biblioteca de tamanho considerável.

E o que fazer depois? Precisávamos encontrar um lugar para guardá-la.

Essa parte era com Jim Cook. Lembra do cofre de banco que comentei? Jim o converteu numa espécie de depósito e, ao longo de vários meses, testou diferentes maneiras de armazenar, localizar e enviar o que esperávamos que se tornaria milhares de DVDs por dia.

Prateleiras? Caixas organizadoras em ordem alfabética? A tarefa que Jim tinha naqueles primeiros meses era desafiadora. Nos primeiros dias, quando eu entrava naquele cofre, me sentia dentro do porão de um cinéfilo. Mas com o passar o tempo, a coisa foi se parecendo mais com uma locadora de vídeo — títulos organizados por ordem alfabética e gênero, e os lançamentos devidamente organizados na seção correta.

5. Criar um processo de entrega eficaz

Um dos maiores problemas que tivemos de resolver antes do lançamento foi a embalagem. O primeiro teste que fiz com Reed foi com um simples cartão de aniversário, mas não podíamos enviar milhares de DVDs soltos, dentro de um envelope frágil, para diferentes lugares do país. Precisávamos de algo consistente, que protegesse o DVD durante um percurso imprevisível do sistema postal interestadual. A embalagem que protegeria o disco tinha de ser suficientemente resistente para que ele pudesse ser alugado novamente, quando o cliente o devolvesse. Tínhamos que pensar em algo fácil de se manusear. E intuitivo. E tinha de ser pequena e leve o suficiente para ser categorizada como correspondência de primeira classe. Quando o nosso objeto passou a ser categorizado como envio de quarta classe, nossos custos aumentaram e a velocidade da entrega diminuiu. E nenhuma dessas duas coisas seria sustentável para a nossa empresa.

Tentamos de tudo, tudo mesmo: papelão, cartolina, papel artesanal, Tyvek, plástico. Experimentamos quadrados e retângulos de todos os tamanhos. Inserimos abas de caixas. Tentamos almofadas de espuma. Milhares de protótipos foram parar no chão da sala de edição depois que Christina, Jim ou eu chegamos à conclusão de que nada funcionaria. Houve dias em que entrei no escritório sem saber se o que tinha em cima da mesa dos fundos era papel e embalagem da Netflix ou restos de algum trabalho de escola do meu filho.

Encontrar o meio mais apropriado para o envio era o ponto-chave do nosso negócio, o primeiro contato físico que teríamos com os nossos clientes. Se os DVDS chegassem quebrados, atrasados, amassados ou riscados, ou se o cliente não conseguisse entender como enviar o filme de volta para a gente, usando nossa embalagem, tudo iria por água abaixo. Essa era uma questão extremamente importante, com a qual estive fortemente envolvido nos primeiros dias. Ficava até tarde no escritório remexendo em protótipos, traçando ideias nos guardanapos de papel durante as refeições. E, quando ia dormir, às vezes chegava a sonhar com caixas, embalagens, papéis, tesoura.

6. Desenvolver um site

Provavelmente, essa é a parte mais difícil de se imaginar. O advento da nuvem e a proliferação de ferramentas de desenvolvimento de sites (Squarespace e similares), facilitou o processo, possibilitando que qualquer pessoa com um MacBook com conexão à internet pudesse comprar um domínio, fazer o upload de algumas fotos e de alguns arquivos de texto, juntar tudo isso e transformar num site. Mas em 1997, no alvorecer da era do comércio eletrônico, havia apenas alguns anos que se falava em site. E quem quisesse usar a internet para vender algo provavelmente teria de construir tudo sozinho.

E teria de comprar não apenas espaço no servidor, como também os próprios servidores. E mais do que comprar um *template* de uma loja virtual, você tinha que escrever o código dela. O que significava horas e horas de design, codificação, testes e ajustes finos. E como queríamos que fosse o nosso site? Como queríamos que fosse a experiência de navegação? Como ele ficaria quando o usuário fizesse a busca por um filme? Qual seria a organização dos filmes dentro desse site? Que tipo de conteúdo seria exibido para cada filme?

E uma vez que o cliente escolhesse um filme, o que ele veria? E como inseriria seus dados pessoais? O que aconteceria se o cliente cometesse um erro ao inserir a abreviatura do estado em que morava ou ao digitar as informações de seu cartão de crédito?

Não é exagero nenhum dizer que as perguntas eram quase infinitas. E, para respondê-las, tivemos de integrar duas áreas muito diferentes: designers (principalmente Christina e eu) e os engenheiros que eram quem de fato colocaria a mão na massa. Os engenheiros, têm, por natureza, uma maneira literal de pensar. Fazem exatamente o que você os instrui a fazer. Foi assim que Christina e eu aprendemos rápido que não podíamos deixar lacunas. Ela começou a desenhar o site à mão, replicando meticulosamente e com exatidão o que queríamos para cada página, fazendo dezenas de anotações nas margens sobre como cada parte interagiria com a seguinte. Na sequência, ela entregava o layout para Eric e a equipe dele cuidava da programação. Nós acompanhávamos o que eles iam desenvolvendo e fazíamos sugestões que eram acrescentadas.

Design e engenharia, design e engenharia, design e engenharia. De uma área para a outra, assim ficamos por meses.

Sacaram? Sim, tínhamos muita coisa para fazer.

Mas era tudo muito prazeroso, do planejamento aos problemas e quebra-cabeças que tínhamos de resolver. Eu tinha tantas tarefas para cumprir, tantas coisas menores que precisava projetar e construir que não sobrava tempo para me preocupar com o futuro. Tudo desaparecia quando eu estava naquele escritório. Eu me esquecia dos quartos semiacabados da casa nova que eu mal conseguia pagar. Esquecia da mensalidade da escola de Logan que eu precisava pagar. Esquecia daquela frase que Alexandre Balkanski, fazendo uma careta, havia me dito:

"*Que bosta*".

Eu me sentia como meu pai, trabalhando em um daqueles trenzinhos. Eu me sentia feliz por ter de alinhar todas as tarefas, investigar todos os problemas e trabalhar para resolvê-los. Eu estava no meu porão, construindo algo, sabendo que, algum dia, num futuro próximo, seria eu quem chamaria todo mundo para ver o resultado do que eu havia construído.

7
Por um triz, CinemaCenter
(Seis meses antes do lançamento)

Uma das perguntas que mais costumo receber é sobre a cultura organizacional da Netflix. Como a instituímos? Que tipos de apresentações fazíamos para os novos funcionários? Como descobrimos o modo como queríamos trabalhar juntos, interagir uns com os outros, conversar?

Agora, claro, a cultura da Netflix é famosa. Há uma apresentação em PowerPoint muito acessível a todos os funcionários que entram para a empresa.

Mas a verdade é que ela não é fruto de reuniões, nem de planejamento ou de discussões em mesa redonda. Ela surgiu organicamente, por meio de conjunto de valores compartilhados entre uma equipe que já tinha passado por um punhado de instituições diferentes: startups, empresas de grande porte e por aí vai. A Netflix, para todos nós, sem exceção, era a oportunidade de trabalhar no tipo de lugar com que sempre sonhamos. A chance de fazer as coisas verdadeiramente do nosso jeito.

Cultura organizacional não é o que você *diz*, mas o que você *faz*.

Fui eu quem recrutei quase todo mundo naquele escritório. Eu sabia como cada um trabalhava. Eu sabia que Christina adorava botar ordem em situações caóticas e que ela se sairia muito bem se fosse incumbida de lidar com essas situações. Eu sabia que a criatividade de Te afloraria se desse a ela carta branca para colocar em prática suas ideias inovadoras. Eu sabia que Jim Cook resolveria qualquer problema que visse pela frente, mas que eu tinha de dar a ele a autonomia necessária para fazer o que era preciso.

Eu sabia que eu e todo o pessoal da primeira equipe prosperaríamos se tivéssemos bastante trabalho pela frente e autonomia suficiente para isso. Nossa cultura organizacional consistia nisso: escolher a dedo uma dúzia de pessoas brilhantes e criativas, entregar a elas um punhado de problemas desafiadores e deixá-las livres para buscar a solução.

Mais tarde, essa cultura passaria a ser chamada na Netflix de Autonomia e Responsabilidade. Mas só anos depois. Naquela época, era assim que fazíamos as coisas. Não tínhamos horário definido para o trabalho. Todo mundo podia entrar quando quisesse e ir embora quando quisesse. Os funcionários eram avaliados pelo que entregavam. Contanto que os problemas fossem resolvidos e as tarefas executadas, para mim não me importava onde cada um estava, quantas horas trabalhava ou quanto tempo ficava no escritório. A filosofia que adotei era consequência dos anos de experiência com as expedições selvagens da NOLS. Desde os catorze anos faço trilhas pelas montanhas com uma mochila nas costas. Isso me mantém saudável. Amo o cheiro das montanhas, o silêncio ao ar livre, a sensação de paz que só as coisas mais básicas da vida podem oferecer.

Mais do que tudo isso, o que mais gosto nessas trilhas que faço com a mochila nas costas são as pessoas que me acompanham. Quando você entra em contato com a natureza, se separa da sociedade humana. E, com isso, tem a oportunidade de criar um novo jeito de enxergar as coisas, que tem suas próprias regras, leis e tradições. Você passa a conhecer as pessoas de verdade quando dorme no chão, come uma comida simples que você mesmo prepara e fica com o corpo cheirando como se estivesse há uma semana sem tomar banho. Algumas das maiores amizades que tenho foram feitas no meio do nada. E os meus laços familiares se fortaleceram muito por conta dos momentos que passei junto com a minha família num rio, escalando um pico ou surfando em algum recife afastado.

O que acontece numa viagem de mochila nas costas, no fim, é também um belo exemplo do que acontece numa startup. As startups são pequenas, não raramente simples e apartadas de uma certa cultura dominante do seu campo de atuação. São formadas por pessoas que têm ideias parecidas, que estão na mesma jornada e têm um objetivo em comum.

E muitas vezes acabam totalmente perdidas no meio da floresta.

Naqueles primeiros meses do pré-lançamento da Netflix, aprendi que trabalhar em uma startup é como fazer uma viagem para o interior, mas sem trilhas. Suponhamos que você esteja numa viagem dessas e saiba que o próximo acampamento está treze quilômetros à frente, do outro lado de uma encosta íngreme. E suponhamos que você esteja acompanhado de uma equipe especializada — alguns levam os botes infláveis, outros carregam a comida e os equipamentos, e outros caminham tão rápido e levam uma mochila tão leve que poderiam muito bem se passar por escoteiros.

Uma das rotas possíveis leva direto para o pico da montanha e para o acampamento; a outra é um pouco mais fácil do que a primeira, porém o caminho é mais longo e envolve várias travessias de água; e uma terceira tem um caminho bastante previsível, mas a subida será vagarosa e com uma série de trechos em ziguezague. Qual delas você escolhe para o grupo?

A resposta é: nenhuma.

Se há mais de uma opção de trilha, então, por que forçar todo mundo a ir pela mesma direção?

Os escoteiros com a mochila leve nas costas devem ir pelo caminho íngreme, chegar lá mais depressa e encontrar o melhor lugar para acampar, com bom acesso à água, lugar plano para armar as barracas e boa proteção contra vento, chuva, calor etc. Aqueles com os botes infláveis devem aproveitar a água que vão encontrar pelo caminho para atravessá-la e flutuar até o acampamento, chegando um pouco depois, mas menos cansados que o outro grupo. Já os que estão com mais peso devem ir pela rota mais comprida, porém menos exigente.

Seu trabalho como líder é deixar que eles descubram isso. Provavelmente você escolheu as pessoas do grupo para a viagem mais difícil porque confia no poder de decisão deles e porque eles sabem exatamente o que precisam fazer. Então, como líder, a melhor maneira de garantir que todos cheguem ao acampamento é dizer a eles para onde devem ir, não como chegar lá. Dê as coordenadas ao grupo, mas deixe que ele descubra o que deve fazer.

O mesmo é válido para uma startup. A verdadeira inovação não vem das ordens dadas de cima para baixo, nem de tarefas rigidamente definidas, mas da contratação de profissionais inovadores que tenham uma visão mais abrangente do negócio e a capacidade de avaliar o problema e resolvê-lo, sem que você tenha de segurar na mão deles o tempo todo.

É como um trem, cujos vagões, apesar de interligados, precisam se movimentar com certa flexibilidade nos trilhos.

Desde o princípio, decidi tratar como adultos todos que trabalhavam a Netflix. Por meio da experiência na Borland, aprendi o que acontece quando a empresa decide fazer o contrário.

Quando trabalhei na Borland, a empresa estava no auge dos seus decadentes anos 1980. Localizado numa área de quase cinquenta mil metros quadrados paisagísticos, o campus ostentava um lago de carpas no saguão, um bosque de sequoias, trilhas para caminhada, um teatro, um restaurante completo, uma academia com quadras de raquetebol, salas de musculação, de ginástica e até uma piscina olímpica. E, claro, como convém para uma empresa em que nada agradava os funcionários, havia uma banheira de hidromassagem.

Mas mesmo uma jacuzzi não era suficiente para garantir o bem-estar dos funcionários. Pouco depois de me mudar para o novo campus, eu estava voltando do almoço com Patty McCord, na época uma das gerentes de recursos humanos da Borland, quando avistamos um grupo de engenheiros dentro da banheira de hidromassagem da empresa. Passando por lá, não nos restou alternativa senão parar para cumprimentá-los, e inevitavelmente escutamos uma parte da conversa. Estavam reclamando da empresa. Isso mesmo que você leu: dentro da banheira de hidromassagem, reclamando da própria situação. E o que há de errado nisso?

Foi uma situação constrangedora, mas Patty e eu, voltando para o escritório, paramos para pensar: se a gente oferecesse aos nossos funcionários um restaurante com comida de primeira, academia, piscina olímpica e mesmo assim ouvisse eles reclamarem, ficaríamos com a pulga atrás da orelha. Afinal, o que faz um funcionário verdadeiramente feliz? Ou, ainda mais importante: o que é preciso para engajar as pessoas no objetivo da empresa, incentivá-las a te ajudar a realizar o seu sonho e se sentirem felizes por isso? A resposta a que chegamos foi surpreendente. E incrivelmente simples.

As pessoas querem ser tratadas como adultas. Querem ter uma missão em que acreditam, um problema para resolver e autonomia para fazer isso. Querem estar rodeadas de outros adultos cujas habilidades mereçam ser respeitadas.

Anos depois, Patty acabaria revolucionando a área de RH da Netflix, e muito da filosofia que ela desenvolveu e aplicou é resultado do que nós dois percebemos naquele dia, na Borland: as pessoas não querem banheiras de hidromassagem. Não querem lanches gratuitos, mesas de pingue-pongue nem kombucha na torneira.

O que elas querem *mesmo* é autonomia e responsabilidade. Querem integrar o trem, ser um dos vagões que fazem parte dele, mas ter o espaço e a flexibilidade necessários para movimentá-lo.

Enxergar um problema por diferentes ângulos e iterações pode te dar uma boa ideia de como as coisas aconteciam na empresa antes do lançamento oficial. Vou falar de um problema específico, que nos colocou em contato com outra empresa jovem, que tinha sua própria cultura organizacional e que não poderia ser mais diferente da nossa.

Quando começamos a adquirir os DVDs, havia mais ou menos trezentos títulos disponíveis no mercado. E na época do lançamento oficial da empresa, em abril de 1998, esse número subiu para oitocentos. Esse número relativamente baixo de títulos de DVDs disponíveis acabou, de certo modo, nos beneficiando, pois assim poderíamos adquirir uma cópia de cada um e afirmar com precisão que nosso catálogo continha todos os DVDs já lançados no mercado.

Mas a biblioteca relativamente pequena de DVDs também era uma desvantagem. Muitos dos títulos disponíveis não eram *blockbusters* propriamente. Claro, em 1997 alguns estúdios vinham produzindo DVDs que as pessoas gostariam de adquirir: *A gaiola das loucas, O máscara, Seven: os sete crimes capitais.* Mas a maioria dos títulos era menos atrativa e uma verdadeira miscelânea: *A mocidade é assim mesmo, Free Willy, Vila Sésamo: o melhor do Natal com Elmo* e *Sports Bloopers Encyclopedia.* Havia documentários de baixo orçamento sobre trens, sobre a NASA e sobre a Segunda Guerra Mundial. Havia também dezenas de filmes sobre a natureza e "revistas" que vinham acompanhadas de vídeos curtos. Bollywood tinha aos montes. Bem como os DVDs de karaokê e de concertos de orquestras e de bandas marciais.

Basicamente, havia de tudo um pouco. Ninguém sabia se a onda do DVD ia pegar ou não e como as coisas funcionariam se pegasse mesmo. Seria uma mídia exclusiva para filmes? Ou também era um tipo de tecnologia compatível com a música? As pessoas gostariam de assistir a um DVD com duas horas de apresentação ao vivo da banda marcial da USC[*] no *home theater*, curtindo a sensação da tecnologia *som surround*? Assim, os fabricantes e estúdios estavam meio que em teste. A biblioteca era meio que uma mistura de superlançamentos, clássicos importantes, filmes antigos esquecidos e títulos que pareciam projetados especialmente para o *home theater*. Quem olhava para a biblioteca de títulos poderia imaginar que o público que se interessava por esse tipo de mídia era, na maior parte, nerds, fanáticos por esportes universitários e fãs de anime.

A distribuição era igualmente idiossincrática. O VHS ainda reinava, e muitos distribuidores nem tinham DVDs em estoque. Por que comprariam uma biblioteca de coisas para as quais não havia demanda? A consequência disso foi que os DVDs se tornaram território de distribuidores secundários. E o contato com esses distri-

---

[*] Referência a *Spirit of Troy*, banda marcial que representa a University of Southern California (USC) em competições universitárias, apresentações públicas comemorativas etc. (N. T.).

buidores era difícil. Não retornavam ligações. Na nossa tentativa de adquirir pelo menos duas cópias de cada DVD, passávamos dias adentro procurando um título só para ficar brincando de esconde-esconde pelo telefone.

Durante todo esse processo, Mitch Lowe fez coisas incríveis. Ele sabia como lidar com os distribuidores, mesmo com os menores e mais esquivos. Ele sabia o que fazer para que retornassem a ligação. Era cativante, persistente e se sentia feliz por ter a chance de cobrar de certo modo os muitos favores que fez ao longo dos anos de presidência na VSDA.

Uma das habilidades mais valiosas de Mitch era saber exatamente quantos exemplares de cada título deveria comprar. Naquela época, não havia algoritmos nem equações que dessem conta do recado. Mas Mitch deu. Ele sabia quando comprar três cópias e quando comprar trinta. Duas cópias de cada DVD era o nosso mínimo, mas quando Mitch acreditava que este ou aquele título tinha potencial de demanda, comprávamos muito mais cópias deles (comparando com os títulos em VHS, muito mais do que uma locadora de vídeo compraria).

Quanto ao estoque, achamos que teríamos uma vantagem em relação às locadoras de vídeo. Numa locadora de vídeo tradicional, o espaço disponível para os títulos era finito, então, uma das coisas com que tinham de se preocupar era com a inevitável falta de títulos. Mitch e outros que atuam no ramo (inclusive a Blockbuster) chamam esse processo de insatisfação gerenciada. O que fazer quando um cliente entra na loja procurando por *Duro de matar 2*, mas todas as cópias estão alugadas? Você tenta oferecer a ele algum título que o agrade tanto quanto. Tenta agradá-lo para não correr o risco de ele não voltar mais. Ainda assim, o cliente sai da loja com um gosto amargo na boca.

Como não estávamos presos a uma localização física, pensamos que jamais teríamos de nos preocupar com a insatisfação gerenciada. A coisa mais próxima da gratificação instantânea que poderíamos oferecer aos nossos clientes era ter sempre disponível o título que queriam. Então, enquanto uma locadora de vídeo comprava cinco ou seis cópias de um título, nós comprávamos cinquenta ou sessenta. Quando *Los Angeles: cidade proibida* foi lançado, compramos quinhentas cópias. O custo foi alto, mas tínhamos quatro fatores a nosso favor.

Primeiro, tínhamos dois milhões de dólares no banco. E que locadora do tempo do guaraná com rolha poderia competir com *isso*?

Segundo, ter todos aqueles DVDs a mais em estoque não era tão caro, acabava sendo uma publicidade barata, como aqueles comerciais antigos da Mastercard. *Custo por ter um DVD em estoque: US$ 20,00. Credibilidade por ter sempre todos os DVDs em estoque: não tem preço.*

Terceiro, estávamos contando com o crescimento contínuo do mercado de DVD. O que hoje pareceria dez vezes maior do que precisávamos, naquela época poderia ser exatamente o que precisávamos num mercado que era dez vezes maior.

E por último? Bom, se tudo desse errado, poderíamos simplesmente vender o que havia de extra no estoque.

Enquanto Jim tentava descobrir uma maneira de armazenar todos aqueles DVDs no cofre do banco, Christina e eu lidávamos com um problema diferente: como nossos clientes encontrariam um DVD? Que termos usariam para pesquisar? Como agruparíamos os filmes em nosso site? Que informações os clientes usariam para fazer a seleção?

Se estávamos alugando DVDs, precisávamos disponibilizar as informações sobre eles. Pense no verso de uma caixa de DVD: há uma sinopse, uma lista do elenco, o nome do diretor, dos produtores e alguns depoimentos bem escolhidos (e muitas vezes enganosos) dos principais críticos elogiando o filme que você está prestes a assistir. Numa locadora de vídeo, tudo isso está pronto muito antes de o filme chegar às prateleiras. É claro que lojas como a Blockbuster ou a Video Droid tinham bancos de dados *in loco* com informações sobre atores, diretores, gêneros e por aí vai. Mas a maioria das informações que um cliente desejava estava ali, bem à frente dele — tudo que o cliente precisava fazer era entrar, ver a foto do Tom Cruise na capa de *Missão impossível* e virar a caixinha do VHS para ler a contracapa.

Tínhamos um caminho mais difícil pela frente. Na nossa loja, não havia caixinha com contracapa. O que estávamos oferecendo aos locatários não era apenas uma coleção de filmes em ordem alfabética, separada por gêneros. Queríamos que ele tivesse a capacidade de filtrar: por diretor, por ator, por gênero. Queríamos que os locatários pudessem fazer a pesquisa de acordo com os seus interesses e de forma precisa. Gostavam de filmes com a Andie MacDowell? Ou será que preferiam a fotografia de Néstor Almendros, que estava por trás de todos aqueles maravilhosos pores do sol em *Cinzas no paraíso*? Ou talvez quisessem um filme de terror... não um mero filme de terror, mas um que tivesse vampiros... e talvez não só com vampiros, mas um filme de vampiro com teor cômico?

Queríamos oferecer aos locatários a capacidade de encontrar exatamente o que queriam. E isso exigia uma imensa quantidade de dados, tanto objetivos (como diretor, ator, produtor, data de lançamento) quanto subjetivos (como gênero e humor). Também queríamos que os clientes pudessem encontrar informações sobre premiações e a opinião dos críticos. Se um locatário quisesse assistir a todos os vencedores, de todos os tempos, da categoria Melhor Filme, nosso objetivo era atendê-lo.

E como construiríamos esse banco de dados? A resposta óbvia era contratar algumas pessoas para vasculhar a lista de DVDs e extrair dela as informações de todas as categorias que queríamos. Havia menos de mil DVDs disponíveis no mercado, então, era uma tarefa totalmente viável.

Mas na empresa éramos apenas em doze. E tínhamos muito, muito o que fazer, e o tempo era escasso. Mas não o dinheiro. Tínhamos bastante para investir. Sendo assim, comecei a procurar outras opções. Eu tinha a ideia de que era um serviço que poderíamos terceirizar.

Ledo engano.

Michael Erlewine é, de acordo com a Wikipédia, "músico, astrólogo, fotógrafo e apresentador de TV americano", que fundou, em 1991, o All Music Guide (agora conhecido como AllMusic). Em

1998, tudo que eu sabia a respeito dele era apenas essa última parte. Por acaso encontrei "o irmão" do All Music Guide, All Movie Guide enquanto pesquisava por possíveis fontes de dados.

Eu não sabia que Michael tinha pegado carona com Bob Dylan, nem que ele tinha participado de uma banda de blues com Iggy Pop. E não sabia que ele era autor de cinco livros (na época) de astrologia, com títulos como *Tibetan Earth Lords: Tibetan Astrology and Geomancy*. A única coisa que eu sabia é que ele tinha o que eu queria: dados.

E eu tinha algo que ele queria também: DVDs.

O objetivo do All Movie era compilar um catálogo detalhado de todos os filmes já produzidos. Erlewine tinha dezenas de funcionários rastreando, assistindo e anotando as informações dos filmes, 24 horas por dia. Quem visitava o site dele podia encontrar as informações mais surpreendentes a respeito de qualquer filme de que já tinham ouvido falar — e de milhares de que nunca nem sequer tinham ouvido falar.

O problema era que ele não tinha DVDs. Complecionista* inveterado, Erlewine não queria apenas as informações detalhadas sobre todos os filmes já produzidos; queria as informações sobre todos os formatos de todos os filmes já produzidos. Em relação aos DVDs, ele queria saber quais recursos especiais estavam disponíveis, em quais idiomas os títulos estavam disponíveis, as proporções de tela, e se havia ou não o som *surround*.

Todas as informações de que ele precisava estavam ali na caixa do DVD, mas os distribuidores não vendiam para o cliente direto. Portanto, o problema de Erlewine era ainda mais capcioso que o nosso em relação ao estoque. Como havia pouquíssimas lojas que vendiam DVD, adquirir uma biblioteca com todos os títulos disponíveis demandaria milhares de horas, centenas de quilômetros de viagem e uma boa dose de sorte.

---

* O termo se refere a pessoas que querem completar uma coleção. É comum no universo geek para se referir a jogadores que querem obter 100% dos prêmios, itens secretos e conquistas de um jogo (N.E.).

Começamos a conversar sobre a possibilidade de um acordo. Entraríamos com o dinheiro (e com os DVDs) em troca dos dados de Erlewine.

Adoro fazer negociações e sou muito bom nisso. Tenho facilidade de identificar as necessidades das outras pessoas. Consigo compreender o que a outra parte quer e do que precisa, e como se sente quando consegue. Outra habilidade minha é identificar rapidamente qual é a vontade do outro, e com isso consigo traçar estratégias mais eficientes para chegar a uma solução que seja benéfica para ambas as partes.

Mas com Erlewine as coisas não se saíram muito bem por telefone. Eu sabia o que ele queria, ele sabia o que eu queria, mas não conseguia entender por que ele relutava em encontrar um meio-termo. Um acordo beneficiaria nós dois e por telefone nossa conversa era amistosa, mas Erlewine continuava protelando. Aparentemente, ele evitava chegar a um acordo, e eu não conseguia compreender por quê.

Sendo assim, resolvi encontrá-lo pessoalmente. Numa terça-feira daquele inverno, peguei um avião com destino a Big Rapids, em Michigan. Assim que cheguei à cidade, aluguei um Subaru e fui dirigindo para o norte, em direção a Big Rapids. Esperava encontrar um conjunto comercial, a sede de uma empresa, talvez até umas belas corredeiras atrás do prédio. Mas no endereço que Michael me passou encontrei uma casa grande num bairro residencial, sem o menor sinal de água à vista. Havia caminhonetes estacionadas em cada entrada de garagem. Homens de camisa flanelada escovavam a neve de seus quintais. Estacionei numa entrada circular, em frente a uma casa colonial de três andares que havia sido adaptada e ligada a várias outras casas das imediações. Passadiços com coberturas interligavam várias casas vizinhas. Vi pessoas correndo de um prédio ao outro, carregando caixas de papelão e até um projetor de rolo. O lugar parecia uma espécie de comunidade, talvez uma seita.

Era um mundo completamente diferente do nosso estéril conjunto comercial no norte da Califórnia.

Michael me convidou para um tour pelas instalações. Na época, ele era magro e musculoso, com certeza por conta de alguma dieta rica em couve, iogurte e granola. Vestia uma camisa de gola aberta e dava para ver que usava algum tipo de colar. Erweline foi direto, tinha fala mansa e curvava o corpo um pouco à frente ao levantar uma questão ou outra, ouvindo atentamente a minha resposta. A minha expectativa era que ele, a qualquer momento, assentisse devagar e murmurasse: "Aham, foi exatamente o que eu pensei. Touro com ascendente em Áries", mas Michael se fechava rapidamente quando as coisas não estavam tomando o rumo que ele esperava. Convenientemente, ele parecia guiado por alguma força externa, algum poder superior que o comandava. Fechar um acordo não era algo que estivesse ao alcance dele, já que Michael era, na verdade, apenas o mensageiro. Ele teria de conversar com o chefe para então decidir.

Se o exterior da sede do All Movie parecia uma comuna, o interior parecia a cabeça de um colecionador de discos com TOC. Cada centímetro quadrado da parede era coberto por uma prateleira que ia do chão ao teto, todas elas cheias de LPs, CDs e fitas. Era evidente que os quartos tinham sido transformados em escritórios. A primeira sala que espiei com ele tinha três escrivaninhas, uma em cada canto. Uma mulher na mesa mais perto da porta segurava o encarte de um LP contra uma lâmpada pequena, e havia um dicionário de uma língua estrangeira aberto bem de frente para ela.

— Música folclórica norueguesa — explicou.

Na sala ao lado, um homem lia uma pilha enorme de *Daily Variety* da década de 1930.

— O que procura? — perguntei a ele.

— Anúncios de filmagem — respondeu. — Estou tentando correlacionar as datas de gravação.

— Está coletando dados de filmes que nunca foram lançados — explicou Michael, orgulhoso.

O tour durou quase uma hora. Conheci três ou quatro edifícios, todos cheios de profissionais obcecados por detalhes. Um dos prédios, que já havia sido uma oficina, era particularmente barulhento.

— Aqui fica a marcenaria — disse Michael, abrindo a porta. Serras, páletes, pilhas de madeira serrada. E dezenas de prateleiras de livros idênticas, com dois metros de altura.

Ali, eles compravam tantos livros, discos e filmes que fabricavam as próprias prateleiras.

Não chegamos a um acordo naquele dia nem nas semanas seguintes. Evitamos falar de pormenores. Quando eu mostrava uma resposta para uma demanda, Michael arranjava outra. De certo modo, eu sabia bem o que fazer para lidar com ele. A julgar por todo o discurso sobre ser o maior repositório mundial de informações sobre música e filme, minha visita a Michigan me mostrou algo valioso: Erlewine era um acumulador, e sua verdadeira motivação não era a informação, mas a *coleta*. Ele encontrou uma maneira astuciosa de monetizar suas obsessões e precisava mais dos meus DVDs do que do meu dinheiro.

Mas mesmo com os meus DVDs em mãos, suspeitei que houvesse algum outro motivo para a relutância de Michael: ele era simplesmente paranoico, obcecado pelas próprias informações. Minha proposta era usar as informações dos filmes (data de lançamento, elenco e assim por diante) como base de dados do nosso próprio sistema. Anexaríamos todas as informações específicas do DVD e enviaríamos tudo de volta para ele. Mas Erlewine insistia que ele próprio deveria acrescentar os dados dos DVDs e depois enviá-los de volta para a gente.

A ideia de que o maior trabalho ficaria por conta dele me apetecia, mas a grande questão da insistência de Erlewine era que, no final das contas, ele seria o detentor de todos os dados. Mesmo que esse banco de dados fosse viabilizado graças à nossa participação. Isso era inaceitável para mim. Construiríamos toda infraestrutura do nosso site com base nesses dados e se Erlewine, de uma hora para outra, tivesse, por alguma intervenção da astrologia, um acesso de arrependimento e resolvesse que não gostava da gente nem do acordo que selamos, ou se Áries estivesse ascendendo e isso influenciasse seu humor, ele poderia simplesmente pegar a sua bola de cristal e ir para casa, nos deixando com uma mão na frente e outra atrás. No português claro: a gente se foderia legal. E eu não precisei ler nenhuma revelação numa folha de chá para fazer essa previsão. Uma startup em estágio inicial é um ecossistema delicado em que há muita pressão em jogo: as expectativas dos investidores, a realidade do mercado e a baixa plausibilidade afetam todos os lados da empresa. E o que eu menos precisava naquele momento era que mais um fator externo ditasse o nosso progresso. Eu conhecia bem essa preocupação de Erlewine. Era a mesma que muita gente sentia durante o *boom* da internet. Os serviços dele (tanto o All Music quanto o All Movie) tinham começado como publicações impressas. Eram analógicas. A transição para o digital o inquietava. Erlewine estava sentado em cima do próprio tesouro, e não queria que ninguém o tirasse de lá.

No fim, comecei a ficar muito irritado. De acordo com as condições de Erlewine, pagaríamos a ele pelo privilégio de obter informações sobre os DVDs que tecnicamente eram nossos. Mas eu também sabia que ele nos tinha bem na palma da mão. Estávamos correndo contra o tempo e Erlewine tinha as informações de que precisávamos. O site seria lançado dali a poucos meses, e precisávamos das informações que ele tinha para começar a construir o banco de dados que alimentaria a nossa base. Protelei. Enrolei. Todo dia, à medida que janeiro escorregava para fevereiro, Christina e Eric me atormentavam. Precisávamos das informações de Erlewine para construir o modelo do banco de dados. Já estávamos escrevendo nossas próprias sinopses, adicionando filmes às nossas "coleções" e tomando outras decisões editoriais, mas todo o conteúdo precisava estar conectado a um diretório raiz. Ainda que terminássemos todo o conteúdo bem antes da data de lançamento, sabíamos que tínhamos dias (talvez semanas) pela frente de muito trabalho para conseguir conectar todo o nosso conteúdo ao de Erlewine. Não podíamos simplesmente conectar tudo de uma vez na véspera do lançamento.

E havia ainda outro problema. Mesmo que chegássemos a um acordo, a quantidade de dados que Erlewine nos enviaria era tão grande — sobretudo naquela época, 1998 — que simplesmente seria impossível executar o procedimento pela internet. Receberíamos os dados de um modo bem analógico: por meio de bobinas de fita magnética. E-mail? Nem pensar. Esses dados tinham de chegar até a gente dentro de uma caixa. Esse era outro motivo por que não podíamos de modo algum perder tempo. Assim que a fita chegasse, teríamos de "traduzi-la", ou seja, ensinar o nosso site a "lê-la".

O contrato que Erlewine havia feito era completamente inaceitável. Detestei cada linha. Mas não tive outra escolha a não ser assinar. Ele venceu.

Mas no exato momento em que assinei esse contrato, comecei a pensar como poderia desfazê-lo.

Verdade seja dita. Michael Erlewine encontrou um modo de monetizar sua obsessão por acumular. Aquela empresa funcionava de acordo com seus princípios, se parecia com ele. Andar por aqueles "escritórios" era como fazer um tour pela mente de um colecionador de discos compulsivo, mas aquele lugar tinha um *ethos*, uma identidade.

Não era essa pegada que eu queria para a minha empresa, nem era aquele tipo de comportamento ou de sensação que eu queria no meu escritório, mas funcionou para Erlewine. Minha abordagem sempre foi mais ponderada. Penso que as pessoas produzem mais quando estão felizes, quando a vida delas fora do trabalho não é consumida pelo trabalho. Sou o cara que queria abrir empresa em Santa Cruz, lembra? Sou o cara que queria gastar pouquíssimo tempo com o deslocamento, e que queria ter a oportunidade de surfar de manhã antes de ir para o trabalho.

Sim, sabíamos que, assim que a Netflix se tornasse realidade, as horas de trabalho seriam mais extensas. Todos sabíamos disso porque todos éramos veteranos do Vale do Silício. Já tínhamos passado pela experiência de trabalhar cinquenta, sessenta ou até setenta horas por semana. A diferença era que, desta vez, fazíamos isso por escolha. Não estávamos batalhando pelo sonho de um terceiro. Mas pelo nosso.

Então, sim, às vezes eu dormia no sofá do escritório. E, sim, uma vez vi um dos nossos programadores tomando banho de caneca no banheiro masculino. E não vou fingir que minha refeição no outono de 1997 consistia em nada mais nada menos do que berinjela à parmegiana (um assalto equivalente a US$ 6,95) que eu pedia no restaurante italiano do outro lado da rua.

Mas quando eu precisava de uma manhã de folga, para pedalar e esfriar a cabeça, eu não hesitava. E quando Te queria falar sobre seus truques de relações públicas com a manicure, ela agendava um horário.

Hoje em dia, chamam isso de "autocuidado". Naquela época, chamávamos de bom senso. Se estávamos prestes a mudar radicalmente uma indústria, era preciso manter a calma e o equilíbrio.

Mesmo naquelas trincheiras do pré-lançamento da Netflix, mantive um combinado com Lorraine que cumpria à risca. Nas terças-feiras, independentemente do que acontecesse, eu saía do escritório pontualmente às cinco e passava a noite com a minha esposa. Chamávamos uma babá, íamos passear na praia e depois jantávamos no nosso restaurante predileto, o Bittersweet Bistro, onde comíamos nosso salmão assado e tomávamos algumas taças de vinho. Às vezes, íamos ao centro de Santa Cruz pegar um cineminha.

Eu precisava daquele tempo com Lorraine — só nós dois, sem filhos, sem tarefas domésticas. Eu precisava recarregar as minhas energias, estar com a minha melhor amiga por algumas horas e não pensar em mais nada.

Já na época da Borland, onde não raramente os funcionários ficavam no escritório até sete, oito horas da noite, eu instituí uma espécie de "vale night". No começo, não me importava com essas horas a mais de trabalho, era o jeito como as coisas funcionavam. Mas, depois de alguns meses, a possibilidade de esgotamento começou a me preocupar, bem como o fato de não estar priorizando o relacionamento com a minha esposa. Especialmente depois que nossos filhos nasceram, boa parte do nosso tempo era dedicado à família: práticas esportivas, jantar em família, preparar as crianças para a escola e para dormir. Eu queria assegurar que o vínculo entre mim e Lorraine não se perdesse.

Agora que eu trabalhava no meu próprio negócio, tendo estabelecido que a terça-feira à noite seria nossa, agarrei com unhas e dentes esse espaço reservado na minha agenda. Não era fácil sair pontualmente às cinco horas. Mas quando o ponteiro maior encostava no 12, no relógio, lá estava eu, fora do escritório. Surgiu um problema de última hora? Lamento, agora não posso ajudar. Alguma reunião de emergência que só poderia ser marcada às 16h30? Melhor que seja breve. Precisava conversar comigo sobre algum assunto às 16h55? Teria de ser durante a caminhada até o meu carro.

No começo, isso causou um certo conflito. Mas, aos poucos, à medida que as pessoas foram entendendo, e eu me mantive firme e não dei o braço a torcer nem uma vez sequer, meus colegas absorveram o hábito e sabiam que não deveriam programar nada que pudesse atrapalhar a minha saída pontual às cinco da tarde. Todos respeitaram e aprenderam a se adaptar a isso.

No outono de 1997, quando construímos a nossa empresa, teria sido muito fácil para mim romper com a tradição da terça à noite. Eu tinha tanta coisa para fazer, tanto problema para resolver... E muitos deles dependiam de mim. Minha rotina era chegar ao escritório por volta das sete da manhã, almoçar na mesa de trabalho e trabalhar a tarde toda, até seis horas ou mais. Encerrado o expediente, eu pegava o carro e dali a cinco minutos estava em casa para jantar com os meus filhos. Ajudava Lorraine a colocá-los para dormir e, não raramente, voltava para o escritório e lá ficava por algumas horas, até umas dez ou onze da noite.

Depois, voltava para casa de novo para descansar e dormir algumas horas. Acho que, naquela época, eu dormia umas cinco horas por noite, muitas vezes até menos.

Certo dia, quando voltei para casa para jantar, meu filho Logan me cumprimentou na porta e, em vez de me abraçar, disse que tinha uma pergunta para me fazer.

— Pode falar, Logan. Diga, o que quer me perguntar?

Ele ficou me olhando por um tempo, depois fez o mesmo com a mochila que eu trazia pendurada no ombro.

— O pão está aí?

Inclinei a cabeça para o lado, sem entender.

— Como assim, que pão, filho?

— A mãe disse que você chega tarde em casa para trazer o pão de cada dia — explicou ele.

Demorei um pouco para entender. Mas uma vez que entendi, fiquei uns cinco minutos rindo sem parar.

Lorraine me contou um tempo depois que, quando as crianças perguntavam sobre mim naquela época, ela respondia duas coisas: ou que eu saía para trazer o pão de cada dia ou que eu estava subindo na vida. Ela só parou de dar essas explicações no dia em que Logan contou para uns amigos da escola que a profissão do pai era subir degraus.

— Parei de falar isso porque você não é pintor de parede, né? — disse ela.

Ainda assim, uma parte de mim acredita que Logan tinha razão. Afinal, aqueles primeiros dias, época do pré-lançamento, eram de fato como subir uma escada longa e interminável. A cada degrau havia um novo problema e cada problema superado era mais um passo em direção ao nosso objetivo. Estávamos numa subida ininterrupta, e era emocionante pensar o quão alto chegaríamos.

Mas não importa o quanto eu subisse, ou quantos passos havia à frente, eu sempre saía do escritório às cinco em ponto nas terças-feiras. Eu não queria ser um daqueles empreendedores bem-sucedidos que estão na segunda ou terceira startup, mas também na segunda ou terceira esposa. Reservar uma noite para a minha esposa manteve os dois com a mente sã e em sintonia um com o outro.

Em novembro de 1997, tínhamos um escritório. E um site semifuncional que estava em fase de teste. E tínhamos dezenas de protótipos de embalagem. Começávamos a formar um estoque. Tínhamos até uma data para o lançamento: 10 de março de 1998.

Mas não tínhamos um nome.

Não raramente isso acontece na fase inicial das startups. A maioria das empresas não mantêm o mesmo nome da concepção da ideia ao lançamento oficial. Nomes são importantes e às vezes leva uma eternidade para chegar ao nome ideal. A Amazon nasceu como Cadabra. O Twitter começou como Status. É preciso abrir espaço para o acaso enquanto você trabalha no desenvolvimento do serviço que tem a oferecer. Só então o nome certo aparece. Às vezes, isso demora meses. Mas, nesse meio-tempo, é comum adotar um nome beta, um título provisório que se usa para testar o site, configurar contas de e-mail e assinar documentação bancária. E não pode ser simplesmente *O Não Identificado Projeto de Marc Randolph*.

Nosso nome provisório era Kibble. Sim, igual ao nome da ração.

Steve Kahn certa vez me avisou que quando chegasse o momento de escolher o nome provisório, ele deveria ser algo ruim o suficiente para não ser usado definitivamente.

— Se daqui a seis meses você estiver de saco cheio, simplesmente vai pensar: *Ah, dane-se! Vamos manter esse nome mesmo!* Sua capacidade de discernir o bom e o ruim vai estar completamente comprometida. Mas se escolher um nome tão ridículo que seja claramente inviável, tipo www.queremosteroubar.com, ou www.queremosasuasenhabancaria.com, será obrigado a encontrar outra opçao.

É por isso que, já no nosso novo escritório, por meses continuamos nos chamando Kibble.

Nossos extratos bancários vinham com o nome de Kibble. O domínio do site que estávamos testando era kibble.com. Meu e-mail era marc@kibble.com. Kibble foi ideia minha. Veio de um velho ditado da publicidade e do marketing: *De nada adianta um bom anúncio se o cachorro não comer a ração*. Ou seja, por mais barulho que o bife faça na frigideira, e por mais que você tenha vendido quilos e quilos desse bife, de nada adiantaria se o produto não tivesse qualidade. De que adianta uma brilhante campanha publicitária da Alpo se o cachorro não comer a ração?

Escolhi Kibble como nome provisório porque considerei que ele seria um lembrete de que tínhamos de focar no produto. Afinal, precisávamos construir algo que encantaria as pessoas. Estávamos entrando numa briga de cachorro grande e não teríamos sucesso no longo prazo se o nosso serviço não fosse algo que as pessoas quisessem usar, ou seja, se a ração não despertasse o apetite do cachorro.

E o fato de eu já ter o nome do domínio não atrapalhou em nada. E eu ainda tenho, na verdade. Digite kibble.com em um navegador e você verá meu site pessoal. Envie um e-mail para marc@kibble.com e ele vai cair direto na minha caixa de entrada.

Nunca foi nossa intenção manter o nome Kibble para a nossa empresa. Mas Steve tinha razão. À medida que se passavam os meses e a data do lançamento se aproximava cada vez mais, Kibble aparentava ser uma ótima opção.

— Reunião — convoquei, numa tarde de sexta-feira. — Precisamos decidir qual vai ser o nosso nome.

A empresa inteira, ou seja, todos os quinze funcionários, entrou no meu escritório. Logo depois de nos mudarmos para o novo prédio, Christina e eu tínhamos traçado duas colunas no quadro branco. Uma foi preenchida com várias palavras relacionadas à internet. E, a outra, com palavras relacionadas a filmes. Decidimos que o nome da nossa empresa seria a combinação entre duas palavras: uma relacionada à internet, e outra relacionada a filmes. A melhor decisão seria aquela que combinasse os dois termos, com o mínimo possível de sílabas e letras.

Escolher um nome é algo incrivelmente difícil. Primeiro porque ele precisa ser cativante, algo fácil de pronunciar e fácil de lembrar. Nomes com uma ou duas sílabas são as melhores e a ênfase deve ser, idealmente, na primeira sílaba. Pense nos sites mais populares que conhecemos: Goo-gle. Face-book. São palavras que você pronuncia numa tacada só.

Quando se tem sílabas demais, letras demais, corre-se o risco de as pessoas digitarem o nome do seu site errado; já com letras de menos, corre-se o risco de elas esquecerem facilmente.

E ainda há a questão de saber se o endereço está ou não disponível. De que adianta encontrar o nome perfeito se outra pessoa já tiver comprado o domínio ou for detentora da marca registrada?

Lancei um convite à equipe. Pelas próximas semanas, qualquer um que tivesse uma ideia poderia acrescentá-la ao quadro branco. Eu já tinha feito a maior parte do trabalho, garimpado sobre disponibilidade, marcas registradas e coisas do gênero. Agora, era hora de tomar a decisão. À medida que a tarde se passava e as sombras do entardecer começavam a encobrir o chão, mastigávamos possibilidades de nomes, combinando sílabas entre uma coluna e outra. Reproduzo a seguir a lista final com os nomes:

- TakeOne
- TakeTwo
- SceneOne
- SceneTwo
- Flix.com
- Fastforward
- NowShowing
- Directpix
- Videopix
- E-Flix.com
- NetFlix
- CinemaCenter
- WebFlix
- CinemaDirect
- NetPix

Dentre essas opções, as mais criativas eram directpix.com, nowshowing.com, e-flix.com.

Mas estávamos quase, quase escolhendo CinemaCenter.

Cada um tinha o seu nome predileto. Boris e Vita amavam minha labradora preta, a Luna, que costumava vir visitar a gente no escritório, e eram super a favor de uma opção mais indireta, Luna.com. Apesar de não ter nenhuma relação com o nosso serviço, esse nome tinha apenas quatro letras. Jim preferia NowShowing. E Christina, Replay.com.

Eu gostava de Rent.com, pois achava que, de todos os nomes, esse era o que mais tinha a ver com a ideia de alugar filmes, mas nem cheguei a acrescentá-lo no quadro; além de a opção não ter nenhuma relação clara com internet, o domínio já não estava mais disponível e teria me custado quarenta mil dólares para registrá-lo. Naquela época, uma verdadeira fortuna.

Todos nós (todos mesmo, sem exceção) relutamos contra Netflix.com. Claro, tinha duas sílabas e com toda certeza atendia aos dois critérios (filmes e internet), mas no escritório havia uma grande preocupação com as possíveis conotações de "flix".

— Me lembra filme pornô — comentou Jim durante a reunião. — Skin flicks*.

— E ainda tem o "x" pra piorar... — acrescentou Christina.

— Temos que escolher uma das opções — disse Te, que estava a ponto de arrancar os cabelos. Faltava apenas alguns meses para o lançamento e ela ainda precisava criar um logotipo. — Gente, é só decidir.

E assim decidimos. Não houve uma votação, nada muito cerimonioso. Simplesmente imprimimos uma planilha com as opções e a avaliamos. Todo mundo foi para casa com uma cópia dela. No dia seguinte, todos chegaram a um consenso: erámos a Netflix.com.

Não era o nome perfeito. Soava meio pornográfico. Mas foi o melhor que conseguimos.

---

* Do inglês, "filme de sexo explícito" (N.T.).

8
Preparados para o lançamento
(14 de abril de 1998. 00h)

E por falar em pornografia, uma semana antes do lançamento da Netflix, Steve Kahn convidou Reed, Lorraine e a mim para jantar.
Calma. Não é nada disso que você está pensando.
— A essa altura, imagino que deva estar com os nervos à flor da pele — disse Steve quando me ligou. — Acabei de receber uns *buttkickers* que não via a hora de experimentar. Vamos jantar, relaxar, beber um pouco de vinho. Pode desabafar à vontade comigo, falar o que te preocupa e eu o tranquilizarei.
— *Buttkickers?*
— É, são *subwoofers* enormes — explicou Steve. — Basta colocar embaixo do chão e amarrá-los nas vigas. Faz a sala inteira vibrar.
Era uma terça-feira, à noite, portanto o dia em que a babá poderia vir e, mesmo que o objetivo fosse não falar de trabalho durante aquele período, e ficar longe do pessoal da diretoria da Netflix, como Reed e Steve, naquela época, uma semana antes do lançamento, era praticamente impossível para mim me desligar completamente do escritório e deixar a Netflix para trás. Mesmo não estando lá fisicamente, minha mente continuava no escritório, procurando soluções para os problemas que precisavam ser resolvidos antes de o site entrar no ar.
Steve sabia disso. Ele me conhecia havia muito tempo. Sabia que eu não conseguiria me desligar nem um por momento sequer, então

resolveu me ajudar da maneira que poderia: oferecendo a Lorraine uma noite de folga.

— A única coisa que você precisa trazer é um DVD — disse ele.

Mamão com açúcar. Antes de sair do escritório, passei pelo cofre e, sem olhar, peguei a primeira caixa de DVD da pilha de novos lançamentos que tinha chegado naquele mesmo dia, de manhã.

Eu realmente precisava de um respiro. E Lorraine também.

— A Morgan está me deixando louca — comentou ela no carro, a caminho de Los Altos. — Passou a tarde toda procurando o batom dentro da minha bolsa e tentando comê-lo.

Que coisa mais fofa, pensei, mas não disse, claro. Entendi perfeitamente a situação.

Steve morava no lado leste de Los Altos, numa rua cheia de casas novas e gigantescas. A casa dele não era tão grande, mas era agradável. Entenda-se: muito agradável. Daquelas que a gente vê nas revistas. E exibia (com bom gosto, claro) todas as armadilhas da riqueza que uma longa e bem-sucedida carreira nos negócios proporcionava.

— Não acho que precise trancar as portas — brincou Lorraine enquanto eu estacionava o carro. — Não aqui, neste bairro.

Steve nos recebeu com uma taça de vinho, uma generosa dose de Cabernet (para mim) e outra de Chardonnay (para Lorraine). E nos conduziu num tour pelos quartos da casa, decorados a dedo. Duas coisas ficaram gravadas na minha memória: uma parede do escritório totalmente coberta com madeira *birdeye* e uma sala de estar coberta de móveis modernistas, que pareciam ter saído daquele filme *Os fantasmas se divertem*. Era a primeira vez que eu via mais de uma cadeira Eames na mesma sala.

— Quem gosta dessa mobília de museu é a Karen — comentou Steve quando a esposa se afastou um pouco. — Não sei de onde vem toda essa quinquilharia.

Durante esse tour, senti cheiro de comida vindo de algum daqueles cômodos. Mas Steve e Karen estavam ali com a gente, então, quem estava cozinhando? Só quando fomos até o bar para beliscar uns petiscos foi que avistei alguém com um avental branco, entrando depressa pela porta vaivém da cozinha. Era a primeira vez que aquilo me acontecia. Eu nunca tinha ido a um jantar com um chef contratado.

Quando Reed e a esposa chegaram, Steve ergueu sua taça de vinho vazia.

— Coquetel na garagem! — disse ele, rindo. Dali a trinta segundos, uma bandeja de gim-tônica apareceu, trazida por um garçom sorridente, e Steve nos levou até a garagem da casa para nos mostrar seu novo Porsche. Não sou um cara aficionado por carro, mas sei reconhecer o barulho do escapamento de um carro bom. E o Porsche não era a única coisa boa que tinha ali, havia também aparelhos de ginástica novinhos e reluzentes, uma esteira, uma bicicleta ergométrica, tudo isso em cima de tapetes de borracha tão bons quanto os dos clubes de raquete. Embora Steve fosse dez anos mais velho do que eu, ele provavelmente tinha o corpo mais em forma. Na época da Borland, ao completar quarenta anos, Steve estabeleceu a meta de praticar corrida todo dia, durante o horário do almoço, por quarenta dias seguidos. E prometeu que me levaria junto, resfolegando, ao lado dele.

Ali, com a bebida na mão, fiquei me perguntando se tudo aquilo — o carro, a mobília de museu, o bufê contratado para o jantar — era o que me esperava para o futuro. Pensei no meu Volvo antigo, nos brinquedos de cachorro no banco de trás, nas goteiras do telhado cujo reparo naquele momento eu não poderia custear. Pensei também no tapete verde manchado do escritório da Netflix, que já começava a exalar um cheiro ruim à medida que nos aproximávamos do dia do lançamento.

Parecia improvável. Ou pelo menos muito, muito longe de acontecer.

Faltava mais ou menos meia hora para o jantar ser servido. Enquanto Lorraine e Karen se serviam de mais uma taça de Chardonnay e conversavam sobre a reforma da nossa cozinha, Steve, Reed e eu fomos para o deque dos fundos.

— Trouxe sunga? — perguntou Steve.

E foi assim que acabei dentro de uma sunga havaiana emprestada, flutuando numa piscina de água salgada, numa improvisada reunião de conselho com dois dos primeiros investidores da Netflix.

— Tem uma penca de coisas que eu faria se a gente tivesse um pouco mais de tempo — comentei. — Por exemplo, queremos desenvolver um recurso chamado "A lista", que vai permitir ao usuário criar e salvar uma lista com os títulos que ele quer assistir. Mitch sugeriu que criássemos uma espécie de assistente virtual que ajudasse o cliente a encontrar os filmes de acordo com as preferências dele.

— Faz sentido — comentou Steve, apoiando a taça de vinho na beira da piscina. — Toda vez que vou ao Hollywood Video, procuro o rapaz de piercing no nariz e pergunto o que ele me sugere alugar. O outro cara sempre me oferece alguma porcaria *new wave* (também conhecida como *nouvelle vague*) francesa.

Reed permanecia calado, mas posso dizer que estava pensando sobre alguma coisa. Na primavera de 1998, cansado dos colegas de classe de Stanford, Reed passou a concentrar as energias numa empreitada diferente: Tecnologia de Redes. A TechNet era um grupo que combinava as duas maiores paixões de Reed: o mundo da tecnologia e a reforma educacional. Ela promovia ações para reivindicar mais proteção às empresas de tecnologia contra ações judiciais de acionistas, bem como a flexibilização do visto para profissionais de tecnologia estrangeiros e melhorias no ensino de matemática e ciências. Reed acreditava na escola charter e a defendia por meio desse grupo, doando dinheiro para um número cada vez maior de políticos.

Falando honestamente, ele já tinha muito com o que se preocupar. Mas fiquei aliviado quando Reed mergulhou de cabeça e nadou até a outra extremidade da piscina. Eu não queria trazer nenhum problema da Netflix para ele. Por conta de Michael Erlewine, já tínhamos perdido uma data de lançamento — que de 10 de março foi adiado para 14 de abril — e eu não queria que Reed achasse que teríamos algum problema para cumprir com esse novo prazo.

Quando Reed começou a nadar com seu corpo de quase dois metros deslizando pela água feito uma foca, contei a Steve sobre o recurso "A lista" que estávamos desenvolvendo, tudo dentro do prazo. Como muitas soluções rápidas que desenvolvíamos, ela não foi feita para perdurar. Christina havia tido a seguinte ideia: um botão em que o usuário poderia clicar para sinalizar um filme em que estava interessado para que, da próxima vez que o visse, um ícone aparecesse. E o que era esse ícone? Um dedo com uma fita vermelha amarrada nele.

— Os engenheiros detestaram — comentou Steve. — Estão chamando o ícone de Dedo Sangrento.

Caímos na risada. E, por um momento, o estresse da semana anterior desapareceu. Tínhamos um prazo a cumprir, claro. E também o compromisso com outras pessoas: a expectativa dos investidores, o salário dos funcionários e uma cartela de clientes a ser construída. Mas, no final das contas, éramos um site que permitia às pessoas o acesso aos DVDs. Não estávamos transformando o mundo como Reed fazia. Simplesmente tratávamos um dedo sangrento. Mas, até então, estava de bom tamanho.

Depois de sair da piscina e jantar (mexilhões com algum tipo de molho, prato que, segundo Steve, eu podia comer sem o menor perigo), tudo regado por um vinho cujo nome eu não conseguia pronunciar, fomos para o *home theater* de Steve, adjacente à sala de estar. Fazia um tempo que eu tinha visto aquele ambiente, e percebi que Steve havia feito uma série de mudanças. Havia cadeiras de couro enormes, com braços igualmente enormes (e porta-copos), uma separada da outra. Cada uma daquelas cadeiras estava em estado muito melhor do que qualquer móvel da minha casa (e havia DOZE no total!). Ele havia instalado luzes no corredor, enfim, o ambiente todo parecia um cinema de verdade. Com certeza a tela tinha uns dois metros e meio de largura e ocupava uma parede inteira. O sistema de projeção pendia do teto. Steve apontou para os alto-falantes: grandes, presos em suportes na frente da sala, dois maiores na parte de trás e um bem no meio da sala, que, segundo Steve, concentrava apenas as falas. Steve, então, apontou para um dos assentos da segunda fileira, mais para a esquerda.

— Está vendo aquele assento ali? É a poltrona do dinheiro — explicou. — Tudo ali foi perfeitamente configurado, sintonizado e ajustado para que o som saia perfeito naquele ponto.

Karen ligou a máquina de pipoca que ficava bem ao lado da sala de exibição e eu espiei a réplica de uma caixa de doces que ficava bem ao lado de uma geladeira cheia de refrigerante.

Barrinha de chocolate com coco. Minha favorita.

— E aí, Marc, trouxe alguma coisa pra gente assistir? — perguntou Steve, estando todos devidamente acomodados.

— Claro — respondi, remexendo minha mochila à procura do DVD. — Não sei do que se trata, mas chegou hoje. É um dos lançamentos desta semana.

Steve olhou a capa.

— Ah! *Boogie Nights: prazer sem limites*! Ouvi dizer que é bom.

— Vale a pena tentar, então — falei. Eu estava me sentindo bem, relaxado, bem servido, acomodado e acolhido por um amigo. Sentei em uma das poltronas da primeira fila, ao lado de Lorraine. Steve sentou na poltrona do dinheiro, ao lado de Karen. Reed ficou na fileira atrás deles.

As luzes se apagaram, a cortina subiu e vimos *Dirk Diggler* aparecer bem à nossa frente na resolução cristalina com qualidade de DVD, numa tela de dois metros e meio de altura.

No começo, fiquei horrorizado. Depois, comecei a rir até chorar.

— Espero que a sua equipe de conteúdo conheça mais o seu estoque do que você — disse Lorraine.

Não me restou outra opção a não ser concordar.

Naquela noite, Steve Kahn me ensinou algumas coisas sobre planejamento. Mas as maiores lições sobre assunto aprendi ao ar livre, particularmente no meio das montanhas. Porque definitivamente não são o tipo de lugar e de situação que possa se subestimar.

Há travessias de rios em que um único passo em falso pode te levar a cair dentro da água que derreteu ali há apenas algumas horas. E se você congelar, pode ser arrastado rio abaixo e ficar preso num afloramento submerso ou talvez em alguma árvore caída, ou ainda, acabar ficando com a perna presa no meio das rochas, o corpo debatendo de um lado para outro, até que, por fim, suas forças esgotam e você não consegue mais manter a cabeça para fora d'água.

Sem falar nos campos de neve. Para atravessá-los, é preciso pisar com força suficiente para forjar uma plataforma, mas é perfeitamente possível, com todo o seu peso apoiado em um degrau, que a plataforma ceda sem aviso prévio, e que com isso você comece a deslizar ladeira abaixo em velocidade crescente, e com sorte você conseguirá interromper a descida cravando a machadinha de gelo no chão antes de bater com tudo no bloco de pedras que marca a fronteira entre a neve e a terra.

E tem também os penhascos. Para escalá-los, precisa selar um pacto com a rocha: você promete permanecer em cada ponto de apoio apenas pelo tempo necessário para pular para o próximo; ela garante que a pequena borda em que você se agarrou, colocando sua vida em risco, vai sustentar o seu peso. Mas ela não sustenta e, imaginando consequências repentinas e inesperadas, você despenca numa queda livre até chegar às pedras pontiagudas do sopé do penhasco.

E há também os animais perigosos, como bisão, puma e urso pardo; plantas, frutos e cogumelos venenosos. E o risco iminente de infecções, lacerações, concussões e luxações. E existem avalanches, deslizamentos de rochas, torrentes de lama e rompimento de geleiras; nevascas, tempestades, tempestades de granizo e congelamentos repentinos.

A natureza tem inúmeras maneiras de comunicar o quanto você é indesejado, e o quanto está sozinho e distante de cuidados médicos.

Mas provavelmente o elemento mais apavorante da natureza sejam os raios. Nas montanhas, o clima muda muito rápido. Num determinado momento, o céu está claro e sem nuvens; dali a pouco escurece e a nuvens ficam carregadas. Existe alguma coisa mais bíblica do que um raio de energia que desce do céu sem o menor aviso? Num instante, um raio pode transformar um imponente abeto-de-douglas numa vela de aniversário acesa. E quando você está lá no alto, certamente não é nada consolador lembrar que o relâmpago procura o ponto mais alto das redondezas (pode ser uma árvore, uma pilha de pedras, o mastro de um veleiro, a machadinha de gelo ou mesmo uma cabeça). Para o raio não faz diferença qual é a sua religião, sua formação, sua orientação sexual, quanto dinheiro você tem ou quantos quilos consegue levantar no supino. Tudo que interessa a ele é que você está ao ar livre, desprevenido e, pelo menos naquele momento específico, que é a maneira mais rápida e fácil de movimentar dez bilhões de watts de energia numa única descarga de uma nuvem carregada em direção ao solo. E se ele tiver que acertar a sua cabeça, atravessar os seus órgãos e sair pela sola dos seus pés para fazer isso... nesse caso, o azar é só seu.

Para manter a mente sã nas montanhas, é preciso evitar pensar nessas coisas. Mas os melhores montanhistas não são bem o que se pode chamar de belo exemplo de sanidade. Não sou nenhuma lenda nem referência da escalada, longe disso, mas quando estou lá em cima, sempre me pergunto: O que pode dar errado? Se eu precisar cruzar um riacho, só depois de atravessar centenas de metros rio abaixo, para ver se há alguma coisa em que possa me prender caso eu escorregue e seja arrastado pelas águas, é que solto o corpo e me deixo levar pela corrente. Nesse caso, começo a procurar galhos de árvores para poder agarrar, áreas onde a correnteza forme algum redemoinho suave, e aí vou saber em qual direção devo nadar. E quando começar a atravessar o riacho, ou a fazer o caminho até o tronco que o perpassa, já terei afrouxado a alça da mochila; assim, não só fica muito mais fácil de carregá-la como infinitamente mais fácil de largá-la, caso eu precise nadar.

Pois é essa a sensação de estar numa startup. Você passa boa parte do tempo pensando no que pode acontecer. E se preparando para isso. Às vezes, você de fato coloca um plano B em prática, mas na maior parte das vezes se concentra em qual vai ser sua reação: analisa os rios à procura de rochas, estuda os penhascos à procura de algo em que possa se agarrar caso caia. Na maior parte das vezes, o pior não acontece. Mas quando acontece... o que fazer quando a merda *vai mesmo* parar no ventilador? Bom, a real é que é você o cara com o balde e o esfregão nas mãos. E com uma capa de chuva. E é esse tipo de coisa que separa o bem-sucedido do fracassado (ou do sujo de merda).

Às vezes, como experimentamos na própria pele no dia do lançamento da Netflix, não faz diferença. Você pode estar tanto de um lado quanto do outro.

Na manhã do lançamento da Netflix, acordei cedo (por volta das cinco da manhã). Quando Lorraine resmungou algo baixinho, ainda adormecida, saí da cama de mansinho, calcei o chinelo devagar e fechei a porta. As crianças acordariam dali a umas duas horas, mas até lá eu tinha a casa só para mim. Entre o escuro da madrugada e o amanhecer, desviei de martelos e amostras de granito que havia espalhados pela cozinha ainda inacabada. Seria o último cômodo da casa a ser reformado e havia ainda muita coisa a fazer. A decoração era estilo década de 1970: luzes fluorescentes, armários verde-abacate, piso de madeira revestido com linóleo que já tinha começado a descascar.

Havia ainda um pouco de café do dia anterior na cafeteira e, depois de esquentá-lo no micro-ondas, bebi um gole ali mesmo na cozinha, em pé, e minha mente começou a de fato despertar. Preparei mais um pouco, colocando uma quantidade de pó no filtro e despejando a água no reservatório da cafeteira. Fiz mais para deixar para Lorraine, mas provavelmente eu beberia metade dele antes de ela levantar. Eu sentia que precisaria de cada gotinha possível de cafeína naquele dia.

Seis meses depois de Reed ter assinado aquele cheque, tínhamos avançado bastante. Montamos um estoque, desenvolvemos um site, construímos uma empresa com uma cultura organizacional. Trabalhamos incansavelmente para transformar em realidade o nosso sonho de ter um e-commerce de DVDs.

Mas, até então, ainda prevalecia uma sensação de que as coisas tinham ficado pela metade. O site existia para a gente, mas não estava disponível para mais ninguém. Os problemas que antecipamos (e como quebramos a cabeça fazendo isso!) ainda não tinham acontecido. Nem era certeza se tínhamos conseguido identificá-los de fato. Os bons frutos também foram previstos, mas viriam dali a dias ou meses.

O ciclo de vida de uma startup tem muitos estágios. Mas um abalo tectônico acontece no dia do lançamento. Antes de a coisa entrar no ar propriamente, você ainda está no território dos sonhos, do planejamento e das previsões; seus esforços são temporários. Você cogita o que pode dar certo ou errado. É um trabalho muito criativo e inebriante. E essencialmente otimista.

No dia em que o seu site é lançado, alguma coisa muda. O trabalho agora não é mais preditivo e antecipatório, mas fundamentalmente reativo. E sabe aqueles problemas que você previu? Não imaginou nem metade do que viria pela frente. E as soluções que planejou? Não passam de uma gotinha no oceano. E existem centenas, *milhares* de problemas que você jamais teria imaginado, mas que agora terá de enfrentar.

Naquela manhã, observando o sol nascer sobre as montanhas, mentalmente eu posicionava as diferentes equipes, imaginando o que aquele dia traria para a equipe de Jim Cook, para os programadores de Eric e para Te e o pessoal do marketing. Repasso o cronograma: nove da manhã, lançamento, depois coletivas de imprensa e o processo de recebimento e envio de pedidos.

Em outras palavras, eu estava fazendo o que já fazia desde o verão de 1997: traçando estratégias. Antes do lançamento em si, você trava um lindo plano de batalha, administrando os futuros movimentos de suas tropas.

No segundo em que é dada a largada, lá está você em meio ao nevoeiro da guerra.

Cheguei ao escritório por volta das sete da manhã e convoquei nossa rotineira reunião diária. Christina, Te, Jim, Eric e eu fomos para a sala de reunião para falar como seria a programação do dia.

— As ligações da imprensa começam às nove — disse Te.

Fazia meses que Te vinha entrando em contato com repórteres e veículos de imprensa que poderiam se interessar em escrever uma matéria sobre a nossa startup, explorando o máximo possível seus contatos para que, chegado o dia do lançamento, as matérias chamassem a atenção das pessoas. Eu passaria a manhã inteira falando com esses repórteres por telefone, reproduzindo um discurso engessado e ensaiado que passei horas adentro tentando fazer soar natural. Aqui vai um trecho:

Hoje, graças ao lançamento oficial da primeira locadora on-line de DVDs, quem quer que tenha um aparelho de DVD em casa, não importa onde essa pessoa esteja, ou a distância entre a casa dela e a locadora mais próxima, agora terá acesso garantido a todos os títulos disponíveis de DVD — seja para comprar ou alugar.

— Quem é o primeiro? — pergunto.

— Steve Perez, do *Santa Cruz Sentinel* — respondeu Te.

Começar com o jornal da cidade não foi uma mera coincidência. Minha estratégia sempre é começar pelo mais fácil. No primeiro contato, nada melhor do que encontrar uma voz agradável do outro lado da linha, não é mesmo?

E, neste caso, valeu a pena. Diferentemente do *San Francisco Chronicle* e do Yahoo!, dois outros veículos que cobriram o nosso lançamento, o Sentinel nos colocou em destaque, com direito a foto e tudo. Em algum lugar dos meus arquivos há o recorte de um jornal desbotado, uma página inteira com uma matéria que saiu no dia seguinte ao lançamento da empresa, com uma foto minha ao final dos anos 1990, de corpo inteiro, e com um *pager* preso no cinto, ao lado de um *gateway* e de um emaranhado de cabos e fios. Sabe qual foi a chamada?

Ainda tentando descobrir como programar seu aparelho videocassete? Jogue-o no lixo. As fitas de vídeo estão tão ultrapassadas quanto a Polaroid do seu avô.

— Ótimo — falei, repassando as falas na minha cabeça. Eu sabia que o que quer que acontecesse, eu teria de transparecer toda a calma do mundo pelo bocal do meu telefone. Afinal, bombas explodem, servidores pegam fogo e sites podem cair, mas eu só teria de fechar os olhos e seguir em frente.

Graças à Netflix, alugar um DVD agora se tornou algo incrivelmente fácil. Sem precisar sair de casa. Sem ficar procurando vaga no estacionamento. Sem filas. Até a devolução é muito simples. E ficamos abertos 7 dias por semana, 24 horas por dia.

Repassamos, pela última vez, como funcionava o processo da equipe de Jim.

— O pedido chega — explicou Jim — e, assim que recebemos a confirmação da administradora do cartão de crédito, as informações vão para a impressora que está no cofre. O pessoal da minha equipe encontra o DVD, o coloca na caixa e o escaneia antes de tirá-lo do estoque. Depois, o DVD vai para o Dan. Ele insere um folheto promocional, sela tudo, coloca as etiquetas e faz uma última checagem para mostrar que está sendo enviado. Em seguida, o DVD vai para uma cesta e está pronto para o envio.

Jim continuava com aquele sorriso bizarro no rosto, mas arrisco dizer que ele estava nervoso. Ele tinha passado semanas otimizando o processo, analisando possíveis falhas ou ineficiências. Mas não havia muito o que ele pudesse fazer sem a pressão dos pedidos reais recebidos pelo site. E um dos grandes problemas era que não fazíamos ideia de quantos pedidos receberíamos no dia do lançamento. Cinco, dez? Vinte, trinta? Talvez cem?

Corey estava trabalhando sem parar nos murais e fóruns, bombardeando os nerds e os cinéfilos com o nome da Netflix, e continuaria fazendo isso ao longo do dia. Mas quantos pedidos receberíamos? Procurei manter as minhas expectativas baixas.

Eric e sua equipe (Boris, Vita, Suresh e Kho) pareciam inescrutáveis. Estivessem nervosos ou não, não transpareciam. A maior parte do estresse daquele dia recaía sobre os ombros deles, claro. Eles previram todos os tipos de problemas possíveis com o site, e prepararam inúmeras soluções para resolver cada um deles. Mas sabiam que alguma coisa não sairia como esperavam, então, o dia para eles resumiria a um mar de refrigerante e um punhado de pizza. De longe, Eric deu um grito para chamar a equipe e lembrá-los de alguns detalhes, mas não pude entender bem o que dizia e aproveitei a oportunidade para observar a equipe no geral. Boris e Vita pareciam os mesmos de sempre, inabaláveis e calmos. Kho parecia ter se arrumado para o grande dia: camiseta preta limpa, jeans preto e aparentemente também limpo. Cabelo penteado.

Christina estava nervosa. Havia passado meses planejando aquele dia. Tinha centenas de páginas, em dezenas de cadernos, detalhando o funcionamento do site: como o usuário interagiria com ele e o que aconteceria se cometesse um erro. A equipe dela tinha passado centenas de horas integrando o nosso conteúdo sobre os filmes com o banco de dados de Michael Erlewine, criando entradas informativas e interessantes para todos os 925 títulos do nosso catálogo. Da janela da sala de reunião, eu via a equipe dela ainda digitalizando manualmente as imagens de capa das últimas caixas de DVDs que subiriam para o site. Para eles, era só mais um dia de trabalho como todos os outros. Mas para Christina, que conhecia a logística do site muito melhor do que qualquer um de nós, foi um dia estressante.

— Sabia que esse é o quinto lançamento que fazemos juntos? — comentou ela comigo.

Era verdade. Juntos tínhamos lançado uma série completa de scanners PaperPort na Visioneer. Sem falar que tínhamos, individualmente, participado de outras dezenas de lançamentos ao longo da nossa experiência profissional. Mas tudo era diferente. Afinal, em se tratando de software e de produtos embalados, quando chega o dia do lançamento, você se vê num ponto de onde não há mais volta. O produto está pronto há semanas — saiu de fábrica, foi embalado e está em uma caixa dentro de um caminhão, pronto para cruzar o país. O lançamento se torna apenas o dia de atender a imprensa.

— Acho que desta vez vai ser um pouco diferente — falei enquanto caminhávamos em direção à bancada de computadores que ficava no meio do escritório.

— Acho que você tem razão — concordou Christina.

Mas não fazíamos ideia do que realmente seria.

Tudo começou bem. Às 8h45 todos estavam no escritório e nos reunimos em torno do computador de Eric. O site entraria no ar às nove, e já tínhamos cuidado de todos os preparativos. Havia papel nas impressoras? Todos os DVDs estavam devidamente separados nas prateleiras do cofre? Tudo havia sido repassado e averiguado detalhadamente, uma, duas, cinco, vinte vezes?

Na verdade, havia duas versões do nosso site. Uma estava hospedada num servidor que não ficava visível para o usuário. Era uma versão duplicada que Eric poderia usar para testar novas páginas e recursos. Qualquer coisa nova era postada primeiro no que chamamos de servidor teste. Depois, o testávamos de todos os modos, tentando derrubar, invadir etc., tudo para ter certeza de que funcionaria da maneira como esperávamos e, o mais importante, que as novas alterações funcionariam perfeitamente com o resto do site. Aí, estando satisfeitos com a quantidade de testes e seguros de que nenhuma bomba explodiria nas nossas mãos, enviaríamos a nova versão para o que chamávamos de servidor de produção, que hospedava o site ao vivo.

Até aquela manhã, a distinção entre os dois sites era meramente técnica. Embora um fosse supostamente a versão final e estivesse conectado à internet, não ficava visível para o público geral. Embora tivéssemos emulado o site real, com clientes de verdade acessando, pesquisando etc., não resultaria em nenhuma consequência real. Tudo isso estava prestes a mudar.

Pela centésima vez, Eric descia bem, bem devagar a barra de rolagem do site de teste, fingindo ser um cliente. "Bom, bom, aparentemente tudo certo", disse ele, clicando em todos os links, preenchendo todos os campos de formulário. Boris e Vita também estavam nervosos. Eles sabiam (assim como todos nós sabíamos, para ser sincero) que alguma coisa daria errado e que precisariam estar a postos para corrigir algum erro do site quando ele, por algum motivo, aparecesse. Eles esperavam que as coisas dessem errado. O que aconteceria se um usuário inserisse a abreviatura de seu estado como NF em vez de NC, ND, NE, NM, NV ou NY na página de check-out? O que aconteceria se o número do cartão de crédito não começasse com 4 (para Visa) ou 5 (para Mastercard) ou se o cartão nem passasse? O cliente receberia uma mensagem de erro ou o site travaria, daria pau?

Eu sabia que o último fiozinho que escapava do novelo da nossa startup era o e-mail de confirmação. Ainda não tínhamos automatizado o e-mail de confirmação de recebimento, que cairia na caixa de entrada do cliente assim que ele fizesse um pedido, confirmando as informações de pagamento e de envio. Ou seja, teríamos que escrever manualmente esses e-mails de confirmação, um por um; claro que não era o ideal, mas achei que seria o mais viável naquele momento.

— Cinco minutos — disse Christina, às 8h55, enquanto tomava café numa caneca enorme e mastigava um bolinho. Foi aí que percebi que ela estava nervosa, pois Christina era uma rata de academia que preferia distância de doces.

— E como estão as coisas aí com os nerds? — perguntei a Corey. Desde as primeiras horas da manhã ele ficou ligado nos fóruns, lembrando alguns dos usuários mais assíduos sobre o lançamento da Netflix. Encolhendo os ombros, ele me respondeu:

— Difícil saber. Acho que vão aparecer, mas não tenho a menor ideia de quantos.

Jim estava com as mãos apoiadas na cintura. Eu podia ver a mente dele repassando a logística de transporte, repetindo continuamente como preencher um pedido, embalá-lo e despachá-lo até as quinze horas. Esse era o horário limite para os pedidos chegarem aos correios de Scotts Valley, e assim garantirmos o envio naquele mesmo dia.

Às 8h05, Te deu um tapinha no meu ombro e disse:

— Lembre-se que receberá uma ligação daqui a cinco minutos. Pode pegar um balde de pipoca e assistir de camarote, mas precisa ficar perto do telefone.

Fiz que sim com a cabeça e, de canto de olho, vi a porta abrir e fechar logo em seguida. Era Reed, entrando a apenas alguns minutos do lançamento. Eu não esperava que ele viesse, mas fiquei muito contente quando o vi (e aliviado de certo modo de saber que não estávamos atrasados). Ele acenou brevemente com a cabeça, me cumprimentando, mas não disse uma palavra sequer. Meio desajeitado, ficou atrás do amontoado de funcionários em frente ao computador.

Às 8h59 o escritório estava tão silencioso que eu conseguia ouvir o ponteiro dos segundos do meu relógio. Às nove em ponto,

Eric inclinou o corpo à frente, pressionou algumas teclas e pronto. Estávamos no ar. Todos prendemos a respiração. Eric deixou uma campainha ligada ao computador (não muito diferente daquela que a gente vê num restaurante ou num hotel, que o cliente toca para chamar o atendente quanto precisa), e a configurou para tocar a cada pedido novo que chegasse. O primeiro pedido do dia foi feito por mim, para testar. Eu, Marc Randolph, pedi um DVD de *Cassino*, para ser entregue no meu endereço, fora de Scotts Valley. Pressiono "enter" para fazer o pedido e, segundos depois, a campainha toca. Quase que imediatamente, havia outros três na fila, e a campainha soava à medida que a confirmação de pagamento das administradoras chegava; o estoque diminuía e a nota fiscal era impressa. Dei um tapinha no computador de Eric para dar sorte e voltei para a minha sala, à espera das ligações da imprensa.

Em poucos minutos, a campainha começou a soar feito uma metralhadora. Mesmo com a porta fechada, mesmo enquanto conversava com Steve Perez do *Santa Cruz Sentinel*, continuava ouvindo o toque da campainha da sala ao lado.

Durou quinze minutos.

Por quinze minutos, os clientes escolheram os filmes, registraram suas informações, forneceram os dados de cartão de crédito e apertaram o botão vermelho para confirmar o pedido. Por quinze minutos, a campainha tocou, os pedidos foram impressos em duas impressoras a laser que ficavam no fundo do escritório, e a equipe de Jim os levou direto para o cofre. Por quinze minutos, cada título foi separado de acordo com cada um dos pedidos, o DVD foi posto na embalagem e uma etiqueta com o endereço foi colada do lado de fora. Por quinze minutos, os pedidos prontos para serem enviados formaram uma pequena pilha numa caixa perto da porta.

Há alguns meses, enxergamos a oportunidade de criar uma grande marca comercial num mercado de bilhões de dólares, bem como enxergamos a oportunidade de ser o catalisador fundamental de uma das categorias de produtos eletrônicos de consumo que mais cresce. Hoje, a Netflix lança a primeira locadora on-line de DVDs do mundo, a Netflix.com. A loja da Netflix oferece todos os títulos de filmes disponíveis em DVD — e todos estão totalmente disponíveis para locação.

Fiquei assistindo tudo pelo vidro da janela da minha sala, zonzo de tanta emoção. Pedi a Te que ficasse na sala comigo e escrevesse no quadro que eu tinha no escritório toda e qualquer pergunta que a imprensa fizesse (o mesmo quadro que tínhamos usado para decidir o nome da empresa). Eu gostava de usar as perguntas dos jornalistas como ponto de partida para histórias mais longas e respostas mais aprofundadas (embora o começo da conversa de cada ligação fosse meio engessado, eu queria que as minhas respostas improvisadas de fato ecoassem o cerne daquilo que estávamos tentando fazer). Eu conseguia amarrar história americana, cultura pop e até as histórias do contato com o ar livre, mas precisava de um ponto de apoio, algo em que me agarrar — por isso as perguntas no quadro e Te ao meu lado, com o marcador na mão, feito uma Vanna White do Vale do Silício.

Apesar do crescimento fenomenal do mercado de DVD, a maioria dos pontos de venda de filmes ainda não oferece DVD para compra, e os que oferecem têm um catálogo limitado de títulos, não raramente uma única cópia de cada. A Netflix, por outro lado, oferece praticamente todos os títulos de DVDs disponíveis no mercado. Embora não tenhamos filmes pornô, nós, a partir de hoje, apresentamos ao mercado uma lista com 926 títulos disponíveis para locação, o maior catálogo disponível até o momento. E nosso estoque contém centenas de cópias dos títulos mais populares, o que garante que nossos clientes poderão alugar o filme que quiserem, quando quiserem.

E quem não ficaria empolgado, falando sobre o nosso negócio daquele jeito? Do outro lado do vidro daquela janela, bem à minha frente, eu pude ver o sonho em que tanto trabalhava, ao vivo e em cores.

No site da Netflix, os clientes podem encontrar com rapidez e facilidade o filme que querem, e o recebem em casa, dali a dois ou três dias. E podem ficar com ele por sete dias, assistir quantas vezes quiserem. Terminado o prazo, basta colocar o DVD de volta no envelope que fornecemos e levá-lo até o correio mais próximo. Nem precisa se preocupar com a taxa de postagem, porque a pagamos antecipadamente.

Porém, aos poucos comecei a perceber que havia alguma coisa errada. Eric franzia a testa enquanto olhava para o computador. Boris e Vita digitavam loucamente no teclado. Suresh estava de joelhos, remexendo algo debaixo dos servidores. Kho desconectava e reconectava os cabos na parede, checando a trajetória deles até o teto.

Por fim, Christina entrou no escritório, roendo uma das poucas unhas que lhe restavam. Eu tinha acabado de conversar com Jon Swartz, do *San Francisco Chronicle*.

Esta é uma perspectiva tremendamente promissora para nós, para nossos clientes e, o mais importante, para toda a comunidade de DVDs.

Coloquei o telefone no gancho. Foi quando percebi que... a campainha não estava tocando.

— O que aconteceu?

Christina arregalou os olhos.

— Os servidores travaram.

Esse é outro problema com o qual as startups atuais não precisam lidar. Agora, quase todas as empresas que estão na internet têm o site hospedado na nuvem. Em vez da configuração trabalhosa, demorada e dispendiosa com que Eric e Kho tiveram de lidar, hoje quem abre uma empresa simplesmente passa um cheque, compra o acesso ao computador de outra pessoa, mantido em um gabinete apropriado, com sistema de refrigeração, energia de reserva e muito espaço para armazenamento. Mas em 1998, os servidores virtuais não existiam. Quem quisesse montar um site de comércio eletrônico — ou qualquer site com alto volume de tráfego, nesse caso — precisava ter os meios para hospedar essas páginas, armazenar dados e ter o controle das informações do cliente. E isso significava ter um monte de gabinete de computadores no próprio escritório, servidores dedicados[*] para a hospedagem do site.

---

[*] Servidor dedicado: tipo de hospedagem de sites em que o cliente aluga um servidor completo, para não precisar compartilhá-lo com nenhuma outra empresa (N.E.).

No dia do lançamento, reservamos o grandioso montante de dois servidores. Corey, que havia trabalhado dois anos na Netscape, tentou me alertar, e recomendou que providenciássemos alguns servidores extras.

— A gente vai precisar deles — disse. — Se não durante o lançamento, com certeza logo depois. Por que não comprar em grandes quantidades? Não acha que é melhor a gente prevenir do que remediar?

Sim, eu achava. Mas talvez uma parte de mim, ainda supersticiosa, estivesse preocupada em estragar a coisa toda. Como bem disse Christina, lançar uma empresa era como dar uma festa, daquelas que você não tem certeza de quem pode aparecer ou não, e correr o risco de comprar cerveja demais caso ninguém venha.

Mas Corey tinha razão, claro. Contar com apenas dois servidores era como tentar cruzar o Velho Oeste montado numa única mula. Não daria conta do recado.

Quando saí do meu escritório, Eric e Boris estavam se preparando para ir a Fry's, a loja de eletrônicos na colina de Campbell, onde comprariam oito novos computadores de mesa com impressionantes 64 mega de RAM cada um.

— Acho que essa quantidade dá — disse Eric, mas aparentemente não muito convencido.

— E o que a gente faz enquanto isso? — perguntou Christina. — A gente pode acabar perdendo um monte de cliente.

— Só pode ser um pesadelo — reclamou Te. — Todos esses caras da imprensa vão acessar o site e não vão encontrar nada lá!

Então Reed interveio. Era a primeira vez que ele abria a boca naquela manhã.

— Vocês não conseguem colocar uma mensagem no site, alguma coisa tipo "Loja fechada, reabriremos amanhã"?

Tínhamos nos acostumado a chamar a Netflix de "loja". Fazia sentido, porque o que fazíamos era oferecer uma versão e-commerce do que Mitch Lowe e a família dele faziam na Video Droid. Mas, diferentemente de uma loja, um site não pode simplesmente pendurar uma placa na porta, do tipo "Almoço. Volto já". Na internet não existe horário comercial.

— E se criarmos uma página de erro? — perguntei.

Christina fez uma careta.

— Não — sussurrou.

— Bom, não vai ter outro jeito — falei.

Pelos próximos 45 minutos, enquanto Eric e Boris compravam novos servidores, criamos uma descarada mensagem: "Estamos fora do ar, mas voltamos já, já", mostrando e garantindo aos clientes que estavam no lugar certo e que voltaríamos o quanto antes.

A página teve muitas visualizações naquele dia.

Uma hora depois, Kho conectou outros novos servidores, literalmente quintuplicando a nossa capacidade de recebimento de pedidos. Deu certo, o site voltou ao ar, funcionando perfeitamente, e os pedidos continuaram a chegar por mais 45 minutos. Em seguida, os servidores travaram. De novo.

E mais uma vez lá foram Eric e Boris depressa à Fry's. Eu não fui com eles, mas mesmo passado tanto tempo daquele dia, ainda consigo imaginar os dois em alta velocidade, na caminhonete enferrujada e emprestada de Greg Julien, rumo à loja; chegando lá, pegam um carrinho de compras e vão direto para o departamento de informática, depois passam no mesmo caixa enquanto discutem entre eles qual cartão de crédito deveriam usar. É provável que esse funcionário da loja tenha visto essa cena acontecer dezenas de vezes, com várias startups. Afinal de contas, estávamos no Vale do Silício.

* * *

O site caiu o dia inteiro. E como ainda não tínhamos meios de medir o tráfego, também não tínhamos como saber quantos prováveis clientes perdemos.

Foi um desastre. Mas, ao mesmo tempo, era um problema "bom", afinal, a queda era consequência do grande número de visitas ao site, e os pedidos continuavam chegando.

— As pessoas estão vindo até a gente! Estão acessando o site e fornecendo o número do cartão de crédito delas! — falei, surpreso.

Quando nos mudamos para o escritório, eu comprei uma garrafa de Ridge Estate Cabernet Sauvignon, um vinho californiano que custava uns cem dólares a mais do que as garrafas que Lorraine e costumávamos comprar, enfim, traduzindo: 120 dólares. Avisei todo mundo que a abriríamos assim que o site atingisse cem pedidos, e fizemos uma enquete com o pessoal do escritório para saber quando achavam que isso aconteceria. O palpite mais curto veio de Suresh, que estava trabalhando no estoque e no recebimento de pedidos. Ele havia dito que chegaríamos a esse número de pedidos em menos de um dia.

Eu respondi que seria em um mês ou dois.

Adivinha quem acertou?

— Santo palpite, Suresh! — falei um pouco depois das duas da tarde, quando o centésimo pedido chegou e joguei uma moeda de um dólar para ele. Suresh agarrou a moeda no ar sem sequer tirar os olhos da tela.

É o que todos nós torcíamos para acontecer, claro. Ainda assim, foi surpreendente ver o plano consumado. Ao ver os pedidos entrarem e a impressora imprimir as notas de remessa, tive uma enorme sensação de alívio. Nossa festa não tinha ficado às moscas.

Deu o que falar, foi um lançamento e tanto. Na verdade, um tanto demais até.

Ficamos sem caixa. Sem fita. Sem papel. E sem tinta.

Depois do quadragésimo congestionamento da impressora naquele mesmo dia, fui à mesa de Corey e perguntei se não tinha como botar um pouco de freio nas coisas. Os servidores tinham caído, as impressoras estavam congestionadas e toda a equipe de conteúdo de Christina redigia e enviava e-mails de confirmação para cada um dos clientes cujo pedido já havia sido confirmado (no fim das contas, vimos que um e-mail automático deveria ter sido uma das maiores prioridades da lista de coisas a fazer).

— Acha que consegue segurar os nerds por um tempo? — perguntei.

Corey deu risada.

— Vou tentar — E ficou em silêncio. — Mas estão *bem* empolgados com o assunto — acrescentou.

Com o passar do dia, algo começava a ficar cada vez mais alarmante. As três da tarde estavam quase chegando. Era nesse horário que os correios de Scotts Valley embalavam todas as correspondências, colocavam no caminhão e saíam para San Jose. Se quiséssemos que os nossos DVDs fossem junto, precisávamos que as remessas estivessem lá, devidamente processadas, embaladas e endereçadas até no máximo três da tarde, ou o envio no mesmo dia do pedido que prometíamos aos nossos clientes não seria cumprido e acabaria ficando para o dia *seguinte*.

E para Jim isso era inaceitável. Mas à medida que o tempo passava e os pedidos não paravam de chegar (e enquanto os servidores caíam, as impressoras travavam e a equipe de Christina, agitada, não parava de enviar e-mail de confirmação para todo mundo que havia encomendado um DVD), Jim ficava cada vez mais tenso.

— Se ficar apertado, podemos postar todos os pedidos em Santa Cruz — sugeriu Jim. — A última coleta lá é às quatro.

Por várias semanas Jim vinha pesquisando todos os horários de coleta e das rotas dos correios. Ele sabia que todos os DVDs que postássemos, filtrados por destino, primeiro iriam para San Jose, depois para todos os outros destinos de onde tínhamos recebido pedido naquela manhã: San Diego, Seattle, San Antonio. Mas primeiro eles tinham que sair das nossas mãos.

— Se eu sair às 14h52 — disse ele —, posso chegar aos correios de Scotts Valley com um minuto de folga. Se não tivermos fechado todos os pedidos até lá, posso ir ao correio de Santa Cruz, mas vou levar vinte minutos para chegar lá, e ainda corro o risco de não conseguir estacionar. Então, para não correr riscos, eu teria que sair às três e meia.

Eu sabia que Jim estava só pensando alto. Ele tinha ido de carro até os correios umas seis vezes nas últimas semanas, tentando encontrar o caminho mais rápido. Uma vez lá, tratou de se familiarizar com o estacionamento e o local de entrega. E num gesto extremo de otimismo, chegou a colocar um carrinho de mão na caçamba de sua picape, que poderia usar para carregar as caixas se a carga ficasse pesada demais para carregar nos braços. Jim também já tinha descoberto onde ficava a rampa para pessoas com mobilidade reduzida, caso precisasse usá-la.

— Faça como achar melhor — aconselhei. — Mas seria melhor tentar postar primeiro por aqui mesmo, não acha?

Jim concordou. Já tínhamos entrado no cofre àquela altura, e dois funcionários da equipe de Jim estavam para lá e para cá, vasculhando entre os DVDs dependurados, procurando os títulos para atender os pedidos. Peguei um dos pedidos que estavam em cima da mesa perto da porta e fui ajudá-los. Comecei a procurar nas prateleiras organizadas por ordem alfabética pelo DVD de *Fogo contra fogo*. Passei por ele várias vezes antes de achá-lo. E esbarrei nos funcionários de Jim pelo menos umas duas vezes.

— Você não tem jeito, Marc — disse Jim, puxando o DVD da minha mão na mesma hora e separando-o para envio. Com muita finesse, ele afixou uma etiqueta de endereço e com muita habilidade selou a aba. — Agora, saia daqui. Temos mais 45 pedidos para atender antes de o correio fechar.

O relógio na parede marcava 14h24.

A tensão continuou até as 14h52, quando Jim saiu levando os pedidos para postar no correio. Só aí o escritório inteiro relaxou. Tínhamos conseguido cumprir o prazo. Agora, só precisávamos pensar como fazer as coisas funcionarem melhor no dia seguinte.

Esperávamos que entre quinze e vinte pessoas acessassem o site para encomendar um DVD. Mas ao todo foram 137 pedidos, e o número provavelmente teria sido maior, já que não sabíamos quantas pessoas tinham tentado entrar no site enquanto ele esteve fora do ar.

Era um começo altamente promissor. Mas ainda assim, era só um começo. Havia centenas, ou melhor, *milhares* de mudanças a serem feitas.

Quer saber se abrimos a garrafa de vinho? Como não tínhamos um saca-rolhas no escritório, tive que empurrar a rolha para dentro da garrafa usando uma caneta esferográfica, e colocar o vinho numa garrafa vazia de Coca-Cola diet. E tivemos de usar os copos descartáveis vermelhos do escritório em vez de taças de vinho.

Fosse como tinha de ser, abrimos aquela garrafa e todos fizemos um pequeno brinde na sala de reunião do escritório. Procurei por Reed, mas não o vi, ele tinha ido embora à tarde, em algum momento que não percebi.

— Antes de mais nada, ao trabalho que temos pela frente — falei, para começar o brinde.

E havia muito trabalho pela frente mesmo. Precisávamos automatizar os e-mails de confirmação dos pedidos. Havia muitos problemas com o formulário de pedido on-line que, no final das contas, não acusava erro quando alguém digitava um código de estado inválido. E a validação de códigos postais não estava às mil maravilhas. E não servia para pedidos internacionais (quem poderia imaginar que receberíamos pedidos de outros países?). E ainda precisávamos de um algoritmo que garantisse que os títulos mais procurados nunca esgotassem no estoque (e descobrir como direcionar os clientes para os títulos de baixa demanda, despertando o interesse deles para que os alugassem).

Havia milhares de quebra-cabeças para montar, e todos sabíamos que quebraríamos a cabeça com eles. Sendo assim, encerrado o brinde, todos atiramos nosso copo descartável na lixeira e retomamos o trabalho.

Mais ou menos umas seis da tarde, alguém pediu pizza. Fui embora por volta das dez. Os engenheiros provavelmente passariam a noite toda no escritório, trabalhando para garantir que os acessos do dia seguinte não derrubariam o site. E é claro que o site não poderia parar de funcionar à noite, não dava para simplesmente "apagar a luz" e voltar ao trabalho na manhã seguinte. A partir dali, todos percebemos que começava um estágio totalmente novo para a Netflix, e consequentemente para o nosso trabalho.

Naquela noite, voltei a sentar à mesa da minha cozinha ainda inacabada. As crianças já estavam dormindo e Lorraine também. Eu ainda estava agitado, com a adrenalina alta. E, quando estou assim, tentar pegar no sono é pura perda de tempo. Então, peguei meu caderno e comecei a escrever uma lista de todas as coisas que precisávamos resolver:

- Redundância do site: como restabeleceríamos o site quando um servidor parasse?
- Qualidade das etiquetas: na hora de imprimir, as etiquetas descolam do papel antes de terminar a impressão. Como melhorar isso?
- Aumentar o estoque? Quantos DVDs mais precisamos? Qual é a quantidade ideal para não sobrecarregar o estoque?
- Precisamos de métricas! Pedir para Suresh fazer um relatório com os pedidos de hoje, organizado por código e título. O que mais?

Enquanto pensava nas soluções possíveis, fui alinhando distraídamente algumas ripas de madeira que tínhamos deixado em cima da mesa. Eram pequenas partes da sequoia de 120 anos que tínhamos recuperado de parte do piso original da casa, e Lorraine vinha pensando em transformá-las em prateleiras. Peguei uma delas, senti o peso e as linhas dos veios da madeira. Tentei imaginá-la na parte atrás de mim, que estava coberta de amostras de tinta para a futura reforma. Foi como se pudesse visualizar de fato a prateleira.

Ainda estávamos construindo a nossa cozinha, mesmo já morando na casa. *Tal como a Netflix,* pensei, *nós já a criamos, mas não concluímos.* E, falando francamente, provavelmente a cozinha nunca ficaria cem por cento pronta. Todos os dias teríamos de trabalhar para mantê-la: para que a água continuasse a sair pela torneira e os armários estivessem cheios; para manter as bocas do fogão limpas e a conta de gás paga.

Mas a cozinha já estava lá. Já tinha nascido.

Há alguns anos, fazendo uma escalada, eu caminhava por uma planície coberta de neve logo abaixo do topo de uma montanha quando senti um zumbido em torno da minha cabeça. Meu cabelo ficou arrepiado na mesma hora e uma luz ultravioleta se formou em torno do meu capacete. Era o fogo de santelmo — um campo eletromagnético com carga positiva que estava prestes a descarregar na terra. Aquela luz era o clarão que precedeu a descarga.

E foi exatamente isso que a Netflix simbolizou para nós durante toda aquela primavera: uma névoa azul que zunia ao redor da nossa cabeça. Mas a partir de 14 de abril, ela não era simplesmente uma energia potencial, mas uma corrente viva, o encontro entre o positivo e o negativo. A descarga elétrica consumada.

E agora tínhamos de descobrir como administrá-la.

9

Um dia no período pós-lançamento

(Verão de 1998: oito semanas após o lançamento.)

5h

— É a sua vez.

Feito o anúncio, Lorraine vira para o lado e afofa o travesseiro debaixo da cabeça.

Passaram-se dois meses após o lançamento. Ali deitado, no escuro, abro um pouco os olhos para olhar o rádio-relógio, enquanto aguardo o ataque, que logo dá indícios de começar: ouço um leve farfalhar vindo de algum lugar no corredor; na sequência, uma série de *plump-plump-plump*. Lá está Hunter, saudando a manhã, atirando seus bichinhos de pelúcia para fora da grade do berço. Daqui a pouco, ele vai apoiar os pés nas grades, agarrar firme o corrimão, balançar para frente e para trás, e se jogar numa pista de pouso cheia de tigres e elefantes de pelúcia.

E quem precisa de despertador?

Eu me visto sem acender a luz e, quando entro no corredor, lá está Hunter à minha espera, segurando pela orelha uma zebra de pelúcia de estimação, encardida e já sem pelo.

— E aí, rapazinho? — pergunto, enquanto ele me segue sonolento escada abaixo. Na cozinha, ele ergue os braços para mim e eu o sento na cadeira dele. Como de costume, misturo cereal, banana e leite numa tigela e coloco na mesa, à frente dele. Ele enfia a mão dentro da tigela e começa a comer, no momento em que a cafeteira apita três vezes e despeja as últimas gotas na jarra.

Sincronia perfeita.

Sento de frente para Hunter e abro meu laptop. Os monitores matinais já estão na minha caixa de entrada.

Nas semanas que sucederam o lançamento, aprendemos a tirar o máximo proveito dos dados coletados por meio da loja. Nosso site não perde nem um detalhe sequer. Toda noite, logo depois da meia-noite, os servidores da Netflix (que são 24 agora) começam sistematicamente a processar as informações do dia anterior a fim de preparar o site para o dia seguinte. Eles contabilizam os pedidos, averiguam o estoque e fazem a conciliação bancária. Leem cada transação realizada no dia anterior nos servidores de produção e atribuem a cada uma um código, criando um *data warehouse*. Diferentemente do cofre abarrotado de DVDs, no *data warehouse* não há nada físico. Todas as informações cabem num único disco rígido.

Cada cliente. Cada pedido. Cada envio de DVD. Nosso *data warehouse* sabe onde cada cliente mora, como e quando chegaram a nós, quantas vezes alugaram nossos títulos, e por quanto tempo, em média, ficam com os DVDs. Sabe exatamente que horas o cliente visitou o site, de onde veio e o que o fez chegar lá. Sabe também a quais filmes ele assistiu e quais escolheu para colocar no carrinho; se concluiu o pedido e, se não, apontam exatamente em que momento do acesso ele desistiu. E também sabe quem estava acessando o site pela primeira vez e quem é cliente frequente.

Um único disco rígido sabe praticamente tudo.

Com uma enorme quantidade de dados armazenada, a possibilidade de sobrecarga é grande. E é aí que entram os monitores.

Os monitores resumem os dados, mostram tudo de forma breve, clara e fácil de ler: os dez filmes mais alugados e vendidos, quantos clientes novos captamos nas últimas 24 horas, quantos pedidos recebemos e quantos desses eram locação ou venda etc.

Os monitores desta manhã, que analiso com um olho só, enquanto com o outro observo a tigela de Hunter que esvazia devagar, trazem boas e más notícias. A boa notícia aparece na coluna da esquerda: em comparação com maio, as vendas tiveram um aumento de cinquenta por cento, momento esse que completamos um mês de atuação no mercado. E, no mês de junho, a receita mensal acaba de ultrapassar a marca dos 94 mil dólares. Se tivermos esses mesmos resultados por doze meses consecutivos, alcançaremos um daqueles números mágicos do mundo das startups: um milhão de dólares de receita anual. *Não posso deixar de falar sobre o assunto durante a reunião da empresa, no final da semana*, penso.

A má notícia está na outra coluna: Receita de Aluguel.

Sinto calafrios ao ver que essa despesa continua na casa dos quatro dígitos.

E o primeiro dígito é o número 1.

Desses 94 mil dólares, 93 mil foram com vendas. E quase mil dólares com locação.

"Merda", resmungo, falando comigo mesmo. Por um momento, Hunter me olha, depois volta para a tigela de cereal, alheio a qualquer coisa que não seja uma banana.

Eu me sirvo de mais uma xícara de café e começo a refletir sobre os números. Um dos motivos para essa significativa disparidade entre as receitas de venda e locação é o preço. Os clientes pagam 25 dólares por um DVD, mas apenas quatro pela locação. Ganhamos seis vezes mais com uma venda do que com uma locação. Claro, só se pode vender o mesmo exemplar de DVD uma única vez; mas é possível alugá-lo centenas de vezes.

O problema é que ninguém está alugando com a gente. E quando conseguimos convencer alguém a fazê-lo, quase nunca essa pessoa volta para alugar o segundo.

Metodicamente eu apronto o pão, a manteiga de amendoim e o creme de marshmallow e preparo os sanduíches para Logan e Morgan. Eles adoram quando sou eu quem prepara o lanche deles porque, ao contrário de Lorraine, deixo os dois comerem porcaria. Só preciso equilibrar tudo com alguma coisa saudável. Por isso estou cortando cenoura agora, com a mente a milhões de quilômetros de distância, visualizando mentalmente cada uma das promoções vigentes da Netflix, imaginando como eu poderia adaptar as palavras, os gráficos e a própria oferta para atrair mais clientes. E incentivar as pessoas a alugarem os DVDs.

Fico tão entretido que mal percebo Lorraine entrando na cozinha, com a mesma eficiência, velocidade e proatividade de sempre. Ela coloca Logan e Morgan à frente dela, os dois juntos e devidamente vestidos e preparados para a escola, enquanto ao mesmo tempo serve aos dois cereais e iogurte, enfiando nas lancheiras os sanduíches que preparei, colocando a camisa de Hunter para dentro da calça, deixando-a bem justa, juntando caneleiras de futebol, trabalhos de escola, blusas e roupas de banho e, aparentemente alguns segundos depois, arrasta as três crianças para fora da cozinha e, as acomoda no banco do Suburban marrom e, num gesto rápido, me dá um beijo e diz tchau.

Quer um exemplo de eficiência? De gerenciamento de projetos? Ninguém melhor do que a imbatível Lorraine.

7h30

Quando entro no escritório, vejo Christina rabiscando alguma coisa no quadro branco. Seis meses atrás, tínhamos usado esse mesmo quadro para listar as possíveis opções de nome da empresa. No dia do lançamento, o quadro ficou preenchido com as perguntas dos jornalistas. Agora, era como se o quadro pertencesse ao departamento de marketing de uma revista de DVD, que por algum motivo tinha enchido a cara e começava a fazer um *rebranding*.

- DVD Watcher?
- <u>The Digital Bits</u>
- DVD Express
- ~~Surround Freak~~
- DVD Resource
- Short Cinema Journal
- DVD Insider

— O que é isso? — pergunto, franzindo a testa para enxergar os nomes e os números ao lado de cada um dos itens. — Será que a *Digital Bits* tem setecentos leitores?

— Certeza absoluta — responde Christina, esfregando a lateral da mão no quadro, precisamente em um dos tópicos. (Sabe-se lá onde foi parar o nosso apagador!) — Mas estão longe de ser o público maior. Alguns desses periódicos são... bem pequenos. A *DVD Insider* tem mais ou menos cem leitores.

— Quero te mostrar uma coisa — diz Christina, deixando o marcador de lado, virando em direção à mesa. Ela abre o computador, digita alguma coisa e arrasta a tela em minha direção. — Olha só o engajamento!

De cima a abaixo, vejo a tela preenchida com conversas de fóruns da web. Com o marcador, Christina aponta para uma postagem bem no meio da página, de alguém que não conheço, chamado Hamilton George.

Por curiosidade. Alguém já tentou comprar DVD por correio? Da Netflix? Parece que os caras têm centenas de DVDs. E os preços são bons.

— Esse é um dos do Corey — explica Christina. — É um dos membros mais ativos deste grupo.

As táticas de operação secreta de Corey continuaram após o lançamento. Ele tem dezessete personas diferentes, cada uma delas projetada para um site diferente e, agora que a Netflix está oficialmente no mercado, Corey pode acompanhar quem está de fato acessando o site e fazendo pedido com a gente.

Antes do lançamento, ele era nosso aviãozinho. Depois do lançamento, virou nosso espião.

Christina percorre os comentários do post de Hamilton, lendo as respostas.

— As pessoas amam ele. Ou... — hesita ela. — Amam o tal Hamilton, que seja.

Certa vez, perguntei a Corey de onde ele havia tirado a ideia para os nomes das personas.

— Pessoas famosas. Eu só inverti nome e sobrenome.

Hamilton George = George Hamilton.

Caros leitores, eu lhes apresento o nosso espião: a estrela eternamente bronzeada de *Amor à primeira vista*.

9h

Passei a manhã na minha sala, relendo os termos de um contrato com a Toshiba de um cupom e ligando para diferentes lavanderias de Santa Cruz porque esqueci em qual delas eu havia deixado meu "Outfit de Novas Mídias."

Explico. Para entender o Outfit de Novas Mídias, primeiro preciso te contar sobre um dos maiores problemas que tivemos logo no começo da Netflix. Basicamente, tem a ver com aquela história sobre o ovo e a galinha.

Como podemos oferecer o serviço de locação de DVD se quase ninguém tem um DVD player?

Para quem trabalha com marketing direto, quando a empresa precisa atingir determinado grupo de pessoas, ela entra em contato com um corretor de listas e aluga uma dessas listas. Por exemplo, "quero o endereço de dois milhões de pessoas que tenham aparelho de DVD em casa" e, com a lista em mão, é só enviar a mala-direta para essas pessoas. Mas, no caso de uma tecnologia totalmente nova, essa lista ainda não existe. Porque os aparelhos de DVD até então eram praticamente uma raridade.

As grandes empresas de eletrônicos de consumo que fabricam aparelhos de DVD estão no mesmo barco que a gente, só que navegam em direção oposta: é difícil convencer o cliente a comprar um aparelho de DVD que custa 1.200 dólares se quase não há DVD disponível no mercado para assistir.

Em janeiro, visualizei uma oportunidade. Precisávamos encontrar um meio de alcançar as pessoas que tinham aparelho de DVD. Os fabricantes precisavam encontrar um meio de as pessoas terem acesso aos DVDs. E se conseguíssemos criar uma promoção que atendesse os nossos interesses?

Também em janeiro, peguei o avião e fui para Las Vegas, para participar do Consumer Electronics Show (CES), naquela época, a maior feira de negócios do mundo. A VSDA (que para mim pareceu uma verdadeira viagem alucinógena), em comparação com esse evento, parecia aquelas feiras de ciências que acontecem aos domingos na escola. Todas as grandes empresas de eletrônicos de consumo estavam presentes, e chegavam a alugar, cada uma, um hotel inteiro para hospedar seus funcionários. Cada estande tinha o tamanho de um campo de futebol, todos cheios de aparelhos de alta tecnologia. Pense na tecnologia 3-D. E num robô. Pense agora num PlayStation. Agora imagine um PlayStation robótico 3-D. Tudo isso meses antes da data efetiva de lançamento.

Além de Mitch, eu estava acompanhado, na viagem por essa terra estrangeira de Kirby Kish, marido de Christina, que trabalhava com eletrônicos de consumo e se ofereceu para ser o nosso "guia no meio da selva" — alguém que poderia nos apresentar e me mostrar a rota de navegação pelas complexas hierarquias dos conglomerados multinacionais com que lidaríamos.

— É um mundo diferente, cara — alertou Kirby, antes de desembarcarmos do avião no Aeroporto Internacional McCarran. — Aperte o cinto!

Foi um verdadeiro encontro entre o Oriente e o Ocidente, não só porque a sede da maior parte das empresas ficava na Ásia, ou porque seus escritórios americanos ficavam todos na Costa Leste, em complexos comerciais suburbanos de Nova Jersey. Era uma cultura diferente. Funcionários da Sony ou da Toshiba iam trabalhar de terno e gravata. Estacionavam o carro em frente a edifícios comerciais em Secaucus ou em Wayne, ou em Park Ridge e entravam em prédios chochos, sem graça, com milhares de outras pessoas. Respondiam a seus superiores dentro de uma vasta e complexa cadeia hierárquica de liderança. Trabalhavam das nove às cinco todos os dias e recebiam hora extra quando ficavam depois do expediente. Uma vez por mês, na sexta-feira, podiam trabalhar com calça cáqui e camiseta polo. *Uma vez por mês.*

Em outras palavras, o *ethos* de uma empresa de eletrônicos de consumo não poderia estar mais distante da mentalidade de uma startup.

Mas era de se compreender. O prazo de entrega das empresas de eletrônicos de consumo estava incrivelmente extenso. Da pesquisa e do desenvolvimento da embalagem ao marketing, levava anos para que uma TV, um videocassete ou um tocador de CD fossem lançados. Havia literalmente centenas de milhares de pequenas decisões que precisavam ser tomadas, e todas deveriam ser em conjunto. Coordenar essas decisões numa multinacional com dezenas de milhares de funcionários e centenas de produtos demandava tempo, e muito mais do que alguns gerentes de produto. Nós tínhamos uma Christina. A Sony deveria ter milhares dela.

Um grande desafio que as empresas de eletrônicos de consumo tinham era descobrir como padronizar a tecnologia por trás dos DVDs. Detalhes como espaço de armazenamento, tamanho e funções voltadas para o usuário ainda divergiam muito de empresa para empresa. Para simplificar as coisas (e evitar uma miscelânea de formatos e tamanhos), representantes das três maiores empresas formaram uma aliança não muito amigável e chegaram a um consenso quanto às características dessa tecnologia nascente. Essa aliança ficou conhecida como "DVD Video Group".

Durante a CES de 1998, aconteceu uma das primeiras aparições públicas do DVD Video Group, e eu estava lá para acompanhar tudo. A ocasião não foi, digamos, auspiciosa. Diferentemente das exposições espalhafatosas do restante do evento, para os DVDs havia apenas uma pequena área, do tamanho da cozinha da minha casa, cercada por uma corda de veludo. Lá dentro, umas vinte ou trinta pessoas circulavam, entre elas os representantes de cada um dos principais fabricantes: Toshiba, Sony e Panasonic. Pairava ali a sensação de uma Conferência de Ialta — três aliados desconfortáveis entre si, desacostumados a colaborar uns com os outros, cada um segurando uma bandeja de queijo nas mãos e circulando pelo ambiente.

Eu planejei encontrar três caras por lá: Mike Fidler da Sony, Steve Nickerson da Toshiba e Rusty Osterstock da Panasonic, três pessoas que juntas detinham aproximadamente noventa por cento do mercado de aparelhos de DVD. Eu sabia que, se quisesse tentar qualquer tipo de acordo, teria de fazer contato com um deles.

Falar é fácil, fazer é difícil. Afinal, eu administrava uma startup de dezessete funcionários que ainda nem havia sido lançada (oficialmente). Nickerson, Fidler e Osterstock trabalhavam para empresas tão grandes que não precisavam de nada além da própria lista telefônica. Eu era um mosquitinho ali. E eles eram três elefantes em cuja cauda eu queria montar.

Mesmo assim, eu estava confiante, e sabe por quê? Porque estava usando aquele Outfit de Novas Mídias que mencionei no começo do capítulo. Eu havia comprado essa roupa para RINs (Reuniões Importantes de Negócios) fora do Vale do Silício, ou seja, para aqueles momentos em que precisaria vestir algo melhor do que jeans e tênis. Considerei importante que nunca me vissem de gravata, e também queria transparecer a imagem de alguém capaz de circular nos meios de entretenimento. Então, comprei uma calça cáqui esverdeada, um blazer com brilho fluorescente e uma camisa com uma sutil estampa geométrica, que o vendedor me disse ser de *moiré*.

Resumindo, um look absolutamente ridículo. Lorraine não conseguia parar de rir ao me ver experimentando aquela roupa pela primeira vez. "Está parecendo um camaleão", disse ela.

De certo modo, eu era exatamente isso. Eu precisava conseguir me adaptar a uma série de ambientes diferentes: mídia, eletrônicos de consumo, tecnologia. Usar o meu Outfit de Novas Mídias (ou ONM, como às vezes eu me referia a ela), me permitiu acessar empresas e entidades muito maiores e mais poderosas do que a minha.

Naquela tarde, transpirei muito dentro do meu ONM. Abordei cada um dos fabricantes usando o mesmo argumento: E seu eu pudesse, numa única tacada, eliminar o maior obstáculo que você tem para vender mais aparelhos de DVD? E se você pudesse garantir a cada um dos clientes que, comprando um aparelho de DVD, teriam acesso imediato a todos os títulos de DVDs disponíveis?

E finalizava com a cereja do bolo: E se a cada aparelho de DVD vendido o cliente recebesse três locações gratuitas da Netflix?

Galinha.

Ovo.

Os dois ao mesmo tempo!

Geraríamos tráfego para o nosso site e eles nos ajudariam a aumentar o nosso banco de dados de consumidores de DVDs. Bastante atrativo, não?

Mas os três recusaram educadamente a oferta.

— Interessante — disse Mike Fidler. Californiano, descontraído, bem-vestido e com um corte de cabelo melhor do que a maioria dos executivos ali presentes, Mike exalava confiança. E por que seria diferente, não é? Mike trabalhava para a Sony, líder do setor. Ele me disse que seria uma *hard sell**, mas que pensaria sobre a proposta. Rusty Osterstock, encarregado da operação de DVD na Panasonic, era um homem de baixa estatura, que usava uma camisa Oxford azul e aparentava ter seus 35 anos (o tipo que desde os doze anos se parece muito com o pai). Ele me deu uma resposta evasiva.

— Hmm. — E talvez a resposta tenha a ver com o fato de ele ter me visto conversando com Fidler cinco minutos antes. — Vamos marcar um *call*.

Steve Nickerson foi o que mais demonstrou interesse. Ex-jogador do time de lacrosse da faculdade, ele tinha um jeito de se vestir que eu conhecia bem por conta dos anos em que estudei na Costa Leste: terno altamente conservador e obviamente caro, sapato escocês lustroso, anel de formatura da Drexel. Porte atlético, o tipo que vive animado. Para mim, um cara que curte se arriscar.

— Vamos conversar — disse ele.

Saí da CES naquela tarde com um bolso cheio de cartões de visita, uma mochila com mais de dez DVDs e uma bela dose de entusiasmo. Quando Mitch disse que precisava cumprimentar uns amigos antes do jantar, achei que não haveria nada de mais nisso, até que, já do lado de fora, percebi que caminhávamos para um canto diferente do Las Vegas Convention Center, um universo totalmente paralelo.

— Oi, Mitch! — cumprimentou uma moça bonita e sorridente, com uma regata.

— Mitch! Quanto tempo! — disse outra, com suas curvas surreais envolvendo o peito de Mitch num abraço.

---

* Estratégia utilizada para a venda de produtos e serviços que consiste numa abordagem mais direta e "agressiva", deliberadamente marcada por estratégias de persuasão que visam o fechamento rápido do negócio (N.T.).

Mitch sorria de orelha a orelha.

— Esta é a Helen. E ela é a Juliet — disse, me apresentando as duas.

Foi então que finalmente olhei ao redor. Por todos os lados havia uns caras musculosos e bronzeados (por bronzeamento artificial, aparentemente), de braços dados com alguma loira oxigenada e com quilos de maquiagem, nada muito além disso no corpo. Uma placa enorme em cima do balcão de check-in dizia, com letras cursivas e da cor de batom: AVN.

AVN é a abreviatura de *Adult Video News*, uma revista comercial sobre a indústria pornográfica. Estávamos na Adult Entertainment Expo, realizada, todo ano, na mesma semana da CES.

Mitch, ao que tudo indica, era um veterano do evento. Depois de anos administrando uma rede bem-sucedida de locadoras de vídeo, estava bem familiarizado com o negócio da pornografia. Conhecia tão bem as peças-chave daquele negócio e se sentia tão em casa quanto eu me senti na VSDA. Nas quatro horas seguintes, enquanto eu, sem graça, gaguejava meu nome aqui e ali, e fazia contato visual abundante (pensando, o tempo todo, em como explicar tudo isso para Lorraine), Mitch trocava apertos de mão e cumprimentava todos fervorosamente como se fossem velhos amigos: diretores de estúdio, grandes distribuidores, diretores e aparentemente atrizes e atores. Os executivos, no entanto, aqui não pareciam muito diferentes de seus pares na CES. Não fosse pelas mulheres seminuas se aglomerando em torno de Mitch, eu diria que tudo se parecia com o que acontecia lá dentro, ao estilo dos diretores da Sony.

— Você conhece *todo mundo* — falei para Mitch algumas horas depois, enquanto voltávamos para o nosso hotel. Minha mochila de DVDs agora tinha alguns títulos novos.

Com um sorriso, Mitch respondeu:

— Está vendo como compensa ter alguns amigos influentes?

Janeiro, fevereiro e março se passaram e nem o menor sinal de Fidler nem Osterstock. E, para ser franco, não me surpreendi. Não era uma tarefa fácil para eles. Empresas do porte da Sony e da

Panasonic levavam anos para desenvolver um produto. Acrescentar um adesivo ou um cupom em uma das caixas exigiria meses de negociação com dezenas de líderes diferentes. Se as coisas corressem num curso normal, para cogitar uma chance de inserir nosso cupom numa caixa de DVD da Sony, seria necessário um planejamento de pelo menos um ano. Pular esse tempo e fazer isso bem no meio de um lançamento, como eu esperava, seria de fato arriscar o pescoço. Era um risco e tanto para eles. E as empresas que participaram da CES não eram do tipo que curtia aventuras.

Até hoje não sei bem por que Steve Nickerson me ligou. Acho que foi porque ele viu — mesmo no ambiente totalmente avesso a riscos em que trabalhava — a oportunidade de receber uma recompensa tão grande quanto o risco que correria. Sim, era um verdadeiro pesadelo navegar pela cadeia de decisões; óbvio que o seu emprego corria um risco, se o tiro saísse pela culatra. Mas se uma promoção com uma empresa chamada Netflix o ajudasse a se conectar com os consumidores de DVDs, a chance de expansão para uma tecnologia nascente e incipiente seria enorme.

Além disso, Nickerson trabalhava para a Toshiba, a perpétua segunda opção do mercado. No mundo da CES, a Sony indiscutivelmente ocupava o trono da realeza. Era uma empresa que não precisava correr riscos. Mas, para a Toshiba, por exemplo, que sempre disputava participação no mercado, assumir um risco ou investir numa ideia inovadora poderia ajudá-la a se diferenciar.

Qualquer que tenha sido a lógica de Steve, sou eternamente grato a ele por ter tido a coragem de dar esse salto. Na minha opinião, ele é uma das peças mais importantes da história da Netflix. Sem a ajuda dele, não teria havido a menor possibilidade de a empresa ter alçado o sucesso.

Peguei o avião rumo a Nova Jersey, com o ONM a tiracolo e, nas primeiras semanas de abril, Steve e eu tínhamos fechado um acordo. Cada DVD vendido pela Toshiba seguiria com um pequeno folheto promocional, oferecendo gratuitamente três aluguéis de DVD, um por mês, por meio do nosso site. Tudo que o cliente precisava fazer para usufruir do benefício era visitar o site Netflix.com e inserir no campo específico o número de série do DVD player.

Todos saíram ganhando. Conseguimos acesso direto aos proprietários de aparelhos de DVD, no momento exato em que mais precisavam de nós. E a Toshiba resolveu o maior problema que tinha: convencer os consumidores relutantes de que conseguiriam, sim, encontrar DVDs para tirar o máximo proveito de seu novo aparelho. E a promoção foi anunciada ali mesmo, do lado de fora da caixa: 3 ALUGUÉIS GRÁTIS NA COMPRA!

Mais do que um ganho para ambas as partes, esse acordo foi uma revelação. Explico. Uma startup é um lugar solitário. Você trabalha em algo em que ninguém acredita, e que sempre te disseram que nunca daria certo. É você contra o mundo. Mas a verdade é que você não consegue fazer isso sozinho. Precisa recorrer aos outros. Trazer pessoas que pensem como você. Que se entusiasmem com você. E emprestar a elas os óculos mágicos que permitirão que absorvam a sua visão do futuro.

Steve Nickerson teve um vislumbre desse futuro e acreditou. E já começava a colher os frutos. Dentro de poucos dias, tivemos um aumento imediato no tráfego do site e sabíamos de onde vinham os acessos. Corey, por meio do pseudônimo Damon Matthews, acompanhava a conversa nos fóruns da Toshiba e aparentemente a nossa promoção vinha repercutindo na base de clientes da empresa.

Sendo assim, por que, então, depois de usufruírem dos três aluguéis gratuitos, esses clientes não voltavam ao nosso site?

11h15

Depois de algumas pequenas alterações no contrato com a Toshiba (detalhes mesmo), ligo para Michael Dubelko, da *DVD Express*. Passei várias horas tentando convencê-los de que poderíamos nos ajudar.

— Não faz o menor sentido, Marc — disse ele. — Nós também vendemos DVD. Por que faríamos parceria com um concorrente?

— A gente precisa alavancar os aluguéis — expliquei. — É uma circunstância totalmente diferente.

— Diferente como?

A conversa de fato não chegou a lugar nenhum. Como acontece com frequência. Os sites que vendem DVDs geralmente não querem fazer negócio com outro site que pode prejudicar a participação deles no mercado.

E era compreensível, como eu disse a ele. Mas sei que seria possível. Quando desligo o telefone com Mike, penso em Steve Sickles, administrador do *DVD Daily*, um dos maiores sites de DVD, e a quem consegui convencer a fechar um negócio com a gente, enquanto comíamos peixe cru no Nobu, em Nova York. Cada menção a um filme no site dele passaria a ter um link de redirecionamento para o site da Netflix. Penso em Bill Hunt, da *Digital Bits*, que, num corredor de uma feira de jogos em Atlanta, concordou em oferecer o nosso serviço na revista, desde que, de vez em quando, citássemos o nome deles.

Talvez o segredo seja o encontro presencial.

Estou recostado na minha cadeira, pensando em novas oportunidades para usar o ONM (acabei de rastreá-lo e agora sei que mandei para a Mission Dry Cleaners, em Santa Cruz), quando a cabeça de Eric surge no canto da porta.

— Já está pronto? Ishaan e Dev estão lá fora. Estão prontos, mas muito nervosos.

— Nervosos? Por quê? Sou tão intimidante assim?

Eric encolhe os ombros e ergue as mãos com as palmas estendidas e para cima.

— Para mim não, mas aqueles caras ali andam paranoicos com tudo. Não sabem bem o que esperar de um almoço com o CEO — disse.

Quase um ano depois que Reed e eu enviamos aquele CD de Patsy Cline por correio, a empresa cresceu. E quando o assunto era contratação, parei de me restringir aos contatos do meu cartão de visitas, o que significa trazer caras novas. Mas para garantir que continuássemos um grupo unido, instituí um ritual mensal de uma vez por mês levar os funcionários novos para almoçar, o que teria muitas vantagens. No mínimo eu conheceria todo mundo que trabalhava na Netflix. Participo de quase todas as entrevistas da empresa, mas é difícil conhecer alguém de verdade em meio a uma circunstância de nervosismo e de expectativas, já um almoço permitiria conhecer a pessoa de um modo muito melhor. O mais importante, porém, é que o almoço é a chance de começar a semear a cultura da empresa: explicar os aspectos mais importantes do trabalho na Netflix, o que esperamos das pessoas e o que elas esperavam da gente. Mas no almoço de hoje, a "cultura" terá um significado diferente. Isso porque estou indo almoçar com dois dos nossos engenheiros recentemente contratados.

Dois meses depois, contratar engenheiro se tornou um problema maior do que imaginávamos. No Vale do Silício, a disputa por engenheiros é sempre tensa, com centenas de empresas brigando pelos melhores talentos, claro. Tenho certa experiência com recrutamento e, com o tempo, passei a reconhecer uma coisa fundamental: para a maior parte dos engenheiros, o dinheiro não é o principal, o que é vantajoso para a Netflix, já que não temos tanta bala na agulha quanto as empresas maiores e já estabelecidas.

A maior parte dos engenheiros pode escolher onde quer trabalhar e o que costuma balizar a decisão deles se resume a duas questões:

1) *Admiro as pessoas que vão trabalhar comigo?*
2) *Vou ter desafios interessantes pela frente?*

Temos uma resposta para a primeira pergunta: Eric Meyer, um verdadeiro gênio que impõe respeito; e, quanto à segunda, se couber a mim a resposta, digo com todas as letras: *SIM!*

Antes do lançamento, outra questão nos favoreceu quanto ao recrutamento. A localização. Aproximadamente dezenove mil pessoas viajam por dia de Santa Cruz "para a colina", ou para o Vale do Silício, onde trabalham com tecnologia. E dessas dezenove mil, provavelmente 18.997 detestam o que fazem (e não faço ideia de como os outros três se sentem).

Imaginei que havia tantos engenheiros que passavam por ali de saco cheio daquele percurso que aproveitariam com gosto a oportunidade de trabalhar mais próximo de casa. E eu estava tão certo disso que cheguei a pagar um anúncio (daqueles que passam antes de o filme começar) no cinema de Scotts Valley, com a seguinte frase: PROCURA-SE AJUDA.

Porém, cometi um erro gravíssimo. Pensei que precisaríamos de muitos engenheiros *front-end* — profissionais com habilidade para criar sites projetados para o e-commerce. Mas o que realmente precisávamos era de profissionais de *back-end* — que cuidassem de questões relacionadas ao processamento de pedidos, ao gerenciamento do estoque, às análises e transações financeiras.

E para executar esse tipo de trabalho, não havia anúncio de cinema em Scotts Valley que pudesse resolver o problema. A maioria dos bons engenheiros de *back-end* moram perto de San Francisco, e apesar da reputação de Eric (e dos meus poderes persuasivos), é praticamente impossível convencer alguém a percorrer 120 quilômetros de carro duas vezes por dia, no caminho de ida e volta do escritório.

Mas Eric encontrou uma solução. Esqueça os engenheiros que moram a 120 quilômetros do escritório. Que tal os que moram a doze mil quilômetros? Havia uma quantidade enorme de engenheiros indianos recém-chegados ao Vale do Silício que estavam à procura de trabalho, ansiosos para integrar uma startup. Com a ajuda de Suresh, Eric foi aos centros culturais e aos campos de críquete do Vale do Silício, e recrutou talentosos imigrantes programadores como Dev e Ishaan, os dois que estão esperando por mim lá fora. Enquanto me apresso para encontrá-los, já estou pensando o que posso dizer para deixá-los mais confortáveis com a mudança, e como posso facilitar a transição deles para os Estados Unidos e garantir que o trabalho valha a pena.

E também no que vou pedir no Zanotto, o restaurante italiano que fica do outro lado da rua.

12h45

Ao voltar do almoço, vejo que Lorraine tentou me ligar. Não me apresso para retornar porque tenho certeza do assunto. Preocupações financeiras. No outono, Morgan vai entrar para o jardim de infância, e nosso plano é que ela estude na mesma escola particular que Logan, perto do mar, em Santa Cruz. E o jardim de infância numa escola particular é muito mais caro do que a pré-escola.

— Como vamos pagar a mensalidade? — pergunta Lorraine quando por fim resolvo retornar a ligação. Ao fundo, ouço as crianças e um barulho que parece ser de gaivotas.

— Está na praia?

— Estou com uns amigos de escola do Logan. Sei que Morgan está bem empolgada para ir para a Gateway, mas acho que estamos cometendo um erro e tanto.

Ela fica em silêncio e consigo ouvir o barulho de uma onda, sucedido por um gritinho de alegria de alguma criança.

— Acho que a gente deveria vender a casa — sugere ela.

Esse é a uma fala recorrente. Quase tão recorrente quanto o lembrete de que Montana (e a vida dos meus sonhos como carteiro) nos aguarda, se tudo der errado com a Netflix. E essa fala tem sido ainda mais recorrente nos últimos tempos. É o único motivo que quase nos leva a uma discussão.

— Vai dar tudo certo — repito para acalmá-la. Enquanto isso, através do vidro da janela vejo Dev e Ishaan abrindo umas caixas que chegaram, com *gateways* novinhos. Eric os observa, com um sorriso no rosto.

— Só estou te pedindo para ser realista — diz ela. — A gente pode viver sem muita coisa. Acho que ainda dá pra cortar mais.

— Mas as coisas estão crescendo muito por aqui — afirmo. — A partir de hoje, somos oficialmente uma empresa de um milhão de dólares.

Não digo a Lorraine que a nossa empresa foi *projetada* para isso, nem o quanto estou preocupado com a origem desse dinheiro. Apenas digo que podemos conversar mais sobre o assunto durante o jantar, e que, como de costume, estarei lá.

14h

— Está no telefone?

Sem esperar pela resposta, Te entra na minha sala. Como sempre, ela sabe a resposta antes mesmo de perguntar.

— Estamos tentando terminar o anúncio daquela promoção da Sony.

Te hesita por um momento, depois faz um beicinho bem exagerado.

— Missão praticamente impossível convencer aqueles caras a aprovarem o nosso lançamento.

De fato, naquele dia em que abordei a Sony durante a CES, para falar do cupom promocional com três aluguéis gratuitos de DVD, não me deram bola. Mas, depois de perceberem que tínhamos fechado parceria com a Toshiba, sentiram que precisavam competir com os vizinhos. Esse tipo de coisa acontece o tempo todo nos negócios e nos esportes — um jovem iniciante se arrisca a criar algo novo e, quando a coisa funciona, o líder do setor adere. Por quê? Porque podem fazer isso.

Além disso, a promoção que ofereciam — enviar de brinde um exemplar de *James Taylor ao vivo* para cada cliente que comprasse um aparelho de DVD — não era a guinada que precisavam para o negócio. James Taylor tem contrato com a Sony, então, o custo seria zero, mas deveriam ter pensado um pouco melhor. Estávamos em 1998, passaram-se mais de vinte anos do lançamento de *Fire and Rain*. *Sweet Baby James* não é bem o tipo de coisa que chama a atenção dos geeks de tecnologia.

Te espalha uma pilha de papéis na minha mesa.

— Olha essa zona — diz, balançando a cabeça com tanta força que chego a sentir uma lufada de spray de cabelo. — Não sei como conseguem trabalhar. Parece não ter ninguém ali com poder de decisão. Estou começando a achar que a gente deveria simplesmente ligar o foda-se e colocar o anúncio no ar, aprovem ou não.

— Péssima ideia — pondero, levantando da cadeira e me debruçando sobre a papelada. — Passei semanas tentando conquistar a confiança deles. Se a gente partir pro tudo ou nada agora, vamos estragar tudo.

Mas Te tem razão de reclamar da implicância. O rascunho do anúncio está todo rabiscado, cheio de anotações.

— Com o que estão implicando agora? — pergunto.

— Com tudo! — responde Te, jogando as mãos para o alto, depois agarra a folha do anúncio e mete sua caneta vermelha reluzente nele, como se fosse uma faca. — Implicam com tudo, tudo que a gente apresenta para eles... O crescimento do mercado de DVD, o número de filmes lançados, e até questionam o quanto a gente está empolgado ou não, blá, blá, blá! Tudo precisa passar por uns seis departamentos para ser aprovado. E olha que nem estamos falando de um acordo legal que envolve burocracias.

— Vou ligar para o Mike — respondo. Mas não estou otimista. Mike Fidler é famoso por entregar o "sorriso matador", o cara que propõe um acordo agressivo, caro e difícil, tudo com um sorriso no rosto. E foi exatamente isso que ele fez comigo três semanas antes. Mike ficou sabendo que a Toshiba havia se interessado pela nossa proposta, segundo o próprio, e achou que poderíamos fechar uma parceria com ele também. Mas Mike não queria três aluguéis de DVD gratuitos: queria dez. E não parou por aí. Além do aluguel gratuito, também queria *cinco DVDs de brinde* para cada cliente que comprasse um aparelho de DVD.

Essa era uma proposta extremamente dispendiosa para a Netflix. Cinco DVDs gratuitos do nosso catálogo totalizando um custo de cem dólares. Então, considerando as condições do acordo com a Sony, basicamente desembolsaríamos cem dólares pela simples visita ao nosso site por parte de um cliente que comprasse um aparelho de DVD. E isso sem contar o custo dos cinco aluguéis gratuitos. E, para piorar, eu havia prometido exclusividade para Toshiba.

Mas a oportunidade de trabalhar com a Sony, o maior e mais importante jogador dessa modalidade, era boa demais para deixar passar. O investimento valeria a pena. Aceitei todas as condições de Mike.

Pressioná-lo agora poderia irritá-lo. Mas ligar para Mike para falar sobre a linguagem do comunicado à imprensa seria muito mais fácil do que, com o rabo entre as pernas, ligar para Steve Nickerson para contar que estávamos traindo a Toshiba com a sua irmã mais velha e mais gostosa. Confesso que essa é uma ligação que estou com *muito* medo de fazer.

— Me dê vinte minutos, Te — digo. — Vejamos se consigo dobrar o cara.

16h

Bomba desarmada. Sem ressentimentos. Apenas promessas feitas por Mike.

— Tentaremos agilizar as coisas, vamos nos empenhar um pouco mais — diz ele. — Estamos tomando todo o cuidado com isso porque achamos mesmo que as expectativas são muito promissoras.

Soou como música para os meus ouvidos.

Agora, só preciso descobrir um meio de incentivar as pessoas a alugar os DVDs e se interessar por eles quando não forem mais um mero brinde. Levou o dia inteiro, mas finalmente consegui um momento para me debruçar sobre as informações da manhã e começar a pesquisar.

Acabo descobrindo que a coisa é pior do que imaginava. Não só estamos estagnados como também perdendo terreno.

Não me interprete mal. O que conseguimos até aqui em termos de negócio, dois meses depois do lançamento, é ótimo. Os cem mil dólares que somam as vendas mensais de DVDs não só pagam algumas das nossas contas como também mostram aos nossos fornecedores e parceiros que somos reais. Dá a Eric e à equipe dele a chance de testar o site ao máximo, experimentar como ele reage com o acesso em massa de clientes reais, não fictícios. E à nossa equipe operacional a emoção de ver uma série de pacotes de verdade atravessando a porta rumo aos correios todos os dias. E à empresa toda uma bela dose de energia para seguir em frente.

Mas se trata de um pico glicêmico.

Por enquanto, somos os únicos jogadores em campo. Mas em questão de pouco tempo, a Amazon vai começar a vender DVDs. E depois da Amazon, a Borders. E depois o Walmart. E depois praticamente todas as outras lojas (on-line e físicas) da América.

No fundo, vender DVDs é um negócio de commodities. Estudando os números sei que, quando todos estiverem vendendo a mesma coisa, praticamente da mesma forma, em pouco tempo nossa margem de lucro será reduzida a zero. Talvez isso aconteça na semana que vem, no mês que vem, ou quem sabe no ano que vem, mas será inevitável. E, quando acontecer, estamos fritos.

Já o aluguel de DVD, por outro lado, tem um potencial real. Se é difícil encontrar lojas físicas que alugam DVDs, que dirá então uma loja on-line. E, quanto a isso, talvez as coisas demorem um pouco mais para mudar. Como descobrimos por meio do caminho das pedras, o aluguel on-line de DVDs é operacionalmente difícil, o que significa que será difícil para os potenciais concorrentes descobrirem como chegar lá. Mas temos pelo menos a margem de um ano pela frente. Além disso, essa margem é bastante ampla, já que é possível alugar o mesmo DVD dezenas de vezes.

Os monitores mostram que estamos vendendo muitos DVDs. Nós simplesmente não podemos convencer qualquer pessoa a alugar com a gente. E administrar aluguéis e vendas ao mesmo tempo é muito difícil, e em termos de estoque, uma administração muito complicada. Há certos títulos que, legalmente, podem ser alugados ou vendidos, mas outros podem ser só alugados ou só vendidos. Os procedimentos de armazenagem e envio precisam considerar os filmes que saem e voltam, mas também os que saem e não voltam mais porque foram vendidos.

Oferecer tanto a possibilidade de venda quanto a de aluguel se torna confuso para o cliente que chega ao site da Netflix.com sem saber exatamente o que fazer. Na página inicial, temos de explicar que os usuários podem comprar ou alugar a maioria dos títulos, afinal, como diz a regra de ouro do web design, se você precisa explicar algo para quem acessa o site, significa que já perdeu. O processo de check-out também é complicado.

Tudo é mais difícil do que deveria ser, penso, recostando na minha cadeira. *Precisamos manter o foco.*

Mas em quê?

Devemos nos concentrar na venda de DVDs, que corresponde a 99% da nossa receita, mas, aos poucos (e inevitavelmente) evaporar do mercado à medida que os nossos concorrentes lotam o campo? Ou devemos investir nossos limitados recursos no aluguel de DVDs, negócio que, se der certo, pode ser altamente lucrativo, mas que, nesse exato momento, não mostra o menor sinal de vida?

A resposta não é nada fácil.

17h15

Quando entro na garagem, já consigo ouvir o burburinho das crianças na cozinha, e antes mesmo de terminar de subir os degraus da varanda frontal, Logan sai correndo porta afora para se atirar nos meus braços.

— Trouxe o pão pra casa? — pergunta, com um sorrisão no rosto, com seus seis anos de idade e o mesmo tempo de piada.

Quando trago Logan para dentro, carregando-o nos braços, Morgan desvia o olhar da minicozinha de brinquedo que gosta de montar e ergue a cabeça para mim, enquanto a mãe está ocupada com a cozinha de verdade. Lorraine está esquentando uma lasanha congelada e Morgan aparentemente prepara ovos mexidos.

— Você subiu a escada? — pergunta ela, como sempre faz, percebendo, pelo meu sorriso, que há algo de engraçado nisso, sem saber bem o quê.

Lorraine se afasta do forno, soprando uma mecha do próprio cabelo para o lado. Ela me dá um beijo na bochecha e pisca. Qualquer sentimento de ansiedade em relação ao dinheiro ou ao futuro que ela havia tido no começo do dia parecia ter se acalmado — preocupações com o dinheiro e mensalidades de escola poderiam esperar. Ponho Logan no chão e pego Hunter de sua cadeira alta, sentindo a compota de maçã no meu pescoço enquanto ele se aconchega no meu colarinho.

Naquele momento, a Netflix parece muito, muito distante.

20h

A única luz do escritório sai pela porta do "estoque" (mesmo dois meses depois, continuamos guardando todos os DVDs no cofre). Ao ouvir a porta da frente se abrir, Jim aparece, com um pedaço de pizza em uma das mãos e um prato de papel com mancha de gordura na outra.

— Temos problemas — diz ele, balançando o braço de um modo que sinaliza que devo pegar a pasta de papel que ele traz debaixo do braço. Jim põe o pedaço de pizza na mesa, limpa as mãos na calça jeans e pega a pasta debaixo do braço. Ele tira de dentro dela uma folha e aponta para uma coluna de números. — Você já viu isso, mas está ficando pior.

Todo o nosso orçamento se baseia num selo postal de 32 centavos. Era disso que você precisava para enviar uma carta de trinta gramas, em 1998. E era isso que procurávamos quando projetamos nossas malas-diretas. Mas a última análise de Jim mostra que apenas uma parte dos aluguéis do mês anterior havia atingido o limite de trinta gramas. E pior ainda: mais da metade das nossas correspondências havia registrado sessenta gramas ou mais.

— E tem mais — explica Jim, puxando mais uma folha de sua pasta. — Veja aqui os nossos custos com embalagem.

Meus olhos escaneiam os números. Ultrapassamos o nosso orçamento. Muito. Nosso teste original — aquele CD da Patsy Cline, enviado num envelope com um cartão de aniversário — tinha sido o norte para o nosso orçamento, mas agora fica claro que, no envio em larga escala, esse teste havia sido uma simplificação bizarra.

Embora eu esteja chateado, não me sinto totalmente surpreso. No momento em que seu sonho se transforma em realidade, as coisas complicam. Há certas coisas que simplesmente não podem ser previstas, e você só vai saber se vai dar certo ou não se tentar. Vá em frente e faça um planejamento, mas não deposite toda a sua fé nele. A única maneira verdadeira de descobrir se dá certo ou não é testando.

Tivemos sorte de ter recebido o CD intacto na casa de Reed. Mas quando se envia milhares de DVDs para todos os cantos do país, não dá pra confiar na sorte. Para proteger o DVD de arranhões, impressões digitais e outros tipos de avarias, o disco precisa ser protegido por algum tipo de capa. O saquinho plástico que tínhamos escolhido é resistente, reutilizável e transparente. Mas também é caro e pesado. E ficava ainda mais pesado (e encarecia ainda mais o envio) com o acréscimo de uma etiqueta de papel 7x7 que continha as informações do filme e um número exclusivo de série.

O envelope de correspondência evoluiu de um simples cartão rosa para uma completa quimera, feita com partes díspares e uma série de firulas. Do papel, mudamos para um papelão pesado, acrescentando uma terceira camada de papel que serve de envelope para a devolução. A versão atual, amontada em pilhas no cofre atrás de Jim, tem duas fitas adesivas e aumentou de tamanho (e de peso) para acomodar *vários* DVDs, se necessário.

Jim sorri para mim, sem graça.

— E... tem *só* mais uma coisa — anuncia, pegando sua pizza de volta, retornando para o cofre.

Pego uma das nossas malas-diretas, atravesso o escritório e sento numa das cadeiras de alumínio que Eric Meyer usa como "cadeira para visitas" ao lado da própria mesa. Por cima da minha cabeça, um emaranhado de cabos se entrelaçam pela fenda que há entre duas placas no teto.

Deve haver uma maneira de melhorar isso, penso, passando a embalagem de uma mão para a outra, devagar, abrindo e fechando as abas.

As abas. Talvez possam ter um formato diferente. Vasculho a mesa de Eric, abro uma gaveta à procura de uma tesoura ou faca, ou de qualquer outra coisa que eu possa usar para cortar o papel. Nada à vista.

Mas é aí que tenho uma ideia.

Vou ao estacionamento, abro a porta de trás do meu Volvo e pego a bolsa de praia enfiada no banco de trás. Lorraine e eu a chamamos essa bolsa de "sacola do restaurante". Dentro dela, há todo tipo de distração que se possa imaginar para fazer uma refeição em público com três crianças menores de sete anos: giz de cera, livros para colorir, tesouras, fitas, massa de modelar, hastes de chenile sortidas, cartolina, papelão. Muito papelão.

Coloco a bolsa debaixo do braço e volto para o escritório. Passo depressa no estoque para pegar mais um pouco de embalagem. Despejo o conteúdo da bolsa na mesa de reunião, encontro o papelão, pego uma tesoura e começo a trabalhar.

22h

Jim ainda está debruçado sobre a mesa de trabalho, rasgando o celofane das caixas de DVD, retirando os discos, colocando-os dentro do saquinho plástico, acrescentando as etiquetas e pendurando-os em ordem nas fileiras do painel na parede. Nos pés dele, há uma pilha de caixas de DVD, que Jim vai levar para jogar fora ao final do dia — não há espaço para guardá-las aqui, nem motivo para fazer isso.

Jim ergue a cabeça quando coloco os meus protótipos de papelão na mesa dele.

— Veja aí, o pacote do Frankenstein — digo. — Ou um *turducken*, se ainda estiver com fome.

Os protótipos são bem toscos. Uma mistura entre abas arrancadas e coladas em lados diferentes da antiga embalagem, novas dobras, cortes grotescos, marcações com giz de cera, enfim, uma miscelânea, mas o suficiente para Jim prosseguir com os pacotes. Ele pode usá-los para construir uma embalagem real, pesar e precificar.

Eu tinha tomado um expresso à tarde e uma xícara de café depois de jantar com Lorraine, mesmo assim, sentia as pálpebras pesadas e o cérebro frito. Era hora de ir para casa. Eu nem tinha cogitado mexer com as embalagens quando voltei ao escritório. Mas é assim que as coisas funcionam. Há sempre tanta coisa a fazer que escrever uma lista de tarefas e construir um plano é pura perda de tempo.

Antes de sair, vejo Jim caminhando até o fundo do escritório. Suresh também está lá, imprimindo as etiquetas de remessa, só o vi depois. Ao lado dele há uma mulher usando um *Salwar kameez* e fones de ouvido, assistindo a algum DVD num aparelho portátil. Eu já a vi antes, é a esposa de Suresh. Um mês antes do lançamento, Eric ficou surpreso quando Suresh contou que precisava voltar para a Índia para se casar. Desde então, quando Devisree, a esposa de Suresh, sabe que ele terá de ficar no escritório até tarde, ela faz companhia para o marido, e às vezes até dorme em algum sofá perto da estação de trabalho dele.

Amor verdadeiro. Coisa típica de uma startup. Coisas que me fazem sorrir.

Tenho sorte de fazer um trajeto muito mais curto para ver a minha família. Simplesmente entro no carro, percorro as curvas da colina e desço a extensa entrada de carros, de onde já começo a ver a minha casa. Lorraine deixou a luz da varanda acesa para mim, que ilumina as laranjeiras que plantei nos fundos, perto de onde acho que talvez caberia bem uma garagem. Mas isso daqui a muito, muito tempo.

Espio lá dentro enquanto tiro os sapatos na porta. A casa está silenciosa, as crianças estão dormindo, a cozinha está limpa e Luna, o cão de guarda que de guarda não tem nada, está enrolada ao pé da escada. Pulo ela e coloco o pé direto no quarto degrau da escada, que sempre range. Lorraine se mexe e abre os olhos quando deito na cama.

— E aí, como foi?

— Caminhando bem — digo, enquanto passo o meu braço em volta dela. Estou caindo de sono. Mas, de repente, tenho uma premonição: Hunter no berço dele, dali a menos de seis horas, atirando os bichinhos por cima da grade do berço e no chão. Cutuco Lorraine.

— Amanhã é a sua vez — lembro.

10

Dias de Halcyon
(Verão de 1998: dois meses depois do lançamento)

— Pelo amor de Deus, Reed, para onde está levando a gente?

A rua em que caminhamos parece o cenário de uma favela. Lixo na calçada, vidros quebrados nas janelas. A maioria dos estabelecimentos estava fechada, ou, se estavam abertos, não era o que parecia: Casa de Penhores Liberty. Armazém das Perucas Loiras. E, então, algumas portas abaixadas, e uma com um simples toldo vermelho em que se lia: CENTRO DE ENTRETENIMENTO ADULTO.

— Joy disse que era Segunda Avenida, 1516 — respondeu Reed, desviando os olhos para averiguar o mapa que tinha impresso na manhã do mesmo dia. — Deve ser na esquina.

Bato o olho num grupo de rapazes maltrapilhos, amontoados na porta de um edifício grande. A placa pendurada na janela diz: "DEPARTAMENTO DE SAÚDE PÚBLICA – PROGRAMA DE TROCA DE SERINGAS".

— Sei lá por que, mas acho que esperava algo um pouco mais... sei lá. Moderno?

— Achei! — diz Reed, apontando para um edifício degradado de tijolos, com quatro andares, do outro lado da rua. As janelas estavam empoeiradas e riscadas. Uma placa desbotada na porta da frente dizia "COLUMBIA". Talvez esse edifício já tivesse, algum dia, abrigado uma empresa que mudou o mundo, mas sendo esse o caso, estava claro que tinha sido muitos anos atrás. — Lá! O 1516.

Atravessamos a rua e Reed se aproxima da porta. Ele parece inseguro agora, meio incerto quanto ao que está fazendo (apesar de o mapa mostrar que esse poderia ser mesmo o lugar). Inclino o corpo à frente em direção a uma das altas janelas de vidro espalhadas na frente do edifício. Fazendo uma conchinha com as mãos e as colocando ao redor dos olhos, eu conseguiria ver um saguão mal iluminado. Na parede, atrás de uma mesa de madeira desbotada, havia uma placa grande, onde se lia AMAZON.COM.

Alguns dias antes, Reed havia recebido uma ligação de Joy Covey, CFO da Amazon. Ela perguntou se tínhamos interesse em participar de uma reunião com ela e Jeff Bezos, fundador e CEO da Amazon, em Seattle. Joy não disse o motivo da reunião, mas nem precisava. Estava na cara.

Embora a Amazon tivesse apenas alguns anos e vendesse exclusivamente livros, no início de 1998, Bezos decidiu que seu site deixaria de ser apenas uma livraria e passaria a vender de tudo. Nós sabíamos que as indústrias da música e do vídeo seriam o próximo alvo dele. Embora fosse improvável que Jeff estivesse interessado (ou desinformado) o suficiente para alugar DVDs, estava claro que logo ele começaria a vendê-los. E uma vez que isso acontecesse, seríamos cuspidos para fora do mercado. Num piscar de olhos.

Também soubemos por meio de nossos contatos da VC que Bezos planejava usar boa parte dos 54 milhões de dólares levantados no IPO* da empresa, em 1997, para financiar uma aquisição agressiva de empresas menores. Normal, a maioria das empresas que está tentando entrar num novo segmento de negócio faz o conhecido *make or buy*. Nesse procedimento, o custo, o tempo e os obstáculos para começar um negócio do zero são levantados, e em seguida é feita uma avaliação para saber o que sairia mais rápido e mais barato: fazer por contra própria ou simplesmente adquirir o que precisa de uma outra empresa.

---

* Abreviatura de *Initial Public Offering* [Oferta Pública Inicial], ocasião em que uma empresa disponibiliza pela primeira vez a venda pública de suas ações (N.T.).

Ciente disso, não precisei quebrar muito a cabeça para deduzir o motivo do convite para reunião de Jeff e Joy. A Netflix estava em jogo.

Eu estaria mentindo se dissesse que a sensação, apesar de eletrizante, era também um tanto agridoce. No verão de 1998, finalmente nossas engrenagens tinham começado a esquentar e, com isso, passamos a ganhar um pouco de velocidade. Eu não estava preparado para estacionar o carro e entregar as chaves.

Mas aí a Amazon me liga, e eu atendo. O ano é 1998, e a Amazon está longe de ser a potência que é hoje.

O edifício em que caminhamos em ziguezague certamente nada tem de luxuoso. A escada que dava para o segundo andar estava empenada e rangia. A área da recepção estava bagunçada e empoeirada. Amontoadas nos cantos, havia pilhas de caixas da Amazon. As cadeiras apoiadas na parede não combinavam entre si. Na mesa havia um telefone e, debaixo de uma peça de vidro, uma lista impressa com alguns números. Reed se curvou para ler de perto, perscrutou a lista e discou um número.

Em poucos segundos, Joy Covey apareceu na recepção, saudando a mim e ao Reed com um sorriso enorme, como se fôssemos amigos de longa data. Bonita e com o corpo em forma, cabelo loiro-escuro na altura dos ombros recaindo sobre um colar de pérolas enorme, Covey era mais jovem que nós dois, mas já era uma mulher de negócios respeitada e bem-sucedida, um dínamo que tinha aberto o capital da Amazon havia apenas doze meses, convencendo céticos investidores de que uma empresa que nem de perto era lucrativa (e não planejava ser tão cedo) valia vinte bilhões de dólares.

Covey era astuta. Ao que consta, ela havia atingido 173 na pontuação de QI. Abandonou o ensino médio aos quinze anos, trabalhou como empacotadora para pagar as contas, conseguiu seu GED* e depois se graduou na Cal State-Fresno, em dois anos e meio. Na

---

* Abreviatura de *General Equivalency Diploma*. É um documento oficial, expedido nos Estados Unidos para alunos que não concluem o ensino médio, mas comprovam por meio de um exame que seus conhecimentos equivalem aos dessa fase escolar (N.T.).

sequência, após um curto período de atuação como contadora, Joy obteve dois diplomas de mestrado em Harvard, um em Negócios e outro em Direito.

Quando Bezos contratou Covey para trabalhar na Amazon, por acaso ela comentou que, depois de terminar a faculdade, conseguiu atingir a segunda maior pontuação do país no CPA, um exame que outros quase setenta mil aspirantes a contador tinham prestado. Quando Bezos a provocou, e brincando perguntou: "Sério, Joy? O segundo mais alto?!", Covey teria respondido: "Foi porque eu não estudei".

Enquanto Covey nos conduz de volta ao labirinto de baias que compunha o escritório da Amazon, é difícil para mim acreditar que esta era a empresa que estava reinventando o e-commerce. O carpete estava manchado, as divisórias que separavam as baias estavam sujas e rasgadas. Cachorros vagavam pelos corredores. Havia mais de uma pessoa trabalhando na mesma divisória, mesas debaixo das escadas, outras empurradas para o canto dos corredores. Quase todas as superfícies horizontais estavam preenchidas, fosse por livros, caixas abertas da Amazon, papéis, documentos, xícaras de café, pratos e caixas de pizza. À vista disso, o carpete esverdeado e as cadeiras de praia do escritório da Netflix pareciam a suíte executiva da IBM.

Escutamos a voz de Jeff Bezos antes mesmo de vê-lo. *Hu-hu-hu-hu-hu.* Que risada mais... distinta? Se você já o viu falando em algum vídeo, então já teve um certo contato com ela, mas é muito diferente de escutá-la pessoalmente. Da mesma forma que ele definitivamente contratou um personal trainer ao final dos anos 1990, acho que também deve ter contratado alguém para ajudá-lo a aprender como conter a própria risada. Agora ele ri de forma mais comedida, discreta, mas, naquela época, era uma risada explosiva, impetuosa e às vezes até se confundia com um soluço. Enfim, resumindo, Jeff ria como o Barney Rubble, dos *Flintstones*.

Bezos estava em seu escritório, acabando de desligar o telefone quando entramos. A mesa dele, e a de outras duas pessoas com quem ele compartilhava o escritório, eram feitas com uma porta de madeira, deitada, montada num cavalete também de madeira, reforçada com uns triângulos de metal. De repente, percebo que todas as mesas que vejo no escritório são exatamente iguais: todas feitas de portas, todas em cima de um cavalete simples, reaproveitado.

De estatura baixa, Bezos usava uma calça cáqui e uma camisa Oxford azul, ambas bem passadas. Estava a ponto de ficar totalmente careca, e a combinação entre a testa enorme, o nariz ligeiramente pontudo, uma camisa que parecia um pouco grande para ele e um pescoço pequeno demais o deixavam parecido com uma tartaruga que tinha acabado de sair do casco. Atrás dele, pendurados num cano exposto no teto, quatro ou cinco camisas idênticas à que ele vestia esvoaçavam com o vento leve soprado por um ventilador oscilante.

Devidamente apresentados, fomos para um canto do prédio onde havia sido liberado um espaço suficiente para caber uma mesa com oito cadeiras em volta. Essa mesa também era feita de portas recicladas. Dava para ver claramente os buracos das antigas maçanetas, remendados com um pedaço circular de madeira.

— E aí, Jeff? — digo, sorrindo. — Conte pra gente, por que todas essas portas?

— É proposital — explicou. — Todo mundo que trabalha aqui tem uma. É um jeito de saber que gastamos dinheiro com o que afeta nossos clientes, não com coisas desnecessárias.

Na Netflix, temos a mesma visão, foi o que eu disse a ele. Não tínhamos nem cadeiras. Ele dá risada.

— É como esse edifício. É uma zona. Mal temos espaço para nos locomover dentro dele. Mas é barato. Aguentei o máximo que pude, mas tenho que admitir que precisamos de mais espaço agora. Acabamos de assinar um contrato de aluguel para locar o antigo Seattle Pacific Medical Center. É enorme, mas fechamos um ótimo negócio porque ninguém se interessava por ele.

Nada do que ouço me surpreende. Bezos era evidentemente frugal, econômico. Era famoso por suas "reuniões de duas pizzas", que consistia na ideia de que, se fosse necessário mais de duas pizzas para alimentar um grupo de pessoas que trabalhava em determinado projeto, então, isso era sinal de que tinha contratado gente demais. As pessoas trabalhavam por muitas horas para ele, sem ganhar muito.

Mas Bezos inspirava lealdade. Ele é um daqueles gênios (como Steve Jobs ou Reed) cujas particularidades só contribuem para a fama lendária. No caso de Jeff, a inteligência ímpar e a nerdice caricata se misturam numa espécie de entusiasmo contagiante que o faz mergulhar de cabeça em todo tipo de desafio. Ele não é o tipo que olha para trás — ou, nas palavras dele, ele "avalia as oportunidades por meio do quadro de minimização de arrependimento".* Ele mostrou a Reed seu relógio de pulso, gabando-se do fato de que se atualizava 36 vezes por dia, captando o sinal de rádio do relógio atômico nacional de Fort Collins, no Colorado. Fã de *Jornada nas estrelas*, Bezos passou a infância inteira reproduzindo as cenas do seriado com os amigos, que interpretavam Kirk ou Spock. Jeff sempre foi o computador da *Enterprise*.

Quando Jeff falava, percebi que ele, ao contrário de mim, não mexia as mãos. Em vez disso, gesticulava bastante com a cabeça, erguendo o queixo para fazer perguntas, abaixando-o de repente quando queria enfatizar alguma coisa. Quando ficava intrigado ou queria saber mais sobre algum assunto, ele girava a cabeça num ângulo de 45 graus. Aos 34 anos, Jeff ainda tinha um entusiasmo particularmente juvenil, mas todo esse deleite infante não conseguia mascarar por trás daqueles olhos que nunca piscavam o cérebro analítico, ambicioso e incessantemente ativo.

Quando comecei a falar sobre a Netflix, contando em detalhes os nossos esforços para conseguir tirar o site do papel, Jeff me encheu de perguntas. Como saber se tenho esse ou aquele DVD disponível? Como prever mudanças? Qual era a minha expectativa de receita entre venda e aluguel? Apesar das perguntas, estava claro para mim que o que entusiasmava Jeff eram as histórias sobre o dia do lançamento, especialmente aquela da campainha que soava.

---

* O quadro de minimização de arrependimento é um método criado pelo criador da Amazon, Jeff Bezos (N.E.).

— Incrível! — exclamava, tão animado que quase chegou a mexer as mãos. — Aqui a coisa funcionava exatamente igual. A gente tinha um sino que tocava toda vez que chegava um pedido. Precisei ficar de olho em todo mundo, porque toda vez que o sino tocava, eles saíam correndo para o computador para ver se conheciam o cliente.

Trocamos figurinhas sobre os nomes provisórios. Jeff riu do Kibble e me contou que o primeiro nome da Amazon foi Cadabra, e que tinha criado esse nome por acreditar que com isso evocaria a sensação mágica que a compra on-line desperta.

— O problema é que Cadabra lembra cadáver — explicou ele, gargalhando.

Embora a Amazon ainda fosse relativamente pequena em 1998, já tinha mais de seiscentos funcionários e uma receita acima dos 150 milhões de dólares. Eram agora uma empresa real, com as pressões reais que isso traz, mas enquanto Jeff e eu conversávamos como havia sido o lançamento de cada empresa, enxerguei no rosto dele e ouvi na voz dele que, de diferentes maneiras, Jeff tinha saudades da simplicidade e da emoção daqueles tempos.

Reed, por outro lado, estava claramente entediado. Para ele, essa história de "quadro de minimização do arrependimento" não desce. Reed nunca foi o tipo que vive no passado, então, essas histórias de "o quanto sofri no começo" e "que loucura foi o lançamento!" pouco o interessavam. Com o olhar pétreo, ele mexia impacientemente as pernas para cima e para baixo. Reed queria, eu sei, pular para o assunto principal da reunião: o que a Netflix vinha fazendo, como poderia se encaixar no que a Amazon vinha fazendo e como um possível acordo poderia beneficiar ambas as partes.

Quando eu estava acabando de contar a Jeff e Joy sobre as minhas outras experiências profissionais, e prestes a falar de Christina, Te e dois outros profissionais fundamentais da nossa equipe, Reed chegou ao limite.

— Não precisamos repassar tudo isso — interveio, exasperado. — O que isso tem a ver com a Netflix e a Amazon e um possível acordo de parceria entre as duas empresas?

Todos ficaram em silêncio. E eu me calei.

— Reed — falei, depois de alguns segundos. — É óbvio que a Amazon está cogitando entrar no segmento de filmes por meio da Netflix. Nosso pessoal seria uma parte importante de uma possível aquisição, então é totalmente compreensível que queiram entender melhor quem somos.

Fiquei aliviado quando Joy interferiu e colaborou comigo.

— Reed, poderia me ajudar a compreender melhor a *unit economics*[*] de vocês?

Era exatamente isso que Reed queria ouvir. Visivelmente aliviado por termos finalmente entrado no assunto, ele começou a discorrer sobre os números para Joy.

Uma hora depois, tendo a reunião terminado e Bezos voltado à sala dele, Joy ficou com a gente para tratar dos acertos finais.

— Estou bastante impressionada com o que vocês conquistaram — disse ela. — E vejo muito potencial numa parceria entre as duas empresas, que vai impulsionar a nossa entrada do segmento do vídeo. Mas...

Permita-me uma pequena interrupção. Não sou o cara do "mas". Simplesmente porque o que vem depois dessa palavra nunca é bom. E desta vez não foi diferente.

— Mas... — prosseguiu Joy. — Se decidirmos seguir adiante, é provável que *entremos* na casa dos oito dígitos.

O termo "oito dígitos" se refere a dezenas de milhões de dólares. Mas quando alguém diz "*entrar* na casa dos oito dígitos", provavelmente se refere a algo *apenas* entre catorze, dezesseis milhões de dólares, no máximo.

O que estaria de ótimo tamanho para mim, já que, na época, aproximadamente trinta por cento da empresa eram meus. E trinta por cento de quinze milhões é um ótimo retorno para doze meses

---

[*] Métricas por meio das quais é possível analisar a receita e os custos do modelo de negócio a partir de uma base unitária (no caso da Netflix, até então, uma unidade de DVD). Essa análise é especialmente importante para uma startup (N.T.).

de trabalho (especialmente quando a sua esposa dá a entender que talvez seja a hora de tirar os seus filhos da escola particular, vender a casa e se mudar para Montana).

Mas, para Reed, esses números não eram suficientes. Ele detinha setenta por cento da empresa, mas tinha investido dois milhões nela. E tinha acabado de sair do IPO da Pure Atria. Ou seja, Reed já era "um cara de oito dígitos". Um cara que, digamos, estava *saindo* da casa dos oito dígitos, não entrando.

No avião, na viagem de volta para casa, conversamos sobre as vantagens e desvantagens. As vantagens? Encontraríamos uma solução para o maior dos nossos problemas: não estávamos lucrando. Não tínhamos um modelo de negócios reproduzível, escalonável nem lucrativo. Tínhamos uma ótima entrada, a maior parte dela por meio das vendas dos DVDs, mas nossos custos eram altos. Comprar DVDs não era coisa barata. E o envio pelo correio também saía caro. Assim como também saía caro oferecer milhares de DVDs de brinde, na esperança de reter um cliente que só havia tido uma única experiência com a gente.

E é claro que havia um problema ainda maior. O fato de que, se não vendêssemos para a Amazon, logo estaríamos competindo com ela. Adeus, vendas de DVD. Adeus, Netflix.

Vender a empresa para a Amazon naquele momento resolveria todos esses problemas — ou pelo menos os transferiria para uma empresa maior, cujos bolsos eram mais fundos.

Mas...

Também estávamos prestes a agarrar alguma coisa. Tínhamos um site em operação. Tínhamos uma equipe inteligente. Acordos firmados com um punhado de fabricantes de DVDs. Tínhamos descoberto como conseguir praticamente todos os DVDs disponíveis no mercado. Éramos, sem dúvida, a melhor fonte de DVDs na internet.

A entrada da Amazon como concorrente sem dúvida tornaria as coisas mais complicadas e difíceis. Mas tínhamos tempo pela frente. E ainda não parecia o momento certo de desistir.

— Olha, Marc — disse Reed, comendo amendoim e tomando refrigerante, enquanto víamos o monte Rainier passando do outro lado da janela. — Este negócio tem muito potencial. Acho que a gente ganharia mais com isso do que com o negócio da Pure Atria.

Faço que sim com a cabeça, concordando. E, então, por algum motivo, escolhi aquele momento para dizer a Reed que deveríamos abandonar a única parte lucrativa do nosso negócio. Acho que aquela tarde, com Bezos, vendo a Amazon em pessoa, com aquele escritório sujo e desorganizado, serviu apenas para confirmar que nunca conseguiríamos competir no mercado de vendas de DVD a varejo. E que era melhor focar no que nos tornou diferentes e únicos.

— A gente só precisa encontrar um meio de escapar da venda de DVDs — comentei com Reed. — Oferecer a venda e o aluguel de DVDs confunde os clientes, e torna nossas operações muito complexas. E, se a gente não vender, a Amazon vai engolir a gente quando entrar na jogada. Acho que a gente precisa sair da venda agora. E concentrar no aluguel.

Reed arregalou os olhos.

— Isso é meio que colocar todos os ovos na mesma cesta — afirmou ele.

— É a única maneira de garantir que nenhum desses ovos vai quebrar — falei.

E essa é uma verdade. Uma das principais coisas que aprendi com a Netflix foi que não basta a ideação criativa, ou estar cercado das pessoas certas se você não tiver *foco*. Numa startup, se já é difícil acertar a mão em uma coisa apenas, imagine mais de uma. Especialmente se as ideias que está tentando vender não só são diferentes como atrapalham uma a outra.

Manter o foco é fundamental. Mesmo quando aquilo em que se está focando parece impossível de ser executado.

Mas Reed concordou comigo.

— Tem razão — disse, metendo uns caroços de amendoim na boca. — Se a gente conseguir algum fundo neste verão, vamos ganhar um pouco de tempo. É uma questão difícil.

Ele franziu a testa de novo, mas percebi que estava satisfeito por ter algo novo em que pensar.

— Qual é a nossa receita atual com o aluguel?

— Cerca de três por cento — respondo, acenando para a comissária me trazer uma gim-tônica altamente necessária para aquele momento.

— Péssimo. Mas as vendas são como um Band-aid, se a gente arrancar...

— Aí, teremos que cuidar da ferida — complemento, espremendo o limão no copo.

Passamos o resto da viagem falando dos prós e contras, e só quando o avião pousou é que me dei conta de que não tínhamos formalmente tomado a decisão de recusar a oferta de Bezos. Sem nem perceber, tínhamos voltado àquele modo "brainstorming na carona a caminho do trabalho", lançando ideias aqui e ali, debatendo por que sim e por que não, eliminando uma a uma. Mas sem decidir, já tínhamos decidido: não estávamos preparados para a venda.

Antes de pousar efetivamente, concordamos que Reed recusaria com muita sutileza — e polidez — a proposta da Amazon. Seria melhor tê-la como amiga, não como inimiga. E quando entrassem no negócio das vendas de DVD, poderia ainda haver uma solução para seguirmos em frente.

Nesse meio-tempo, precisávamos descobrir uma maneira de fazer as pessoas alugarem os nossos DVDs.

Quando a oportunidade bate à porta, você não precisa necessariamente abrir. Mas tem a obrigação de ao menos espiar pelo buraco da fechadura. Foi isso que fizemos com a Amazon.

Conforme se passavam as semanas naquele verão, aquela espiadinha pelo buraco da fechadura começou a parecer mais atraente. Porque não eram todas as reuniões de que participei com Reed que foram tão interessantes quanto aquela com Bezos.

Nosso problema número 1, depois do lançamento, era o dinheiro. Pouco antes do lançamento, recebemos 250 mil dólares de investimento de Rick Schell, um antigo colega da Borland, mas esse valor foi rapidamente absorvido pela pilha cada vez maior de DVDs que estávamos enfiando no nosso estoque. Ainda tínhamos dinheiro no banco, mas rapidamente se aproximava o momento em que precisaríamos de mais. E esse dinheiro definitivamente não viria do nosso próprio lucro — ainda era muito cedo para isso. Mas para conseguir levantar a segunda rodada de investimento, teríamos que convencer algumas pessoas de que o nosso negócio não era apenas promissor e novo, mas potencialmente lucrativo. Extremamente lucrativo. E que esse lucro viria muito em breve.

Não recorremos a familiares e amigos dessa vez. Abordávamos investidores profissionais. Verdadeiros capitalistas de risco. E seria necessário mais do que um simples olhar sincero para demonstrar o quanto eu estava faminto. Esses investidores exigiriam números.

Parece fácil, né? Só parece.

Avançando um pouco a história agora, pulemos para a minha *Volvo Station Wagon* parada numa vaga de estacionamento em frente ao escritório da Institutional Venture Partners (IVP), uma proeminente empresa de capital de risco do Vale do Silício, na Sand Hill Road. Daqui a apenas vinte minutos, seremos levados a uma opulenta sala de conferências, onde explicaremos por que a IVP deve investir em nós. Precisávamos de quatro milhões de dólares.

Estou com os nervos à flor da pele, e até Reed, que não é o tipo que costuma se abalar nesse tipo de situação, está visivelmente preocupado. Nossos números não estão batendo, e isso é evidente tanto para ele quanto para mim.

Nas três noites anteriores, as luzes da nossa pequena sala de reunião ficaram acesas até tarde. Duane Mensinger (CFO interino que não se sente confiante em relação aos números que trarão nossos resultados finais) e eu ficamos até tarde imaginando diferentes cenários financeiros, tentando fazer os números mostrarem que, com um simples investimento simbólico, poderíamos levar a nossa empresa a um patamar em que teríamos um lucro substancial.

Mas ainda parece faltar uma coisa.

Reed está com o corpo curvado à frente, olhando para os números pela primeira vez e enxergando claramente o que pouco tempo depois também ficará evidente para o pessoal da IVP: que, só por um abalo sísmico no mercado, nossa empresa conseguirá se manter de pé.

— Tá bom — digo, abrindo meu laptop, ensaiando o argumento que pretendo sustentar durante a conversa. — Como podem ver, nossa base de clientes teve um crescimento explosivo nas semanas pós-lançamento. O tráfego do site aumentou trezentos por cento, e pelo menos metade dos visitantes experimentaram o serviço. Por conta dos acordos que fechamos com a Toshiba e a Sony, a expectativa é que haja um aumento de duzentos por cento da nossa base de usuários ano que vem, quando a venda de aparelhos de DVD...

— Esses números não fazem sentido, Marc — reclama Reed. — Você ainda não está captando de cada usuário a receita suficiente para cobrir as despesas de cada promoção. É como pegar um táxi para ir para outro estado e pagar só quatro dólares pela corrida.

Ele tem razão. A parceria com a Toshiba e a Sony vem alcançando novos proprietários de DVD, mas tem um custo extremamente alto. Gastamos muito para conseguir trazer o cliente para o nosso site. Somando as despesas de postagem (envio e devolução), embalagem, mão de obra e o próprio custo do DVD, cada um desses três aluguéis custa para a Netflix mais de quinze dólares, isso sem falar nos dez aluguéis gratuitos da parceria com a Sony, que tornam a conta ainda mais cara.

Nada disso sairia tão caro se cada locação gratuita resultasse em outra locação (leia-se *paga*), mas a maioria dos nossos clientes acessava o site e saía sem alugar nada. Na verdade, apenas cinco por cento deles de fato retornavam ao site e alugavam algum DVD. E isso significava que a cada vinte brindes (quinze dólares cada), um cliente entrava no nosso site e fechava negócio com a gente. Façamos as contas: cada cliente pagante nos custava trezentos dólares. É o conhecido CAC (Custo de Aquisição do Cliente) e se pronuncia assim mesmo "*cáqui*", quase igual ao que acontece quando você se dá conta de que nunca vai conseguir ganhar dinheiro suficiente para justificar um CAC tão alto.

Mudo a chave, e começo a apelar.

— Mês a mês, vemos um aumento de trinta por cento — digo, apontando para um gráfico cujas barras, de abril a junho, estão em ascendência, feito um arranha-céus em construção. — Esse número só vai aumentar, à medida que o formato se popularizar. Este ano, o preço do aparelho de DVD caiu pela metade, em comparação com o ano passado. As pessoas estão comprando esse tipo de tecnologia e, quando o fazem, a Netflix é uma das primeiras opções que surge. O Natal deste ano *promete*.

— Ainda que o Papai Noel dê um jeito de conseguir chegar a Scotts Valley — diz Reed —, de nada adianta se a gente precisar vender os rins para custear essas promoções.

— Eu sei — digo, franzindo a testa. Fiquei tão concentrado no lançamento, tão concentrado no crescimento da empresa e em viabilizar a existência dela, que perdi de vista o principal motivo que nos levou a começar esse negócio: criar algo real que pudesse se sustentar e caminhar com as próprias pernas.

Fiquei tão preocupado com os detalhes que me esqueci de ver a coisa como um todo.

Intrigado, Reed me olha, inclina a cabeça para o lado e, em seguida, a mexe um lado para o outro. Ele não está acostumado e me ver assim, tão abalado. Sempre sou o cara que o ajuda com as apresentações, com a escolha de palavras, com o discurso. Já o ajudei a atenuar uma mensagem, a evitar inconvenientes. Tentei (na maior parte das vezes sem sucesso) ensiná-lo a aliviar a tensão de uma situação por meio de uma piada. O segredo para um bom *pitch* é ter uma visão panorâmica da sala, sentir o que os presentes querem ouvir e entregar isso a eles por meio da sua fala, sem mentir, obscurecer ou distorcer a verdade. Num *pitch*, o objetivo final nem sempre é a perfeição, mas a projeção. Você não precisa fingir ser o tipo de pessoa que tem todas as respostas só para convencer o outro.

Enfim, definitivamente não sou aquela pessoa sentada no estacionamento. E Reed enxerga isso claramente.

— Vamos — diz ele, abrindo a porta. — Chegou a hora.

Continuo sentado por mais um tempo, passando os slides à minha frente, tomando dois ou três últimos goles de café.

— Anda logo, Marc, pare de enrolar — diz Reed. E, com isso, ele fecha a porta.

O *pitch* não saiu uma maravilha. Embora os investidores não tenham questionado os meus slides como Reed fez, pareciam reticentes. E, dali a alguns dias, um dos analistas da IVP ligou para o nosso escritório, fazendo perguntas para as quais eu ainda não tinha respostas.

Por fim, concordaram em conceder o investimento. Mas isso teve muito menos a ver com o meu discurso e muito mais com a presença de Reed, que era uma figura tarimbada, e um capitalista de risco cobiçado. Ele havia orquestrado grandes negócios, e estampado (embora tenha relutado muito) a capa do USA Today, ao lado de seu Porsche. As pessoas com bala na agulha confiavam em Reed porque ele tinha a fama de fazê-las ganhar dinheiro. Em 1998, ele já carregava a auréola do sucesso do Vale do Silício. Quando a Pure abriu capital, bem antes da fusão com a Atria, Reed enriqueceu muita gente.

E o mais importante: Reed tinha a fama de resolver problemas aparentemente insolúveis. Já naquela época, os investidores e capitalistas de risco sabiam disso. Na ocasião da reunião, então, não tinham a menor dúvida. É por isso que, no segundo em que ele coloca o pé numa sala, quem estiver lá dentro já começa a sacar seu talão de cheques porque sabe que o que Reed faz não se pode ensinar, não é algo reproduzível — puta merda, mal se pode *explicar*, que dirá fazer. Reed simplesmente pegou o jeito da coisa.

No fim das contas, é isso que os grandes empreendedores fazem: o impossível. Jeff Bezos, Steve Jobs, Reed Hastings, todos são gênios que fizeram algo que ninguém imaginava ser possível. E quando você faz isso pela primeira vez, as chances de repetir o feito são exponencialmente maiores.

A IVP aceitou nos financiar não porque nossas perspectivas eram boas ou porque o nosso argumento de venda fosse perfeito, muito menos porque consegui impressioná-los com os meus slides e entusiasmo. A IVP concordou com o financiamento porque, apesar de as coisas parecerem meio impossíveis, Reed era um verdadeiro fazedor de milagres e estava dentro desse barco.

Como sou grato por isso. E não só por isso, como também pelo fato de que, embora Reed ainda administrasse a TechNet naquele verão, ele passou a se interessar diariamente pelo que a gente vinha fazendo em Scotts Valley. Mas, quando penso nisso, também enxergo que foi a partir desse momento que muita coisa começou a mudar.

Um dos paradoxos da memória é a maneira como ela distorce o tempo. Se você me perguntasse, antes de eu escrever este livro, quanto tempo durou aquela primeira fase da Netflix — aquela época das cadeiras de jardim e de praia, das festas de Natal bizarras, das discussões acaloradas e das batatas fritas no Hobee's —, eu teria coçado a cabeça e respondido um ano e meio, dois.

Mas a verdade é que durou quase um ano. Mas aqueles onze ou doze meses foram cruciais. Ficam ali meio que numa fronteira, uma espécie de divisor de águas que separa o que veio antes do que veio depois. Antes de quase vender a Netflix para a Amazon, estávamos apenas tentando criar um modelo de negócios que ninguém nunca havia tentado criar antes. Trabalhávamos independentemente da concorrência. Estávamos, de certo modo, protegidos pelas paredes daquele cofre de banco. Tínhamos um lugar fedorento e com um carpete embolorado para sonhar.

Os gregos antigos chamavam isso de "Os dias de Halcyon". Não vou aqui ficar enchendo as suas orelhas com mitologia, mas numa explicação breve, essa expressão se refere aos sete dias em que os ventos estavam calmos e Alcyone, um martim-pescador, podia botar seus ovos.

Os dias de Halcyon da Netflix ocorreram entre o verão de 1997 e o verão de 1998. Não houve um momento, naquele outono ou depois, em que percebi demarcadamente que esses dias tinham terminado. Dificilmente uma transição acontece dessa forma; quando a mudança é gradativa, é difícil saber onde ela termina. A ironia de tudo isso é que essa mudança é o que você sempre quis. É a força motora de qualquer startup, é aquilo que tanto queríamos e que tanto nos esforçamos para acontecer. Mas a chegada dessa mudança não significa que tudo fica mais fácil.

Graças a essa retrospectiva, consigo enxergar o auge de tudo aquilo, e dizer que o apogeu dos dias tranquilos da fase inicial da Netflix aconteceu em junho, durante o piquenique de verão da empresa, em Hallcrest Vineyards. Lembro de tudo com clareza, das mesas de piquenique com pizza, um campo aberto cercado de sequoias, todo o pessoal segurando uma taça de vinho. Luna e mais uma matilha de cães das outras pessoas que estavam ali corriam livremente pela grama, enquanto as crianças brincavam de atirar água umas nas outras, cada uma com uma pistola d'água Super Soaker novinha em folha, comprada para a ocasião. Com a ajuda de Reed, tínhamos acabado de levantar seis milhões de dólares para nos mantermos até o fim do ano, e crescíamos a cada novo dia, contratando mais engenheiros e web designers, aumentando o nosso estoque e conquistando milhares de novos clientes por mês. Eu tinha feito um brinde aos nossos funcionários e às crianças (por sinal, entediadas) e, ao final, Mitch Lowe, todo orgulhoso, me presenteou com uma placa de carro personalizada em que se lia NETFLIX. Enquanto segurava a placa com uma das mãos, e com a outra segurava uma taça de Pinot Noir, fiquei admirando a paisagem e pensei: *Cara, as coisas estão caminhado muito bem.*

Um ano. Talvez um pouco mais. Não parece tanto tempo assim, mas aqueles doze meses ou um pouco mais foram muito decisivos para a cultura, a administração e o *ethos* da empresa. Hoje, a Netflix não existiria sem tudo que aconteceu naqueles meses (ou, se existisse, seria muito diferente do que é).

A Netflix também não existiria hoje sem o que veio depois. Essa é a grande questão dos dias de Halcyon; eles são necessários, mas se você quiser que o ovo choque e o pássaro voe, saiba que será necessário um pouco de vento.

11

Dois centavos por Bill Clinton

(Setembro de 1998: cinco meses depois do lançamento)

Surgiu um problema.

Lembra daquelas parcerias de que eu me orgulhava tanto, com a Sony e a Toshiba, que direcionariam os novos donos de aparelhos de DVD para o site da Netflix? As parcerias que demandaram que eu, Marc Randolph, um cara arquetípico das startups, vestisse um ONM feito o uniforme de um super-herói, para convencer um punhado de empresas japonesas de eletrônicos de consumo, inflexíveis, a do "nada" aderir a uma parceria com cupom promocional? Bom, acontece que, quando uma empresa de grande porte, acostumada com longos prazos de entrega, e com lançamentos cuidados, criteriosos e metódicos, faz alguma coisa às pressas, as coisas dão errado.

Para os usuários, a promoção era bem simples. Se você comprasse um aparelho de DVD da Sony no outono de 1998, veria um adesivo promocional colado do lado de fora da caixa, prometendo dez aluguéis gratuitos de DVD e cinco DVDs de brinde. Tudo que o cliente tinha de fazer era acessar o site Netflix.com, inserir o número de série exclusivo do aparelho de DVD e bingo: dez DVDs grátis para alugar, e outros cinco para adquirir, de graça.

Teria sido melhor se os cupons fossem inseridos dentro da caixa, mas o metódico cronograma de produção da Sony não permitiu isso. Além do mais, você ainda tinha que comprar o aparelho de DVD para ter acesso ao número de série, certo?

Errado.

Algumas semanas após o início da promoção, os caras que trabalhavam com Jim no cofre começaram a perceber que havia um cliente recorrente, que pedia grandes quantidades de DVD. Centenas por semana.

Naquela época, não havia um limite de aluguel por cliente. Estávamos desesperados para promover a locação, então, não tínhamos por que criar políticas que afastassem o cliente. O problema é que esse cliente que sempre pedia os DVDs, não os alugava, apenas recebia os DVDs gratuitos (os da promoção da Sony).

— Ou esse cara é obcecado por aparelhos de DVD, e resolveu comprar uma tonelada — disse Jim, franzindo a testa para a pilha de DVDs embalados, todos com a etiqueta do mesmo endereço —, ou ele está passando a gente pra trás.

Naquela tarde, Mitch e eu fomos ao Fry. Queríamos ver pessoalmente o mesmo produto que o cliente veria. E lá estavam eles, os aparelhos de DVD da Sony, com o adesivo amarelo da Netflix colado no canto superior direito de cada caixa. Até aqui, tudo certo. Mitch pegou uma caixa, virou-a de um lado para o outro, e voltou a colocá-la na prateleira. Cutucou e puxou o adesivo da promoção, que descolou facilmente da caixa. Mitch, então, andou até a metade do corredor, e ficou olhando para os outros aparelhos de DVD, idênticos. Eu estava examinando as informações na parte inferior da caixa, mais perto de mim, quando vi.

— Merda — falei.

— O que foi? — perguntou Mitch.

Aponto para as letras miúdas na parte inferior da caixa: endereço de correspondência da Sony, informações técnicas sobre o aparelho, em inglês, francês e japonês, e... bem no finalzinho? O número de série exclusivo. Do lado de fora da caixa. Tudo que o nosso golpista precisava fazer era andar pelo corredor de uma loja de eletrônicos mais próxima, com um bloco de notas e um lápis em mãos, e bingo! Em poucos minutos teria dezenas de números de série para entrar lá no nosso site e digitar no campo do formulário promocional. Não precisava comprar nem um aparelho sequer.

Um golpe fácil de ser reproduzido, servidores não confiáveis, remessas que às vezes ficavam retidas na maquinaria dos correios, uma empresa que perdia dinheiro a cada transação. Slides e mais slides com gráficos, e nenhum lucro à vista.

A essa altura, talvez você esteja em choque. Mas é exatamente isso que acontece com uma startup: quase a todo momento, você se sente no fio da navalha entre o sucesso e o fracasso. Mas você aprende a se adaptar a essa condição. Imagino que é exatamente assim que os Flying Wallendas se sentem, quando estão um por cima do outro nas Cataratas do Niágara, ou entre dois arranha-céus, andando de bicicleta entre um abismo, com uma simples e fina corda de metal debaixo deles. Parece assustador para a maioria das pessoas. Mas passe por essa situação várias vezes e pronto; ela se torna simplesmente uma espécie de estilo de vida.

Além disso, o sucesso no Vale do Silício geralmente tem cauda longa. No dia do lançamento, conseguimos atrair muita gente da imprensa, mas isso foi resultado do trabalho que tínhamos executado um, três, seis meses, um ano antes. A vida útil de uma startup costuma ser tão curta que, no momento em que as pessoas passam a perceber o que você está fazendo, não raramente você está a um fio do fim.

Mas isso, na verdade, é válido para a maioria das coisas. Quando você está ocupado transformando um sonho em realidade, ninguém o elogia antes de ver o trabalho final — e, a essa altura, você já está tendo de lidar com outros problemas.

Naquele outono, estávamos em pleno e rápido crescimento. Tínhamos centenas de novos usuários todos os dias e DVDs chegando aos montes todas as terças-feiras. O cofre estava cheio (parecia mais uma versão pirata de uma Blockbuster do que o refúgio de um colecionador). Persistíamos num nicho de mercado e, se quiséssemos uma pequena chance de sobrevivência, era preciso expandir a base de usuários de DVD. Em outras palavras, precisávamos crescer. E de mais espaço físico (muito mais).

Particularmente, eu não queria sair da nossa casa em Scotts Valley. Tinha aprendido a amar aquele carpete verde, o fedor de Coca-Cola diet e de pizza do Zanotto que aquele lugar exalava. E estava totalmente inclinado a transformar a Netflix numa "empresa de Santa Cruz". Estive na montanha-russa das startups do Vale do Silício e queria que fôssemos diferentes, "um capítulo à parte". Queria que a atmosfera descontraída de Santa Cruz estivesse no DNA da nossa cultura organizacional. Santa Cruz parecia um respiro no ciclo de altos e baixos de San Jose. Eu queria manter uma cordilheira entre a minha empresa e os olhos curiosos dos capitalistas de risco que mantinham o coração da Netflix batendo.

Mas em 1998, estávamos mais dependentes desses capitalistas do que nunca. E o mais recente deles, Tim Haley, da IVP, insistiu bastante para que mudássemos para alguma região mais próxima do Vale do Silício. Tim já havia trabalhado com recrutamento de executivos, portanto sabia do que estava falando.

— Está se prejudicando, tornando as coisas mais difíceis pra você — disse ele para Reed e para mim. — Você já é um ponto fora da curva... sua ideia é muito original. Se tem alguma coisa que não vai sair como você gostaria, pois que seja então essa questão da localização. Facilite as coisas para que as pessoas invistam financeiramente em você. Ou que trabalhem para você.

Jim tinha razão. Afora as contratações de Eric, estávamos com dificuldade de recrutar os melhores profissionais de tecnologia. Perdíamos boas oportunidades de contratação para empresas menores, cuja localização era muito mais conveniente para os candidatos. Engenheiros não queriam passar uma hora e meia dentro de um carro todo dia de manhã para chegar ao trabalho.

A questão do deslocamento também era algo que incomodava os nossos funcionários. Com exceção de Te, Reed e eu, a maior parte da equipe fundadora morava em outro lugar: Christina em Redwood Shores, Eric, Boris e Vita no Vale do Silício. Trabalhar em Santa Cruz era conveniente apenas para mim e mais uma ou duas pessoas.

As empresas costumam concentrar círculos concêntricos ao próprio redor, que funciona como uma espécie de radar de ambientes sobrepostos. O centro do círculo determina em grande parte a filosofia da empresa, que por sua vez se altera de acordo com o que as pessoas trazem para a própria empresa, ou seja, a partir dos limites externos da órbita. *Mudar o nosso escritório de Santa Cruz para o Vale do Silício significaria*, pensei, *mudar fundamentalmente quem éramos*. Eu não queria fazer isso.

Mas uma das coisas que eu vinha aprendendo, naquele primeiro ano de empresa, era que o sucesso traz problemas. Crescer é ótimo, mas o crescimento sempre traz uma série de novas complicações. Como preservar a identidade da empresa ao trazer novos funcionários para a equipe? Como equilibrar a expansão contínua com uma identidade coerente? E como garantir que você continuará se arriscando, mesmo agora, que tem algo palpável a perder? Como crescer de um jeito saudável?

A Netflix nasceu como um grupo pequeno e extremamente unido. Eu conhecia todo mundo, fui eu quem contratei um a um. Sabia em que cada um era muito bom e em que cada um precisava melhorar, mas ainda não sabia. Eu sabia como eles pensavam e como funcionavam. Mas eu sabia, sobretudo, o quanto eram brilhantes, capazes de aprender qualquer coisa que fosse necessária. Jim não tinha nenhuma experiência com operações quando o contratei. Boris nem sequer era web designer. Mas eu sabia que os dois tinham a energia e a criatividade necessárias para fazer a coisa dar certo. E é assim que costumam ser os primeiros dias de uma startup. Vários profissionais brilhantes contratados, com uma característica em comum: a capacidade de arregaçar as mangas e de ser pau para toda obra. Todo mundo faz um pouco de tudo. Afinal, você contrata uma equipe, não um conjunto de cargos.

Naquele outono, eu vinha tentando estudar o crescimento dessa equipe, para assegurar que a nossa cultura organizacional daqueles últimos doze meses tinha prevalecido. Havíamos construído uma empresa em que discussões acaloradas por vezes aconteciam, e isso não era um problema. Uma empresa em que as ideias eram muito mais importantes do que qualquer hierarquia organizacional. Em que o importante não era quem tinha resolvido um problema, mas que ele tinha sido resolvido. Em que a dedicação e a criatividade importavam muito mais do que qualquer código de vestimenta ou horário de reunião.

Era especial, e eu sabia disso. Já naquela época.

Vou citar um exemplo. A Te perguntava para cada novo funcionário contratado qual era seu filme favorito. Aí, um dia antes da reunião mensal com toda a empresa, ela pedia à pessoa para vir trabalhar no dia seguinte vestida como um personagem daquele filme. O novo contratado, antes de ser formalmente apresentado para toda a empresa, passava o dia vestido de Batman, ou de Cruela Cruel, ou de Rick Blaine, personagem interpretado por Humphrey Bogart em *Casablanca*.

Bobeira? Sim. Uma completa perda de tempo? Talvez. Inútil? De jeito nenhum.

Pequenos e semi-improvisados rituais como esse mantinham a atmosfera leve. E nos lembravam que, por mais estressantes que fosse o trabalho, no fim das contas, nosso negócio era alugar filmes para as pessoas. E nada melhor do que o constrangimento compartilhado para estabelecer vínculos pessoais.

Mas à medida que a empresa crescia, extravasando seus fundadores e a pequena equipe inicial, eu não sabia se coisas como essa sobreviveriam. Nossos contratados indianos pareciam totalmente confusos com esse hábito. A brincadeira parecia para eles algum tipo de "trote", e uma provável "violação do código de conduta do RH". Mas o que quer que fosse, éramos assim: nem diretrizes de RH podíamos violar, porque simplesmente não tínhamos nenhum RH.

Mas precisaríamos deles se continuássemos a crescer. E precisaríamos codificar muitas coisas para garantir que o negócio continuasse funcionando bem, uma vez que não seria mais apenas a equipe fundadora que faria todo o trabalho. Passei boa parte do outono de 1998 tentando superar esses desafios. E procurando um novo escritório.

Ah! E tentando resolver um grande escândalo internacional de pornografia.

Era para ser uma façanha, algo viral que superaria todo o custo envolvido nele.

Era para ser Bill Clinton.

Quando se tenta construir um produto, às vezes, por mais promoções ou ofertas que você promova, você não consegue atingir o resultado esperado. Às vezes, a única coisa que você precisa é chamar a atenção. A Blockbuster usou essa tática em 2006, quando lançou o Total Acess, uma combinação entre aluguel de filmes na loja física e na loja on-line para competir com a Netflix. Contrataram Jessica Simpson para fazer a grandiosa revelação, e a fizeram declamar, diante de toda a imprensa, o quanto amava alugar filmes pela internet.

Mas no outono de 1998, nós não tínhamos o dinheiro da Blockbuster. E muito menos o número de Jessica Simpson.

Mas tínhamos Mitch Lowe.

Mitch passava cada vez mais tempo no escritório da Netflix, em Scotts Valley. Apesar das biografias presidenciais em áudio, ele andava cansado do longo percurso até onde morava, em Marin, então, costumava passar a noite num hotelzinho perto do campo de golfe, em Aptos, a meia hora do nosso escritório. Certamente não era o lugar mais próximo em que poderia ficar, mas ele tinha dois motivos para escolher Aptos como sua segunda casa. O primeiro era que Mitch tinha se tornado frequentador regular do grupo de degustação de vinhos das terças à noite, grupo esse que Lorraine, Te e eu tínhamos começado. O lugar que costumávamos escolher para a degustação era o restaurante Theo's, em Soquel, e Mitch, depois de oferecer a sua contribuição para esvaziarmos seis garrafas de vinho ou mais, toda terça à noite, tinha bons motivos para não querer percorrer um trajeto tão extenso.

O outro motivo era um velho amigo, Arthur Mrozowski, que morava numa casinha um pouco afastada do terceiro fairway, em Aptos. Arthur era outro personagem importante do passado do Mitch, que, assim como o amigo, adorava ficar acordado até tarde, degustando vinho e falando de filmes.

Quando tinha dezenove anos, Arthur fugiu da Polônia e veio para os Estados Unidos. Encontrou um nicho de mercado importando vídeos poloneses que vendia para qualquer locadora que conseguisse convencer a comprá-los. Em pouco tempo Arthur percebeu que seria muito mais lucrativo fazer o oposto, e com isso começou um negócio de exportação de vídeos. Quando desembarcou em Aptos, Arthur era CEO de uma pós-produtora de DVD, chamada Media Galleries. A partir desse cargo, passou a ter uma visão panorâmica de todas as novas tecnologias de vídeo que saíam do Vale do Silício, e recentemente havia descoberto uma startup chamada Mindset, que estava desenvolvendo novos codecs de vídeo, um software que converte e compacta um vídeo analógico em mídia digital — um ponto crítico da tecnologia, necessário para a criação de um DVD. Tarde da noite de quinta-feira, depois de "degustar" um pouco, Arthur contou a Mitch sobre a nova descoberta que a Mindset havia feito: o processo de codificação e compactação se tornou tão rápido que agora seria possível fazer a conversão de uma fita analógica para o formato de DVD em tempo real. E a aceleração e rapidez desse processo, segundo Arthur, revolucionaria o processo de masterização do DVD. A empresa agora estava à procura de um recurso com um tempo de resposta rápido para "testar ao vivo" esse processo e se certificar de que as coisas funcionariam tão rápido quanto tinham planejado.

Em menos de 24 horas (e depois de algumas garrafas de vinho), Mitch já sabia quem seria o candidato perfeito.

Naqueles últimos oito meses, a notícia da investigação sobre o caso do presidente Bill Clinton com Monica Lewinsky era o destaque e o assunto do momento pelo país inteiro. Em meados de agosto, veio o momento crítico desse escândalo: pela primeira vez um presidente em exercício era obrigado a testemunhar perante um júri. Embora o depoimento tenha sido fechado, a sessão foi gravada em vídeo e, um mês depois, na sexta-feira, 18 de setembro, o Comitê Judiciário da Câmara, controlado pelos republicanos, anunciou que em prol da transparência pública divulgaria o vídeo para todas as principais redes de transmissão. O depoimento seria trazido a público após o fim de semana, três dias depois, às nove da manhã de 21 de setembro, segunda-feira.

Quando Mitch chegou ao escritório, mais tarde naquela manhã, mal podia se conter.

— É isso! — disse ele, jogando uma folha em cima da minha mesa, com a página do *Yahoo! News* impressa. — Olhe aqui. É perfeito para o que gente precisa. Clinton! Vamos produzir o nosso próprio DVD.

Na expectativa, Mitch ficou me olhando e, um tempo depois, percebendo que eu não estava entendendo nada, começou a me contar da conversa que havia tido com Arthur.

— Já conversei com uns amigos da KTVU — prosseguiu Mitch, se referindo à afiliada da Bay Area Fox. — Ele me disse que poderia providenciar para a gente uma cópia masterizada de três quartos de polegada diretamente da transmissão. Tem só quatro horas de duração. Estarei lá esperando, vou direto para a Mindset, lá eles providenciam um DVD masterizado e aí a gente pode começar a produzir as cópias à tarde mesmo. E comercializá-las no dia seguinte.

— Ei, devagar, Woodward — falei. — Espere, vamos respirar e pensar um pouco sobre isso.

Tenho de admitir. A ideia de Mitch era boa. O caso não era um Watergate*, mas tinha muito potencial.

Enquanto Mitch se apressava para dar o pontapé inicial do plano, chamei Te e Christina e contei a elas sobre a ideia.

Como eu já imaginava, Te adorou. Ela puxou do cabelo um dos lápis com que costumava prendê-lo e o usou para fazer algumas anotações num bloco amarelo enquanto falava.

— É provável que a gente consiga chamar a atenção da imprensa nacional. *Da Times. Do Post.* Até *do Journal.*

---

* Referência ao caso Watergate, um escândalo político que aconteceu nos Estados Unidos. Em 1972, o escritório do Partido Democrata americano, sediado nos edifícios Watergate, em Washington, foi invadido. A invasão aconteceu durante a campanha eleitoral e tinha o objetivo de grampear telefones e usar as informações obtidas pelas conversas para obter vantagens. Os repórteres Bob Woodward e Carl Bernstein, do *The Washington Post*, investigaram o caso e descobriram a ligação entre um dos invasores e o presidente Nixon (em exercício), que renunciou algum tempo depois (N.T.).

— O que foi, Christina? — perguntei, vendo-a roer a unha do polegar, fazendo uma careta.

— A ideia é boa, mas a gente não pode pular nela assim, de cabeça, sem planejar — explicou, com voz mais alta. — Como vai ser a arte do DVD, como vamos enviá-lo, quanto vamos cobrar? Tudo isso tem de estar muito bem ajustado! — acrescentou, balançando a cabeça, frustrada. — Não temos como dar conta disso tudo até segunda-feira.

— Mas isso a gente desenvolve melhor com o tempo — argumentei. — Não temos tempo hábil para fazer tudo como manda o figurino agora. E a gente nem precisa fazer isso. Podemos fazer o mínimo por enquanto, colocar o disco num envelope simples e enviar. Além disso, nesse caso se trata de uma venda, não de um aluguel, então, nem precisamos nos preocupar com a devolução.

Fiquei em silêncio por um momento. Uma ideia começava a ganhar força.

— E não cobraremos nada. Será enviado gratuitamente. Sem custo. Um serviço público dos amigos dos amigos da Netflix, cientes de seus deveres cívicos.

— Isso é doideira — disse Te, balançando a cabeça. — Tão doido que é capaz de dar certo.

— Temos um problema.

Duas horas depois, lá estava Christina, claramente com o modo "resolver problemas" ativado. Condição que particularmente a satisfazia. Christina sorria de um jeito que mostrava que ela estava animada para contar qual era o problema, e mais animada ainda para revelar a solução incrível que encontrou.

— Venho falando com Eric pra gente conseguir configurar o nosso sistema para permitir o envio de um DVD gratuito — explicou, começando assim a me contar. Normalmente eu teria a apressado para ir direto ao ponto, mas resolvi não tirar o gostinho daquele momento. — Bom, não tivemos o menor problema para configurar o servidor, mas na hora de enviar o pedido... Sem chance.

Ela fez uma pausa impactante.

— Eric e Boris brincaram com ele por um tempo até que finalmente descobriram que o software simplesmente não pode vender sem receber nada. Nosso sistema literalmente não sabe vender nada de graça. Então, Eric e eu decidimos fazer um teste. Cadastramos um DVD com o valor de um centavo, e funcionou. Contanto que cobremos um valor, qualquer que seja, zero problema.

Sorrindo, ela se sentou. A história ainda não tinha terminado. Eu sabia que Christina escondia alguma carta na manga.

— Foi aí que tivemos uma ideia. Cobrar dois centavos de todo mundo. Aí a gente pode criar uma promoção maluca, sei lá, alguma coisa tipo "insira dois centavos", algo assim.

Ela apoiou as mãos no colo, visivelmente orgulhosa de si mesma. Não havia mais nada a dizer. Tínhamos o chamariz do nosso comunicado à imprensa, que sairia em primeira mão na terça de manhã.

Mitch também encontrou obstáculos pelo caminho, mas não ficou tão contente com eles quanto Christina.

A princípio, tudo correu bem. Ao concluir a transmissão na manhã de segunda-feira, o contato de Mitch na KTVU cumpriu com a palavra e no mesmo instante transferiu as quatro horas de depoimento para uma fita. De carro, Mitch saiu de Oakland para Aptos e, dentro de poucas horas, a Mindset tinha a fita montada e a conversão já estava sendo providenciada.

Mas quando Mitch entrou em contato comigo às cinco da tarde, para me atualizar, ficou claro que as coisas tinham começado a dar errado.

— A tecnologia é realmente muito boa — disse, mas percebi que se esforçava para reunir as palavras, sem saber ao certo como continuar, e o entusiasmo inicial pouco a pouco foi desaparecendo. — Mas... ah... não está, digamos... a ponto de bala. Deu todo tipo de *bug* possível. Toda vez que começam a encodar,* o vídeo roda um pouco e trava. Estão fazendo isso agora, mas está muito lento.

Ficamos em silêncio por um bom tempo.

---

* Encordar é o ato de converter um arquivo de vídeo ou áudio (N.E.).

— Podemos até chamar isso de *encoding* em tempo real... mas só se tiverem encodando o vídeo de uma tartaruga.

Ao sair do escritório naquele dia, estávamos todos preparados para fazer o anúncio na manhã seguinte, uma terça-feira. Te redigiu um comunicado de imprensa com o seguinte título: "Netflix convida seus clientes a investirem dois centavos no depoimento de Clinton".

Scotts Valley, Calif.

Netflix, a primeira locadora on-line de DVDs do mundo, anuncia disponibilização imediata do "Depoimento do presidente Clinton", em formato de DVD, ao custo de US$ 0,02, mais embalagem e frete, exclusivamente pela loja on-line: www.netflix.com. Originalmente, o principal varejista de DVD on-line disponibilizaria o título aos clientes para venda pelo valor de US$ 9,95, e a US$ 4,00 pelo aluguel, mas decidiu na terça-feira colocá-lo à venda por um preço mais baixo para incentivar o conhecimento público de eventos que, tal como esse, fazem história.

"O Congresso divulgou este material com o intuito de atingir o maior número possível de pessoas", disse Marc B. Randolph, presidente e CEO da Netflix. "Ao disponibilizar o testemunho completo de Clinton em DVD por apenas US$ 0,02, acreditamos oferecer a praticamente todos os proprietários de aparelho de DVD a possibilidade de rever com facilidade o material, e com isso tirar suas próprias conclusões a respeito do caso. Além disso, acreditamos que a capacidade de permitir que o usuário avance ou retorne com facilidade de um tópico para outro torna o formato da mídia em DVD especialmente apropriado para assistir e reassistir a conteúdos como esse."

Este é ou não um país e tanto?[*]

Enquanto isso, Christina havia criado uma página personalizada para o site, e Eric tinha terminado de configurar o que precisava para dar conta dos pedidos que receberíamos. Jim tinha preparado

---

[*] No original, "Is this a great country or what?", provável referência à frase dita por Bill Blazejowski, personagem interpretado por Michael Keaton no filme *Night Shift, de 1982* (N.T.).

um envelope especial para esses pedidos, barato e leve. Mitch estava esperando na Media Galleries, pronto para reproduzir as cópias dos DVDs assim que a conversão ficasse pronta. Ele as levaria direto para o escritório.

Estávamos prontos para dar a largada.

Quando Mitch ligou às sete da manhã, na terça, parecia cansado.

— Tenho boas e más notícias. Qual você prefere primeiro? — perguntou. Sem esperar resposta, ele prosseguiu: — Finalmente a conversão terminou. Faz algumas horas. O DVD funciona bem em aparelhos da Sony e da Mitsubishi. Mas não rodou nos da Panasonic e da Toshiba. Vamos começar a encodar de novo.

Às dez da manhã, Mitch me atualizou.

— Agora funciona nos da Panasonic e da Toshiba, mas não no da Sony. Vamos encodar de novo.

Ao olhar para o celular no começo daquela tarde, vi que havia uma chamada perdida de Mitch, às duas da tarde. A mensagem no correio de voz era curta.

— Terminamos. Finalmente. Conseguimos uma versão provisória e eles acabaram de terminar a versão final. — Mitch estava exausto, pude perceber pela voz. — Estou indo para Fremont para providenciar as cópias.

Quando finalmente consegui falar com ele por telefone, eram quatro e meia da tarde. Ao fundo, dava para ouvir o barulho das máquinas.

— Falta pouco — gritou ele, num tom quase otimista. — Estão prestes a me entregar as primeiras duas mil cópias. Só preciso levar ao rotulador e, aí, tudo certo. É provável que as receba ao final da tarde.

— Mitch! — gritei. — Volte pra casa. Esqueça as etiquetas, vamos enviar essas cópias assim mesmo.

Silêncio do outro lado. Por um bom tempo o único barulho que ouvi foi o das máquinas que não paravam de zunir.

— Tá bom. Chego aí em breve.

O comunicado de imprensa já tinha saído, os sites de notícias começavam a divulgar a notícia e Reed e eu estávamos no meio de uma reunião da empresa quando, às 17h30, a porta abriu e Mitch entrou, com a camisa suada e enrugada. Devia estar fazia uns três dias sem fazer a barba. O cabelo espetado e desgrenhado apontava para todas as direções. Eu poderia dizer que era como se ele tivesse acabado de acordar, mas a verdade era exatamente o oposto: Mitch estava sem dormir fazia quase 72 horas.

Mas ele segurava nas mãos algo que eu nunca tinha visto. Parecia um pacote de biscoito, num tamanho três vezes maior que o tradicional, embrulhado num papel alumínio. Tinha sessenta centímetros de comprimento e doze de diâmetro. Só quando olhei mais detidamente é que percebi que na verdade eram cinquenta DVDs enfiados num tubo comprido e estreito, de plástico. Um carretel de DVDs, o primeiro que eu via.

Apesar do cansaço, Mitch ainda teve energia suficiente para abrir um sorriso de orelha a orelha enquanto a empresa toda o aplaudia. Ele tinha conseguido trazer o nosso Bill Clinton para casa.

Queria que a história terminasse aqui, e com boas notícias: conseguimos quase cinco mil novos clientes (e todos tinham aparelho de DVD) a um custo total de menos de cinco mil dólares. E matérias em importantes veículos de imprensa como o *The New York Times*, o *Wall Street Journal*, o *Washington Post* e o *USA Today*. Com essa divulgação toda, nem Jessica Simpson resistiria.

Mas, na segunda-feira seguinte eu estava entrando no escritório quando Corey me parou assim que me viu e me puxou pelo braço.

— Ei, vi uns comentários engraçados circulando na internet neste fim de semana. — Ele girou e ficou de frente para o computador, e me mostrou a tela, onde vi uma janela aberta em um daqueles fóruns de DVD de que ele participava. Corey desceu a barra de rolagem furiosamente. — Olha. Aqui. E aqui. E aqui. Estão comentando que a gente enviou um filme pornô pra eles? É isso? — Sento na cadeira para ler melhor. E no mesmo instante sinto como se tivesse acabado de levar um soco no estômago.

Era evidente que as pessoas estavam falando do DVD de Clinton. Mas ao se referir a um DVD pornográfico, não estavam querendo dizer que o depoimento de Clinton fosse, talvez, conteúdo adulto. Estavam dizendo que a Netflix tinha de fato enviado um filme pornô, genuinamente.

— Veja se consegue descobrir o quanto isso está circulando por aí — gritei para Corey, depois de ter pulado da cadeira e corrido em direção ao cofre, onde vi Jim e sua equipe começando a trabalhar para atender os pedidos feitos na noite anterior.

— Jim — chamei, esbaforido, tentando recuperar o fôlego. — Segure aí todos os DVDs do Clinton. Não envie nenhum.

— Como assim? — perguntou, com o sorrisão de sempre. — Tem uns quarenta embalados desde ontem à tarde, prontos para ir pro correio. Seguro esses também ou posso mandar?

— Segure todos — falei, explicando brevemente o que tinha acontecido antes de ir falar com Christina e Te.

— Descobri qual é o problema, chefe — disse Jim, mais ou menos meia hora depois, vindo até mim enquanto eu conversava com Christina. — Está vendo isso aqui? — Ele me mostrou dois DVDs, um em cada mão, que pareciam, pelo menos para mim, idênticos. — Eles saíram de dois carretéis diferentes, e os dois deveriam ser iguais, mas se olhar de perto, vai ver que este aqui — explicou, me entregando um dos DVDS —, é um pouquinho diferente. É um pornô. Parece que temos dois carretéis diferentes. Um deles zerou, enviamos todos. E no outro sobraram mais ou menos uns doze. O resto também já foi enviado.

— Por acaso, você... — Fiquei sem graça de completar a pergunta. — Já assistiu?

Jim abriu aquele sorriso de novo.

— Sim. Digamos que assistimos a um trechinho. O suficiente para saber que não é do Clinton.

Naquela noite, quando cheguei em casa, as luzes já estavam apagadas. Ainda bem. Eu não queria ter de explicar para Lorraine o que eu precisava fazer. Liguei a TV, depois o DVD player e inseri o disco no aparelho. Assim que a primeira imagem apareceu, percebi que o filme não era estrelado por Bill Clinton, nem por Monica Lewinsky e muito menos por Ken Starr. Sim, era pornografia. E das quentes. Eu não precisava continuar assistindo (e não continuei, juro).

Foi um baque e tanto. Uma gafe das piores. Mas quando se está tentando transformar um sonho em realidade, precisa estar preparado para discursar. Sobre o que for preciso.

No dia seguinte, fizemos a única coisa que poderíamos fazer. Como Bill, confessamos tudo. Enviamos uma carta a cada uma das quase cinco mil pessoas que tinham investido seus dois centavos. Explicamos o que tinha acontecido, pedimos desculpas pela confusão e por qualquer possível constrangimento. E pedimos aos que eventualmente recebessem a versão pornográfica, que nos enviassem o DVD de volta, a cobrar, pois assim que recebêssemos, devolveríamos para o endereço de cada um o DVD correto.

Agora, posso te contar uma coisa curiosa? Não recebemos nem um DVD sequer de volta.

12

"Estou perdendo a confiança em você"

(Outono de 1998)

Quando eu era criança, na Idade da Pedra, não havia videogame. Muito menos Instagram, Facebook, Snapchat. Não tinha como assistir a um filme em casa, a menos que você quisesse montar o velho rolo de filme e se ver na tela, bebezinho. Não havia (pelo menos na casa de Randolph) nem mesmo TV a cabo. A única maneira de distrair a mente naquela época era assistindo ao que houvesse disponível nas principais emissoras. Ou seja, nas manhãs de sábado e depois de chegar da escola: desenho animado.

Naquela época, eu assistia a qualquer coisa: desenho animado de super-heróis, os Flintstones ou os Jetsons, qualquer coisa da Hanna-Barbera. Mas hoje, quando penso em desenho animado, me lembro principalmente de coisas antigas: Pernalonga e Hortelino, Papa-Léguas, Tom e Jerry, Piu-Piu e Frajola. Todos esses desenhos, me ocorre agora, têm como tema a busca por um objetivo — em cada um desses desenhos, um personagem persegue o outro, muitas vezes com o objetivo de aniquilá-lo. O Hortelino quer pegar o Pernalonga, o Coiote corre atrás do Papa-Léguas. Tom e Frajola, dois gatos, passam a vida atrás de Jerry e do Piu-Piu, respectivamente. Às vezes, persistir na realização de um sonho funciona exatamente assim: é uma busca singular por algo quase impossível. No mundo das startups, onde o dinheiro está sempre em risco e os prazos são incrivelmente curtos, a busca diária pela realização desse sonho pode parecer frenética (ou até obsessiva) para quem olha de fora. Para os seus amigos e familiares, às vezes você se parece mais com o Eufrazino Puxa-Briga do que, digamos, com Marc Randolph, CEO bem-sucedido de uma jovem empresa de comércio eletrônico; você vai perder o sono, resmungar sozinho enquanto dirige. E quando tentar explicar o seu objetivo para as outras pessoas, elas não vão entender que não se trata apenas de levantar fundos, converter clientes ou acompanhar diariamente os resultados pelos monitores. A busca pelo seu objetivo transcende, dá sentido à vida.

Agora, veja que intrigante essa questão dos desenhos animados: a "presa" nunca é capturada. O que se vê nesses desenhos são episódios de fuga, decepção, tentativa e erro, o ato de quase acertar o alvo. Você tem a sensação de que se o Coiote conseguisse agarrar o Papa-Léguas, não saberia o que fazer. Mas a questão central não é essa, e sim a busca pelo impossível.

A busca pelo impossível é inerente à comédia, ao drama, ao suspense. E ao absurdo. Porque apesar de todas as armadilhas bem arquitetadas do Hortelino, ou dos elaborados planos de Tom ou do Frajola, muitos desses episódios terminam de repente, com bigornas e pianos desabando céu abaixo.

Insista no seu sonho, passe um ano perseguindo-o, e um dia talvez se veja zonzo, cercado por uma constelação de estrelas, com um monte de passarinhos cantando ao redor da sua cabeça, sem ter ideia de como chegou lá.

Estávamos na metade do mês de setembro. Fazia um verão indiano* em Scotts Valley e, apesar de ainda estar cedo, logo que parei o carro no estacionamento e abri a porta, já pude sentir o calor do asfalto. O jardineiro deve ter começado bem cedo para driblar o calor: trinta metros de flores recém-plantadas preenchem os can-

---

* Fase que marca o período entre o final do verão e o início o outono, com clima quente e nublado, e em que as folhas das árvores começam a mudar de cor, e o vermelho, laranja e amarelo dessas folhas se acentuam mais (N.T.).

teiros de cada lado da entrada de garagem do escritório. Não sei ao certo o que eram (tulipas, talvez), mas não pude deixar de admirar as fileiras perfeitas e as cores brilhantes, cada pé vívido, vibrante, novo. Estacionei perto do carrinho de jardinagem e percebi que estava cheio de flores da semana anterior: narcisos dourados, secos, murchos, mas ainda com as raízes retalhadas e cheias de terra.

O ciclo da vida.

Algumas vagas de estacionamento à frente, avistei Eric meio atrapalhado, tentando levar quatro novos PCs numa cadeira de escritório, que usava como uma espécie de carrinho de mão improvisado. Depois que a IVP injetou uma grana na empresa, e graças à expertise de Tim Haley com recrutamento, estávamos numa onda de contratações. A cada semana novos rostos apareciam no escritório. Tínhamos apenas quarenta funcionários, então eu ainda conhecia todo mundo, mas sabia que se aproximava o momento em que não conseguiria mais fazer isso.

— Ei, espere, vou te ajudar — falei, pegando uma das caixas, equilibrando-a entre a minha pasta e o meu quadril.

— Cara, a gente precisa mesmo comprar um carrinho de mão — disse Eric enquanto subíamos a rampa e entrávamos no escritório.

Christina desviou os olhos da tela do computador e, sem fazer nenhum outro movimento, olhou enquanto passamos, depois voltou a digitar.

— Reed passou aqui hoje — comentou, inclinando a cabeça em minha direção, mas sem tirar os olhos da tela. — Veio bem cedo, tipo umas seis da manhã. Disse que passaria aqui de novo no caminho de volta do Vale do Silício, à noite. Quer que você o espere.

— Só disse isso?

— Só — respondeu Christina, assentindo.

Não tinha muito tempo para pensar no que Reed queria, mas fazia uma ideia do que se tratava. Provavelmente tinha a ver com a parceria da Sony. Golpistas à parte, começávamos a ter retornos significativos, e as pessoas estavam resgatando seus cupons. Essa parceria era de longe a maior aposta que já tínhamos feito e, considerando todas as fichas investidas, precisávamos que o retorno viesse.

Ou talvez Reed quisesse falar comigo sobre o acordo com a Amazon que vínhamos ajustando desde o encontro com Bezos, em junho. Na época, ainda não nos sentíamos preparados para a venda, mas Reed estava disposto a fazer parcerias com a Amazon de outros modos. Reed concordava comigo que, se quiséssemos ser uma empresa bem-sucedida, teríamos de nos concentrar no aluguel de DVDs, não na venda. Sendo assim, ele planejou uma manobra pacífica. Assim que a Amazon entrasse para o mercado de DVDs, direcionaríamos para eles os nossos clientes que queriam comprar e não alugar. Poderiam comprar da Amazon, por meio de um link; em troca, a Amazon direcionaria o tráfego para nós.

Mas nada disso era oficial. Na verdade, em setembro, acho que eu era o único que sabia disso. Semanas antes, Reed e eu estávamos entre idas e voltas em relação a esse assunto. Embora tenha sido minha a ideia de interromper as vendas de DVD, descartar a única parte lucrativa do nosso negócio ainda me deixava nervoso. Mas Reed e eu estávamos convencidos de que precisávamos fazer uma escolha, definir qual era o nosso foco, e a parceria com a Amazon não só reaqueceria o nosso serviço de locação como seria uma verdadeira consagração. E uma validação da Netflix.

E falando em validação, vínhamos pensando muito nesse assunto naqueles dias. E era assim que Tim Haley via a parceria com a Sony: se estavam dispostos a trabalhar com a gente, era sinal que consideravam o investimento vantajoso. A Sony trazia credibilidade à nossa imagem, mesmo a um custo alto. E uma parceria com a Amazon, na opinião de Reed, surtiria o mesmo efeito.

Eu estava curiosíssimo para saber o que tinha acontecido no fim de semana. Quantos clientes da Sony abririam uma caixa com um aparelho de DVD, tomariam nota do número de série e entrariam no site da Netflix para resgatar seu cupom? Eu sabia que Reed estava igualmente curioso. Talvez ele esperasse que fôssemos surpreendidos com novos números para verificar ao fim do dia. Para não esquecer, deixei anotado que precisava verificar os relatórios atualizados antes que Reed voltasse. Mas, por ora, eu tinha muitas outras coisas com que me preocupar. Como os monitores da manhã, por exemplo.

Eram quase seis da tarde quando Reed finalmente apareceu. Eu estava redigindo um conteúdo, mas ouvi quando ele entrou no escritório, e acompanhei seus passos. Primeiro, escutei a cadeira de praia de frente para a mesa de Eric rangendo, enquanto Reed a puxava para o lado de Eric para poder acompanhar a tela do computador mais de perto. Então, alguns minutos depois, eu o ouvi pedindo ao nosso contador, Greg Julien, atualizações sobre os nossos números. Dali a pouco tempo ele veio à minha sala.

— Tem um minuto — disse, o que não soou de modo algum como uma pergunta, mas como quem praticamente esperava que eu respondesse: "Não, não tenho".

Ele estava sério. E vestido a rigor, com o traje (formal para ele) que só usava para reuniões importantes: calça de linho preta e blusa de gola rolê cinza, sapato social preto. Apontei para o pescoço dele e tentei fazer uma piada com a blusa:

— Reed, está fazendo quase 33 graus lá fora. — Mas ele parecia não me escutar.

— A gente precisa conversar — avisou. Reed carregava o notebook dele aberto na mão, segurando-o pelo canto da tela, com o teclado pendurado para baixo. Percebi que havia na tela uma apresentação de PowerPoint aberta, mas só pude ver o primeiro slide, em que estava escrito RESULTADOS, em negrito, tamanho de fonte 36.

Reed entrou na sala, agarrou a cadeira de frente para a minha mesa e, num movimento rápido, a arrastou para o meu lado, ficando colado em mim, com a cadeira para fora da mesa. Ele virou a cadeira ao contrário e se sentou com as pernas abertas, com o encosto entre elas. Depois, apoiou o peito contra o assento e girou o notebook na minha direção, para que eu pudesse enxergar a tela. Era exatamente isso que ele fazia quando queria mostrar a Eric algum erro de programação do site.

Ai, ai, ai. Onde isso vai dar?, pensei.

— Marc — começou —, andei pensando muito sobre o futuro da empresa. E estou preocupado.

Ele ficou em silêncio, tentando decifrar a minha expressão. Depois, ele comprimiu os lábios e olhou para a tela como se fossem um conjunto de anotações para ajudá-lo a lembrar do que precisava falar, e continuou.

— Estou preocupado com a gente. Na verdade, estou preocupado com você. Com a sua capacidade de gestão.

— Quê? — perguntei. Tenho certeza de que fiquei de queixo caído depois disso.

Reed apontou para a tela, em seguida, pressionou a barra de espaço do teclado. Um por um, os "resultados" começaram a aparecer com algumas animações.

- Equipe contratada.
- Cultura organizacional estabelecida.
- Site lançado.

Parecia a apresentação de algum funeral. A partir daqui, eu sabia que seria ladeira abaixo.

— Que porra é essa, Reed?! — perguntei, finalmente rompendo o silêncio sepulcral. — Está preocupado com o futuro da empresa e quer me explicar isso com a merda de um PowerPoint?

A essa altura, minha voz já tinha aumentado e aí, percebendo que a porta da minha sala continuava aberta, comecei a sussurrar.

— Que palhaçada é essa?! — esbravejei, apontando para o notebook. — Não pense que vou ficar aqui sentado, ouvindo sermão sobre o quanto sou péssimo.

Reed piscou e continuou imóvel. Admito que essa reação (ou a falta de reação) me surpreendeu. Ele voltou a comprimir os lábios. Eu sabia que ele estava analisando os prós e contras, quais seriam os próximos passos, e que a mente dele estava zunindo tanto quando a ventoinha do Dell à nossa frente, que continuava exibindo a minha lista de resultados. Depois de dez segundos, ele assentiu, balançou a cabeça e, em seguida, esticou o braço e fechou o computador.

— Tá legal — disse. — Mas não estou aqui para te apontar o dedo e dizer o quanto é péssimo.

— Que bom — gaguejei, sentindo a raiva diminuir, mas dando lugar a uma sensação de pavor. Levantei e fechei a porta.

— Marc — começou Reed, enquanto me acomodei na minha cadeira. — Você tem feito coisas incríveis aqui.

Silêncio de novo.

— Mas estou perdendo a confiança na sua habilidade de tocar a empresa sozinho. Seu senso estratégico é errático... Às vezes você comete acertos louváveis, outras vezes, comete erros graves, gravíssimos. Já vi problemas com tomada de decisão, contratações e planejamento financeiro. E estou preocupado de ver esse tipo de problema agora, que somos uma empresa pequena. Os problemas do ano que vem e do ano subsequente serão muito maiores, e as consequências dos erros serão muito mais graves. As coisas só vão piorar à medida que a empresa crescer.

No mundo dos negócios, há uma certa técnica chamada *shit sandwich* (sanduíche de merda), útil para quem precisar comunicar alguma má notícia. A pessoa começa com uma série de elogios, reconhecimento pelo bom trabalho executado. É o chamado "jogar o primeiro pedaço de pão". Feito isso, joga-se a merda no ventilador (ou recheio): os erros, o relatório que não saiu perfeito, as coisas que aquele quem ouve não vai gostar de ouvir. E, aí, te atiram mais um pouco de pão: um plano para seguir adiante e aprender a lidar com toda a merda que precisou engolir.

Estou bastante familiarizado com o sanduíche de merda. Porra, não fui eu que *ensinei* essa técnica a Reed? Portanto, foi com uma mistura peculiar de perplexidade e orgulho professoral que o observei servir esse sanduíche para mim, numa bandeja de prata.

— Você não me considera um bom CEO — falei, interrompendo-o.

— Eu simplesmente não *te considero* um CEO *completo* — afirmou Reed. — Um CEO completo não confia tanto na orientação de um conselho, como você confia.

Ele juntou as pontas dos dedos das duas mãos e apoiou o queixo sobre eles, como se estivesse rezando para conseguir falar o que precisava me dizer.

— Acho que nós dois sabemos que a IVP só estava disposta a investir na gente porque prometi participação ativa nas coisas, como presidente do conselho. Eis o problema. E não se trata apenas da arrecadação de fundos. Tenho sido muito ativo, e um dos motivos é o fato de eu estar com medo do que pode acontecer se eu não for. Não me importo com o tempo que vai levar, mas os resultados até o momento não foram suficientes. Ninguém pode agregar valor se estiver do lado de fora. Especialmente quando o ritmo das coisas acelera.

Nos cinco minutos seguintes, Reed apresentou um meticuloso argumento para explicar por que a empresa estaria em apuros se eu continuasse à frente dela, sozinho. Ele fez uma avaliação clara do meu primeiro ano no cargo, listando os meus resultados e os meus fracassos. Foi como assistir a um computador jogando xadrez, implacável e rapidamente. Reed fez uma análise detalhada e panorâmica, que abrangia desde contratações individuais que eu havia feito a erros de contabilidade e comunicações corporativas. Tudo corria à minha frente feito um borrão, mas dois pontos particularmente chamaram a minha atenção.

— Você não tem pulso e a transparência suficientes para fazer os mais fortes te respeitarem — disse. — O lado bom disso é que ninguém desistiu, e as pessoas gostam de você.

Não resisti e sorri. E falando em transparência, mais transparente que Reed impossível. Transparente, não. Cristalino. Implacavelmente translúcido.

— Uau, obrigado! — falei. — Anote aí para gravar na minha lápide. *"Aqui jaz aquele que pode ter destruído o próprio negócio, mas o importante é que ninguém da sua equipe desistiu, e que as pessoas gostavam muito dele!"*

Reed não reagiu a essas piadinhas de mau gosto, pelo contrário, sequer deu indícios disso. Apenas continuou o que tinha a dizer, como se tivesse recitando um discurso decorado. Não sei quanto aos slides, mas o discurso definitivamente tinha sido ensaiado. Reed estava nervoso, preocupado com o jeito de dizer.

— Marc, estamos caminhando para uma encrenca das grandes, e quero que você, como acionista, reconheça que há fumaça nesta empresa, por enquanto de pequeno porte, e que vem por aí um incêndio de proporções maiores. E o nosso papel é agir. O mais rápido possível, e quase sem cometer falhas. A competição será direta e forte. De um projeto de pós-graduação, o Yahoo! se transformou numa empresa de seis bilhões de dólares, com muita maestria. Temos de fazer o mesmo. E não tenho certeza se conseguiremos fazer isso se você for o único no comando.

Ele ficou em silêncio, depois olhou para baixo, como se tivesse reunindo forças para fazer algo difícil. Reed, então, ergueu a cabeça, olhando para mim, fundo nos meus olhos. Lembro de, naquele momento, ter pensado: *Ele está olhando nos meus olhos.*

— Portanto, vou te dizer o que acho ser o melhor a se fazer. Eu passo a trabalhar na empresa em período integral, e nós a administramos juntos. Eu como CEO, e você como presidente.

Reed fez outra pausa. Como eu não disse nem fiz nada, ele prosseguiu.

— Não acho que eu esteja exagerando. Acho que essa é uma solução inteligente para uma realidade difícil. E acho que o arranjo CEO/presidente daria à empresa a liderança que ela merece. Podemos criar uma história da qual nos orgulharemos pelo resto das nossas vidas.

Finalmente, e felizmente, ele parou, se recostou ligeiramente na cadeira e respirou fundo.

E eu continuei onde estava, sentado, calado, assentindo devagar. É isso que acontece quando um piano desaba e acerta em cheio a nossa cabeça.

Tenho certeza que Reed se perguntava por que eu não via a situação com a mesma clareza e lógica que ele. Eu sabia que Reed não podia — e não conseguiria — entender o que passava na minha cabeça. Ufa, ainda bem! Porque as palavras que se passavam pela minha mente naquela hora não eram nada polidas. Eu sabia que Reed tinha razão em boa parte do que havia dito. Mas também sabia que estávamos falando da minha empresa. A ideia tinha sido minha. O sonho era meu. E agora ela havia se transformado em um negócio meu. Enquanto Reed esteve fora, em Stanford e na Technet, eu dedicava a minha vida inteira à construção da empresa. Seria razoável esperar que alguém ali não cometesse nenhum erro? Eu não deveria ter o direito de tentar superar as minhas falhas? Acontece que Reed estava certo em relação a isso também. Ele tinha argumentos bons em relação aos passos em falso da empresa, bem como em relação ao que nos esperava pela frente. Mas a minha primeira reação ao ouvir aquelas palavras de Reed na minha sala tinha mais a ver com ele do que comigo. Fiquei pensando: *Ele percebeu que cometeu um erro na vida.* Reed não ficou entediado em Stanford e acabou desistindo de lá? Não se decepcionou com os resultados da reforma educacional, quando estava na TechNet? Ele não acompanhou de perto os primeiros dias da Netflix porque queria mudar o mundo, revolucionar a educação (e a maioria dos professores e administradores que encontrou pela frente só queriam que a senioridade viesse acompanhada por um aumento de salário). E agora que percebia que a ideia maluca que experimentamos juntos tinha potencial genuíno, de repente começou a encontrar problemas com a minha habilidade de liderança? Será que eu não estava mesmo apto a tocar a empresa sozinho, ou a questão era que Reed só queria voltar, sem ter de lidar com a ferida no ego de ser meu empregado?

Fiquei emputecido e magoado. Mas, mesmo me sentindo assim, mesmo naquele momento, eu sabia que Reed tinha razão.

Que cara eu fiz ou como me comportei em meio a esse turbilhão de emoções, só Reed sabe. Mas deve ter sido bem perturbador, porque até ele percebeu que precisava dizer alguma coisa legal (em outras palavras, colocar a outra metade do pão para fechar o sanduíche de merda).

— Não fique chateado — ele disse, finalmente rompendo o silêncio. — Tenho um tremendo carinho e respeito por você. Me dói ser tão duro. Há um milhão de qualidades suas que admiro, seu caráter, a sua maturidade. Tenho orgulho de ser seu parceiro.

Reed voltou a ficar em silêncio. E acho que tinha mais coisa por vir. Mas o que mais poderia ser dito depois de tudo aquilo? Minha cabeça girava.

— Preciso de um tempo para processar tudo isso, Reed — falei.

— Convenhamos, você não pode simplesmente aparecer aqui, do

nada, me comunicar que vai assumir a empresa, e esperar que eu diga: *"Ah, sim, claro, óbvio!"*.

Minha voz voltava a ficar alta, então, parei de falar.

— Não estou propondo assumir o controle da empresa — pontuei. — Só que a gente a administre juntos. Como uma equipe.

Outro momento de silêncio. Longo.

— Olhe, não importa o que aconteça, eu sou seu amigo — disse Reed finalmente, levantando-se. — Mas se a ideia vai totalmente contra o que você quer, não vou obrigá-lo a engoli-la goela abaixo, embora a minha posição de acionista me permita fazer isso. Te respeito demais para fazer uma coisa dessa. Se você não acredita que essa seja a melhor opção para a sua empresa, e não quiser seguir em frente com isso, tudo bem. Nesse caso, simplesmente vendemos a empresa, devolvemos o dinheiro para os investidores, dividimos a quantia e pegamos o caminho de casa.

Ao sair, Reed fechou a porta da minha sala devagar, em silêncio, como se tivesse saindo de um quarto de hospital. O sol se punha e começava a escurecer, mas não levantei para acender a luz. Fiquei ali, sentado no escuro, até todo mundo ir embora (todo mundo menos Kho, que tinha entrado um pouco depois das nove, e ainda estava por ali, assoviando e tamborilando os dedos numa caixa de pizza manchada de gordura).

A sinceridade é uma coisa incrível. Até certo ponto.

Não vou mentir para você, nem para mim mesmo. O que Reed me disse naquele dia de setembro doeu. Doeu muito. Não porque Reed tivesse sido carrasco, ou algo assim (ele definitivamente não foi nada disso), mas porque foi muito sincero. Totalmente, implacavelmente, cirurgicamente sincero. O tipo de sinceridade que não só conhecíamos bem como praticávamos desde o começo, naquele meu Volvo, na Highway 17. Reed não tinha nenhuma motivação pessoal, ou qualquer outro motivo diferente para fazer aquilo. A razão que o levou a tomar aquela decisão foi tão somente querer o melhor para a empresa, e ele me respeitava demais para fazer qualquer outra coisa a não ser me dizer a verdade, nua e crua. Estava fazendo apenas o que sempre fizemos um com o outro. E quanto mais eu pensava nisso, mais a apresentação do PowerPoint mexia comigo. Estava toda desajeitada? Sim. Era o tipo de artifício, dentro do porto-seguro formado por uma série de slides com animação, que Reed usava toda vez que precisava ter uma conversa delicada, com muito sentimento envolvido? O tipo de apresentação que eu mesmo o havia ensinado a fazer? Sim também.

Mas era ofensiva? Não. Agora, já fora da minha sala, sentado no escuro, eu conseguia ver que Reed ficou tão nervoso com aquele feedback honesto que precisou de uma espécie de script, um conjunto de anotações por escrito, algo que o fizesse se sentir num terreno sólido. Ele queria ter certeza de que faria tudo do jeito certo. De que diria o que precisava ser dito.

Não foi fácil ouvir aquilo. Mas foi ainda mais difícil para mim admitir que Reed estava certo. Eu andava em maus lençóis. O acordo de investimento com a IVP quase foi por água abaixo por minha causa, porque nossos parceiros sabiam que, sem uma mudança radical na liderança da empresa, sem a mão de um líder ousado, intuitivo e confiante, a Netflix jamais decolaria. Isso nunca foi dito em voz alta, mas provavelmente estava óbvio para todos os outros naquela sala que ousadia, intuição e confiança não partiriam de mim.

Quanto mais eu pensava nisso, mais eu percebia o quanto o meu sonho tinha evoluído. A minha ideia original tinha sido algo muito mais simples: uma empresa num segmento novo, comigo no comando. Mas sentado na minha sala, escutando Reed apontar os meus erros e argumentar por que a empresa precisava de nós dois juntos no comando, percebi que havia ali não um sonho, mas dois, e que talvez eu precisasse sacrificar um deles para garantir que o outro se tornasse realidade.

A empresa era um sonho. E a minha liderança era outro. E se eu quisesse que a coisa desse certo, teria de encarar minhas limitações. Eu precisava reconhecer que eu era o cara cheio de ideias, que colocava a mão na massa, criativo e autônomo o suficiente para montar uma equipe, estruturar uma cultura organizacional, capaz de pegar uma ideia, um escritório e um produto que já existia no mercado e *transformar* tudo isso numa empresa, de um dia para o outro. Mas estávamos saindo dessa fase inicial. Agora teríamos que crescer, e rápido, e isso exigiria uma série de habilidades totalmente diferentes.

Tenho plena consciência da minha habilidade de administrador. Não acho que eu esteja batendo no peito se disser que eu sabia que era um líder "98% perfeito". O que quero dizer é que, mesmo naquele momento de crescimento, eu sabia que tinha *capacidade* de tocar a empresa.

Mas eu também sabia que, se eu era 98% perfeito, Reed era 99,9%. Ele é um dos maiores administradores de todos os tempos. E se sairia muito melhor do que eu na fase em que as coisas estavam. Era mais confiante. Mais focado. Mais ousado.

Para mim, era completamente óbvio que, em se tratando da nossa prioridade zero, e a mais latente de todas — dinheiro —, Reed era melhor do que eu. Ele havia fundado uma empresa praticamente sozinho e abriu capital de mercado com ela ocupando a posição de CEO. Reed era reconhecido. Os investidores se sentiam muito mais seguros de apostar nele do que em mim. Tínhamos vivenciado isso na própria pele.

Tive de me perguntar: O quanto é importante para mim ver o meu sonho se tornar realidade? E continuava sendo *meu* sonho? Tínhamos agora quarenta funcionários, cada um deles tão comprometido quanto eu para fazer da Netflix um sucesso. Eles ficavam no escritório até tarde, trabalhavam aos fins de semana, perdiam compromissos com os amigos e familiares, tudo a serviço de algo que tinha começado como um sonho meu, mas que (Deus os abençoe por isso) cada um tinha abraçado como seu também. E não era obrigação minha fazer tudo o que pudesse para garantir a nossa sobrevivência, mesmo que isso significasse que o meu papel na empresa não seria mais o que eu tinha imaginado para mim?

O que era mais importante, meu título ou o emprego deles?

Levantei da cadeira da minha sala e fui até a janela. Vi o estacionamento quase vazio, os canteiros de flores desabrochando, iluminados pela luz laranja dos postes das ruas. No dia seguinte, por volta das seis da manhã, esse mesmo lugar estaria cheio de carros das pessoas que trabalhavam para mim. Muitos desses carros ainda nem tinham sido quitados, além de ter um seguro atrelado a eles. Contas. E, de certa forma, eu também era responsável por elas.

Quando o seu sonho se torna realidade, ele deixa de pertencer apenas a você, e passa a pertencer às pessoas que o ajudaram: família, amigos, colegas de trabalho. Ao mundo.

Olhando para aqueles carros no estacionamento, eu tive ainda mais certeza de que Reed tinha razão. Que o arranjo CEO/presidente daria à empresa a liderança que ela merecia. E aumentaria muito as nossas chances de sucesso. Criaria uma empresa da qual poderíamos nos orgulhar pelo resto de nossas vidas.

Hoje, claro, olhando para trás, Reed estava certo. Provavelmente a Netflix teria sobrevivido se eu tivesse continuado como CEO. Mas ninguém escreve um livro sobre uma empresa que *sobrevive*. Não tenho dúvidas de que, se ele não tivesse assumido um papel de liderança, a Netflix não teria se tornado a empresa que é hoje. Paradoxalmente, se eu não tivesse renunciado ao título de CEO e se Reed não tivesse assumido o cargo em 1999, eu não estaria escrevendo este livro.

A empresa precisava que nós dois a administrássemos. *Juntos*.

Quando estou me sentindo para baixo e preciso lembrar dos momentos corajosos do passado, a primeira coisa que me vem à cabeça não é um pico de montanha distante, nem uma escalada perigosa, tampouco uma travessia traiçoeira de um rio. Também não penso naquelas manhãs no carro de Reed, nem nas primeiras reuniões no Hobee's, onde eu tentava convencer pessoas talentosas (e relutantes) a largar seus empregos em troca de uma aventura maluca e ilógica. Não penso no voto de confiança, na largada da corrida, nas centenas de testes que não deram certo e que não davam o menor indício de que algum dia daria.

Penso no momento em que saí do escritório naquela noite. Em como eu dirigia devagar no caminho de volta para casa, pelas ruas vazias de Scotts Valley, pronto para contar à minha esposa a minha decisão de que não deveria mais ser o único à frente da empresa que eu mesmo fundei. E que eu sabia que isso era o certo a se fazer.

Mas a essa altura você já sabe que os capítulos da história da Netflix raramente terminam bem, embrulhados com uma fita vermelha de cetim, com um belo laço. Não. E com este capítulo não seria diferente. Fiz aquele percurso de volta para casa sozinho, cheguei em casa, e fui para a varanda com Lorraine, onde passamos algumas horas naquela noite, dividindo uma garrafa de vinho, enquanto analisávamos o lado racional e também o emocional da minha decisão. E chegamos ao consenso de que a proposta de Reed era a coisa certa a se fazer, e que era meu dever aceitá-la, pelos meus funcionários, pelos investidores e por mim, garantindo assim o sucesso da empresa, mesmo que para isso eu tivesse de dividir a cadeira da presidência.

Mas assim que terminei de apagar as luzes, e Lorraine começou a levar devagar as nossas taças de vinho à máquina de lavar louças, sentei à mesa da cozinha para abrir o e-mail e verificar se havia alguma mensagem nova. No topo da caixa de entrada, lá estava um e-mail de Reed, enviado às 23h20. Assunto: Sinceridade.

A mensagem resumia e reiterava a conversa daquela tarde. Tive certeza de que era basicamente uma transcrição dos slides do PowerPoint. Marcadores elencavam as minhas qualidades, como senso estratégico, habilidade de contratação, controle financeiro, gestão de pessoas e a facilidade de levantar capital. Agora que eu havia tido tempo para pensar melhor sobre o que Reed disse, ficou mais fácil visualizar por escrito. Corri os olhos pela mensagem, chegando à última linha: "Eu sinceramente gostaria que as coisas fossem diferentes, Marc, para o nosso bem, mas do fundo do meu coração, acredito que tudo que eu disse hoje é verdade".

Mas havia ali algo a mais.

Da mesma forma, com essa mudança, penso que o melhor é fazer uma nova divisão das nossas ações. A IVP investiu na empresa sob a promessa de que poderíamos atuar como Presidente/CEO.

Não é certo voltar atrás e dizer pra eles que precisamos de mais 2m de opções de ações para mim.

Meus olhos não acreditavam no que viam. Nas frases seguintes, Reed dizia que, para se tornar CEO, precisava de mais opções de ações. E tem mais. Ele dizia também que grande parte dessas ações deveria vir de mim. Que eu deveria abrir mão de parte do meu patrimônio na empresa, já que agora dividiríamos as responsabilidades.

— Que palhaçada é essa?! — gritou Lorraine, depois que expliquei a ela o que Reed estava pedindo. — Vocês dois começaram meio a meio, embora fosse você quem estivesse fazendo todo o trabalho, trabalhando sessenta horas por semana como CEO, enquanto ele ficava com a bunda sentada na cadeira do presidente do conselho! E, agora, que de repente ele precisa se dedicar em tempo integral ao escritório, os cinquenta por cento são insuficientes?

Lorraine estava furiosa, balançando a cabeça de um lado para o outro com tanta força que cheguei a ficar com medo de ela machucar o pescoço. Tentei acalmá-la, mas foi em vão.

— Que merda! Que merda! — continuou.

Depois que ela subiu, ou melhor, marchou pelas escadas e foi para o quarto, fiquei ali sentado na cozinha, em silêncio, e com cuidado fechei o notebook. Eu sabia que ia demorar para pegar no sono. Mil coisas se passavam pela minha mente, por exemplo, como daríamos a notícia para a equipe, e o que eu diria a Reed sobre as ações, no dia seguinte. Como as minhas atribuições mudariam nos próximos meses e como aconteceria essa transição.

O futuro da empresa estava ali, bem de frente para mim, feito a página enorme de um livro aberto, assustadora. Embora eu não pudesse dizer, naquela noite, que estava em paz com a minha decisão, eu sabia que um dia, em breve, eu ficaria. Eu começava a refletir como Reed e eu, juntos, trabalharíamos para fazer a Netflix decolar. E praticamente consegui ouvir essas novas engrenagens começando a zunir.

13

Sobre a colina
(Primavera de 1999: um ano após o lançamento)

Em março de 1999, mudamos para Los Gatos. O escritório novo ficava logo depois da colina, na 17, o mais próximo possível de Santa Cruz, mas ainda no Vale do Silício. A catorze minutos da minha casa. Uma boa distância se comparada aos cinco minutos de carro aos quais eu tinha me acostumado, naquele primeiro ano. Mas esses novos catorze minutos eram tempo suficiente para escutar três ou quatro rodadas de "Sweet Adeline, Down Our Way" ou de qualquer outra canção de algum quarteto acappella que eu vinha apreciando ouvir naquela época.

Deixe-me explicar essa história. Alguns anos antes da Netflix, em meados dos anos 1990, Lorraine estava preocupada, achando que eu andava esgotado, e sugeriu que eu arranjasse um hobby que não tivesse nada a ver com o trabalho.

— Você sempre canta no carro — disse. — Por que não participa de um coral, algo assim?

Eu não só passei a integrar um coral, como também entrei para a Society for the Preservation and Encouragement of Barber Shop Quartet Singing in America*, ou SPEBSQSA, para abreviar. A soci-

---

* Sociedade de Preservação e Incentivo ao Canto de Quarteto de Barbearia da América (N.T.).

edade é composta apenas por homens, mulheres não podiam participar (elas compunham outro grupo, o Sweet Adelines).

Havia sucursais em todo o mundo, e a mais próxima delas ficava em Santa Cruz. Toda terça-feira à noite um grupo cantava na sala da comunidade da Felton Bible Church. Qualquer pessoa que fosse associada à SPEBSQSA poderia participar, e como o repertório seguia um padrão, não havia como errar, uma vez que todo mundo conhecia as músicas e sua respectiva parte nela. Cada apresentação começava com "The Old Songs", tema oficial do SPEBSQSA. Depois, o diretor anunciava diferentes músicas, a depender às vezes dos pedidos dos membros. E, depois de duas horas ou mais, às vezes saíamos para tomar cerveja.

Há quatro tipos de voz no quarteto acappella. Há a voz principal, que canta a melodia, seguida pelo tenor, barítono e baixo. Uma vez que há apenas homens cantando, não há parte de alto ou soprano, e os intervalos são muito mais próximos, o que leva a harmonias de fato consistentes — cantores acostumados com gamas mais amplas de coros mistos muitas vezes têm dificuldade de se ajustar às partes complicadas que o quarteto acappella exige. Cantar num grande coro misto é como estar numa orquestra com os tímpanos e os contrabaixos na parte de trás, e as flautas e os violinos na frente. Mas o quarteto acappella parece mais um violão, uma pessoa tirando acordes de cordas afinadas, bem juntas, no timbre e no tom.

Eu adorava cantar no quarteto. Adorava me sentir parte de um instrumento, sentir a melodia se construindo. Raramente eu cantava a melodia principal, em vez disso, muitas vezes recebia a tarefa de criar uma harmonia íntima intricada, fora da linha principal. Eu era a voz de apoio, totalmente necessária, mas não a primeira que você ouvia. Cantar assim é uma forma genuína de contribuição. Se você retira qualquer uma das vozes, a música não soa bem.

Eu nunca me apresentei em público com a SPEBSQSA. Não era esse meu objetivo. O que eu gostava era daquelas noites de terça-feira. E comparecia a todas, religiosamente. Eram como uma reunião do Alcóolicos Anônimos, com a diferença que, em vez de histórias tristes e café ruim, na SPEBSQSA havia música antiga e alegre. Essas noites mantinham a minha mente sã.

Mas quase enlouqueceram a minha família. Para praticar, eu andava com fitas das músicas no carro (especialmente as que continham a minha parte do canto). No lado A da fita, havia apenas a sua parte, e no lado B, todas as outras partes da música, menos a sua. A ideia era poder tocar o lado A da fita dez vezes seguidas para estudar a sua parte e, depois, virar o lado e praticar o canto com o restante do conjunto. A tática funciona, mas é extremamente irritante para qualquer passageiro que esteja com você no carro e não goste muito de quartetos acappella. Como meu filho, por exemplo.

— Para de cantar! — Era o que Logan costumava me dizer, sentado na cadeirinha, tapando os ouvidos com as mãos. — Chega!

Eu atendia ao pedido. Mas quando estava sozinho no carro, no caminho de ida e volta para o trabalho, eu me permitia ouvir a fita e cantar à vontade.

Percebo agora que aquelas sessões matinais de canto eram um certo tipo de preparação para o trabalho que eu vinha desenvolvendo no escritório, entre o final de 1998 e o começo de 1999. Todos os dias, sem exceção, eu redefinia meu papel. Agora nem sempre eu fazia o papel do "principal". Nem sempre estava à frente do conjunto. Mas eu fazia parte de um grupo e juntos estávamos criando uma bela e grandiosa canção. Eu estava aprendendo a cantar num compasso firme e em sintonia com Reed.

Naquela primavera, oficialmente, o cargo que eu ocupava na empresa era de "presidente". No dia a dia, pouca coisa mudou no meu trabalho. Eu ainda era o responsável pelas atividades da Netflix que tanto amava (e em que eu era bom): relacionamento com cliente, marketing, relações públicas, web design, relacionamento frequente com os fabricantes de DVD players e tudo relacionado ao conteúdo do catálogo. Reed tinha assumido todo o *back-end*: finanças, operações e engenharia. Para mim, títulos eram irrelevantes, mas para os capitalistas de risco, não. Eu sabia que, para levantar dinheiro para uma startup que vinha crescendo rapidamente (mas que ainda não tinha lucro), ter Reed na posição de CEO era um dos nossos mais poderosos ativos. A presença de Reed acalmou o conselho e tranquilizou os investidores. Naquela primavera, eu não só me senti tranquilo como satisfeito por ocupar o segundo lugar durante as reuniões com os investidores, mas fiz aquilo que era a minha especialidade: ajudei Reed a acalmar os ânimos tanto dos investidores quanto dos funcionários. Outra pessoa encarregada de amenizar todos os procedimentos que envolvessem Reed foi Patty McCord. Reed a trouxe para cuidar do departamento de Recursos Humanos logo depois de anunciarmos que dirigiríamos a empresa juntos. Ela havia trabalhado como diretora de RH na Pure Atria e por muito tempo foi o braço direito de Reed. Era uma espécie de "conselheira ao pé do ouvido" de Reed. Ela o compreendia como poucas pessoas e, o mais importante, sabia como mostrar a ele a rota para se relacionar bem com as pessoas. Reed às vezes era... duro demais. Patty também. Mas ela fazia isso com muita classe, com um charme tipicamente texano, uma pessoa versada nas relações sociais. Patty sabia que Reed nem sempre percebia quando ofendia alguém, e que muitas vezes ficava alheio ao sentimento das pessoas, especialmente daquelas que não o conheciam bem como eu. No meio de uma reunião acalorada, Patty sabia como e quando chamar Reed de canto e sugerir com muita gentileza que talvez ele devesse se desculpar por ter dito que a ideia do funcionário tal "era completamente lunática".

Uma vez, eu a ouvi dizendo a Reed que a nossa reunião executiva tinha sido muito produtiva, antes de perguntar a ele quem tinha falado mais.

— Marc e eu — disse ele.

— Não acha que numa reunião é importante que as outras pessoas falem também?

Reed ficou olhando para Patty e, por um segundo, fiquei me perguntando se ele responderia.

— Entendido — respondeu ele, assentindo.

Mas a importância de Patty para a Netflix estava muito além de Reed. O impacto do trabalho dela como diretora de RH da Netflix é incomensurável. E, sinceramente falando, esse impacto reverberou na área de recursos humanos inteira, que Patty redefiniu totalmente. Neste livro, escrevi como a cultura organizacional da Netflix, pelo menos a princípio, não foi resultado de um planejamento cuidadoso (nem de nenhuma aspiração, tampouco de manifestos). Contei como ela foi o reflexo de valores e comportamentos partilhados entre os fundadores e como confiávamos uns nos outros, trabalhando duro, sem ter a menor paciência para a merda dos tradicionais protocolos corporativos.

Tudo isso é verdade. Mas o que acontece quando a equipe cresce?

Numa empresa pequena, a confiança e a eficiência caminham de mãos dadas. Quando você tem ao redor a equipe certa, as pessoas certas, não é preciso dizer a elas como quer que façam as coisas. A bem da verdade, muitas vezes você sequer precisa dizer a elas o que você gostaria que fizessem. Basta deixar claro aonde você quer chegar, qual objetivo pretende alcançar, e por que ele é importante. Se você contratou as pessoas certas (inteligentes, capazes, confiáveis), acalme-se, elas descobrirão o que precisa ser feito e darão conta do recado. Elas resolverão os problemas por conta própria, antes mesmo de você sequer saber da existência deles.

E caso não tenha contratado a pessoa certa? Acalme-se também. Em breve, antes do que imagina, você descobrirá isso.

A semente da cultura organizacional da Netflix brotou do modo como Reed e eu tratávamos um ao outro. Reed e eu não entregávamos uma lista de tarefas com o que esperávamos que o outro fizesse, para vez ou outra verificar "como andavam as coisas" e ter a certeza de que as coisas andavam caminhando. Só precisávamos ter a certeza de que sabíamos bem qual era o objetivo da empresa e por qual(is) parte(s) cada um era responsável. Dependia de cada um descobrir o que precisava ser feito para atingir esse objetivo. Assim como dependia de cada um ser sincero com o outro — completamente sincero.

Escrevi aqui sobre como isso funcionava, ou, mais precisamente, como parecia. Vozes inflamadas, reuniões acaloradas, opiniões sinceras sobre a viabilidade ou *imbecilidade* dessa ou daquela ideia. Às vezes, era difícil para as pessoas entenderem que Reed e eu gostávamos mesmo um do outro, que ambos descobrimos ser muito mais produtivo deixar de lado os protocolos e dizer a verdade, nua e crua. Reed e eu fazíamos isso desde aqueles tempos em que trocávamos carona, na Highway 17, e nunca deixamos de fazer. Quer fôssemos apenas nós dois numa conversa, ou numa reunião de departamento com vinte pessoas, Reed e eu sentíamos que devíamos isso à empresa (e a nós mesmos), que essa sinceridade era necessária para garantir a solução apropriada ou, falando o português claro, falar na lata sem dó". Às vezes, as discussões ficavam tão turbulentas que Reed e eu perdíamos totalmente a noção, e só parávamos quando percebíamos que uma ou outra das nossas ideias — ou, uma combinação entre as duas, o que era mais comum — era a solução óbvia e dali em diante poderíamos seguir em frente com a questão. Não raramente, Reed e eu, depois de uma discussão particularmente aguerrida, ao olhar ao redor, víamos o rosto assustado e atordoado dos nossos colegas, como quem perguntaria, se pudesse: "Por que o papai e a mamãe estão brigando?".

Mas, com o tempo, todos se acostumaram.

Sinceridade radical. Liberdade e responsabilidade. Os ideais perfeitos, mas nos primeiros anos da empresa, nada disso foi registrado, formalizado. As coisas na Netflix funcionavam no esquema *ad hoc*.

Aqui vai um exemplo.

Em algum momento de 1999, um dos nossos gerentes de engenharia veio falar comigo e me fez um pedido peculiar. A namorada dele havia se mudado para San Diego e ele tentava superar a distância e manter o relacionamento vivo.

— Como seria pra você, se seu saísse mais cedo na sexta-feira para pegar o avião e ir para San Diego? — perguntou.

Ele explicou que trabalharia de lá na segunda-feira, voltaria para casa na segunda à noite e na terça de manhã estaria no escritório. Minha resposta provavelmente o surpreendeu.

— Para mim não importa onde você trabalha, ou que horas começa e termina. Se quiser trabalhar de Marte, esteja à vontade. Se a sua pergunta é se eu me preocupo com o seu horário de trabalho e o lugar em que vai trabalhar, a resposta é simples. Isso não faz a menor diferença pra mim.

E acrescentei:

— Mas, se o que está me perguntando é se estou disposto a cobrar menos você e a sua equipe para que você possa passar mais tempo com a sua namorada, então, a resposta é tão simples quanto. Não.

Ele ficou me olhando com cara de dúvida. Vi naquele rosto o sonho dos fins de semana em San Diego baterem asas e ameaçar desaparecer.

— Veja, onde e quando você trabalha é uma decisão sua. Se você acha que consegue administrar bem o seu tempo e gerenciar a sua equipe trabalhando três dias e meio por semana, vá em frente. E devo admitir que chego a sentir inveja. Quem dera eu ser bom o suficiente para conseguir fazer isso. Lembre-se. Você é gerente. Parte do seu trabalho consiste em assegurar que a sua equipe sabe o que você quer que façam e por que é importante que cada um cumpra sua própria tarefa. Você acha que consegue fazer isso mesmo não estando por aqui, perto deles?

Não preciso dizer que a fila andou para a namorada dele logo depois.

Dei a esse engenheiro autonomia suficiente para fazer a escolha, mas também o lembrei da responsabilidade dele para com a equipe. Fui radicalmente sincero com ele. Eu tinha as minhas dúvidas de que ele conseguiria cumprir o papel de gerente se saísse para viajar para San Diego toda semana, mas deixei a decisão a cargo dele.

O gerente se sentiu fortalecido, livre para escolher o próprio estilo de vida, e a empresa acabou se beneficiando com a mudança de foco que ele decidiu fazer. Todo mundo saiu ganhando.

Quer dizer, quase todo mundo. A namorada de San Diego provavelmente não enxergou as coisas como eu enxerguei.

Mas a cultura de autonomia e responsabilidade não dizia respeito apenas aos gerentes. Veja o nosso recepcionista, por exemplo. Quando ele começou a trabalhar na empresa, não havia uma lista com tantas e poucas páginas com todas as coisas que ele poderia ou não fazer ao longo do dia, por exemplo, "manter a mesa limpa", "não comer na mesa" etc. Em vez disso, a descrição das tarefas dele consistia numa única frase: *Você é o cartão de visitas da empresa.*

Demos a ele uma responsabilidade clara e quase plena autonomia para descobrir como fazer isso. Cabia inteiramente a ele decidir em qual horário deveria haver alguém ali, na recepção, quem poderia cobri-lo enquanto ele não estivesse ou caso ficasse doente ou precisasse de um dia de folga. Cabia também a ele descobrir que tipos de comportamento não representavam a empresa (como almoçar à mesa de trabalho, por exemplo) e quais representavam (tenho fortes suspeitas de que foi ele quem comprou a máquina de pipoca).

E sabem qual foi o resultado? Nosso recepcionista era um ótimo profissional.

Uma cultura organizacional de autonomia e responsabilidade somada à sinceridade radical formava a receita perfeita. Não só tínhamos ótimos resultados como os funcionários adoravam o modo como as coisas funcionavam. Pessoas que têm o discernimento necessário para tomar decisões com responsabilidade amam saber que têm a liberdade necessária para fazer isso.

Adoram saber que confiamos nelas.

Mas faz sentido, certo? Quando a empresa é formada por equipes que não têm capacidade de discernimento, você tem de construir todo tipo de parapeito para salvá-las e definir tudo para cada uma delas: quanto podem gastar com material de escritório, quantos dias de férias tiram e em qual horário espera-se que estejam a postos para trabalhar.

A maioria das empresas acaba construindo um sistema para se proteger daqueles a quem falta discernimento. Mas isso frustra quem tem. Lembra dos engenheiros na banheira de hidromassagem? Quando as pessoas são tratadas como crianças, não importa quantos pufes e festas regadas à cerveja você ofereça; elas sempre vão ficar ressentidas com você.

Em 2000, nosso crescimento era vertiginoso. E continuávamos contratando pessoas com discernimento, mas mesmo essas pessoas tinham dúvidas sobre a nossa cultura organizacional e as regras da empresa e nem sempre precisariam vir falar comigo ou com Reed para sanar essas dúvidas.

Foi aí que começamos a pensar: e se a gente construísse um processo especialmente destinado às pessoas com grande capacidade de discernimento? E se a gente pudesse livrá-las de todas as restrições insignificantes que tanto atrapalham essas pessoas que têm o melhor desempenho? Como podemos ampliar esses ideais que surgiram de modo tão natural para que a empresa, agora em plena fase de crescimento, possa se beneficiar disso também?

Como sistematizar a cultura organizacional?

É aqui que Patty McCord entra. Não havia ninguém melhor que ela para expandir os limites das regras e da liberdade. Patty já tinha identificado que essa cultura, a combinação entre autonomia e responsabilidade, era um diferencial da Netflix. A partir de então, em vez de criar barreiras, ela trabalhou para fortalecer essa estrutura, fomentá-la e preservá-la.

Há limites para a liberdade? Como garantir a responsabilidade compartilhada?

O que norteava o trabalho de Patty era simplesmente o bom senso. Por exemplo, se o funcionário viajava a trabalho, qualquer conduta sensata reconheceria que seria necessário algum mecanismo para reembolso das despesas. Mas a ideia de processos de aprovação demorados e, no final das contas, inúteis, não agradava nenhum de nós. Se confiávamos numa pessoa da equipe o suficiente para lhe conferir a autonomia necessária para tomar uma decisão em nome da empresa, decisão essa que poderia implicar o ganho ou a perda de milhões de dólares, por que não confiar que essa mesma pessoa teria o bom senso de decidir que tipo de passagem aérea deveria reservar?

E o mesmo era válido para as férias. Não ficávamos no pé do funcionário porque não era preciso. Funcionava assim: *se você precisa tirar um dia de folga, tire. Não preciso saber do seu tratamento de canal, nem dos compromissos da escola do seu filho. Simplesmente faça o seu trabalho e deixe as coisas encaminhadas antes de sair.*

Mas quando a empresa tem cinquenta funcionários, as coisas complicam. As pessoas querem saber o que podem e o que não podem fazer. Patty poderia ter simplesmente replicado os padrões da época: quatorze dias por ano com folga remunerada. Mas, em vez disso, resolveu questionar esse padrão. Se queríamos que os nossos funcionários tirassem folga quando precisassem, por que não os deixar decidir quanto tempo precisavam e quando queriam tirar essa folga? E se não tivéssemos um número definido de dias de férias? E se simplesmente confiássemos em nossos funcionários para tomarem a decisão que fosse necessária?

Férias ilimitadas e reembolso de despesas sem complicações são praticamente uma coisa clichê hoje em dia. Mas naquela época eram uma prática inovadora. Na Netflix, Patty enxergou uma oportunidade de redefinir todo o papel do RH, que deixou de ser um mero cubículo isolado, cheio de manuais de conduta, reclamações de assédio sexual e referência de benefícios e se tornou um agente ativo da cultura organizacional.

Patty enxergou uma abertura, e abriu caminho por meio dela, dirigindo um baita caminhão. Ela desfez todos os sistemas vigentes que cerceavam a liberdade que concedíamos aos nossos funcionários e criou práticas quase que totalmente voltadas à autonomia dos funcionários. Patty se esforçou bastante para assegurar que não criaríamos novos paradigmas que acabariam por restringir a autonomia dos nossos funcionários, mas ao mesmo tempo implementou estruturas para deixar claro o que esperávamos de cada um. Em partes, o trabalho de Patty foi bem-sucedido porque ela atribuía responsabilidades a todos da empresa, inclusive aos que ocupavam posições altas de chefia. Qualquer que fosse a sua posição na empresa, sempre que necessário, Patty ia até você para reclamar de algum erro ou má conduta. E nunca tinha medo de falar a verdade, mesmo para diretores e gerentes.

Ela tinha uma habilidade rara, a capacidade de implementar e disseminar a cultura organizacional.

Vou dar um exemplo. Lembra daquela brincadeira de os novos funcionários virem vestidos como os personagens favorito deles?

Por muito tempo pensei que isso cairia por terra tão logo a empresa e a equipe crescessem. Pedir a uma pessoa para providenciar uma fantasia ou roupa diferente e se submeter a uma falsa entrevista é fácil quando se contrata apenas um funcionário novo por semana. Mas uma vez que passamos a contratar cinco, seis, uma dúzia de novos funcionários toda semana, a coisa ficou complicada.

Mas Patty enxergou valor nesse peculiar ritual voltado para o cinema. Então, em vez de abortá-lo, ela o tornou mais fácil e eficiente: encheu uma sala inteira do novo escritório com dezenas e dezenas de fantasias e roupas relacionadas ao cinema — capas do Batman e da Mulher-Maravilha, chapéus de cowboy e seis revólveres de seis tiros, dignos de faroeste. Os novos funcionários ainda tinham que se vestir como o personagem de um filme, mas havia previamente as mesmas opções de roupa para cada um escolher. Com isso, a possível pressão da situação desapareceu. E restou apenas a diversão.

Patty também aparou algumas de nossas arestas mais ásperas. Ou pelo menos tentou. Por exemplo, uma das únicas peças de decoração da minha sala era um cartaz promocional do *Austin Powers: um agente nada discreto* que um estúdio de cinema tinha me enviado. O cartaz retratava na íntegra o monólogo do dr. Evil de frente para a terapeuta, que aparece mais ou menos na metade do filme, em que ele, na linguagem barroca da própria infância bizarra, descreve em detalhes o pai maluco e conta com entusiasmo dissimulado sobre a sensação de "tirar o fôlego" de um "saco tosado".

Eu sabia que, digamos do ponto de vista do RH, não era o tipo de coisa mais adequada para decorar a parede da empresa. Mas foi inevitável para mim. Eu amava aquele filme. E essa cena me faz chorar de rir. E o cartaz acabou virando motivo de piada entre Patty e mim: toda vez que ela enfiava a cabeça na fresta da porta da minha sala e o via, segurava a risada e me mandava arrancá-lo. E eu obedecia. Pelos menos até ela virar as costas e ir embora. Depois, voltava a colocá-lo na parede.

Não era porque a Netflix estava crescendo e contava agora com uma diretora de RH tão cirurgicamente sincera que não poderíamos nos divertir enquanto trabalhávamos. Um bom exemplo disso foi um joguinho que criamos, chamado Moedas da Fonte.

Não me lembro quem teve a ideia. Tudo que lembro é que os homens da empresa o jogavam com frequência. As regras eram simples: você colocava uma moeda no fundo do mictório. A próxima pessoa a entrar no banheiro e ver a moeda, ou enfiaria a mão no mictório e pegaria a moeda ou simplesmente a ignoraria. Era uma espécie de experimento sociológico: quanto dinheiro seria necessário para alguém fazer algo nojento e anti-higiênico e enfiar a mão no mictório?

E só funcionava, claro, se nem todos soubessem que se tratava de um jogo. Mas geralmente quem jogava a moeda no mictório me avisava. Com essa brincadeira, descobrimos várias coisas interessantes sobre a natureza humana. Por exemplo, uma moeda de 25 centavos desaparecia bem mais rápido do que três moedas de dez centavos. E ninguém tocava em cédula, a menos que fosse maior que cinco dólares. O maior valor posto ali foi uma nota de vinte dólares. E ela ficou lá no mictório o dia inteiro, e continuava lá quando saí às seis para jantar com a minha família. Mas quando voltei ao escritório, por volta das oito ou nove horas, a nota tinha sumido.

Ainda tenho as minhas suspeitas de quem a pegou.

Outra brincadeira que a gente gostava de fazer envolvia o refeitório. Era aquele típico refeitório dos anos 1990, que quando a gente vê em alguma tirinha do *Dilbert* ou num episódio de *The Office* reconhece na hora: geladeira cheia de tupperwares esquecidos, micro-ondas manchado de gordura depois de estourar sabe--se lá quantos saquinhos de pipoca. Isso foi antes de as torneiras de chope virarem uma febre no refeitório das startups americanas. Éramos assumidamente mais retrógrados. Não tinha nenhum cozinheiro nem copeira para nos servir. A maioria de nós trazia comida de casa. Essa nossa brincadeira era também uma espécie de teste de força de vontade, só que ao contrário e com lanches. E surgiu a partir de um problema comum com cozinhas compartilhadas e comida comunitária. Sempre que alguém trazia uma guloseima para compartilhar com o pessoal do escritório (uma dúzia de donuts da loja da esquina ou uma tigela cheia de sobras de doces do Halloween), ela desaparecia em questão de segundos. Isso é o que longas horas de trabalho e estresse fazem com você. Embalagens de chocolate amassadas e restos de açúcar cristal lotavam as mesas poucos segundos depois que um punhado de doce era entregue.

Até que um dia resolvemos transformar isso numa brincadeira. Seria possível trazer algo que durasse mais do que alguns minutos no refeitório? Seria possível trazer algo que durasse até... o fim do dia?

O desafio não era trazer uma coisa ruim, de má aparência e que ninguém comeria. Assim seria muito fácil. Bastaria trazer pedra. O objetivo não era trazer algo estranho ou não tão saboroso a ponto de desaparecer rápido, mas algo que durasse mais tempo lá no refeitório, que não acabasse de repente. Era meio que uma corda bamba entre o delicioso e o insosso, o familiar e o estranho. Aí vai um exemplo.

Um dia eu trouxe um saco enorme de camarão seco e algas marinhas do mercado asiático de Sunnyvale. Delicioso para quem gosta desse tipo de comida. Mas picante, de aparência exótica e definitivamente uma culinária que não agrada todo mundo. Abri a sacola e enchi uma das nossas tigelas de pipoca com o camarão e as algas marinhas, depois fiquei numa mesa de onde dava para ter uma boa visão do refeitório. Em poucos segundos, Boris se aproximou da tigela e, com a mente em outro lugar, provavelmente quebrando a cabeça para resolver algum problema de codificação, enfiou a mão na tigela e pegou um punhado. A cara que ele fez quando percebeu que não era pipoca nem M&Ms foi cômica.

Ri sozinho, sem ninguém perceber. Nas três horas seguintes, fiquei observando quando Te, Christina e o resto do pessoal do escritório experimentaram um ou outro punhado e foram embora depois da primeira mordida. A única pessoa que não esboçou absolutamente nenhuma reação ao camarão foi um dos engenheiros, que encheu uma pequena tigela, a levou para a sua mesa e comeu, muito satisfeito.

A tigela que eu deixei no refeitório só se esvaziou às cinco.

Outra vez, eu trouxe uma dúzia de Balut. Você já ouvir falar dele? Trata-se de uma iguaria de Laos e do Camboja. Baluts são ovos de pato fertilizados que ficam incubados por dezessete dias e depois são fervidos. Dentro deles há embriões, patinhos minúsculos. Por razões óbvias, não agrada aos olhos da maioria das pessoas. Por conta dos processos de preservação e cura, a gema fica verde-escura e a clara, castanho-escura. Eles parecem (e cheiram a) ovos de dinossauro.

Abri alguns, ajeitei num prato de papel, junto com uns garfos, e até avisei o pessoal: Ovos de pato! Quem quer experimentar?

Surpreendentemente, os Baluts duraram apenas duas horas.

O escritório novo ficava no extremo norte de Los Gatos e fazia fronteira com o Vasona Lake Park. Era grande. Dois andares, planta baixa, aberta. E ali não tinha sido o escritório de um banco. Era um conjunto comercial no Vale do Silício, construído especialmente para escritórios. E tinha espaço suficiente para crescer mais. Sempre que contratávamos algum funcionário, tudo que precisávamos fazer era montar e juntar algumas divisórias para criar um novo posto de trabalho.

Eu estava no lado sul, lá em cima, com todo o pessoal da web *front-end*, os produtores de conteúdo, os analistas e o pessoal do marketing. Reed ficava do outro lado do prédio, embrenhado entre a equipe do financeiro e os desenvolvedores de *back-end*. De longe, um conseguia ver o outro se os dois se levantassem ao mesmo tempo.

Em relação às ações, chegamos a um acordo. No final, concordei que um terço das ações que Reed havia pedido, se ele viesse a ocupar o cargo de CEO, viria da minha parte. Em relação aos outros dois terços, ele teria de pedir ao conselho. Foi o que ele fez. E conseguiu.

Naquela primavera, logo após a mudança de escritório, Reed fez duas contratações importantes que causaram um grande impacto nos negócios. Barry McCarthy foi a primeira delas. Executivo experiente e ex-banqueiro de investimentos, Barry trabalhava como

CFO da Music Choice, empresa que levava música às casas por meio de um decodificador de TV a cabo. Ele tinha um MBA pela Wharton e décadas de experiência como consultor e banqueiro de investimentos. Ele era diferente de qualquer pessoa do escritório, um cara de personalidade forte, da Costa Leste, com um diploma do Williams College. No mundo dos shorts e das sandálias de Los Gatos, seus blazers Brooks Brothers chamavam a atenção feito uma girafa no meio da matilha. Coisa que suspeito, aliás, ser o motivo de Reed gostar tanto dele.

Eu gostava de Barry porque ele era inteligente, sensato e eficiente. Além disso, ele me chamava de "sr. Fundador", mesmo depois de eu ter pedido a ele para me chamar de Marc.

A chegada de Barry marcou o fim da jornada de Jim Cook na Netflix. Jim sempre quis, desde o início, ser o CFO da empresa, e assim que Barry entrou, ficou claro que isso nunca aconteceria. A saída dele não foi dramática (dificilmente esse tipo de coisa costuma ser), mas enalteceu o que vinha acontecendo naquela primavera e naquele verão: a equipe da fase inicial da startup estava começando a partir, e a próxima etapa seria substituí-la.

A mudança é uma questão inerente a todas as startups. Quando se está construindo algo do nada, você conta com generalistas talentosos e apaixonados: pessoas que fazem de tudo um pouco, que aderem à missão da empresa, e você sente que pode confiar seu tempo, seu dinheiro e suas ideias nessas pessoas. Mas uma vez que dá um passo à frente, do zero você caminha para o um e a semente plantada começa a crescer, algumas coisas começam a mudar. Com frequência, aquela pessoa certa para a fase inicial não é a mais adequada para a fase intermediária. Às vezes, é preciso trazer pessoas com décadas de experiência e know-how institucional.

E foi exatamente esse o caso de Tom Dillon, que trouxemos para assumir a chefia de Operações após a saída de Jim, no começo de 1999. Com seus cinquenta e poucos anos, Tom estava em vias de se aposentar e passou a vida inteira ocupando cargos de gestão de grandes empresas, tendo mais recentemente trabalhado como Chief Information Officer da Seagate e da Candescent, duas grandes empresas. A Seagate, além de ser enorme, era particularmente complexa. Tinha 24 fábricas espalhadas pelo mundo e mais de cem mil funcionários. Difícil imaginar como é ser o responsável pela área de tecnologia de uma empresa com proporções como essa. Mais surpreendente ainda é pensar que Tom a dirigiu numa época em que a Seagate decidiu automatizar todas as suas fábricas — o que permitiu à empresa reduzir o número de fábricas (e de funcionários) pela metade.

Não sei onde Patty McCord o encontrou, mas acho que Tom foi uma das contratações mais importantes que a Netflix já fez. Até hoje ainda me surpreendo com o fato de termos conseguido trazê-lo para a empresa. Naquela época, enviávamos dois mil filmes por semana, todos dentro dos Estados Unidos, e Tom era o cara que tinha supervisionado *milhões* de remessas em diferentes lugares do mundo. Sinceramente, Tom era um cara que valia muito mais do que podíamos pagar. Tínhamos condições de oferecer a ele mais ou menos vinte por cento do que provavelmente estava acostumado a receber.

Mas Tom é um cara intrigante. O tipo de pessoa calma, que leva a vida de um jeito leve — o que surpreende, para uma pessoa que ocupa um cargo com extremo grau de detalhamento como o dele. Alto, um tanto desengonçado, Tom usava barba grande e cabelo branco e ralo. Gostava de roupas folgadas e boas piadas. Nunca o vi estressado. Era uma versão bem fidedigna de Jeff Bridges em *O grande Lebowski* (o tipo de vovô maconheiro que faz todo mundo rir). Tom Dillon permaneceu na Netflix.

Ele via a nossa empresa como uma espécie de hobby antes da aposentadoria. Acho que o desafio o agradou. Sim, desafio porque ainda tínhamos um estoque e ainda separávamos tudo à mão, organizando as coisas em cima de um balcão. Trazer Tom para a equipe era como contratar Miles Davis para tocar no bar mitzvah do seu filho.

* * *

Tínhamos um escritório novo, cheio de rostos novos. Mas continuávamos com o mesmo problema de sempre. Ninguém queria alugar nossos DVDs.

Parece loucura, não é? Dali a um ano, a Netflix funcionaria praticamente à base dos aluguéis, mas de 1998 a 1999, a única maneira de convencer as pessoas a alugarem os nossos DVDs era fazendo isso de graça. Estávamos no mercado havia um ano e meio, e tínhamos tentado absolutamente tudo: alugue um e leve outro de graça, brindes, pacotes, promoções. E pensamos em todas as possibilidades imagináveis de design para a página inicial. Mas estávamos chegando perto. Ainda não tínhamos descoberto um modo de conseguir clientes — e sobretudo de fazer com que voltassem — que trouxesse mais dinheiro do que havia custado para trazê-los.

Ou seja, um tanto longe do modelo de negócios perfeito.

Mas a Amazon, como há muito sabíamos, tinha começado a vender DVDs em novembro. E depois de alguns meses redirecionando para a Amazon os nossos clientes que tinham interesse de comprar, Reed pouco a pouco engavetou a iniciativa. Passamos centenas de horas acrescentando os links da Amazon ao nosso site, tudo projetado para redirecionar os nossos clientes ao site da Amazon, e esperávamos o mesmo esforço da parte deles, que os clientes que quisessem alugar fossem redirecionados para o nosso site, mas o retorno foi irrisório. Os links no site da Amazon que nos redirecionavam não tinham nem um atrativo e eram de difícil localização no site. A Netflix enviava dezenas de milhares de clientes, enquanto a Amazon nos enviava centenas.

Quando o acordo chegou ao fim, Reed nos disse que a parceria nunca tinha feito muita diferença. Todos ficaram desanimados, especialmente Christina. Desde o começo ela tinha sido contra a parceria, mas, como sempre, reagiu como a jogadora de um time, que, portanto, trabalhava em conjunto e ralava muito. Foram necessárias muitas conversas com Reed (e Patty) para fazê-lo perceber o quanto as pessoas se sentiriam desmotivadas, o quanto era desmoralizante priorizar uma coisa, pedir às pessoas para darem o sangue por ela, para trabalharem em algo com que não concordavam, e depois simplesmente passar por cima disso tudo e comunicar que a empreitada tinha ido por água abaixo.

E também era desmoralizante o fato de que, sem os novos locatários da Amazon, e agora sem as vendas dos DVDs para nos manter de pé, sofríamos com uma espécie de hemorragia financeira. Reed e eu, quando fomos falar com as nossas equipes, metemos um sorriso discreto no rosto, interpretando nossos resultados deprimentes como uma espécie de bênção. Se quiséssemos descobrir um jeito de fazer a Netflix funcionar, dissemos a eles, era preciso fazer a empresa se concentrar em um serviço apenas. E esse serviço era a locação.

No verão de 1999, estávamos definitivamente à beira de um abismo. Eu passava a maior parte do meu horário de almoço correndo num parque perto do nosso escritório, na esperança de que, em algum momento entre aquelas peregrinações e os litros de suor na Los Gatos Creek Trail, eu encontrasse uma solução que despertasse o interesse das pessoas pela locação dos nossos filmes.

Foi quando tive uma ideia que não saía mais da cabeça. Em uma das minhas últimas viagens ao nosso depósito de San Jose, percebi que tínhamos milhares, ou melhor, dezenas de milhares de DVDs parados, que nunca foram vendidos nem alugados, nas prateleiras. Ao voltar para o escritório, fui conversar com Reed a respeito disso, o que acabou levando a outra conversa interessante entre nós. Por que estávamos armazenando todos aqueles DVDs no nosso depósito? E se descobríssemos um modo de permitir que os nossos clientes armazenassem os DVDs? Na casa deles. Na estante deles. Que simplesmente guardassem os DVDs, pelo tempo que quisessem.

E se em troca eliminássemos a multa por atraso?

Quanto mais discutíamos a ideia, mais ela nos agradava. Sabíamos que um dos maiores problemas com o nosso então sistema de locação era que ele dependia de um locatário um tanto organizado e precavido. Alguém que planejava com vários dias de antecedência o que pretendia assistir.

Trocando em miúdos, praticamente ninguém que Reed ou eu conhecêssemos. A maioria das pessoas (por mais que eu detestasse ter de admitir, eu me incluía nessa categoria) descobria qual filme queria assistir na hora em que estacionava o carro de frente para a Blockbuster. E, no meu mundo, isso era ser uma pessoa precavida. A maioria das pessoas decidia o que alugar mais ou menos dez segundos depois de encontrar na prateleira o novo lançamento.

Mas e se essas pessoas pudessem ficar com o DVD pelo tempo que quisessem? As coisas seriam diferentes. Essas pessoas poderiam deixar o disco em cima da TV pelo tempo que fosse necessário. E quando fosse o momento de assistir, bastaria pegar o DVD e pronto. Mais rápido do que o deslocamento até uma Blockbuster. E se você tivesse um punhado de filmes ali, poderia simplesmente escolher o título de acordo com o seu humor do dia. *A tênue linha da morte* é um pouco pesado demais depois de um dia difícil no escritório? Tudo bem, deixe-o para depois. *Feitiço do tempo* ficará feliz e satisfeito de alegrar o seu fim de noite.

Numa única tacada, esse plano transformaria completamente as nossas maiores fraquezas na nossa maior força.

E quando os clientes terminassem de assistir todos os filmes? Bem, essa era uma questão que não sabíamos bem como resolver. E se... os usuários simplesmente enviassem os DVDs para o próximo locatário, num esquema ponto a ponto?

Para falar bem claramente, estávamos falando tudo o que viesse à cabeça. Na metade do verão, depois de algumas semanas de reuniões e levantamento de ideias, e depois de quase uns duzentos quilômetros de corrida, chegamos a três possibilidades que consideramos "digeríveis":

1. Biblioteca de aluguel em casa

Quando enviamos uma pesquisa informal por e-mail para os nossos clientes, perguntando a opinião deles sobre a possível eliminação da multa por atraso, recebemos muitas respostas positivas, então, criamos um plano que permitia o aluguel de quatro DVDs por mês, pelo valor de 15,99 dólares, também mensal, e os clientes poderiam ficar com os títulos pelo tempo que quisessem. Assim que devolvessem um dos DVDs, poderiam voltar ao site e alugar outro.

2. Entrega em série

Suspeitamos que poderíamos ter problemas com a parte do "acesse o site e alugue outro título". As pessoas vivem ocupadas. Assim que o

DVD assistido fosse para a caixa de correio, ele se perderia de vista, ficaria "esquecido". Então, talvez pudéssemos incentivar os clientes a criarem uma lista com os DVDs que queriam assistir. Dessa forma, quando um DVD fosse devolvido, poderíamos automaticamente (Te gostava de dizer "automagicamente") enviar para esse cliente o próximo filme da lista. Sugeri que chamássemos essa lista de "Fila". Eu sabia que essa palavra remetia a algo negativo (ninguém gosta de ficar numa fila), mas também fiquei encantado com a ideia de criar uma seção no site chamada "Dicas para fazer a fila andar".

3. Assinatura

Deixar os DVDs com os nossos clientes pelo tempo que quisessem os agradou, mas ainda não sabíamos exatamente que modelo de negócio seria esse. A cada troca que o cliente fizesse, ele teria de pagar novamente a taxa de aluguel? E se ele nunca devolvesse os DVDs? Decidimos que o melhor seria testar uma taxa mensal, cobrada todos os meses em que o serviço fosse utilizado.

Nosso plano era testar cada uma dessas possibilidades separadamente, para verificar o que funcionava e o que não funcionava. Essa já era uma prática da Netflix, desde o nascimento da empresa. Projetamos o nosso site de modo que o impacto de uma alteração, mesmo as mínimas, pudesse ser mensurado e quantificado. Aprendemos, antes do lançamento, a testar a eficiência dos processos. No final das contas, o resultado do teste era o que menos importava: links quebrados, seções sem fotos, erros ortográficos e tantas outras coisas mais. O mais importante era a ideia; se ela fosse ruim, por mais que nos dedicássemos à correção dos detalhes, a ideia continuaria sendo ruim. E se a ideia fosse boa, apesar dos obstáculos e das nossas pisadas no tomate, as pessoas não mediriam esforços para desfrutar dela. Se o site apresentasse algum problema de acesso, o cliente não sossegaria enquanto não conseguisse driblá-lo. Fecharia a janela e a abriria de novo. Tentaria encontrar um modo de contornar o problema. Ligaria para a gente para fazer o pedido (e olha que o nosso número nem constava nas listas telefônicas!).

Quando as pessoas querem o que você vende, vão bater até quebrar a sua porta, contornar links quebrados e implorar por mais. E quando simplesmente não querem o que você tem, mudar a paleta de cores do site não vai fazer a menor diferença.

Então, em meados de 1999, já estávamos calejados com os testes. Conseguíamos testar qualquer coisa ou ideia com muita rapidez. Mesmo assim, cada teste durava mais ou menos duas semanas. Quando contei isso a Reed, ele olhou para mim como se eu tivesse acabado de sair de um hospício.

— Faz sentido — disse ele. — Não temos tempo hábil para esperar.

— Olhe — falei. — Precisamos fazer alguma coisa. Não estamos conseguindo reter os clientes, e ninguém aluga nada, e…

— Exatamente. É por isso que você precisa pensar em testar tudo de uma vez — falou Reed, me interrompendo.

Comecei a argumentar, mas foi aí que me lembrei dos testes que tínhamos feito no ano anterior. Não era uma má ideia. E se encaixava em nossa filosofia de testes mais rápidos e frequentes. Tínhamos o esforço contínuo de evitar uma das armadilhas número um do empreendedorismo das startups: construir castelos imaginários na mente, meticulosamente projetados, com torres, pontes levadiças e fossos. O planejamento excessivo muitas vezes é uma mastigação mental — ou simplesmente um modo de reproduzir a boa e velha procrastinação. É mais produtivo testar dez ideias ruins do que passar dias tentando chegar a algo perfeito.

Que diabos, pensei. Pedi à Christina e Eric para fazerem os três testes numa tacada só. Àquela altura, tínhamos um fluxo muito bom de clientes acessando o nosso site para resgatar cupons de locação gratuita, então não demorou muito para alguns resultados começarem a aparecer. Configuramos o sistema para que o décimo cliente, de cada rodada de dez, que clicasse no botão de resgate do site, fosse direcionado para uma página personalizada, em que seria oferecida a oportunidade de experimentar (gratuitamente) uma assinatura mensal do programa Netflix Marquee: sem datas de vencimento, sem multas por atraso. Enviávamos quatro DVDs e, quando os clientes devolvessem um, mandávamos outro para ele. Quantas vezes quisessem. E ao final do mês (se não cancelassem o plano), nós automaticamente (leia-se o meu modo de dizer "automagicamente") efetuávamos a cobrança de 15,99 dólares, pagos por meio de qualquer cartão de crédito.

Biblioteca de Aluguel de casa *vs.* Entrega em série *vs.* Assinatura. As três únicas ideias decentes que tivemos, jogadas ao mesmo tempo na mesma panela.

— Provavelmente não vai funcionar — disse Christina. — Mas dane-se. Pelo menos a gente vai poder dizer que tentou.

14

Ninguém sabe de nada

(Outono de 1999: um ano e meio depois do lançamento)

Deu certo.

As pessoas não gostaram só de não ter de pagar multa por atraso, mas também da ideia de uma taxa mensal fixa e da entrega em série, com uma fila.

Amaram tudo isso.

No primeiro dia do teste, noventa por cento das pessoas que clicaram no banner nos forneceram seus dados de cartão de crédito. Doideira. Eu estava esperando algo em torno de vinte por cento de adesão — geralmente é isso que acontece quando se pede dezesseis dólares para alguém, mesmo se essa pessoa estiver ganhando em troca um mês de assinatura gratuita e puder fazer o cancelamento antes de receber qualquer tipo de cobrança. E não foi um acaso feliz — dia após dia o número de assinaturas não parava de crescer. Quem visitava o nosso site fazia uma assinatura que custava quatro ou cinco vezes mais do que o aluguel do DVD que tinham escolhido à la carte.

Quem visse essa nova oferta, logo mordia a isca. Anzol, linha e chumbada.

E demos o sangue para criar um serviço que de fato cumprisse com o que prometíamos. Havia muita coisa a se descobrir: como operacionalizar um sistema contínuo de entrega em série e levá-lo em conjunto com as outras operações de entrega, como fazer o faturamento automático das assinaturas, como construir um sistema de filas útil. Mas depois de uma semana os resultados foram tão positivos que sabíamos que tínhamos acertado em cheio.

Em vários momentos do dia, eu ia à mesa de Suresh, que extraía todos os dados importantes do rio de informações que acumulávamos todos os dias e transformava em algo que todos podiam digerir e com o que podíamos brincar à vontade. Tenho certeza que ele começou a ficar assustado com as minhas idas e investidas abruptas à mesa dele, quando eu aparecia sempre agitado e nervoso, perguntando pelos números. Mas eu precisava saber: Temos mais assinantes do que ontem? Menos? Quantos fecharam a assinatura hoje? Quantos a viram e ignoraram? Em que momento do acesso desistiam da assinatura?

Só teríamos o número preciso depois de um mês, quando as pessoas que tinham feito a inscrição para o teste gratuito (e nos fornecido os dados do cartão de crédito) poderiam cancelar a assinatura. Mas as coisas estavam melhorando. Foram necessários centenas de experimentos fracassados, milhares de horas de trabalho e muitos milhões de dólares, mas aparentemente tínhamos criado um modelo viável para o aluguel de DVDs por correio.

Ninguém ficou mais surpreso do que eu. Não só porque relutei contra o fato de testar todas as três ideias de uma vez, mas porque essa talvez tivesse sido a solução menos viável que eu teria imaginado. Quem me perguntasse no dia do lançamento qual seria o formato do serviço da Netflix, eu jamais teria respondido assinatura mensal. Mesmo que essa pessoa tentasse facilitar as coisas e me fizesse uma pergunta em formato de múltipla escolha, com três opções, mesmo assim a assinatura mensal teria sido a minha terceira opção.

Poucos dias depois de lançarmos o teste, Lorraine trouxe as crianças para almoçarmos em Los Gatos. Nesse dia não teve corrida. Em vez disso, pedimos pizza e fizemos piquenique no parque. Depois de comer, Logan, Morgan e eu fomos dar uma volta na maria-fumaça que passava pelo parque. Lorraine sentou na fileira atrás da gente, segurando Hunter no colo, que tartamudeava. Enquanto circulávamos o lago que havia dentro do parque, e eu, todo empolgado, contava para Lorraine sobre a nova ideia que tivemos e que tínhamos posto em prática, pensei no meu pai, montando sua locomotiva no porão, me chamando para ver as rodas girarem.

— Acho que eu estava errada, hein — disse Lorraine quando comecei a falar dos números iniciais. — Esse negócio vai decolar, não é?

— Estou botando fé que sim — falei. — Mas não se sinta mal. Naquela época a ideia não era muito boa. Além disso... *ninguém sabe de nada*.

Ela deu risada. Lorraine sabia que aquela frase era uma citação de William Goldman, cujo livro *Adventures in the Screen Trade* tanto eu quanto ela tínhamos acabado de ler. Talvez você nunca tenha ouvido falar de Goldman. Ele era roteirista, portanto, trabalhava principalmente nos bastidores e por trás das câmeras. Graças a ele, o pessoal da minha geração assistiu a *Dois homens e um destino*, e aqueles um pouco mais jovens também puderam desfrutar do trabalho dele em *A princesa prometida*. *Louca obsessão*, *Heat*, *Maratona da morte*, *Um passe de mágica*, *A filha do general*, todas obras dele, além de outras 25 mais. Goldman ganhou duas vezes o Oscar de melhor roteiro.

Mas ele é mais conhecido por ter escrito três famosas palavras: Ninguém. Sabe. Nada.

De acordo com Goldman, essas três palavras são a chave para entender tudo que se passa em Hollywood. Ninguém tem como saber qual será a recepção de um filme no Oscar... só se sabe mesmo no momento da premiação.

Por exemplo, como é possível que um filme dirigido pelo vencedor do Oscar (Michael Cimino), estrelado pelo vencedor do Oscar de melhor ator (Christopher Walken), com um roteiro incrível e um orçamento de cinquenta milhões de dólares, não ganhe o Oscar e, *O portal do paraíso*, um dos maiores fracassos da história de Hollywood, leve o prêmio?

Por outro lado, como é possível um projeto com um diretor estreante, um punhado de atores amadores, nenhum roteiro e um orçamento menor que cinquenta mil dólares se transformar em

A bruxa de Blair, filme que, depois de arrecadar 250 milhões de dólares, é um dos filmes independentes de maior sucesso de todos os tempos?

A explicação é simples.

Ninguém sabe de nada. E isso não só em Hollywood. No Vale do Silício também.

"Ninguém sabe de nada" não é uma acusação. Mas um lembrete. Um encorajamento.

Porque, se ninguém sabe de nada, se realmente for impossível saber de antemão quais ideias são boas e quais são ruins, se for impossível saber qual delas vai dar certo e quais não, então qualquer uma das dessas ideias pode ser a bem-sucedida. E se ninguém sabe de nada, então você precisa confiar em si mesmo. Tem de se testar. E estar disposto a falhar.

As sessões de brainstorming do Vale do Silício geralmente começam com alguém dizendo: "Não existem ideias ruins", coisa da qual sempre discordei. Existem ideias ruins. Mas você só saberá se uma ideia é ruim se testá-la.

E a Netflix é a prova de que, às vezes, ideias ruins podem se tornar boas.

Todo mundo (inclusive a minha esposa) que havia dito que Netflix nunca daria certo estava errado, mas não só eles; eu também. Todos estávamos errados. Todos sabíamos que a ideia *talvez* funcionasse, mas no fundo ninguém sabia ao certo *como*. Até que funcionou.

A Netflix tinha nascido como uma versão on-line da Video Droid de Mitch: uma locadora de vídeo. Informalmente, nós até a chamávamos assim, de locadora de vídeo, nunca chamamos a Netflix.com de site ou de um serviço de locação. Sempre de "loja".

Mas agora tínhamos um novo modelo de negócio, que jamais tínhamos vislumbrado, muito menos criado. A estrutura mais revolucionária do e-commerce foi resultado de anos de trabalho, milhares de horas de conversas e discussões sobre ideias e possibilidades, dificuldades financeiras e um CEO impaciente. O modelo de assinatura salvou a Netflix e rapidamente a definiu como empresa.

Mas não era a nossa ideia original, não foi uma possibilidade que alguém poderia ter enxergado com antecedência; demandou muito trabalho e muita reflexão.

E também teve a ver com algumas cartas caindo para o lado certo.

Alguns chamariam isso de sorte. Eu prefiro dizer que ninguém *nunca* sabe de nada.

O modelo de assinatura tinha o potencial de resolver muitos dos nossos problemas. Mas também traria vários outros.

O primeiro tinha a ver com as nossas promoções vigentes. Eu finalmente tinha conseguido convencer os fabricantes a incluir um cupom promocional nosso dentro das caixas de DVD (depois de ter recebido vários "nãos"). Dei a minha palavra, prometendo a eles que cumpriríamos com a promessa. E, graças a isso, a partir de então, havia centenas de milhares de cupons em circulação, prometendo "3 locações gratuitas de DVD!". E graças ao atraso na cadeia de abastecimento dos fabricantes, os DVDs começavam a sair da toca depois de anos. Sabíamos que a melhor maneira de impulsionar nosso programa de assinatura seria substituindo cada pedido de locação gratuita por um mês de aluguel gratuito e ilimitado para os assinantes do Marquee. Mas será que os clientes aceitariam? Ou considerariam isso uma moeda de troca? Também estávamos preocupados com os próprios fabricantes, que teriam todo o direito de cobrar que cumpríssemos à risca todo o prometido.

A segunda questão era nossa promoção de "primeiro mês grátis", em que oferecíamos a cada cliente um mês grátis para avaliar o programa, antes de tomar a decisão de continuar pagando por ele. Gostamos dos resultados do plano mensal gratuito, que trouxe milhares de novos usuários para o nosso banco de dados, mas não tínhamos como prosseguir com o que viria depois daquele primeiro mês. Como poderíamos converter os usuários não pagantes em clientes pagantes? Ora, poderíamos simplesmente perguntar a eles se queriam renovar a assinatura, mas eu tive a forte sensação de que deveríamos usar uma "opção negativa", ou seja, simplesmente não perguntar e renovar automaticamente a assinatura desses clientes para o próximo mês — e efetuar a cobrança no cartão de crédito —, a menos que eles, por iniciativa própria, cancelassem a assinatura. Essa é uma prática que se vê por toda a parte agora (o Amazon Prime e praticamente todos os planos de assinatura fazem isso). Mas naquela época parecia uma atitude muitíssimo agressiva, rechaçável, praticamente um roubo. Reed detestava a ideia.

A terceira questão era o nosso serviço de aluguel de DVD à la carte. Embora ele nunca tenha chegado ao ponto de sozinho sustentar a empresa, muita gente gostava de poder alugar um DVD por vez, sem compromisso de longo prazo. Mas numa situação parecida com a que tinha acontecido um ano antes, lá estávamos nós, lidando com a complexa questão de oferecer os serviços de locação e de venda ao mesmo tempo — mais uma vez percebendo que as maiores chances de acerto se concentravam em apenas uma dessas opções — e tendo de tomar uma decisão semelhante. Era melhor concentrar os nossos esforços e recursos na opção que poderia nos salvar ou tentar oferecer aos nossos clientes os dois modelos ao mesmo tempo?

O primeiro problema foi muito mais fácil de resolver do que imaginei. A questão é que é muito mais fácil negociar com uma empesa grande de eletrônicos de consumo quando se trabalha com ela há um ano *e* a sua empreitada é, comprovadamente, um enorme sucesso entre os clientes. O que era óbvio para nós era também para todas as Sonys e Toshibas do mundo — definitivamente, o modelo de assinaturas seria uma virada no jogo. Difícil imaginar isso agora, que as startups de tecnologia oferecem assinaturas para absolutamente tudo, de meias a brinquedos eróticos. Mas em 1999, estávamos fazendo algo que ninguém nunca tinha feito: convencer as pessoas a pagar pelo potencial. Ao oferecer aos clientes a opção de pagamento de um valor fixo, não importa quantos filmes assistissem, estávamos, na verdade, desafiando-os a usar ao máximo possível o nosso serviço. E ao eliminar as multas aplicadas por conta de dias ou semanas seguidas de atraso, fornecíamos uma alternativa viável às locadoras de vídeo que tinham aqueles clientes mais fixos — tradicionalmente os clientes mais valiosos da loja.

Em outras palavras, nos tornávamos uma empresa cada vez mais confiável. Então, quando abordei Mike Fidler e Steve Nickerson da Sony e da Toshiba, respectivamente, não perguntei se poderíamos mudar os termos da promoção. Apenas expliquei a mudança do nosso modelo de negócio e mostrei alguns números que comprovavam a popularidade do nosso programa de assinaturas. Os clientes continuariam recebendo os DVDs — e de graça. Mas teriam de fazer uma inscrição para isso. Tive de lançar mão de todos os meus poderes de persuasão para elaborar um discurso convincente, mas, no final, funcionou. E ninguém pulou fora do barco.

A questão da opção negativa era um pouco mais espinhosa.

— Você não pode simplesmente fazer uma cobrança no cartão de crédito das pessoas sem pedir a devida autorização para isso — pontuou Reed. — É totalmente antiético.

— Mas é uma prática bem comum, Reed — argumentei. — Você nunca fez a assinatura de uma revista?

— Não gosto disso.

— Os clientes têm a oportunidade de conseguir algo de graça — falei. — E a gente tem a chance de reter esses clientes. É uma via de mão dupla. Eles já sabiam disso desde o começo.

— Talvez tenham esquecido.

— Veja, se gostaram da proposta de cara, o suficiente para fornecer as informações do cartão de crédito, é bem provável que gostem do serviço e queiram continuar com ele.

Reed faz uma careta. Ele discordava. Mas, no final, consegui dobrá-lo. Afinal, estávamos enviando para os clientes um total de cem dólares em DVDs. Mas eles tinham que inserir os dados do cartão de crédito para desfrutar dos benefícios da assinatura grátis. Essa era uma parte não muito legal para eles.

— Vamos partir do pressuposto de que todo mundo vai gostar — argumentei. — Se for esse o caso, os clientes vão ficar satisfeitos quando a assinatura for renovada automaticamente, bem como com a cobrança automática no cartão.

Apesar do meu otimismo, eu não estava tão louco assim. Quatro semanas depois de lançarmos o teste gratuito, eu estava meio que preparado para uma avalanche de cancelamentos. Passei o dia inteiro de um lado para o outro, entre a minha mesa e a de Suresh, acompanhando os números. Às cinco da tarde, antes mesmo de eu chegar até ele e perguntar, da mesa Suresh já gritava o número atualizado para eu saber. O dia inteiro, Suresh basicamente me repetia a mesma frase:

— Estão confirmando! Não estão cancelando a assinatura, não!

O problema mais cabeludo era, de longe, a questão do aluguel à la carte. Alguns locatários amavam essa opção, especialmente aqueles que não assistiam a muitos filmes, mas gostavam da conveniência de fazer pedidos on-line.

Mas muitos locatários adoraram o serviço de assinatura. Nos primeiros três meses de existência, o Marquee aumentou em trezentos por cento o tráfego do nosso site.

A pergunta que tínhamos de nos fazer era: valia a pena tentar oferecer os dois modelos? Ou fazia mais sentido focar na assinatura, descartando assim alguns dos nossos primeiros usuários?

Para responder a essa pergunta, eu gostaria de falar sobre algo que chamei de Princípio Canadá.

Os serviços da Netflix, durante os primeiros doze anos, limitaram-se aos Estados Unidos. No começo, não tínhamos a infraestrutura nem o dinheiro necessários para atender o mercado internacional. Tínhamos dois caras dentro do cofre de um banco, selando os envelopes, e todo o nosso modelo de negócio era baseado nas taxas de postagem dos Estados Unidos. Mesmo assim, muitas vezes cogitamos expandir o serviço para o Canadá. Além de estar perto, a regulamentação do Canadá era tranquila e os custos de postagem e de transporte seriam baixos. Analisando os números, vimos que provavelmente teríamos um crescimento instantâneo na receita de cerca de dez por cento.

Mas não seguimos adiante com o plano.

Por quê? Dois motivos.

Primeiro, sabíamos que seria inevitavelmente mais complicado do que parecia. Como o francês é a principal língua falada em algumas partes do Canadá, teríamos dor de cabeça com as traduções. Os canadenses usam uma moeda diferente da nossa, o que complicaria a nossa precificação — e o fato de o Canadá também chamar essa moeda de "dólar" dava indícios de que um pesadelo viria pela frente. E a postagem também seria diferente, então teríamos de usar envelopes diferentes. Em outras palavras, mesmo algo aparentemente simples estava fadado a virar uma pedra no sapato.

Mas o principal motivo para desistir da ideia era ainda mais simples.

Mensurando o esforço, a mão de obra e o desgaste mental que demandaria a expansão das nossas operações para o Canadá, se redirecionássemos tudo isso a outros aspectos do negócio, no final das contas teríamos um aumento muito maior do que dez por cento. Resumindo, a expansão para o Canadá teria sido uma ação de curto prazo, com benefícios também de curta duração. E desviaria o nosso foco.

Quando Reed começou a defender a ideia de abandonarmos o aluguel à la carte, no princípio, fui contra. Mesmo que os números da empresa fossem bons, eu estava preocupado com o impacto financeiro que descartar essa porção da nossa base de clientes traria. Por que não manter as duas opções por mais um tempo, facilitando a conversão dos nossos clientes em lucro real?

Mas assim que percebi que a decisão era semelhante à que tínhamos enfrentado seis meses antes, quando decidimos desistir da venda de DVDs — uma vez que percebi, de fato, que estávamos diante da oportunidade de aplicar o Princípio Canadá — eu caí na real. Reed tinha razão. Se sabíamos que o modelo de assinatura era o futuro, não fazia sentido insistir no passado e levar adiante o plano à la carte. Os usuários desse plano representavam uma pequena porcentagem do nosso negócio. Estávamos apenas investindo energia, dinheiro e talento num modelo de negócios que já não nos servia mais. Além disso, tal como acontecia com as vendas de DVD, estávamos confundindo os clientes, oferecendo muitas opções de serviço.

Em fevereiro de 2000, abandonamos os aluguéis à la carte e migramos completamente para o serviço de assinatura, que passou a custar 19,99 dólares por mês. Agora a Netflix era o Marquee e o Marquee era a Netflix.

Foco. Eis a arma secreta de todo o empreendedor. Uma, duas, três, várias vezes na história da Netflix (descartando as vendas de DVDs, o plano de aluguel à la carte, e por fim a saída de vários membros da equipe original da Netflix) tivemos de aprender a abandonar coisas que agora pertenciam ao passado em prol do que viria no futuro. Às vezes, manter o foco e seguir essa diretriz à risca soa cruel — e é, de certa forma. Mas é muito mais que isso. É algo que demanda coragem.

Mudar o negócio para exclusivamente o modelo de assinatura exigiu corrigir quase que imediatamente um dos nossos maiores inconvenientes: o tempo de entrega; e, de quebra, transformou-o numa das nossas maiores vantagens. Agora, não ficávamos mais vários dias atrás da Blockbuster, pelo contrário. Chegávamos muito, muito mais rápido à mão dos nossos clientes. Se você queria assistir a um filme, nem precisava se preocupar em pegar o carro e ir até a Blockbuster mais próxima. Nada disso. Já havia uma pilha de filmes ali ao seu alcance, esperando por você, bem em cima da TV. Era o mais próximo possível do que existia de "filmes sob demanda".

Imaginamos um usuário com uma biblioteca rotativa e sempre atualizada de DVDs. Assista a um filme à noite, deixe-o na caixa de correio no caminho para o trabalho na manhã seguinte e, à tarde, receba um e-mail avisando que o próximo DVD está a caminho.

Recompensa quase, *quase* instantânea.

Não sabíamos o que isso significaria para os nossos meios de envio. Tom Dillon já tinha reestruturado todo o sistema de separação, embalagem e envio que usávamos no ano anterior, para torná-lo mais eficiente e mais fácil de usar. Ele também descobriu que era muito mais barato, e mais eficiente, enviar os DVDs separadamente, e tão logo ficassem disponíveis, mesmo que o usuário tivesse pedido mais de um. (Toda vez que vou a alguma lanchonete com Lorraine, e o atendente avisa que vai trazer cada prato por vez, assim que cada um ficar pronto, eu me lembro dessa estratégia de Tom. O que parece uma forma "irreverente" de atendimento é na verdade um jeito de facilitar os procedimentos da cozinha).

Mas embora o Marquee não exigisse necessariamente um envio mais rápido, já que os nossos clientes tinham em casa os filmes que queriam ver, em cima da TV, esperando por eles, consideramos que seria muito legal se os assinantes recebessem um novo filme no dia seguinte ao da devolução. Feito um passe de mágica. Afinal de contas, quem queria esperar uma semana por um DVD?

Alguns dos nossos clientes locais já estavam usufruindo desse benefício. Graças à proximidade, os usuários da Netflix em San Jose, onde ficava o nosso depósito, normalmente recebiam seus DVDs um dia depois de fazer o pedido, enquanto os clientes da Flórida costumavam esperar seis ou sete. Mas quando olhávamos para os números, não víamos nenhuma correlação entre o tempo de entrega e a retenção do cliente. Depois de alguns meses, os níveis de retenção de clientes na baía de San Francisco e na Flórida eram praticamente iguais.

— E aí? — perguntei a Reed certa tarde, quicando uma bola de tênis na parede da divisória de uma estação de trabalho. — Achou que quem mora na Flórida ia dizer: "Dane-se! Isso não vale quinze dólares!"?

— Provavelmente se acostumaram — disse ele. — Sabem que estamos do outro lado do país e provavelmente já sabem que as coisas demoram um pouco mais para chegar lá. Pode ser que a gente esteja tentando tapar o sol com a peneira. Afinal, se não precisarmos criar estoque pelos quatro cantos do país para facilitar o transporte, economizamos dinheiro.

— Isso não faz sentido — falei. — A entrega no dia seguinte pode ser o tiro certeiro. Deve haver alguma possibilidade que não estamos conseguindo enxergar.

Joguei a bola um pouco forte demais, ela quicou de volta para mim e foi parar na mesa de Reed.

— Tive uma ideia — disse. — Nunca oferecemos a entrega no dia seguinte para outras cidades, digo, avisar o cliente desde o fechamento do pedido. Fazendo isso, a gente consegue mensurar todas as invariáveis, ver se faz alguma diferença.

Reed deu de ombros.

Nunca vou me esquecer da cara que Tom Dillon fez quando eu disse a ele que precisávamos testar a entrega no dia seguinte em outras cidades, para eu poder analisar os resultados. Eu não sabia bem como fazer isso (obviamente não poderíamos simplesmente construir do zero um centro de distribuição para testar a entrega em outra cidade, certo?).

— Envie para Sacramento — sugeriu ele, rindo. — Não precisa construir estoque em outro lugar. Basta levar os pedidos todo dia à noite para lá, por um mês, e deixar no correio de Sacramento.

— Por acaso está se voluntariando pra fazer o serviço?

— Claro que não! A ideia foi sua — disse ele.

E foi assim que Dan Jepson foi parar ao volante de uma van, na Interstate 80, fazendo um percurso de duas horas, com as janelas abaixadas, e a brisa tremulando suavemente as milhares de remessas da Netflix bem atrás dele.

Nos meses seguintes, Dan ia de van até Sacramento todo dia de manhã para pegar a correspondência e trazê-la de volta para Los Gatos e, algumas horas depois, ele fazia a mesma viagem pela segunda vez, para deixar as entregas em Sacramento novamente. Analisamos os resultados ao longo de alguns meses. E nos surpreendemos. Muito. A entrega no dia seguinte ao pedido não teve grande impacto nos índices de cancelamento. Mas na captação de novos clientes que faziam a assinatura, sim.

— Isso não faz sentido — falei, de pé, ao lado da mesa de Christina e com umas folhas impressas em que havia os números dos novos clientes inscritos. — Não estamos avisando os clientes que eles vão receber o pedido no dia seguinte... a gente simplesmente está fazendo isso, sem aviso prévio! Mas como eles... adivinham que vai chegar no endereço deles tão rápido assim?

Christina revira os olhos.

— Não, Marc. Você está só enxergando a ponta do iceberg.

Fico em silêncio, esperando uma explicação.

— Eles simplesmente estão contando para os outros que o pedido está chegando no dia seguinte. É o popular "boca a boca".

Christina tinha razão. Quanto mais prolongávamos o período de teste, mais evidente ficava que a entrega no dia seguinte era a verdadeira virada no jogo (só que não do modo como tínhamos imaginado). A entrega no dia seguinte não afetou a retenção, mas as *assinaturas*, e demandou muito empenho e dedicação, o tipo de coisa que faz a gente querer contar sobre esse novo serviço para todo mundo que conhece. Com o tempo, percebemos que os números da nossa atuação em Sacramento se aproximavam daqueles do Vale do Silício. Isso mesmo, o Vale do Silício, onde moravam os primeiros a adotar a tecnologia do DVD!

Essa saga toda trouxe uma lição valiosa: confie no próprio instinto, mas teste-o. Antes de fazer qualquer coisa concreta, os números têm que bater. Imaginávamos que a entrega no dia seguinte era importante, mas analisamos com um olhar míope os resultados do teste, por isso não conseguíamos entender como as coisas estavam acontecendo.

Foi preciso fazer um novo teste, com uma visão completa (e literalmente) fora da caixa para ter a certeza de que nossas previsões tinham se confirmado. E uma vez compreendido o resultado, poderíamos refinar a ideia e aprimorar o alcance dela (que seria enorme, sem dúvida). A entrega no dia seguinte funcionava como um passe de mágica. Sabíamos que ela *tinha* de integrar os nossos planos para o futuro. Só precisávamos, a partir de então, descobrir uma maneira de fazê-la funcionar sem precisar levar os DVDs de carro até um posto dos correios ou construir depósitos enormes em todo o país.

— Tô dentro — disse Tom Dillon.

Sempre que alguém me pergunta qual é meu filme favorito, eu nunca digo a verdade.

A resposta oficial (e uma mentira convincente) é *Pulp Fiction*. Todos os cinéfilos e sisudos da plateia fazem que sim com a cabeça, concordando, sempre que eu digo isso. É sério, amo esse filme, o roteiro, a cinematografia, as performances de Samuel L. Jackson e John Travolta e Uma Thurman. Provavelmente eu já assisti a esse filme mais do que qualquer outro, exceto *O mágico de Oz*. Mas *Pulp*

Fiction não é meu filme favorito. O meu filme favorito mesmo é *Dr. Hollywood: uma receita de amor*, uma comédia de 1991 de que você provavelmente já se esqueceu, se é que a assistiu.

Nesse filme, o jovem Michael J. Fox interpreta um arrogante cirurgião plástico, que trabalha em Washington, D.C. Ao volante de um Porsche, dirigindo numa estrada, ele sofre um acidente numa cidadezinha da Carolina do Sul. Batendo de frente numa cerca, ele é sentenciado a prestar serviço comunitário, e recebe ordens para trabalhar em turnos em um hospital local.

E aí de desenvolve uma trama cheia de complicações. É basicamente a história de um peixe fora d'água (um cirurgião de uma cidade grande, em uma cidade pequena com valores de uma cidade pequena, que por fim acaba percebendo que trabalhar como médico de uma cidade pequena é o que ele realmente ama fazer).

Dr. Hollywood: uma receita de amor certamente não é uma obra-prima cinematográfica. Mas toca no fundo da minha alma, não sei por quê. Talvez pelo fato de explorar o desejo profundo de ter uma vida simples e com uma conexao real e legítima com as pessoas, a família e o lugar. De diferentes maneiras, *Dr. Hollywood* é minha fantasia. É um filme que me faz ansiar pela vida simples, por um lugar onde todos se conhecem e se importam uns com os outros. Onde você sai para trabalhar, chega em casa, senta na varanda e de repente é chamado para ser o jurado de algum concurso de culinária para premiar quem prepara o melhor churrasco.

Dr. Hollywood não seria o primeiro filme que me viria à cabeça se me perguntassem quais os melhores filmes do século 20 ou dos anos 1990, nem mesmo se me perguntassem qual foi o melhor filme de 1991. Mas se eu encontrasse o meu DVD desse filme em algum lugar da casa, é bem provável que eu o colocaria no player para assistir. Não é o melhor filme de todos, nenhum clássico, nem aquele superlançamento — é simplesmente o meu favorito.

Ajudar as pessoas a encontrarem seus filmes prediletos, aqueles a que amam assistir, era o verdadeiro objetivo da Netflix. Desde o início sabíamos que a nossa empresa não poderia simplesmente estar vinculada a um serviço de entrega ou a um mero produto —

porque, se fosse assim, no segundo em que a tecnologia avançasse, estaríamos obsoletos. Se quiséssemos a mínima chance de sobrevivência no longo prazo, tínhamos de convencer os clientes de que oferecíamos algo melhor do que uma mera biblioteca on-line e uma entrega rápida. Nem a tecnologia nem o método de entrega eram o principal. O mais importante era conectar nossos usuários aos filmes que sabíamos que eles adoravam. Esse era o fato mais relevante, independentemente da direção a que as tecnologias futuras nos levassem.

Fácil falar, difícil fazer, claro.

Uma desvantagem da loja on-line era a questão da navegação. Para quem sabia o que estava procurando, era fácil, bastaria pesquisar. Mas para quem ainda não sabia, encontrar um filme poderia ser muito mais difícil do que se imaginaria. Só dava para ver uma página por vez e em cada página cabia um número limitado de filmes. O cliente precisava fazer uma avaliação rápida com base na arte da capa ou numa sinopse. Mas esse era um problema das lojas físicas também, claro. De acordo com Mitch, a maioria das pessoas entrava nas locadoras de vídeo sem saber que filme queria levar, e ficava simplesmente andando de seção em seção. Mas nessas lojas, o cliente podia pedir a ajuda do atendente. Ou, no mínimo, passeava de corredor em corredor até trombar com algum título que chamasse a atenção.

Queríamos tornar a navegação pelo site mais fácil, e também conectar os usuários com recomendações e comentários a respeito do filme. Então, Christina, a equipe do editorial e eu criamos *landing pages* com conteúdo de qualidade, sobre diferentes gêneros. Quem entrasse no site procurando por um suspense, encontrava uma página inteira com esse tema, com uma lista dos dez melhores títulos do gênero, resenhas tanto de suspenses mais recentes quanto dos mais clássicos, e seleções feitas a partir do nosso inventário. Mesma coisa para quem gostava de filmes com Tom Cruise, e assim por diante. A ideia era fornecer sugestões e orientações de uma maneira gentil, semelhante ao que um atendente simpático (e bem-informado) de uma locadora de vídeo faria.

Queríamos dar um toque personalizado ao site. O problema era que custaria muito caro fazer tudo manualmente (sem falar no tempo que isso consumiria). Quando chegamos aos novecentos títulos, de certo modo ainda era viável criar conteúdo compatível com o nosso catálogo. Mas no final de 1999, estávamos com quase cinco mil títulos. Era difícil acompanhar o ritmo e ainda mais difícil navegar por tudo isso.

Reed, no velho e típico "reedismo", pressionava para automatizarmos o processo.

— Esqueça as *landing pages* — disse. — De todo modo, estamos redesenhando o site. Em vez de páginas fixas, podemos fazer o seguinte: criar uma seção na página inicial com espaço para exibir quatro filmes por vez. Cada um desses espaços pode exibir a capa do filme, tempo de duração, data de lançamento e uma pequena sinopse... todos os dados que já temos. Depois, faça uma lista de cinquenta filmes que você gostaria que aparecessem lá e programe uma seleção aleatória no site, que vai exibir essa lista de quatro em quatro filmes. Ou, melhor ainda, criamos um procedimento para construir essa lista... por exemplo, talvez possamos separar por gênero, "suspense", e o sistema escolhe aleatoriamente *qualquer* filme que tenhamos categorizado como "suspense".

Se bem me lembro, fiquei horrorizado com essa sugestão. Detestei. Parecia uma coisa fria, computadorizada, aleatória, justamente o oposto de tudo que estávamos tentando ser.

Mas você acessou a Netflix recentemente? A ideia de seção de Reed permanece, mas com adaptações. A mais importante delas é que a seleção de filmes não é feita de forma aleatória. É fruto de uma complexa correspondência algorítmica, alinhada de acordo com as suas preferências e com as opções da Netflix.

Essa correspondência algorítmica pode rastrear duas mil possibilidades e as seções de Reed. Porque ele tinha razão, claro — era necessário um modo mais fácil e mais eficiente para o usuário encontrar os filmes que gostaria, algo ainda mais intuitivo do que uma simples *landing page* com curadoria editorial. Separar os títulos por seção foi o começo. Feito isso, só precisávamos descobrir uma maneira de organizá-los que não fosse aleatória.

Nas nossas conversas naquele outono, discutimos maneiras de desenvolver um serviço que oferecesse aos usuários os filmes que eles adoravam, e que ao mesmo tempo não só facilitasse a nossa vida como distribuidores, como também a tornasse mais lucrativa. E para decidir o que assistiriam depois, queríamos que os usuários tivessem acesso a uma lista de títulos personalizada de acordo com suas preferências (e otimizada pelo nosso inventário). Se pudéssemos mostrar aos clientes o que eles queriam ver, eles certamente ficariam mais satisfeitos com o serviço. E se por acaso conseguíssemos mostrar a eles o que queríamos que assistissem? As duas partes ganhariam.

Trocando em miúdos: mesmo se pedíssemos vinte vezes mais novos lançamentos do que qualquer Blockbuster (aposta, aliás, extremamente dispendiosa), não conseguiríamos satisfazer toda a demanda, o tempo todo. E os lançamentos eram caros. Para manter os clientes satisfeitos a um custo razoável, precisávamos direcionar os usuários aos filmes menos procurados, que sabíamos que os agradariam (e provavelmente mais até do que os lançamentos).

Por exemplo, digamos que eu aluguei *Pleasantville: a vida em preto e branco*, um dos melhores filmes de 1998 (que eu adoro!), uma inteligente comédia de humor ácido sobre o que acontece quando dois adolescentes dos anos 1990 (Tobey Maguire e Reese Witherspoon) são transportados para um programa de TV em preto e branco, ambientado em uma pequena cidade americana, nos anos 1950. Um mecanismo ideal de recomendação me afastaria de lançamentos mais recentes e me direcionaria a outros filmes parecidos com *Pleasantville*, filmes como *Dr. Hollywood*, por exemplo.

Essa era uma tarefa difícil. O problema do gosto é que, além de ser pessoal, é também subjetivo. E a quantidade de fatores envolvida para tentar estabelecer semelhança entre os filmes é quase infinita. Como cada cliente agrupa os filmes? Por ator, por diretor ou por gênero? Ano de lançamento, indicações às premiações, roteirista? E como categorizar os filmes de acordo com o "humor" do dia?

Por muitos meses, trabalhei com Reed e os engenheiros em busca de uma solução. O problema era encontrar um algoritmo que realmente agrupasse filmes que fizessem sentido. Uma vez que o algoritmo só podia trabalhar com dados disponíveis — informações como gênero, atores, localização, ano de lançamento, idioma e assim por diante —, ele muitas vezes trazia sugestões que faziam sentido para o computador, mas não levava em consideração nenhum tipo de semelhança com o mundo real, ou trazia sugestões nada com nada, por exemplo: "Você gosta de *Top Gun*? Veja este outro filme que saiu em 1986!".

No final das contas, percebemos que a melhor maneira de oferecer aos usuários as sugestões do que queriam assistir era implementando o *crowdsourcing* para extrair deles essas informações. No começo, fizemos o mesmo que a Amazon. Por meio de um processo chamado "filtragem colaborativa" e com base em certos padrões de compra, a Amazon sugere produtos para você. Eles ainda fazem isso. Basicamente, se você comprar uma chave inglesa na Amazon, ela te agrupa com outros usuários que compraram esse mesmo produto e, em seguida, sugere a você os mesmos produtos que esses outros usuários compraram.

E é assim que funciona com os aluguéis. Digamos que Reed e eu alugamos três filmes da Netflix. Eu alugo *Armagedon, As pontes de Madison* e *Casablanca*, e Reed aluga *Armagedon, As pontes de Madison e Nós somos os campeões*. A filtragem colaborativa diria que, uma vez que alugamos dois filmes iguais, provavelmente cada um apreciaria o terceiro filme que o outro alugou. Portanto, o site recomendaria *Nós somos os campeões* para mim, e *Casablanca* para Reed.

O problema dessa metodologia, claro, é que essa filtragem de acordo com o histórico de locações não diz se eu gostei de ter assistido *Casablanca*, nem se *Nós somos os campeões* agradou Reed. Diz apenas que nós dois *alugamos* esse filme. Há a possibilidade de tanto eu quanto ele termos *detestado* os filmes. Ou podemos simplesmente ter alugado o filme para nossos filhos (ou esposas).

Se usássemos a filtragem colaborativa para agrupar os usuários e recomendar os filmes, precisávamos saber do que os clientes gostavam e não só o que alugavam. Ou seja, era preciso um sistema de avaliação, um meio de classificar os filmes de acordo com o gosto. Agrupar os clientes de acordo com as classificações que atribuíam aos filmes, de acordo com o cruzamento entre as avaliações positivas ou negativas. Com isso, conseguiríamos recomendar os filmes aos usuários de maneira eficiente, não apenas a partir do que alugavam, mas do que tinham gostado. No fim das contas, o algoritmo se tornaria muito mais complexo. Mas, para que ele funcionasse, precisávamos que os usuários (muitos deles) colaborassem e avaliassem os filmes.

Acabamos decidindo que pediríamos aos nossos clientes para classificarem o filme atribuindo a ele de uma a cinco estrelas: cinco se tivesse adorado; uma se tivesse detestado o filme.

Simples, não? Só parece. Um sistema de avaliação tão básico, por meio da classificação por estrelas, foi objeto de centenas de horas de discussão. Sério, nunca vi uma questão tão debatida quanto essa. Seria possível classificar um filme com zero estrelas? Devemos oferecer a opção de meia estrela? Ao classificar um filme, a base era uma estrela inteira, mas ao exibir essa classificação, faríamos em números inteiros ou em décimos? Quando um usuário seria chamado a avaliar um filme? E para onde iria esse widget?

No final das contas, pedimos aos usuários da Netflix para avaliarem os filmes sempre que possível: quando acessassem o site, sempre que devolvessem um DVD e sempre que reorganizassem a fila. A grande vantagem da locação é que já pode ter assistido ao filme e portanto já tem condições de avaliá-lo, ou seja, você não precisa necessariamente alugá-lo para fazer a avaliação — diferentemente de uma chave inglesa, uma avaliação não precisa estar vinculada a uma venda. Teoricamente, um cliente só pode avaliar os filmes que ele ou ela já assistiu (mesmo sem nunca ter alugado um filme sequer da Netflix). E todo mundo adora aquela pergunta: "O que você achou do..." No fundo, somos todos críticos.

Foi extremamente fácil agrupar as avaliações suficientes para construir um procedimento de filtragem colaborativa que pudesse de fato prever — com razoável precisão — o que poderia agradar a usuário. Feito isso, a equipe de Reed começou a trabalhar para integrar essas avaliações de acordo com as preferências num algoritmo mais amplo que traria recomendações de filmes depois de considerar uma série de fatores: palavras-chave, número de cópias, número de cópias em estoque, custo por DVD.

O resultado (lançado em fevereiro de 2000 como Cinematch) foi um mecanismo de recomendação aparentemente mais intuitivo, que terceirizava a avaliação qualitativa para os usuários e, ao mesmo tempo, otimizava os procedimentos de *back-end*. Sob diferentes aspectos, reunia o melhor dos dois mundos: um sistema que, apesar de automatizado, parecia tão humano quanto um atendente de uma locadora de vídeo perguntando quais foram os últimos filmes que você havia assistido para, em seguida, recomendar algo que ele sabia que te agradaria (e que estava disponível em estoque).

Na verdade, parecia melhor do que o atendimento humano. Porque tudo isso acontecia de forma invisível.

Se você teve a impressão que as duas ações mais inovadoras e impactantes da história da Netflix aconteceram logo depois que Reed e eu decidimos tocar a empresa juntos, saiba que tem razão. Foi isso mesmo que aconteceu.

Reed e eu fechamos o acordo para ocupar os cargos de CEO/ presidente, respectivamente, em setembro de 1998. Dali a um ano, o plano de assinaturas entrou no ar. Em um ano e meio, esse era o único meio de alugar DVDs da Netflix — e um site totalmente novo, repaginado, se conectava com os clientes por meio de um algoritmo inovador que oferecia a eles exatamente o que sabíamos que os agradaria... e o que queríamos que eles alugassem.

Essas duas principais inovações bastaram para provar para quase todo mundo que tínhamos feito a escolha certa ao decidir administrar a empresa juntos. Reed e eu estávamos de fato cantando a mesma música, e no mesmo compasso. A equipe que eu havia formado estava repleta de ideias criativas para criar conexão com os nossos usuários, e Reed tinha um foco singular para otimizar nossa visão. E esse mesmo foco de Reed ajudou a Netflix a se concentrar no futuro. Meu objetivo era ter a certeza de que, por mais rápido que fosse o nosso avanço, por mais eficiente que fosse o nosso serviço, estaríamos sempre, sobretudo, buscando a conexão com os nossos usuários.

Passado e futuro, emocional e racional, Lennon e McCartney — Reed e eu formávamos um par perfeito.

15

O sucesso: o mar onde nos afogamos

(Setembro de 2000: dois anos e meio depois do lançamento)

Talvez Alisal Ranch não esteja onde Judas perdeu as botas, mas certamente não fica longe disso.

Se quiser conferir, vá para Santa Barbara. De lá, pegue a Highway 101 na direção norte e dirija por uns cinquenta quilômetros. Quando chegar à cidadezinha de Solvang, com suas fileiras de fachadas em estilo dinamarquês, siga na direção leste. Passando por esses pitorescos rastros de civilização, siga em frente pela estradinha secundária de faixa única, cruzando prados cobertos por touceiras de capim marrom e salpicados de carvalhos californianos. Continue levantando poeira pelo que parecerá horas, e quando começar a achar que se perdeu de vez, verá uma curva acentuada. Pronto. Lá está o Alisal Guest Ranch, um hotel fazenda. São mais de quatro mil hectares de terra espalhados sobre os sopés ondulantes das colinas da Califórnia, bem no meio do nada.

Não sei o que estávamos pensando — nem de quem foi a ideia —, mas foi em Alisal Ranch que, em setembro de 2000, bem quando a última lufada de ar da bolha da internet terminava de escapar, decidimos fazer nosso primeiro retiro corporativo.

Havia bastante coisa que precisávamos rever e discutir naquele mês de setembro. Algum tempo antes, na primavera, tínhamos conseguido mais cinquenta milhões de dólares em financiamento (nossa rodada de série E), fazendo o valor total dos investimentos na Netflix alcançarem os cem milhões de dólares. O preço das ações da série E havia chegado a quase dez dólares (por ação). E, como eu ainda era dono de uma porrada de ações, minha fortuna agora atingia valores estratosféricos — pelo menos no papel. Como eu não podia vender nenhuma delas, esse dinheiro era apenas imaginário, de "mentirinha". Ainda assim, ele contribuiu para diminuir a frequência com que Lorraine sugeria a venda da nossa casa e a mudança para Montana.

A essa altura, a Netflix tinha 350 funcionários e já fazia algum tempo que eu não conhecia todo mundo. Continuávamos com a nossa série de grandes contratações, sendo as mais recentes Leslie Kilgore, que havia sido convencida por Reed a deixar a Amazon para liderar nossa estratégia de *marketing* na posição de CMO*, e Ted Sarandos, que agora gerenciava nosso departamento de aquisição de conteúdo.

Quando deixamos de lado as locações à la carte, nosso programa de locações sem data de devolução e sem taxa de atraso disparou. Os usuários adoraram o Cinematch, nosso sistema de recomendação. Nós também. Ele mantinha cheia a fila de espera dos nossos assinantes, e descobrimos que não havia fórmula melhor para uma boa retenção do que uma fila de espera cheia de filmes. Estávamos nos aproximando dos 200 mil assinantes pagos. Os outros números também eram impressionantes. Contávamos então com 5.800 títulos em DVD, enviávamos mais de oitocentos mil DVDs por mês e nosso centro de distribuição estava abastecido com mais de um milhão de discos. Além disso, Tom Dillon vinha progredindo bem no desenvolvimento de um método para garantir que os usuários tivessem acesso a esses DVDs no dia seguinte ao do fechamento do pedido.

Algum tempo antes, naquele mesmo ano, no auge do *boom* das empresas *ponto-com*, os banqueiros nos rodeavam com suas maletas, feito urubus, e nós chegamos a flertar com a ideia de abrir capi-

---

* *Chief Marketing Officer*, ou diretora de *marketing* (N.T.).

tal. Na verdade, fizemos mais do que flertar. Escolhemos o Deutsche Bank para gerenciar a oferta, contratamos contadores para revisar nossos registros e elaboramos um formulário S-1 (também conhecido como declaração de registro), que é um documento submetido à SEC (Comissão de Valores Mobiliários dos Estados Unidos) com um resumo de nosso negócio: o que fazíamos, como fazíamos e quais eram os nossos fatores de risco.

Começamos até a mudar a identidade da Netflix para agradar ao paladar avesso a riscos dos banqueiros e de seus clientes. A grande tendência no final dos anos 1990 e início dos 2000 era de que as empresas da internet fossem *portais*, isto é, pontos de acesso na rede para um nicho específico. Na época, corria à boca miúda que, para ser um site de sucesso, era preciso fazer de tudo, oferecer de tudo para agradar às pessoas, pois, para correr atrás de dinheiro, primeiro era necessário ter tráfego. Em outras palavras, isso significava que a Netflix não podia ser só um serviço de locação voltado para ajudar as pessoas a encontrarem os DVDs que amavam; ela precisava ser um lugar para amantes de *filmes* de todas as estirpes.

Os capitalistas de risco do conselho de administração nos disseram que, se quiséssemos abrir o capital, precisaríamos pensar grande: horários de exibição de filmes, resenhas críticas, uma coluna mensal de Leonard Maltin, o rei dos guias de filmes etc. Fizemos tudo isso, mas, mesmo assim, não consegui afastar as suspeitas de que estávamos perdendo o foco, salivando diante dos cifrões e mirando uma aceitação aqui, outra ali.

Foi então que a bolha estourou. Depois de alcançar o pico em março, o mercado de ações da Nasdaq — que é onde a maior parte das empresas de tecnologia está listada — entrou em um período de declínio contínuo, marcado por uma queda aterrorizante de 25% na semana do dia 14 de abril. Foi exatamente nessa semana que demos entrada no formulário S-1 junto à SEC, solicitando permissão para abrir o capital. Nos meses seguintes, enquanto o mercado continuava a afundar, o Deutsche Bank seguia alardeando um falso entusiasmo, tentando nos assegurar, com cada vez menos sucesso, de que tudo ficaria bem.

Contudo, quando o outono chegou, ficou óbvio para todos nós que os números que vínhamos projetando tão animadamente como a solução para todos os nossos problemas — 75 milhões de dólares? Oitenta? — tinham ido pelos ares. Em setembro, numa manhã chuvosa de sábado, enquanto eu fazia compras com Lorraine em Carmel, soube por um telefonema que o Deutsche Bank cancelaria a oferta. Nem preciso dizer que acabamos não comprando nada.

Na época, desistir de abrir capital parecia um grande golpe. Mas, olhando para trás, talvez tenha sido uma das melhores coisas que tenha acontecido. Se tivéssemos aberto capital no outono de 2000, teríamos ficado presos à ideia do portal e às expectativas financeiras absurdas que se desenvolveram ao redor dela (o que teria sido um desastre). Nunca teríamos conseguido ganhar dinheiro com um site que oferecia *de tudo para todos os gostos*. A ideia de nos tornar um "portal de cinema" era completamente oposta ao Princípio Canadá. Ela não abria espaço para o foco rigoroso que nos distinguia e que, em última análise, nos forneceu o modelo de negócio bem-sucedido, de acordo com os nossos próprios ideais.

Aos poucos, começamos a abandonar a maior parte dos esforços voltados para o portal. Se os bancos e seus clientes eram os únicos que queriam horários de exibição, resenhas críticas aprofundadas e rankings com os dez melhores filmes, e o banco não queria nos ajudar com a oferta pública, então por que nos agarrar a eles?

Assim, em setembro, tínhamos voltado à estaca zero. Não tínhamos 75 milhões de dólares no bolso e estávamos perdendo dinheiro — bastante dinheiro. Até aquele momento, com Reed à frente, conseguir investimento tinha sido muito fácil, e estávamos convencidos de que, contanto que pudéssemos recorrer ao dinheiro do Vale do Silício para financiar nosso crescimento, ficaríamos bem. Porém, numa era pós-bolha, conseguir esse dinheiro dos investidores com quem já estávamos acostumados seria difícil. Muito difícil.

Eu estava preocupado com o modo como o estouro da bolha das empresas *ponto-com* afetaria as finanças da Netflix. Mas devo confessar que não me incomodava ver as coisas se ajustando um pouco pela primeira vez. Todo aquele frenesi das empresas de internet me parecia uma loucura. Em janeiro, enquanto assistia ao Super Bowl com Lorraine, eu fiz um levantamento: nada menos do que *dezesseis* empresas com *ponto com* no nome tinham anunciado durante o jogo, desembolsando mais de dois milhões de dólares por cada anúncio. Era mais dinheiro *por anúncio* do que a Netflix havia gastado em todo o primeiro *ano* de empresa.

No auge do *boom*, a mentalidade predominante em muitas empresas era *gastar agora, pensar depois*. Era comum que as empresas gastassem aos montes com festas, propagandas e instalações. Ninguém ilustra isso melhor do que Stephan Paternot, CEO da TheGlobe.com. Depois do IPO em 1998, ele disse a frase que a partir de então se tornaria famosa: "Já tenho mulher. Já tenho dinheiro. Agora, estou pronto para viver uma vida absurdamente irresponsável".

Nós não éramos assim. Já fazia tempo que a Netflix havia passado da fase das mesas dobráveis e das cadeiras de praia, mas ainda vivíamos de maneira bastante frugal — quando nos mudamos para Los Gatos, compramos baias e móveis de segunda mão. A única extravagância em nossa decoração era uma máquina de pipoca que ficava no saguão, e mesmo ela nem funcionava na maior parte do tempo. Eu não conseguia entender o que as outras empresas estavam pensando quando gastavam milhares de dólares em carpete ou quando compravam uma cadeira de mil dólares da Aeron para cada funcionário. Sinceramente, até hoje não entendo.

Em outras palavras, aquela era uma época de vacas magras e, como todas as épocas assim, ela não durou. Quando estávamos a caminho de Alisal Ranch, as coisas já tinham começado a melhorar. A Boo.com, loja de moda on-line, havia declarado falência depois de gastar mais de 175 milhões de dólares em apenas seis meses. Havia boatos de que a Pets.com estava à beira do colapso depois de a empresa gastar mais de 150 milhões de dólares no primeiro semestre do ano. As ações da Webvan cairiam de trinta dólares para sessenta centavos (por ação) depois de o hortifrúti on-line investir quase um bilhão de dólares na expansão do negócio. A Drkoop.com — portal fundado pelo ex-chefe da saúde pública dos EUA, C.

Everett Koop, de 82 anos — havia sabe-se lá como conseguido abrir o capital sem nenhum centavo de receita e, agora, perdia dezenas de milhões de dólares a cada trimestre.

Devo confessar que Reed e eu assistíamos a tudo isso com certa satisfação. Um de nossos passatempos prediletos naquele ano era navegar pelos posts da Fucked Company, uma página bastante ácida que registrava quais empresas digitais haviam falido ou estavam em apuros. A sensação de que *poderia ter sido com a gente* era inevitável, mesmo quando o post era sobre alguma empresa obviamente mal administrada ou fadada ao fracasso desde o início.

Mas ficamos especialmente preocupados ao ler sobre os problemas da Kozmo.com, um serviço de entrega em domicílio em áreas urbanas que havia sido lançado em 1999 com a promessa de entregar uma ampla gama de produtos (incluindo DVDs) na porta dos clientes dentro do prazo de uma hora. Em 1999, temíamos que a Kozmo entrasse para o mercado de locação e massacrasse nosso serviço mais lento de entrega. Porém, à medida que a Kozmo vacilava no decorrer de 2000, primeiro desperdiçando os 280 milhões de dólares que havia obtido de seus investidores (aí inclusos sessenta milhões da Amazon!) e depois cancelando o IPO que havia planejado, passamos a nos perguntar se esse notório fracasso da empresa não condenaria todas as outras da mesma categoria, ainda que tangencialmente.

Felizmente, ao contrário da Dr. Koop, da Boom.com e da Webvan, nós de fato tínhamos um modelo de negócio consistente. A assinatura da Netflix custava ao usuário 19,99 dólares por mês — mais ou menos quatro dólares a mais do que gastávamos para fornecer o serviço. Assim, ganhávamos dinheiro a cada transação. Economia básica.

Mas tínhamos um problema diferente das Dr. Koops e Webvans da vida: éramos bem-sucedidos, e o sucesso custa caro.

Na verdade, era um mar onde nos afogávamos. A velocidade com que novos clientes aderiam ao serviço era proporcional à velocidade com que o dinheiro saía. Para novos clientes, nosso modelo de negócio não era tão intuitivo, mas sabíamos que quem experimentasse o nosso serviço ficaria encantado. É por isso que qualquer pessoa que quisesse experimentar a Netflix ganhava um mês grátis. Mas isso tinha lá seu preço.

Além disso, nosso serviço era por assinatura. Em vez de cobrar uma taxa anual dos clientes, assim que concluíam a assinatura, fazíamos cobranças mensais menores. Parando para analisar, estávamos em uma perpétua crise financeira: precisávamos arcar com os custos integrais de cada avaliação gratuita de uma única vez e antecipadamente. Mas o dinheiro para cobrir isso tudo entrava aos poucos, mês a mês. Quanto mais rápido crescia a clientela, mais esses pagamentos adiantados superavam o pouco que arrecadávamos com as cobranças mensais.

Mais uma vez, entra em jogo a questão da economia básica. E, infelizmente, não tão favorável a nós. Nossa empresa era bem-sucedida, mas também tinha uma fome voraz de dinheiro em um ambiente desfavorável a isso. Depois que a bolha da internet estourou, o capital de risco — algo que, em outros tempos, era ridiculamente fácil de se obter se sua empresa tivesse ".com" no nome — havia não só se tornado algo tão difícil de encontrar quanto uma agulha num palheiro, como estava praticamente ameaçado sumir de vez.

Era hora de *buscar alternativas estratégicas*.

Parece jargão corporativo, né? É porque é. O Vale do Silício é cheio de baboseiras desse tipo. Por exemplo, se alguém diz que está *saindo da empresa para passar mais tempo com a família*, o que essa pessoa realmente quer dizer é: *Me deram um pé na bunda*. Quando alguém diz: *Esta peça de marketing precisa ser dilapidada*, o que a pessoa quer dizer de verdade é: *Isso tá um lixo e precisa ser refeito*. Quando alguém diz: *Decidimos fazer um redirecionamento*, o que isso realmente significa é: *Deu merda; muita merda*.

E, quando uma empresa decide *buscar alternativas estratégicas*, o que isso significa é: *Precisamos vender esta porcaria. E rápido*.

Havíamos percorrido um longo caminho desde o dia em que recusamos a oferta de oito dígitos da Amazon. A empresa havia reestruturado completamente seu modelo de negócio, experimentado um crescimento vertiginoso, e tinha se tornado sinônimo da locação de DVDs on-line. Assim, a estratégia mais óbvia neste momento não era atacar a Amazon, e sim mirar o nosso maior competidor físico: a Blockbuster.

A Blockbuster era criação de Wayne Huizenga, que, no final dos anos 1980, viu uma chance de "passar por cima" das várias locadoras que se espalhavam pelo país, quase todas ainda administradas por famílias. A rápida expansão na década de 1990 (num dado momento, a empresa chegou a abrir uma loja nova por dia) havia garantido a eles o monopólio da locação de vídeos e feito da Blockbuster uma das marcas mais onipresentes do país. Eles eram os reis da cocada preta em 2000, mas não sabíamos se eles faziam ideia de quem éramos. Nem se davam a mínima para a gente.

Por mais importantes que fôssemos na internet, nosso negócio equivalia a uma fração mínima se comparado ao deles. Em 2000, estávamos em vias de alcançar cinco milhões de dólares em receita, enquanto a Blockbuster mirava os seis *bilhões*. Tínhamos 350 funcionários; eles, sessenta mil. Nós tínhamos uma sede de dois andares em um conjunto comercial de Los Gatos; eles, nove mil lojas.

Trocando em miúdos: Blockbuster = Golias. Netflix = Davi.

Mas nós sabíamos que o e-commerce era o futuro. Se a Blockbuster quisesse sobreviver, precisaria desenvolver uma alternativa para suas lojas físicas. Se percebessem isso, talvez optassem por fazer a mesma coisa que outras grandes empresas fizeram quando confrontadas com um competidor em ascendência: comprá-lo. Essa cartada permitia acabar com a competição e economizar o dinheiro que seria gasto no desenvolvimento de uma estratégia própria, ou seja, matar dois coelhos com uma cajadada só.

Reed pediu que Barry McCarthy entrasse em contato com seus conhecidos na Blockbuster parar tentar agendar uma reunião. Solicitamos aos nossos investidores que acionassem seus contatos. Fizemos tudo que estava ao nosso alcance para chamar a atenção da Blockbuster. Mas até o momento daquele retiro corporativo em setembro, não havíamos recebido nenhuma resposta. Silêncio total, nem um grilinho cantando, nada. Ao que tudo indicava, teríamos de sair daquela situação por conta própria.

Todo mundo sabe que as coisas no Vale do Silício funcionam de maneira bastante informal. Ternos, gravatas e coisas desse tipo não são muito comuns por lá. Por isso, as pessoas passaram a ver uma grande demonstração de respeito quando eu aparecia de barba feita para uma reunião.

Acho que a razão de o Vale ser tão informal é o fato de que, diferentemente da maioria das outras indústrias, a da tecnologia é o mais próximo que se pode chegar de uma verdadeira meritocracia. Em muitas áreas, falar e se vestir bem pode facilitar a escalada a altos postos executivos. Mas, no Vale do Silício, a única coisa que realmente importa é a qualidade do seu trabalho. O Vale é o mundo dos programadores e tem o espírito dos programadores. Todo programador está acostumado a submeter os códigos que escreve à revisão dos colegas, que avaliam sua concisão, objetividade, engenhosidade, simplicidade e eficácia geral. É tudo muito claro, tudo preto no branco. Sua aparência, a maneira como você se veste, seu jeito de falar e o perfume que você usa não têm a menor importância. Você nem precisa falar inglês. Se seu código é bom, você está dentro; se é uma porcaria, isso todo mundo vai perceber de cara.

Em um lugar em que você é avaliado exclusivamente pela qualidade de seu trabalho, ninguém liga para aparência. E isso não é privilégio dos programadores. Mesmo aqueles entre nós que não entendem patavinas de programação também se beneficiam do fato de que, todo dia, parte da empresa aparece para trabalhar usando bermuda, sandália e uma camiseta de *Guerra nas estrelas* manchada.

E se as coisas já são informais desse jeito em uma semana típica de trabalho, é preciso fazer um esforço extra quando se está em um retiro. Aqui vai uma lista do que eu levei para os três dias e duas noites que passei no hotel fazenda.

- Dois shorts
- Uma regata da banda Grateful Dead
- Uma camiseta tie-dye

- Um par de chinelos
- Um boné da Life is Good, para usar de forma irônica, já que eu detesto a marca
- Um par de óculos escuros da Oakley
- Três tatuagens temporárias da Harley Davidson: uma com a logo da Harley, uma com um porco em chamas e uma com uma bonitona de biquíni

Caso você esteja se perguntando por que eu levei as tatuagens temporárias da Harley Davidson, a resposta é simples: para fazer as pessoas rirem. (Esse é o critério de decisão de muitas das coisas que eu faço.) Apesar do *dress code* casual nos dias típicos de trabalho, os funcionários não podiam ficar sem camisa no escritório. Por isso, até aquele momento, ninguém sabia se eu tinha ou não tatuagem por baixo das blusas com estampa de empresa que eu costumava usar. Eu tinha certeza de que ninguém imaginaria que um pai de família com 45 anos fosse todo tatuado, mesmo tendo nascido em Santa Cruz. E quer maneira melhor para descontrair do que tirar minha regata com a frase *Built to Last** na piscina e deixar a fofoca correr solta?

Fazer o quê? Qualquer piada me diverte.

Quando olho para trás e penso nesse retiro de 2000, não me lembro de nenhuma das negociações que fizemos. Não me lembro de discussões sobre partilha de investimentos, realinhamento de prioridades, iniciativas departamentais ou qualquer outra baboseira corporativa com que a gente tenha meio que involuntariamente perdido tempo.

O que me lembro é das coisas que ajudaram a construir nossa cultura.

Alisal oferecia algumas atividades tradicionais das quais eu tenho certeza que a maioria das empresas participa: passeios a cavalo, tênis, aquele jogo em que uma pessoa se joga e as outras têm

---

* Feito(a) para durar (N.T.).

que segurá-la. Mas nós, da Netflix, éramos um pouco diferentes. Inspirados pelo processo de integração dos novos funcionários, decidimos que a brincadeira do nosso retiro seria uma competição de esquetes entre os departamentos da empresa, que deveriam representar a cena de algum DVD lançado recentemente.

Por sorte, um dos maiores lançamentos daquele verão foi o filme *Teenagers: as apimentadas*, com Kirsten Dunst. Lembra? Se a memória não ajudar, aqui vai a sinopse que usamos no site:

Torrance Shipman faz parte da equipe de líderes de torcida do Colégio Rancho Carne, em San Diego. Com seu alto astral, sua ousadia e sua coreografia de arrasar, o time tem tudo para vencer o campeonato nacional pela sexta vez consecutiva. Porém, elas percebem que o caminho para o glorioso panteão das líderes de torcida vai ser mais difícil do que esperavam, pois descobrem que sua apresentação perfeitamente ensaiada foi na verdade roubada das Clovers, um grupo de hip-hop de East Compton.

Bem o meu tipo de coisa, né?

Evidentemente, o time executivo da Netflix não teve escolha: todos precisaram se vestir de líderes de torcida e fazer uma apresentação. Tente nos imaginar cantando *O que fazer pro tédio passar? Vem com a Netflix, a magia da tecnologia está no ar!* Imagine Reed Hastings usando uniforme de líder de torcida e segurando pompons. Imagine Ted Sarandos e eu representando a equipe de East Compton, com bandana na cabeça, camisas de beisebol bem soltas, bermudas largas e várias correntes de ouro, fazendo uma apresentação barata ao som do hit daquele verão: "Who Let the Dogs Out", dos Baha Men.

Cheguei a mencionar que isso tudo foi regado a álcool?

Naquela noite, tivemos um banquete. Éramos centenas de pessoas e nos espremermos ao redor de extensas mesas de madeira cobertas com toalhas xadrez vermelhas e brancos, nos esbaldando com pratos de costela. O convite especificava que os convidados deveriam trajar "caipira formal", sem dar nenhuma explicação sobre o que isso significava. As interpretações foram as mais diversas: eu usei uma *lederhosen** (não me pergunte por quê), Reed foi de smoking

---

* Calça típica alemã, feita em couro (N.T.).

(garbosamente ornado com um chapéu de palha) e Kate Arnold usou um vestido vintage de guingão vermelho.

Fazia calor e muito barulho, e o grupo já começava a sentir os efeitos do open bar, cujos drinks eram servidos em canecas de um litro. Sabe-se lá como, Boris conseguiu convencer um dos barmen a lhe dar uma garrafa de vodca geladíssima e uma bandeja com dezenas de copinhos. Ele então saiu perambulando pelo refeitório, meio bêbado, perguntando com a língua meio enrolada a todos com quem cruzava: "*Tôpa?*". Isso por si era extraordinário, porque Boris raramente falava. Tenho certeza de que, até aquela noite, a maior parte dos funcionários não fazia ideia de como era a voz dele, e nem de que ele tinha um sotaque bem demarcado.

"*Tôpa?*", ele perguntava, levando a bandeja no ombro feito um garçom, com um ar pomposo no rosto.

Tenho certeza que muita gente não entendeu nada do que ele dizia. Tenho certeza que muita gente tomou uma dose de vodca naquela noite só porque ficou confusa com a pergunta e não soube dizer não. Qualquer que fosse o caso, Boris virava um copinho independentemente da resposta. (Foi assim pelo menos por um tempo. Lembro-me vagamente de vê-lo dormindo numa mesa de piquenique antes mesmo de o jantar acabar.)

Bem no momento em que as coisas começavam a descambar maravilhosamente, decidi juntar o grupo todo para cantar uma música. Puxei umas folhas dobradas do bolso, subi em um dos bancos compridos e, bamboleando de leve, bati com uma colher na caneca lastimavelmente vazia que, pouco tempo antes, continha minha gim-tônica. A multidão fez silêncio.

Seguindo a melodia de "God Rest You Merry, Gentlemen", comecei a cantar:

Juntem-se a mim, meus amigos, e ergam seus copos para brindar à nossa recém-descoberta sorte

A cada semana, graças aos novos assinantes, a Netflix está mais forte!

Parece que Marquee era a peça que faltava

Para provar que temos, sim, um norte!

E logo estaremos nadando na grana...

Aqui, faço uma pausa, esperando alguma reação. Alguns, suficientemente sóbrios para perceber que eu aguardava a resposta, com a voz fraca e a língua enrolada, responderam:

Nadando na grana, estaremos nadaaaaando na grana...

E eu continuei:

Nossos engenheiros criaram o Cinematch e, rapaz, como deu certo!
Nossos clientes adoram poder avaliar os filmes, há quem diga: "Vejam, que espertos!".
Mas duvido que cheguem a perceber que o lançamos com um mês de atraso!
Ou que percebam que os pornôs sempre ficam com cinco estrelas por alguma obra do acaso!
(Cinco estrelas! Os pornôs sempre ficam com cinco estrelas por alguma obra do acaso!)

A propósito, isso é verdade. Embora, desde o começo Reed tivesse tomado a decisão de não disponibilizar pornô hardcore (com a exceção do fiasco envolvendo o DVD do Clinton), em 2000 nós ainda oferecíamos pornô softcore. E as avaliações costumavam ser bastante, digamos... entusiasmadas.

O grupo começava a se animar e a cantar junto.

A galera do marketing também é genial; eles chamam os clientes: "Ei, voltem aqui!".
Como a vida vai ser maravilhosa quando todos aderirmos ao Marquee!
Se isso não bastar
Ora, mas que azar!
Vinte DVDs gratuitos para cada um e só um milagre poderá nos salvar!

O coro começava a aumentar e eu comecei a cantar mais rápido:

O pessoal do financeiro até tenta, mas não consegue entender
Que Wall Street não se importa nem um pouco se os clientes a Netflix não consegue reter
Mas eles vão até fazer bundalelê
Quando esfregarmos na cara deles

Quanto lucro podemos trazer
E nossa grana, ah, nossa grana! Nunca mais vamos perder!

A essa altura, o pessoal mal podia esperar para dar a resposta, amplificada pelo entusiasmo da bebida. A estrofe seguinte foi, em sua maior parte, sobre Reed e Barry, e, quando comecei a cantá-la, olhei ao redor, à procura deles. Mas a cadeira de Reed estava vazia. E, do outro lado da mesa, Barry estava de cabeça baixa, segurando o celular em um ouvido e tampando o outro com o indicador.

Quando eu começava a cantar uma das últimas estrofes (*Eles dão os últimos retoques, mas na semana seguinte, lá vem Reed!*), percebi uma movimentação no outro lado do corredor. E não consegui distinguir muito bem quem estava ali. Seria Kate, com seu vestido de guingão vermelho? Eu mal conseguia vê-la em meio à multidão, que agora assobiava e gritava, de costas para mim.

Já não prestavam tanta atenção em mim. O grupo ficava cada vez mais disperso à medida que o vestido de guingão vermelho se aproximava do centro do salão. E foi então que eu entendi o porquê da algazarra. Não era Kate quem estava usando aquilo. Era Reed! Metido no vestido de guingão como se fosse feito sob medida para ele. E logo atrás vinha Kate, toda engomada no smoking de Reed.

Eu ri tanto que mal conseguia respirar. Reed não costuma beber — naquela época, ele ficava bêbado *exatamente* uma vez por ano —, mas, quando acontecia, era para valer. Eu caminhava em direção a ele, na provável tentativa de um flerte, quando Barry agarrou meu braço e me puxou para o corredor, onde havia menos barulho. Barry não estava rindo, ao contrário, parecia sério e preocupado. E não disse nada até as portas do refeitório se fecharem atrás de nós, nos protegendo da baderna lá dentro.

— Era Ed Stead no telefone — disse ele, referindo-se ao diretor jurídico da Blockbuster. — Eles querem conversar com a gente. Amanhã de manhã. Em Dallas.

Barry se virou e olhou pela porta. Reed tinha subido em um dos bancos, e balançava as barras do vestido, fazendo mesuras. Também gritava alguma coisa, mas não conseguimos entender bem o que era, por causa dos berros extasiados da multidão.

— Vamos virar a noite no avião — disse Barry, meneando a cabeça. — Espero que ele tenha outra muda de roupa para se trocar antes de a gente embarcar.

16
Choque
(Setembro de 2000)

Barry reduziu bem a velocidade da BMW ao fazer a curva para entrar no Aeroporto de Santa Bárbara. De longe, uma luz fraca no horizonte dava pistas de que estava perto de amanhecer, mas, à nossa frente, a estrada estava praticamente invisível, escura e sombreada pelos carvalhos pendentes que ladeavam a calçada. Quase cheguei a imaginar que um deles iria se transformar no Mágico de Oz e começar a jogar bolotas de carvalho na gente.

Já estive no Aeroporto de Santa Bárbara dezenas de vezes, mas nunca ali precisamente.

Barry inclinou o corpo à frente e franziu a testa, tentando enxergar as letras apagadas na placa na estrada.

— Ali — indicou Reed, no banco do passageiro, apontando em direção a uma estradinha ainda mais escura que cortava a estrada principal. Enquanto Barry fazia a curva e reduzia a velocidade ao atravessarmos a pista com cascalho, consegui ler o que estava escrito na placa: Aviação Geral.

Dali a um minuto ou dois, paramos em um estacionamento de frente para um prédio pequeno, com arquitetura de madeira. Nas janelas, floreiras. Teto de madeira. Parecia residencial, lembrava um pouco o estilo Nova Inglaterra, e a construção tinha mais o estilo de um chalé abandonado do que de um aeroporto. Ao redor, havia uma cerca de ferro forjado, com uns dois metros e meio de altura.

Por entre as barras, dava para ver as luzes piscantes das asas de uma aeronave pequena, parada na pista.

Barry parou de frente para o portão da cerca. Mesmo na era pré-TSA*, era evidente que aquela era uma dessas entradas em que é preciso certo tipo de autoridade para entrar — e, por "autoridade", entenda-se "dinheiro". Por sorte, tínhamos feito uma transferência naquela manhã.

Barry abaixou a janela do carro e apertou um pequeno botão vermelho que havia num guichê automático ao lado do portão.

— Matrícula? — resmungou a voz rouca da máquina.

— Matrícula? O que é isso? — sussurrei para Reed, inclinando o corpo à frente, me enfiando no vão entre o banco do motorista e o do passageiro. Reed virou a cabeça e me lançou um olhar, o mesmo que costumo lançar para os meus filhos quando vamos a algum restaurante mais chique que o McDonald's, que diz: "Não posso sair com vocês pra lugar nenhum!".

Digitada a senha, o portão começou a deslizar silenciosamente até abrir por completo. Barry fechou a janela do carro e começou a entrar com o carro. Quando passamos pela pista e avançamos devagar em direção ao avião, olhei para trás e vi o portão deslizando silenciosamente uma vez mais, se fechando.

Agora não há mais volta, pensei.

Menos de doze horas antes, assim que o alvoroço em torno do vestido de guingão de Reed diminuiu, Barry, Reed e eu fomos para uma mesa de piquenique perto de uma das piscinas do hotel.

— Não bastasse ser amanhã — reclamou Barry —, o que já é ruim, ainda marcou para as onze e meia? Querem que a gente esteja lá às *onze e meia* da manhã?! Impossível!

---

* Abreviatura de Transportation Security Administration (Administração para a Segurança nos Transportes). É um programa que facilita o processo de embarque em certos aeroportos dos Estados Unidos. Depois que a inscrição do passageiro é aceita, ele conta com certas facilidades como uma fila exclusiva de embarque (N.T.).

Barry pegou a lapiseira com uma mão e com o punho da outra mão limpou um canto da mesa de madeira, própria para piquenique.

— Para começar — disse ele, rabiscando um número bem no grão da madeira —, Dallas está no horário padrão central, o que significa nove e meia aqui. Então, isso dá um voo de três horas e meia de San Francisco... provavelmente quase o mesmo tempo vindo de Santa Bárbara. Fora isso, se acrescentarmos aí o tempo necessário para chegar ao aeroporto... — Ele fez uma pausa e acrescentou alguns números à mesa. — Vocês teriam que sair às cinco da manhã. E eu nem preciso pesquisar se tem algum voo direto de Santa Bárbara, às cinco da manhã. A gente se fodeu.

Barry se atirou na cadeira, retraiu o grafite da lapiseira e, com certa culpa, tentou apagar os números rabiscados na mesa.

— Então, é melhor o voo privado — comentou Reed, espalmando as mãos para nós dois como se aquilo fosse tão claro quanto neve. — Decolamos às cinco, pousamos às dez e meia, lá vai ter um carro esperando a gente. Vamos chegar na hora certa. Talvez até dê tempo de Marc e eu tomarmos um café.

Barry não reagiu, ficou como se estivesse tentando descobrir o que era mais absurdo: o fato de Reed estar propondo que gastássemos ainda mais dinheiro com um jatinho particular, ou o fato de ele estar fazendo isso usando um vestido.

Reed, por sua vez, parecia ter esquecido completamente o que estava vestindo.

— Reed. — Barry finalmente rompeu o silêncio. — Essa brincadeira vai sair pelo menos uns vinte mil mangos, ida e volta.

Barry fez que ia escrever alguma outra coisa, mas mudou de ideia.

— E não preciso dizer que não temos essa grana.

— Barry — disse Reed. — Esperamos meses para conseguir essa reunião. Estamos prestes a perder pelo menos cinquenta milhões de dólares este ano. Me diga, que diferença vai fazer agora vinte mil dólares a mais ou a menos?

— Sim, Barry — intervim. — Vinte mil. Não é isso que vocês, das finanças, chamam de "erro de arredondamento"?

— Cara, vocês são dois xaropes — murmurou Barry consigo mesmo.

Por trás do avião, um funcionário com um colete laranja apareceu, segurando uma tocha acesa, acenando para o carro de Barry se posicionar ao lado da asa.

Enquanto os faróis do carro vasculhavam os arredores, eu vi um tapete vermelho estendido no chão até o topo da escada do avião. Um piloto uniformizado apareceu na portinhola, desceu e foi até a gente.

— Prazer, sou Rob — disse ele, sorrindo e estendendo a mão. Depois, apontou em direção ao porta-malas do carro e perguntou:
— Posso pegar a bagagem de vocês?

Reed e eu nos olhamos e demos risada. Reed abriu sua pasta e tirou dela uma camiseta dobrada.

— Aqui está.

Para a minha sorte, era apenas o segundo dia de retiro, então, eu ainda tinha roupa limpa. No meio do breu naquela madrugada, eu tinha vestido a única roupa que me restava: minha camiseta *tie-dye*. Escolhi deixar a *lederhosen* para trás (bem como as tatuagens da Harley Davidson) e as substituí por um short quase novo, combinado com chinelo preto.

Reed agarrou o corrimão e subiu as escadas, abaixou ao atravessar a porta e correu para dentro do avião. Fui logo atrás dele, sem saber ao certo o que esperar de um jatinho particular. Louça banhada a ouro? Uma cama king size gigante? Um bar (para ser sincero, essa era a última coisa no mundo que eu queria ver naquela hora, já que ainda estava sofrendo com os efeitos colaterais da bebedeira da noite anterior).

Mas, surpreendentemente, por dentro o ambiente do jatinho era profissional — isto é, se você considerar uma bandeja enorme, espremida num balcãozinho de um jatinho, com bolo, frutas fatiadas, uma garrafa térmica de café e uma jarra com suco de laranja fresco "profissional". Pela porta de vidro de um frigobar, dava para ver garrafas d'água e refrigerante. E barrinhas de cereal transbordavam de uma cesta de vime.

O avião, um Learjet 35A, era menor que eu imaginei — mas muito mais legal. Toda superfície que havia ali parecia ser de couro ou jacarandá. Era como se tivessem encolhido a sala de estar de Steve Kahn e a colocado dentro da carcaça do avião. Quando comecei a caminhar pelo único corredor estreito, percebi que conseguia me equilibrar de pé, mas bem mal. Bem à minha direita, na frente do avião, estava uma única cadeira de couro, do capitão, mais confortável do que qualquer outra peça de mobiliário que havia ali. Bem atrás dela havia quatro assentos, dois virados para a frente e outros dois para trás, com espaço entre as pernas suficiente para caber uma mesa de jantar entre elas. Na verdade, como descobri depois, havia uma mesa de jantar dobrável, cuidadosamente acoplada no peitoril das janelas entre os assentos.

Reed já tinha se acomodado no assento direito, de costas para o piloto, e tinha esticado preguiçosamente as pernas compridas no espaço entre os assentos. Um tempo depois, aprendi que os apaixonados por jatinhos particulares, assim como os apaixonados por *home theater*, tinham um assento predileto, nesse caso a "poltrona do dinheiro" (embora quem viaje num jatinho não esteja preocupado com a acústica, mas com o assento mais seguro, tranquilo e confortável), e que Reed, acostumado com viagens em aeronaves particulares, sabia bem identificar esse assento, tanto que o escolheu logo de cara.

Reed esticou o braço e apontou para o assento de frente para ele, e enquanto eu me debatia para conseguir fechar o cinto de segurança, sem muita cerimônia Barry se acomodou do outro lado do corredor, equilibrando um prato de frutas em cima do notebook. Apesar do meu esforço para me conter, Barry sabia que eu não estava cabendo em mim de alegria.

— Gostou? — disse ele, espetando um pedaço de fruta. — Eu estava conversando com Rob lá fora. Este jatinho é da Vanna White. Ela aluga quando não está usando. Acho que virar as letras na Roda da Fortuna paga melhor do que eu imaginava.

Barry lascou uma mordida num pedaço de abacaxi.

— Muito legal, né? — Em seguida, com sorriso matreiro e uma piscadinha para mim, e com a voz baixa, quase sussurrada, ele disse: — Não vá se acostumar, hein!

Pousamos em Dallas bem depois da hora do rush, o que não condizia com o estado do trânsito naquele momento. Todo o tempo que economizamos alugando um carro para chegar mais rápido ao pé da escada do avião foi desperdiçado no trânsito de Dallas. Totalmente travado.

— Fica ali — disse o nosso motorista, parando o carro no meio-fio. Ele inclinou o corpo à frente, olhou pelo para-brisa e apontou para o prédio comercial do outro lado da rua. — Esse aí é o Renaissance Tower. O edifício mais alto de Dallas. E provavelmente o mais caro também.

O prédio se agigantava sozinho na calçada, sem nenhum empecilho, obstáculo ou qualquer outra coisa que o ofuscasse; um cubo inteiriço de aço e vidro. O único indício que havia ali de alguma decoração era um "X" gigante, destacado por algumas partes mais escuras das janelas, em linhas diagonais que se estendiam por toda a largura e altura do edifício. O tamanho e a ausência de firulas conferia um ar de seriedade ao prédio: estava claro que ali não era um lugar para se divertir. Não havia espaço para brincadeiras. Nem para risadas. Era ali que se fechavam negócios.

Quando o elevador parou no 23º andar, fiquei aliviado ao ver que as coisas pareciam um pouco mais familiares e menos intimidantes. As paredes do saguão da Blockbuster estavam cobertas de pôsteres de filmes emoldurados, e apesar de reconhecer boa parte deles, pois eram os mesmos que tínhamos no escritório, não pude deixar de perceber que os da Blockbuster foram todos emoldurados com muito mais capricho, cada filme em sua própria moldura reluzente de aço inoxidável, rodeado por uma sequência de lâmpadas feito os pôsteres que se vê na entrada e nos corredores dos cinemas.

— Sabe quanto custa isso? — Não resisti e murmurei para Reed, enquanto nos levavam para a sala de reuniões.

Fiquei contente de ver que a sala de reuniões deles era quase igual à nossa (com a diferença de que a nossa era cinquenta vezes menor). E que da sala deles dava para ver Dallas inteira, enquanto a nossa tinha vista para as lixeiras que ficavam entre o nosso prédio e o parque. E que a mesa de reunião deles tinha quase dez metros, e era feita com algum tipo de madeira em extinção, com tomadas ocultas e plugues audiovisuais, enquanto a nossa era dobrável e tinha 2,5 metros de comprimento, um cabo de extensão e um filtro de linha.

Perceberam? Praticamente iguais, né?

Eu já estava começando a me sentir meio como um bicho do mato numa cidade grande (de shorts e camiseta, e com um pouco de frio sob a rajada ártica de um ar-condicionado texano), quando os caras da Blockbuster chegaram e se apresentaram.

O CEO da Blockbuster, John Antioco, se apresentou primeiro. Estava vestido casualmente, mas com roupas finas. Não usava terno, mas o mocassim dele provavelmente custava mais que o meu carro. Ele parecia relaxado e confiante, e não haveria por que ser diferente. Antioco foi para a Blockbuster depois de quase dez anos como especialista em *turnaround*, era conhecido por saltar de paraquedas em empresas problemáticas (entre elas Circle K, Taco Bell e Pearle Vision) e por saber identificar os aspectos promissores do negócio, restabelecer a moral da empresa e reequilibrar as contas de modo a fazê-la voltar ao lucro.

A Blockbuster precisava dele. Depois de um crescimento explosivo e de lucro significativo na década de 1980 e metade dos anos 1990, na virada do milênio a empresa tinha se dado mal. Uma série de decisões erradas, como vender roupas e músicas nas lojas, foram um tiro pela culatra, e a empresa caminhava a passos muito lentos em relação à adaptação a novas tecnologias, como o DVD e a internet.

Apesar de não ter experiência com entretenimento, Antioco reconheceu na Blockbuster questões com que estava muito familiarizado: uma rede em dificuldade, com milhares de lojas, dezenas de milhares de funcionários desmotivados e a oportunidade de trazer as contas para o azul novamente.

As providências de Antioco mostraram resultados imediatos. Os locatários começavam a voltar às lojas, a receita subia e as ações da controladora da Blockbuster, a Viacom, tinham dobrado, em grande parte por conta do sucesso resgatado da Blockbuster.

Então, quando Antioco entrou na sala de reuniões naquela manhã de setembro de 2000, tenho certeza de que estava se sentindo seguro. Ela havia levado a Blockbuster à primeira oferta pública na bolsa, levantando mais de 450 milhões em dinheiro, e agora era o CEO de uma empresa de capital aberto. Antioco estava disposto a nos ouvir, mas "ai de nós" se estivéssemos ali para alguma conversa fiada.

Ao trocar um aperto de mão com Antioco e seu consultor jurídico geral, Ed Stead, era impossível não se sentir um tanto intimidado. O que também era culpa dos mocassins. Enquanto Antioco calçava um lindo par de mocassins italianos, lá estava eu de shorts, camiseta tingida e chinelos. E apesar de a camiseta de Reed estar impecável, ainda assim era uma camiseta. E Barry, sempre o mais bem-vestido do grupo... bom, pelo menos a camisa havaiana dele tinha botões.

Mas a verdade mesmo é que estávamos intimidados porque a Blockbuster estava numa posição muito mais forte que a nossa. Com os bolsos cheios depois de entrarem para a bolsa, não dependiam da boa vontade dos investidores para se manterem de pé. Não estavam se debatendo com as letras escarlates ".com". E pior de tudo é que sabiam muito bem disso.

Nada se compara a entrar em uma negociação sabendo que o outro lado detém quase todas as cartas.

Repare que escrevi "quase". Havia, de fato, alguns pontos a nosso favor. Para começar, todo mundo odiava a Blockbuster. Afinal, era uma empresa cujo modelo de negócios tinha como pilar a "administração da insatisfação". Eles sabiam que a maioria dos clientes não curtia a experiência de alugar com eles, então o objetivo deles como empresa nem era tanto satisfazer o cliente, mas não o irritar tanto a ponto de ele nunca mais colocar o pé na loja. E motivos para desagradar os clientes não faltavam: multa por atraso, pouca oferta de títulos de qualidade, lojas sujas, atendimento ruim... e a lista não parava por aí.

E não eram só os clientes que detestavam a Blockbuster: a indústria do cinema também. Os estúdios se sentiram queimados pelas barganhas difíceis que Ed Stead negociou em nome da Blockbuster quando a rede ganhou participação de mercado. Também ressentiam o fato de a Blockbuster insistir que era dela, da própria Blockbuster, que partia a demanda por filmes, em vez de simplesmente atender à demanda que os estúdios reivindicavam ter criado.

Mas o ponto mais importante a nosso favor era a marcha inevitável do progresso. O mundo estava ficando on-line. Ninguém sabia ao certo como isso aconteceria, nem quanto tempo levaria, mas era inevitável que um número cada vez maior de clientes da Blockbuster pediria — ou melhor, exigiria — a possibilidade de fazer um pedido on-line. E a Blockbuster não só estava mal posicionada no tabuleiro desse jogo para tirar proveito dessa tendência, como nem parecia ciente do que estava por vir. E os óculos com que enxergávamos a situação poderiam ser úteis para eles.

Só esperávamos que eles pensassem assim também.

Reed tinha preparado cuidadosamente uma fala, trabalhado bem seus argumentos tal como tinha feito comigo naquele PowerPoint, um ano antes. E quando ele, debruçado sobre aquela mesa de conferência, começou a montar um sanduíche de merda, não consegui conter o sorriso. Que coisa linda. Um belo sanduíche de merda triplo.

— A Blockbuster tem algumas qualidades indiscutíveis — começou ele, servindo a primeira fatia grossa de pão. — Uma rede de lojas próprias e franqueadas em milhares de lugares, dezenas de milhares de funcionários dedicados e uma base de usuários apaixonados que consiste em quase vinte milhões de membros ativos. (Estrategicamente, Reed omitiu aqui quantos desses usuários detestavam o serviço. Mas essa parte talvez viesse depois).

Passando a meter o pé no acelerador, Reed se preparou para começar a montar o bolinho de merda. — Mas certamente há alguns aspectos em que a Blockbuster poderia se valer da Netflix para se posicionar com mais força no mercado.

Na sequência, ele lançou a proposta que todos concordamos ser a melhor para ambos os lados. — Precisamos unir forças — disse, unindo as mãos para conferir efeito de ênfase. — Fechamos uma parceria e a Netflix cuida da parte do negócio on-line. Vocês se concentram nas lojas físicas. Encontraremos a sinergia que vai resultar desse acordo, mas certamente o negócio como um todo será maior do que a soma de suas partes.

Reed estava se saindo bem, direto ao ponto, sem fazer rodeios, mas sobretudo sem a menor demonstração de arrogância, tampouco de excesso de confiança. Ele estava entre os seus pares e sabia disso. Enquanto Reed prosseguia com o discurso, apontando as vantagens da parceria, Barry e eu assentíamos a cada tópico, no momento certo, vez ou outra tecendo um ou outro comentário para corroborar o que era dito. Fiz o possível e o impossível para me conter e não gritar: "Aleluia, irmão. Aleluia!".

— A Blockbuster poderá, por meio da nossa empresa, acelerar sua entrada no mercado de DVDs, e a um custo muito baixo — pontuou Reed. — Se a Netflix se concentrar nos títulos menos recentes, vocês poderão concentrar o estoque da Blockbuster puramente nos lançamentos, que são o coração do negócio de vocês, melhorando a questão da disponibilidade dos títulos e deixando o cliente mais satisfeito.

E prosseguiu:

— A Netflix também se beneficiaria das promoções da Blockbuster, tanto aquelas aplicadas nas lojas físicas quanto as aplicadas aos usuários cadastrados on-line. — Ele fez uma pausa, em seguida continuou: — E mesmo que as duas empresas não unam forças, o simples fato de trabalharmos juntos como empresas independentes pode ser uma vantagem e tanto para as duas partes.

Reed terminou de falar. Ele olhou primeiro para Antioco, depois para Stead, e voltou a olhar para os dois de novo enquanto se sentava na cadeira. Ele sabia que tinha preparado magistralmente o sanduíche. Só restava saber se a Blockbuster o morderia.

* * *

As objeções foram exatamente as que tínhamos previsto.

— Essa histeria do *ponto com* é um exagero — disse Antioco.

Já Stead disse que a maioria dos modelos de negócios on-line, incluindo a Netflix, simplesmente eram insustentáveis. Uma queima eterna de dinheiro.

Por fim, depois que Barry e eu rebatemos a maior parte dos argumentos, e eles rebateram os nossos, Ed Stead ergueu a mão e esperou todo mundo fazer silêncio.

— Supondo que comprássemos o negócio de vocês — disse ele, fazendo uma pausa enfática —, em que pensaram exatamente? Digo, quero números. De quanto estamos falando?

Nós tínhamos ensaiado a resposta. Se é que podemos chamar de ensaio o que três pessoas combinam às cinco da manhã a bordo de um avião depois de passarem a noite bebendo num hotel fazenda.

— Demos uma olhada nos últimos comparativos — explicou Barry —, e também temos de considerar qual seria o ROI[*] se a Netflix entrasse para a base de dados de usuários da Blockbuster. Também pensamos em fazer a fusão por acreção, em vez de...

De rabo de olho, pude perceber que Reed estava inquieto. Já tinha visto ele assim outras vezes. Faltava pouco para ele perder a paciência. Respira... Respira...

— Cinquenta milhões — interveio Reed, por fim.

Barry ficou em silêncio. Ele olhou para Reed, as mãos apoiadas no colo, depois sorriu para Antioco e Stead. Deu de ombros. E dizer o que mais depois disso?

Aguardamos.

Enquanto Reed falava e Barry fazia seus acréscimos, fiquei observando Antioco. Eu sabia que a empatia era uma marca registrada dele, e que ele era um ótimo ouvinte, o tipo de pessoa capaz de fazer qualquer pessoa se sentir importante e que o que tinha para dizer era digno de atenção. E, enquanto ele ouvia Reed e Barry, eu o vi lançar mão de todos os truques que eu também havia aprendido ao

---

[*] *Return over investment*, Retorno sobre o investimento (N.T.).

longo dos anos: traga o tronco à frente, faça contato visual, gesticule devagar com a cabeça quando o orador se virar em sua direção. Quando surgirem perguntas, reaja de um modo que demonstre que está prestando atenção.

Mas agora que Reed tinha dito um número, percebi em Antioco algo diferente, alguma coisa que não reconheci. Movimentos corporais diferentes, e uma certa tensão no rosto. O discreto movimento com o canto da boca esboçava alguma emoção diferente da anterior.

Um gesto discreto, involuntário, quase que imperceptível e que desapareceu rapidamente. Mas logo que o notei, percebi o que estava acontecendo.

John Antioco estava se segurando com todas as forças para não cair na gargalhada.

Depois disso, a reunião engatou ladeira abaixo e, saindo dali, nossa viagem de volta para o aeroporto foi longa e silenciosa. No avião, não tínhamos muito o que conversar. Deixamos a bandeja com lanches e biscoitos intacta, no balcão ao lado da porta. A champanhe do frigobar (fornecida por Vanna e disponível para compra), não foi aberta.

Cada um estava perdido nos próprios pensamentos. Reed, tenho certeza, já tinha deixado a reunião para trás e tentava resolver algum outro problema de negócios antes de atingirmos a altitude de cruzeiro.

Pelo que conheço de Barry, posso dizer que ele estava fazendo mentalmente um milhão de cálculos, tentando descobrir por quanto tempo nosso caixa seguraria as contas, o que poderia fazer para diminuir o ritmo da fogueira em que assávamos, e que coelhinho da sorte ele conseguiria tirar da cartola para nos dar mais alguns meses de respiro.

Mas eu estava num plano diferente. Já tínhamos enfrentado outras crises, mas o estouro da bolha da internet era diferente. As fontes estavam secando e não poderíamos mais contar com capital de risco ilimitado. Vender a empresa parecia a única saída. E o Golias não quis nos comprar — estava a fim mesmo era de nos derrubar.

Por mais que a Blockbuster tivesse sido um tiro no escuro, no fundo, no fundo, eu tinha minhas esperanças de que pudessem ser o *deus ex machina* que nos salvaria. E que num golpe de sorte seríamos resgatados dos recônditos das montanhas e levados sãos e salvos de volta para a trilha do acampamento.

Agora estava claro que, se tínhamos conseguido sobreviver ao acidente, tinha sido inteiramente por nossa conta. Precisaríamos pensar no futuro com um olhar implacável. Como meu pai me dizia, "Às vezes, a única saída é aquela que você mesmo cria".

Enquanto o avião de Vanna White nos levava silenciosa e rapidamente de volta à Santa Bárbara, e enquanto cada um revolvia os próprios pensamentos, peguei uma taça de champanhe vazia e comecei a dar batidinhas nela com colher de plástico da bandeja de frutas. Meio sonolento, Reed me olhou e Barry interrompeu brevemente a mastigação mental numérica para olhar nos meus olhos.

— Bem — falei, fingindo um brinde. — Deu merda!

Parei e fiquei em silêncio por um tempo, observando os detalhes absurdos daquela cena: o interior de couro do jatinho, a camisa havaiana esvoaçante de Barry, a bandeja de frutas com tamanho suficiente para servir uma família de cinco pessoas. Sorri, sentindo a determinação estufar o meu peito.

— A Blockbuster não quer a gente — disse. — Então, está bem claro o que a gente tem de fazer agora.

Dei risada. Não consegui segurar.

— Dar um belo de um chute na bunda deles.

17

O cinto aperta
(2000-2001)

Entre os alpinistas, existe um tipo de praxe: se você não chegou ao topo até o começo da tarde, é melhor começar a pensar seriamente em voltar. É como diz o famoso guia de escalada do Everest, Ed Viesturus, a seus clientes: "Chegar ao topo é opcional. Descer é obrigatório". Quando se está a milhares de pés de altura e a quilômetros do acampamento, é preciso garantir o retorno sob a luz do dia — do contrário, pode acabar ficando preso bem onde não quer.

Foi o que aconteceu com a Netflix, metaforicamente falando, no outono de 2000. Depois que a Blockbuster recusou comprar a nossa empresa, entramos numa terra de ninguém: não estávamos mais em perigo iminente, mas também não estávamos totalmente fora de perigo.

Diferentemente de muitas empresas do nosso tamanho (e de outras maiores ainda), tínhamos sobrevivido ao estouro da bolha. Nosso modelo de negócios era bom: sem prazo de devolução, nem multa por atraso. As pessoas adoravam o Cinematch. Estávamos no caminho certo para chegar aos quinhentos mil usuários até o fim de 2001.

Mas nosso modelo de assinatura era fundamentalmente caro. Continuávamos perdendo dinheiro, e o lugar em que nos víamos agora era muito diferente daquele em que estivemos um ano antes.

Queimar dinheiro como se os números fossem os mesmos do ano anterior parecia irresponsável. Precisávamos acelerar as coisas. Não precisávamos nos tornar lucrativos, necessariamente. Mas, se pensávamos em abrir capital algum dia, os bancos (e os investidores para os quais eles recomendariam as nossas ações) teriam de enxergar um *caminho aberto* para a rentabilidade. Se continuássemos nesse ciclo de arrecadação de quarenta milhões de dólares todos os anos, acumulando um prejuízo de 45 milhões, não seríamos uma opção muito atrativa e digna de aposta.

Sabíamos que, para ter alguma chance de sobreviver num mundo pós-bolha, era preciso seguir à risca o Princípio Canadá, com uma postura implacável. Ao final de 2000 e ao longo de 2001, otimizamos os nossos processos. O ".com" que tinha sido uma espécie de catraca livre para o dinheiro em 1999, agora tinha se tornado um fantasma. Portanto, decidimos retirá-lo do nosso nome. O *ethos* de "portal" que governou o mundo (e as salas de reuniões) um ano antes tinha caído por terra e virado fumaça, junto do dr. Koop. Portanto, decidimos arquivá-lo.

Chamamos essa visão implacável *de raspagem das cracas do casco*.

As empresas são como embarcações: às vezes é preciso trazê-las às docas para retirar as cracas que se acumulam em torno do casco e que comprometem a velocidade da movimentação. Na esteira do fiasco da Blockbuster e do estouro da bolha da internet, paramos um tempo para fazer uma autoavaliação e, na sequência, cortamos sem dó todos os programas, testes, acréscimos e melhorias que não estavam rendendo frutos mais.

Sempre fizemos isso. E nem sempre foi fácil. Às vezes, o que para você parece uma craca, pode ser o xodó de uma outra pessoa. Por exemplo, quando estávamos definindo o preço do Marquee, testamos dezenas de preços e de quantidades de DVD. Tivemos alguns clientes recebendo quatro DVDs por vez por 9,95 dólares, outros por 19,99 dólares, e outros ainda por 24,95 dólares. Tínhamos criado um procedimento em que as pessoas podiam alugar dois DVDs por vez, depois oito, e todas as quantidades entre esses dois números.

E embora o plano padrão permitisse a troca quantas vezes o cliente bem quisesse, para alguns deles o número de trocas era limitado a uma certa quantidade. Acabamos sendo penalizados por um de nossos experimentos mais interessantes, em que agilizávamos o atendimento a alguns clientes na tentativa de encorajar os locatários leves ("pássaros", no jargão da Netflix) enquanto sorrateiramente diminuíamos o serviço para desencorajar os usuários mais pesados (internamente — e secretamente — chamados de "porcos").

Todos esses testes foram úteis, não há como negar. Por conta deles, não tivemos de discutir se um aumento no valor da assinatura diminuiria o número de assinaturas, se aumentou a rotatividade ou impulsionou a adesão. Tínhamos testado cada uma dessas coisas e sabíamos exatamente o quanto cada uma delas tinha custado. Mas, uma vez aprendida a lição, os testes perderam totalmente a utilidade para nós.

Infelizmente, o custo permanecia o mesmo. E cada novo recurso que acrescentávamos ao serviço tinha de funcionar perfeitamente com os já existentes, de forma a acomodar todos os nossos clientes, independentemente do plano que tivessem assinado. E isso significava que o design ficaria mais complicado. E os testes ficaram mais difíceis. E tudo caminhava mais devagar.

Um recurso defasado era como uma craca presa no casco de um navio. O impacto dela na velocidade de navegação poderia ser minúsculo, mas... e se fosse multiplicado por mil? Não só nos atrasaria como custaria dinheiro.

Sendo assim, raspávamos essa craca. A cada reunião, antes de começar qualquer discussão sobre o que planejávamos para o futuro, tínhamos que começar olhando para trás, elaborar uma lista do que era preciso *parar* de fazer. Não foi fácil. Na maior parte das vezes, decidir o que não fazer é mais difícil do que decidir o que fazer. Sim, os clientes que estavam no plano de 24,95 dólares ficaram encantados com o término do teste e foram transferidos para o grupo de 19,95 dólares. E alguns poucos sortudos pagavam 9,95 dólares pelo mesmo serviço. Ou podiam alugar oito DVDs de uma vez.

Depois de um tempo, já calejados com as queixas, não nos abalávamos mais. *Deixa que reclamem*, pensávamos racionalmente. *Tudo bem desagradar mil, se isso significar que outros dez mil sairão satisfeitos.*

Na virada de 2000 para 2001, com a Blockbuster ficando cada vez mais para trás no retrovisor, e com a ideia de um IPO arquivada para um futuro próximo, Barry raspava sem dó toda craca que encontrava em qualquer parte do nosso negócio, desesperado para fazer o nosso navio andar mais rápido.

A princípio, não tivemos dificuldade em elaborar a lista com o que deveria ser cortado. Se não íamos seguir em frente com a ideia do portal, não precisávamos desenvolver tecnologia para veicular anúncios nas nossas páginas. Christina e sua equipe não precisariam mais se empenhar para montar a grade de programação, e a equipe de conteúdo não precisava mais correr atrás de informação de todos os filmes disponíveis no planeta — poderíamos simplesmente nos concentrar no catálogo de DVDs.

Mas não precisávamos necessariamente das planilhas de Barry para mostrar aquilo que estava se tornando cada vez mais óbvio para todos os diretores que se reuniam em torno daquela mesa de reunião toda segunda-feira: tínhamos mais funcionários do que o necessário.

Em circunstâncias normais, gastar um pouco mais não seria problema. No nosso ritmo de crescimento, poderíamos tranquilamente absorver um ou dois quartos de funcionários a mais do que o necessário, até que a demanda e a complexidade do negócio garantissem e sustentassem economicamente o custo dessas contratações. Mas agora as coisas eram diferentes. Enquanto Barry estudava os números e os confrontava com o novo cenário, ficava claro que não só tínhamos de ser uma empresa mais "leve", como também diferente do que éramos.

Nesse cenário pós-rompimento da bolha da internet, não dava para sair rasgando dinheiro feito um doido. Era preciso encontrar um meio para não apenas fazer dinheiro com cada assinatura mensal, como também para cobrir os custos fixos que mantinham o negócio. Antes, nos concentrávamos em apenas um lado da equação: captar mais clientes; agora, era mais do que evidente que precisávamos nos concentrar no outro lado, até então ignorado: gastar menos dinheiro com a manutenção do negócio.

Poderíamos cortar muitos custos pequenos eliminando coisas grandes. E as cracas do navio já tinham sido quase que totalmente raspadas. Tínhamos o casco limpo e o destino estava claramente definido, mas o navio ainda continuava muito pesado. Se queríamos chegar à costa, era preciso deixá-lo ainda mais leve.

Nossas reuniões habituais das terças-feiras sempre começavam com a mesma agenda: *Quem fez merda?* Não era assim que a gente falava na reunião, óbvio, mas a ideia era essa. A bem da transparência e da honestidade cirúrgica, cada um de nós circulava pela sala e comentava sobre algo que não estava funcionando. O que ia bem não interessava — não havia motivo para perder tempo falando disso. Nosso objetivo ali era falar do que estava dando *errado*. Quem, no meu jargão tão delicado quanto a pata de um elefante, estava *fodendo tudo*.

Eis a máxima de uma startup: você vai errar. Você só não deve cometer o mesmo erro duas vezes.

Numa reunião no verão de 2001, terminado o ritual de fustigação, Reed fez sinal para Barry, avisando que era hora de rever o negócio. Barry se levantou, foi até o quadro branco, pegou um marcador verde e, com letras grandes, escreveu: 2.000.000,00.

— É este o número — avisou Barry, virando-se em nossa direção. — Considerando os números atuais das despesas, essa é a quantidade de assinantes que precisamos para ter lucro.

Ele se abaixou e olhou para a tela do seu notebook.

— Mas temos de chegar a esse número daqui a setenta e três semanas. Até lá, mês a mês, a gente vai queimar dinheiro. E ficaremos por um fio até chegar a esse número. E não é novidade para ninguém que as pessoas não andam fazendo fila para jogar dinheiro aos nossos pés, né?

Barry ficou em silêncio por um momento, depois franziu os olhos e voltou a olhar para a tela do notebook.

— Precisamos cortar despesas. Tudo que for possível. Enxugar ao máximo para conseguir lucro com o dinheiro que já temos. E o único meio de fazer isso é reduzindo os custos para conseguir obter lucro com uma base menor de assinantes.

Ele pegou o marcador verde e voltou para o quadro. Usando a própria mão, Barry apagou o "2" do número que havia escrito e o substituiu por "1".

— Só vamos sobreviver se conseguirmos lucrar com a base de um milhão de assinantes. E como? — disse, abrindo uma pasta de onde tirou uns blocos de folhas grampeadas, entregando um para cada um dos presentes. — Aí está a resposta.

Demissões. Era esse o plano de Barry.

Depois dessa revelação dramática, Reed, Patty, Barry e eu almoçávamos juntos todos os dias, pensando e analisando as diferentes possibilidades. Quais departamentos deveríamos enxugar ao máximo? E em quais não deveríamos mexer em absolutamente nada? Era melhor cortar os funcionários com salário maior (mas que eram os mais valiosos) ou diminuir os custos cortando drasticamente o número de atendentes da central de atendimento?

Não eram perguntas fáceis. Precisávamos cortar drasticamente as despesas, mas tínhamos de fazer isso de um modo que não prejudicasse a nossa capacidade de expandir o negócio.

Depois de uma conversa particularmente extenuante, passei pela mesa de Joel Mier e dei um tapinha no ombro dele. Joel era meu diretor de pesquisa e análise. Era função dele equilibrar arte e ciência, números e hipóteses, e o porte físico de Joel era tão abrangente quanto suas responsabilidades. Com 1,93 metro de altura, era aquele tipo de presença imponente, mas era um cara extremamente gentil e acessível. Num escritório cheio de shorts e camisetas sujas, Joel se vestia feito um professor universitário: camisa, cardigã, calça de veludo cotelê e sapato Oxford preto. Sempre que precisava falar, era extremamente comedido e escolhia as palavras a dedo. Como ouvinte, era ainda mais atencioso, assentindo lenta e ponderadamente mesmo diante das declarações mais estúpidas, como se a façanha de garimpar alguma inteligência no meio da baboseira fosse responsabilidade dele.

Mas esse jeito professoral escondia muita perspicácia e um senso de humor afiado. Joel adorava uma boa piada, era um jogador assíduo das Moedas da Fonte, e amava abastecer o refeitório da Netflix com iguarias parcialmente comestíveis. Certa vez, ele colocou uma tigela com grão-de-bico liofilizado que arrancou gritos enfurecidíssimos de Mitch Lowe: "Você quase me fez arrebentar os dentes, seu filho da puta!". Até hoje dou risada quando lembro daquela cena.

A combinação entre o afiado raciocínio lógico e o senso de humor juvenil de Joel fez com que eu simpatizasse com ele desde o primeiro momento em que o vi, e rendeu uma bela amizade. Não era algo muito frequente, mas sempre que possível, uma coisa que a gente adorava fazer era escapar na hora do almoço, pegar uma mesa no Black Watch (o único barzinho aconchegante e sem firulas que havia em Los Gatos) e começar a dissecar cuidadosamente os nossos colegas, gargalhando tanto a ponto de sentir dor na barriga e quase perder o ar, sentados a uma mesa cheia de cerveja.

— E aí, chefe, tá muito duro aí? — murmurou em voz baixa, mal tirando os olhos da tela, obviamente fazendo um trocadilho (sexual) com meu estado de humor.

— Digamos que sim. Duro demais — respondi, como sempre, à altura do jeito com que costumamos nos cumprimentar. Virei a cabeça em direção às escadas. — Vamos ali dar uma volta.

No começo daquela mesma semana, Reed, Barry e eu tínhamos feito uma reunião confidencial com todos os diretores da Netflix e compartilhado nossos planos com eles. Como a maioria dos funcionários da empresa se reportava diretamente a esse grupo, ninguém melhor do que as pessoas desse grupo para dizer quem de fato trazia resultados, quem era insubstituível e quem poderia ser dispensado sem que fizesse a menor falta. Criei o hábito de fazer caminhadas diárias com a maioria deles, dando voltas em torno do prédio, andando devagar enquanto conversávamos com mais privacidade sobre cada funcionário do departamento. Eu precisava da ajuda deles, porque tomar a decisão de quem seria dispensado não era coisa fácil. O talento e a importância de cada pessoa que compunha a equipe eram a coisa mais fácil de se descobrir. Mas era o outro lado o nosso calcanhar de Aquiles. Que peso teriam as situações pessoais? E se um funcionário fosse a única renda da família, que agora tinha um bebê? É ele quem deveria ser mantido em vez de alguém jovem e solteiro (porém mais talentoso)? E o que fazer em relação ao punhado de casais que trabalhavam na Netflix? Seria crueldade demais demitir os dois ao mesmo tempo?

Ao mesmo tempo em que vestia a jaqueta, Joel, usando o quadril, abriu a porta da frente do prédio e veio em minha direção, na calçada. Sem dizer uma palavra, viramos e começamos a fazer a volta, andando em sentido horário ao redor do prédio.

— Andei pensando, chefe — começou ele, assim que nos afastamos e ficamos distantes o suficiente para que um funcionário que estava saindo do carro não nos ouvisse.

— Sempre acho que corro o risco de alguém escutar a conversa, mas... — falei.

Joel sorriu e continuou.

— Eu sei que falamos sobre a necessidade de fazer esse LIFO, mas não estou sentindo firmeza nisso.

LIFO é a sigla para *last in, first out*, traduzindo: o último a entrar é o primeiro a sair, o que significava que os últimos funcionários contratados, tendo, portanto, menos tempo de casa, seriam os primeiros da lista de demissões. Pegamos o termo emprestado da logística, que o aplica para o estoque. Embora o LIFO, para os nossos propósitos não estivesse necessariamente associado a talento, estava, certamente, associado ao tempo de experiência na função e, até certo ponto, mostrava às pessoas que havia certa lógica num processo que não raramente poderia soar bastante arbitrário.

— É Kyle quem me preocupa — disse Joel, por fim. — Levando em conta o tempo de experiência, ele com certeza não é o próximo da fila. Mas a postura dele...

Joel deixou a frase incompleta no ar. Mas entendi bem o que ele quis dizer. Em uma das reuniões de alinhamento que fazíamos periodicamente, com pessoas de diferentes departamentos da empresa para discutirmos questões especialmente desafiadoras, Kyle sempre demonstrava que era... uma pessoa... digamos...*difícil*.

Na Netflix, não havia nada de errado em discordar. Na verdade, a discordância era um componente crucial da sinceridade radical que a nossa cultura cultivava. A divergência de ideias era algo sempre esperado porque encorajávamos muito o debate. Nas reuniões da Netflix, não havia senioridade, e a importância da opinião das pessoas nunca foi mensurada por cargo, idade e muito menos salário. Esperávamos que cada um lutasse pelo próprio ponto de vista até todos, em conjunto, chegarem a um consenso.

Ainda assim, por mais ardoroso que fosse um argumento, era consenso na Neftlix que, uma vez discutida e definida a melhor decisão a ser tomada, imediatamente era preciso arregaçar as mangas e implementá-la. Divergências eram construtivas, nunca uma estratégia para alimentar o ego. Quem tinha razão não importava. O mais importante era tomarmos a decisão certa.

E era justamente aí que Kyle pecava. Ele simplesmente não aceitava quando as coisas não saíam do jeito dele, e essa atitude ruim começava a contaminar as outras pessoas.

— Entendi. Vamos demiti-lo. Manteremos Markowitz — falei, referindo-me a outro subordinado direto de Joel.

— Tá bom — disse categoricamente, sem nem olhar para mim.

Eu conhecia Joel o suficiente para saber que algo além daquilo o preocupava. Quando viramos a esquina e passamos pelas mesas de piquenique que ficavam numa pequena área de lazer ao lado do prédio, por fim descobri o que era.

— Aproveitando — falei baixinho —, caso eu ainda não tenha deixado claro... fique tranquilo, seu emprego não está em risco.

A cara de alívio que Joel fez foi instantânea. Ele assentiu e com um belo sorriso disse:

— Fique tranquilo, chefe. Tudo que é duro, um dia amolece.

Uma semana depois, lá estávamos nós mais uma vez reunidos em torno da mesa da sala de reunião, só que agora havia ainda mais gente, pois resolvemos incluir também a equipe administrativa. Era uma segunda-feira à noite, pouco antes das oito, e as pessoas voltavam do jantar, se ajeitando na sala, procurando um lugar para sentar ou ficar em pé. Do lado de fora, o restante do escritório estava deserto, as cadeiras e baias vazias pareciam o vislumbre sombrio do que aconteceria dali a menos de 24 horas.

Com um simples olhar, fiz sinal para Joel do outro lado da mesa e ele assentiu brevemente, dando um ok. Patty estava sentada à frente da sala, com duas pastas brancas abertas à frente dela, na mesa. Reed, de pé atrás dela, olhava atentamente para os papéis, apontando para alguma coisa. Patty sussurrou algo de volta e com a caneta desenhou uma linha no meio da página, sublinhando algo que havia por ali.

Um dos principais jogadores já estava fora: Eric Meyer. Ele já tinha sido dispensado no dia anterior. Suas qualidades (embora abundantes) não se adequavam mais aos novos desafios que tínhamos pela frente.

E quanto aos demais? Depois de duas últimas sessões da maratona que fizemos ao final da semana anterior, finalmente tínhamos chegado a uma lista. Agora, era a hora de agir.

Patty tirou os olhos da sua papelada, levantou a manga da blusa para verificar as horas e empurrou a cadeira para trás, com força.

— Vamos lá, moças e rapazes. Vou dizer como as coisas vão funcionar.

O e-mail saiu dentro do prazo, às 10h45 da manhã de terça-feira, com uma mensagem curta e direta: às onze da manhã, seria feito um anúncio importante à frente do prédio.

Fazia algum tempo que a empresa inteira não cabia mais numa única sala. Nem mesmo a recepção comportava todo mundo. Assim, quando precisávamos reunir todos os funcionários, era preciso alugar o Los Gatos Theater, de Santa Cruz, um espaço que tinha cem anos, ou simplesmente fazer um montinho bem volumoso do lado de fora do prédio, na área de piquenique perto da entrada; e naquele dia, foi justamente essa área de piquenique que escolhemos para fazer o anúncio. Não fazia sentido alugar um teatro para comunicar os funcionários que quarenta por cento deles perderiam seus empregos. Seria crueldade.

Enquanto eu caminhava pelas fileiras de baias e divisórias a caminho da escada, instintivamente entrei na sala de reuniões, que ficava bem no topo da escada. Seria ali que os departamentos fariam as demissões, e achei que precisava dar uma última olhada para ter a certeza de que havia pelo menos duas cadeiras lá dentro. *Se o aviso de demissão por si já era uma coisa terrível, que no mínimo houvesse uma cadeira para as pessoas sentarem*, pensei.

Mas estava tudo certo. Duas cadeiras. Uma mesa vazia, um quadro branco limpo. Nada que destoasse de uma sala de reuniões comum.

Do lado de fora, já havia uma multidão reunida no pátio. Todos reunidos em pequenos grupos, apreensivos, conversando. Avistei Joel e me posicionei ao lado dele, numa postura de resignação. Alguns minutos depois das onze horas, Reed subiu em uma das mesas de piquenique. A multidão fez silêncio.

— Por mais de três anos, todos trabalhamos duro para trazer a Netflix ao lugar em que ela está hoje, e é um trabalho do qual todos devemos nos orgulhar. Mas nós sabíamos que haveria dias em que seria necessário tomar decisões difíceis. E infelizmente hoje é um desses dias.

Reed fez uma pausa e olhou ao redor. Silêncio total. Do outro lado do parque, atrás da cerca, consegui ouvir o barulho do apito da maria-fumaça e uns gritinhos de crianças. Pelo menos em algum lugar por ali tinha alguém se divertindo.

— Que fique bem claro para todo mundo — prosseguiu Reed — que a dinâmica de financiamento sofreu uma mudança drástica nos últimos doze meses. Não só para a gente, mas para todas as empresas do Vale. Não dá mais para contar com o capital de risco para seguir em frente. Precisamos caminhar com as próprias pernas. Ser os donos do nosso próprio destino. Para fazer isso, precisamos reduzir as nossas despesas para conseguir rentabilidade com um número menor de assinantes, e precisamos reduzir os gastos para garantir que teremos dinheiro suficiente para manter a empresa de pé até lá.

Do outro lado da multidão, avistei Markowitz, da equipe de Joel, visivelmente abalado. Com o rosto empalidecido e gotas de suor entre o lábio superior e o nariz, segurando um guardanapo de papel, ele começava a rasgá-lo em pedaços.

— Acho que é melhor tentar acalmá-lo — falei. — Parece que ele está a um triz de desmaiar.

Joel assentiu e foi correndo até Markowitz, abrindo caminho por entre a multidão. Eu o vi apoiando a mão no ombro de Markowitz, sussurrando algo em seu ouvido; no mesmo instante, a expressão dele mudou. O funcionário de Joel parece incrivelmente aliviado.

Reed, por outro lado, parecia vacilante. Empoleirado na mesa de piquenique, pairando sobre uma multidão agora visivelmente inquieta, ele parecia um revolucionário que começava a se dar conta de que tinha decepcionado a massa. Procurando forças, ele olhou para Patty, que o encarou fazendo que sim, devagar.

— Haverá demissões hoje — disse, se esforçando. — Alguns dos nossos amigos e colegas vão nos deixar. Não porque fizeram algo de errado... não. Mas simplesmente porque é o que precisa ser feito para fortalecer a empresa. Voltem para o escritório e aguardem as instruções dos gerentes de vocês, eles vão conversar sobre a situação de cada um, em particular.

A multidão se dispersou silenciosamente, e eu me deixei levar pelas minhas próprias pernas em direção à entrada e à escadaria principal. Estar ali, cercado por todos os lados pelos meus funcionários, todos assustados, me fez enxergar a situação a partir da perspectiva deles. *Como chegamos a isso? Estávamos lá, na boca do gol! Tínhamos encontrado a fórmula certa. Sem prazo de entrega, sem multa por atraso. Estávamos nos concentrando tão somente naquilo que era importante. Tiramos a Cinematch do papel. Descobrimos a possibilidade de entrega no dia seguinte. Descobrimos como conseguir novos clientes de modo eficiente. Por que dar um passo para trás justo agora?*

Quando chego ao topo da escada, percebo de canto de olho algo diferente na sala de reunião, a mesma em que eu havia entrado no máximo vinte minutos antes. No meio da mesa, tinha uma caixa azul-clara de lenços de papel, com um deles puxado para fora.

Descobrimos até como fazer uma demissão, pensei, não sem sentir uma angústia me corroer o peito.

Às 11h30, tudo tinha terminado. As pessoas se reuniam em pequenos grupos, umas chorando, outras aliviadas, outras apenas em estado de choque. O escritório estava praticamente vazio.

No começo, todos estavam visivelmente aflitos à medida que os gerentes se deslocavam em silêncio pelo escritório, chamando alguns de seus respectivos funcionários para a sala de reunião; estava bem claro o que acontecia com quem era chamado. A cada nova pessoa convocada, para o restante da equipe surgia o alívio de não ter sido "o próximo alvo". Até que, por fim, o gerente saía da sala de reuniões e soltava um reconfortante "acabou" para a equipe.

Por outro lado, para aqueles que "atiravam", não havia como evitar o desconforto. Todos tínhamos comido o pão que o diabo amassou. Juntos. Havia ali amigos. Colegas. Alguns dos demitidos, como Vita, por exemplo, trabalhavam na Netflix desde o começo. E agora lá estava eu, dizendo a eles que era hora de partir. Chorei junto deles.

Quando tudo acabou, simplesmente fiquei lá, deitado no meu sofá, muito abalado, jogando uma bola de futebol para cima repetidas vezes, repassando mentalmente o que eu tinha feito.

Entre as últimas demissões que fiz, estava Jennifer Morgan, uma de nossas analistas mais jovens. Quando me aproximei da mesa dela, Jennifer, de costas para mim, olhava para a própria tela, conseguindo ainda se concentrar, apesar do problema que viria pela frente. Apoiei a mão no ombro de Jennifer e, quando ela se virou devagar para mim, vi seus olhos marejados.

— Eu sabia. — Isso foi tudo o que ela me disse, enquanto pegava a bolsa e se preparava para me acompanhar até a sala de reuniões.

— Eu já sabia.

* * *

Pouco depois de encerrar as demissões, reuni todos os responsáveis pelos departamentos. Falei brevemente sobre o que deveríamos fazer para seguir em frente e lembrei que era nossa responsabilidade demonstrar (para nós mesmos e para todos os outros) que esse corte não tinha sido um capricho e muito menos crueldade da empresa, e que o único objetivo das demissões era garantir a sobrevivência da Netflix. E era nosso dever garantir que isso aconteceria.

Mais tarde, depois que todos se dispersaram (alguns foram almoçar, outros foram para casa e outros ainda saíram para dar uma volta em torno do prédio e verificar quem ou quantos tinham sobrado), Joel veio até a minha sala. Não conversamos muito. Não havia muito o que dizer. O futuro podia começar no dia seguinte. Simplesmente ficamos ali, calados, jogando a bola de futebol de um lado para o outro, até que, de canto de olho, avistei um vulto. Pelo tênis, eu sabia que era algum engenheiro. Ao erguer a cabeça, percebi de quem se tratava: uma pessoa que eu mesmo tinha contratado, muitos anos atrás. Um cara superesforçado, habilidoso, gente boa.

Ele estava na lista de demitidos.

— Desculpe, Marc. Não quero incomodar, mas quis vir aqui pra saber como você está. Deve ter sido muito difícil pra você — disse.

Segurei a bola de futebol e inclinei a cabeça para o lado. Não sabia o que dizer. Não fazia sentido. Ele tinha acabado de ser demitido e tinha vindo até a minha sala para saber se *eu* estava bem?

— Bom — continuou, sem jeito, depois de alguns segundos. — Obrigado por tudo.

Ele se virou e foi embora. Mas, depois de alguns passos, pouco antes de passar pela fileira das divisórias, ele parou, como se tivesse se lembrado de algo, e exclamou, com um sorriso no rosto:

— Ei! Esmague a Blockbuster, falou?

E com isso ele se foi.

18

Indo a público
(Maio de 2002: 49 meses depois do lançamento)

Nas semanas e nos meses que sucederam as dolorosas demissões de setembro, comecei a perceber algo diferente.

Tínhamos melhorado.

Estávamos mais eficientes. Mais criativos. Mais decisivos.

As demissões tornaram a empresa mais enxuta e mais focada. Não tínhamos mais tempo a perder, então, não o desperdiçávamos. E embora essas demissões tenham atingido alguns funcionários muito talentosos, tínhamos ficado agora com os craques de cada time. E com eles em campo, não era de se estranhar que a qualidade do trabalho atingisse agora um alto nível.

Isso é algo que se vê com frequência em startups bem-sucedidas. O negócio decola graças ao foco, à dedicação e à criatividade de um pequeno grupo de pessoas dedicadas. A empresa contrata, cresce, depois enxuga; ela se reconecta à própria missão e não raramente faz isso ao recobrar o foco e renovar as energias de seus funcionários mais valiosos.

Contratar e manter os craques de um time envolve muito mais do que trabalho qualificado. Envolve a cultura da empresa. Ao reter apenas os mais habilidosos de um time, cria-se uma cultura de excelência competitiva. É mais divertido ir para o trabalho quando você sabe que faz parte de uma equipe escolhida a dedo. Além disso, é muito mais fácil atrair outras pessoas com perfil semelhante quando a equipe já tem a fama de ser muito talentosa.

* * *

De certo modo, a Netflix, no final de 2001, era aquela de junho de 1998. Uma equipe escolhida a dedo, composta de pessoas capazes, trabalhando com empenho e dedicação em prol do mesmo objetivo: atingir um milhão de assinantes. E, tal como em 1998, conseguimos. Dessa vez, antes do prazo. No Natal.

Um dos principais motivos de termos alcançado a linha de chegada rapidamente foi o fato de Tom Dillon ter encontrado uma maneira de garantir a entrega rápida — mais precisamente no dia seguinte — para todos os usuários espalhados pelo país. Em muitos sentidos, foi uma extensão daqueles testes de Sacramento (e da nossa antiga ideia de os assinantes trocarem DVDs entre si). Acontece que não era preciso ter depósitos enormes e caros espalhados por todo o país para enviar os DVDs sendo que noventa por cento dos DVDs que os clientes queriam já estavam em circulação. Tom aplicou à remessa um princípio que todos conhecem, pelo menos intuitivamente: em se tratando de filmes, quem ditava a regra era a "moda". Ou seja, os clientes queriam assistir ao que todos estavam assistindo. Por exemplo, se alguém tinha assistido a *Apollo 13* ontem, era muito provável que outra pessoa quisesse assistir também. Por outro lado, se o próximo filme da sua fila fosse *Boogie Nights: prazer sem limites*, era provável que algum outro cliente estivesse devolvendo-o naquele dia. Tom, pensando no usuário que nos devolvia o DVD pelo correio, teve a brilhante ideia que esse mesmo usuário não precisaria ir a um depósito do tamanho de Costco*. Não precisava nem sequer voltar para prateleira, isto é, o DVD podia ser enviado direto para a outra pessoa! E poderíamos administrar esse processo de distribuição por meio de uma simples caixa de sapatos.

---

* Varejista americana famosa, que tem uma rede com mais de quinhentos armazéns enormes (N.T.).

Tom estudou centenas de milhares de possíveis pontos de coleta e entrega, tentando descobrir onde alocar pequenos "centros de distribuição" da Netflix, basicamente pequenas lojinhas do tamanho de um restaurante de bairro. Os números de Tom mostravam que era possível atender 95% do país por meio da entrega no dia seguinte se tivéssemos uns sessenta pontos de entrega e coleta espalhados pelo país. Esses pontos não seriam "estoques", mas "pontos de reflexão". Nada ficaria de fato estocado nesses lugares. Os DVDs que chegavam faziam uma espécie de "bate e volta" e retornavam quase que imediatamente para outros clientes.

Veja como funcionava o ponto de reflexão de Tom: os clientes enviavam os DVDs a que tinham assistido para a agência dos correios mais próxima ao ponto de reflexão daquela região. Às nove da manhã, todos os dias, um funcionário local pegava a correspondência e, nas três horas seguintes, esse funcionário (e quatro ou cinco outros), abria o pacote, retirava os DVDs e escaneava cada um deles, por meio de um programa de controle de estoque da Netflix. Os DVDs ficavam temporariamente empilhados em uma mesa. Os funcionários repassavam todas as informações para a nossa sede, em Los Gatos e, enquanto eles faziam o horário de almoço, nossos servidores cruzavam as informações de todos os DVDs que tinham chegado com todos os que os clientes queriam receber em seguida. Depois do almoço, os funcionários voltavam a escanear cada DVD de novo, mas, dessa vez, o sistema imprimia uma etiqueta de correspondência com o endereço do cliente que queria receber aquele DVD.

O esquema funcionou maravilhosamente bem. A cada cem discos que chegavam por dia, para cada noventa deles havia um cliente daquela região que queria alugá-los, então, bastava enviá-los direto para o endereço dos clientes. Outros sete ou oito dos cem DVDs eram superlançamentos ou títulos que tinham demanda alta, que ninguém havia solicitado naquele dia, mas com certeza alguém o faria dali a um ou dois dias. Esses títulos ficavam guardados na minúscula biblioteca de caixa de sapatos do "ponto de reflexão". Dos cem DVDs que chegavam, para dois ou três geralmente não havia um cliente imediato aguardando por eles, nem havia a previsão de que em breve seriam solicitados. Esses — e tão somente esses — eram enviados ao estoque principal, em San Jose.

Sei que corro o risco de parecer muito repetitivo, mas esse método de Tom era uma das maiores inovações da história da expedição. Era eficiente, rápido e barato. E significava que não precisávamos gastar dinheiro construindo depósitos grandes. Como os filmes não ficavam nas nossas prateleiras (nem de noite!), a demanda do estoque era extremamente alta. Tudo que precisávamos eram algumas dúzias de vitrines baratas, algumas centenas de funcionários remotos e um punhado de caixa de sapatos. Bingo! Entrega para o dia seguinte em quase todas as caixas de correio dos Estados Unidos.

* * *

Tínhamos sobrevivido. Estávamos atingindo o nosso objetivo. Mas as coisas estavam diferentes. Boa parte da nossa equipe original tinha desaparecido. Jim estava trabalhando para a WineShopper, uma afiliada da Amazon. Te estava trabalhando na Zone Labs, uma startup de segurança na internet. Vita havia sido demitida em setembro, assim como Eric. Christina teve de parar de trabalhar por conta de um problema de saúde em 1999 e nunca mais conseguiu voltar a trabalhar em tempo integral.

A equipe inicial de generalistas qualificados havia sido substituída por especialistas. Eu me sentia feliz por trabalhar ao lado de algumas das mentes mais brilhantes do Vale do Silício. Mas, sendo eu um dos últimos elos que restaram da equipe original, eu começava a me perguntar sobre qual seria o meu futuro papel para a empresa. Onde eu me encaixava? E, o mais importante: onde eu queria me encaixar?

No começo de 2002, eu passava a maior parte do tempo cuidando do desenvolvimento de produtos. Para mim, era ali que pulsava o coração da empresa. Estávamos, já naquela época, vislumbrando o dia em que a tecnologia dos DVDs não mais existisse. No início dos anos 2000, o crescimento da tecnologia DSL de banda larga começava a possibilitar o streaming de conteúdo. Sabíamos que dali a pouco tempo o streaming começaria a competir com a mídia física, e queríamos nos antecipar para aproveitar as vantagens das mudanças tecnológicas. Para dizer a verdade, chega a soar engraçado; quando finalmente descobrimos uma maneira de viabilizar efetivamente a nossa ideia original de envio de DVD por correio, lá estávamos nós, vislumbrando um futuro sem DVDs e sem o envio pelo correio.

Sabíamos que o futuro era o digital. Mas dali a quanto tempo? Que futuro exatamente era esse? E de que formato seria? As pessoas baixariam os filmes ou assistiriam ao conteúdo on-line, sem precisar baixar? Ficariam de frente para o computador assistindo, ou assistiriam confortavelmente no sofá, pela televisão? Que tipo de infraestrutura deveria haver antes que esse tipo de tecnologia fosse amplamente adotado? E quanto ao conteúdo? Começaria focando em um gênero? E, se sim, qual? E como você convenceria os estúdios de que os filmes (a partir de então em formato digital e tão facilmente baixados e compartilhados) estariam em segurança?

Para responder a essas perguntas, conversei com estúdios de cinema, emissoras de TV, empresas de software e fabricantes de hardware. Algumas coisas estavam claras, que listo a seguir.

A primeira delas era que os estúdios e as emissoras estavam apavorados com a onda "Napster", pois tinham assistido à indústria da música cair nas garras da pirataria e da comercialização duvidosa, então, não estavam muito dispostos a desistir dos direitos digitais. Por mais garantias que eu oferecesse a esses estúdios e emissoras, eles não confiavam no futuro digital. Para eles, a partir do momento que os programas de TV e os filmes fossem digitalizados, perderiam totalmente o controle da mídia — e a capacidade de ganhar dinheiro com isso.

A segunda era que hardware e software estavam a todo vapor, e os direitos digitais escorriam pelo ralo. Apple, Microsoft e praticamente todas as outras grandes empresas de informática trabalhavam incansavelmente para tirar proveito do salto da velocidade da banda larga, e projetavam dispositivos que poderiam entregar arquivos muito grandes — do tamanho dos arquivos de filmes — direto na casa dos espectadores.

Todos corriam atrás do mesmo troféu: quem seria o primeiro a conseguir entregar o entretenimento direto na sala dos espectadores? Seriam os produtores de conteúdo, como estúdios de cinema e televisão? Ou os desenvolvedores de software e hardware, dois recursos necessários para permitir assistir ao conteúdo direto do sofá da sala? Ou quem sabe as empresas de TV a cabo, que já vinham entregando conteúdo para milhões de lares?

Passei boa parte daquele outono e inverno mastigando possibilidades com Neil Hunt, que tinha entrado na Netflix em 1999 e agora era o responsável pela nossa área de programação. Alto e magro feito um palito, Neil era o tipo que raramente saía da mesa de trabalho sem uma xícara de café na mão (e às vezes chegava à sala de reunião com uma prensa francesa cheia à mão, cujo pistão ele começaria a empurrar com força para baixo dali a alguns minutos, de preferência no momento exato em que estivesse defendendo um argumento). Neil era um cara de fala mansa, delicado e um tanto reservado. Muitas vezes, quando ele sabia que em breve precisaria revisar um código para um colega, da janela da minha sala eu o via dando voltas no estacionamento, se preparando para dar a má notícia. Neil era, sem sombra de dúvidas, um cara brilhante. Numa empresa onde as reuniões geralmente atingem quase os mesmos níveis de decibéis da final da Stanley Cup, Neil não precisava gritar. Bastava ele começar a falar para as pessoas prestarem atenção.

Como eu, Neil viu a extensão nacional da banda larga como uma possibilidade, uma forma de usar os meios digitais para entregar os filmes da Netflix diretamente na TV dos clientes e encurtar ainda mais o tempo entre o término de um filme e o começo de outro. Em 2002, o streaming instantâneo ainda não era um recurso disponível, e os downloads levavam horas — mesmo assim, apostávamos que era preferível deixar um filme baixando enquanto você estava dormindo ou trabalhando a ter de entrar no carro e se deslocar até a Blockbuster. No mundo ideal, ou melhor, entre nossas mastigações mentais e devaneios, os clientes sempre teriam à mão alguns filmes baixados, prontos para serem assistidos em algum dispositivo apoiado em cima da TV, e uma lista de filmes ainda maior aguardando na fila. Poderiam escolher um filme para assistir e, quando terminassem, bastava assinalar o filme como "concluído". Na sequência, o download do próximo filme da fila começaria automaticamente.

E, no dia seguinte, adivinhem só? *Tcharam!* Lá estava um filme novinho, só esperando para ser assistido.

Ainda assim foi difícil convencer os estúdios e as empresas de tecnologia de que a nossa ideia era boa, e ainda mais difícil tentar convencê-los de que éramos nós que a executaríamos. Para eles, éramos uma simples empresa de conteúdo que tinha descoberto como usar os correios. Entrega digital? Alto lá! Coisa para os grandes.

Nunca vou me esquecer do dia em que saí da sede da Microsoft com Neil, depois de uma reunião particularmente desanimadora com alguns executivos. Estávamos em Redmond, subúrbio de Seattle, e não pude deixar de lembrar daquela visita à Amazon, com Reed, três anos antes. Mas, agora, em vez de um prédio velho e em mau estado, numa região mal-acabada da cidade, eu dirigia por um campus corporativo deslumbrante, sombreado por sequoias altas e cercado por lagos artificiais imaculados. E em vez de uns caras maltrapilhos e estranhos em frente a uma clínica de reabilitação, havia funcionários da Microsoft jogando frisbee em campos de grama verdinha e bem-cuidada.

Nossa reunião foi com dois gurus da tecnologia que estavam trabalhando no desenvolvimento dos novos jogos do Xbox. Faltavam apenas algumas semanas para o lançamento, mas a Microsoft já estava atrasada para a festa e numa correria desatada para alcançar a Sony e a Nintendo. Num esforço para superar os dois concorrentes, a Microsoft incluiria dois recursos surpreendentes: uma porta ethernet e um disco rígido, o que permitiria ao Xbox conectar-se à internet e armazenar qualquer conteúdo baixado. Para o grande público, a Microsoft trazia esses recursos com uma forma de aprimorar a experiência de jogo, mas sabíamos que a empresa estava pensando em usar esses recursos para baixar programas de televisão e filmes, e estávamos de olho em uma possível parceria. Do nosso ponto de vista, a Microsoft tinha a tecnologia e nós tínhamos o conteúdo.

Mas a coisa foi por água abaixo. Como de costume, por trás da resposta polida, a mensagem era sempre a mesma: *Por que precisamos de vocês?*

— Que perda de tempo — queixou-se Neil, prostrado no banco do passageiro enquanto eu fazia as curvas nas rotatórias da Microsoft, em alta velocidade. — Se deslocar até aqui, que é uma viagem, e alugar um carro só pra ouvir um educado "não, obrigado".

— O "não" nem sempre significa não — falei, sorrindo.

Neil resmungou, tirando sarro da minha frase, achando clichê demais, uma mentira para fazê-lo se sentir melhor.

— Pode parar, sei que só está dizendo isso pra me animar — afirmou ele.

Mas a verdade é que eu não estava, não. Afinal, eu já não tinha passado por situação semelhante antes, quando todas as empresas de eletrônicos de consumo recusaram a nossa proposta de parceria, quando oferecemos 3 DVDs GRATUITOS?! Alexandre Balkanski fazendo que não com a cabeça, repetidamente. Uma, duas, três e tantas outras vezes desde o começo da Netflix, escutei "não" de muita gente e fiquei observando, depois, como elas foram mudando de ideia. Ou como se deram conta de que tinham errado.

Eu sabia que a nossa ideia era boa. Talvez ela não vingasse naquele momento, mas um dia, com certeza vingaria.

Vou contar o que aprendi: se você quer que o seu sonho se transforme em realidade, duas das ferramentas mais poderosas que tem à sua disposição são a persistência e a obstinação. Vale a pena ser aquela pessoa que não aceita "não" como resposta, já que, no mundo dos negócios, um "não" nem sempre é uma recusa. Vou citar um exemplo.

Meu sonho, ao sair da faculdade, era conseguir um emprego na área de publicidade. Uma guinada e tanto para alguém que tinha se formado em Geologia, mas eu era otimista. E persistente.

A única oportunidade na área de publicidade para um aluno de graduação como eu, sem experiência, era o cargo de gerente de contas, o "trunfo" que fazia a interface entre o cliente e a equipe de criação da agência de publicidade. Embora esse fosse um trabalho predominantemente executado por quem tem MBA, algumas agências abriam a possibilidade de contratação para alunos de graduação, então, quando um representante da N. W. Ayer veio ao campus, aproveitei a chance para participar de um processo seletivo.

Para minha surpresa, fui selecionado e, junto de outros doze alunos, fui convidado para uma entrevista, em Nova York. Depois de um dia inteiro de reuniões com representantes de quase todos os departamentos, recebi novamente a notícia de que tinha passado para a próxima fase, sendo o único da minha universidade que tinha conseguido. A partir de então, eu era um dos cinco alunos de todo o nordeste dos Estados Unidos, todos concorrendo a uma única vaga de emprego.

Eu não fui selecionado.

Eu sou o tipo que me recupero rapidamente, então, a decepção por não ter conseguido esse emprego dos sonhos logo se transformou num sentimento de confusão. O que o outro candidato tinha que faltava em mim? Sem conhecer nenhum dos critérios avaliativos que tinham sido aplicados no processo seletivo (e dos quais eu teria plena consciência mais tarde, quando foi a minha vez de estar do outro lado da mesa, fazendo contratações), eu não conseguia compreender o que tinha dado errado.

E foi aí que decidi perguntar.

Escrevi uma carta extensa para cada pessoa que tinha me entrevistado, aproveitando a oportunidade para recapitular a cada um deles todas as minhas qualidades. Expliquei que, embora tivesse consciência que devia faltar em mim alguma característica importante, agradeceria se pudessem me explicar de que se tratava exatamente.

"Olha só, como tenho certeza de que vou me candidatar para essa vaga ano que vem, gostaria de me dedicar a corrigir ou desenvolver as habilidades que me faltam", expliquei na carta.

Hoje, só de lembrar nisso, tenho vontade de cavar um buraco na terra e me esconder.

Mas funcionou. Quatro dias depois, recebi uma ligação. Um dos sócios principais da agência queria falar comigo. Ele era o cara que administrava toda a parte comercial da empresa. Vários dias depois, quando nos reunimos no quadragésimo segundo andar de um luxuoso prédio de esquina, pairando sobre a Sexta Avenida, ele me ofereceu o emprego. No fim das contas, nenhum dos candidatos tinha sido chamado para ocupar a vaga. A N. W. Ayer sabia que ser um executivo de contas demandava habilidade para vendas. O tipo de trabalho que transforma um "não" em "sim". Por isso, tinham dito "não" para todos os candidatos.

Eu fui o único entre eles que não aceitou o "não" como resposta.

A Microsoft não aceitou nossa proposta de parceria. Mas alguém aceitaria.

Nesse meio-tempo, pouco a pouco eu redefinia minha função na Netflix. Eu não era mais presidente. Tecnicamente, eu era produtor executivo, e já naquela época, começávamos nossa transformação de uma startup de software geek para uma empresa cem por cento de entretenimento (Se ao menos eu conseguisse lembrar para qual lavanderia mandei o meu Outfit de Novas Mídias...).

Mas Reed tinha as rédeas da situação. E merecia ter. Levantar mais de cem milhões de dólares nunca teria sido possível sem ele. Com Reed à frente da empresa, conseguimos sobreviver à extravagância irracional da bolha da internet. E superá-la.

Curiosa aquela minha situação. Eu tinha fundado a Netflix. Avistei a onda da internet se aproximando e comecei a remar no momento certo. No começo ela era a minha empresa. Mas, aos poucos, desde aquele fatídico PowerPoint de Reed, as coisas tinham mudado. E eu me sentia confortável com isso. Quando Reed assumiu o rosto da nossa empresa, tudo mudou para melhor. Mas a partir de então eu me senti isolado em algum lugar entre o passado e o futuro. E se tinha algo em que eu vinha pensando muito em 2002, era justamente no futuro.

Eu tinha uma família que eu adorava: três filhos pequenos e um casamento lindo, com a minha melhor amiga. Eu queria ter a certeza de que o futuro deles estava garantido, o futuro de *cada* um deles. E embora eu tivesse ganhado o suficiente nas outras startups em que trabalhei para viver confortavelmente, este seria um acontecimento financeiro de magnitude totalmente diferente. Simplificando: eu não queria que todos os meus ativos estivessem amarrados às ações de uma única empresa, por mais que eu acreditasse no negócio. Ao longo da minha vida, vi muita gente perder tudo por circunstâncias fora do controle delas, e eu era esperto o suficiente para saber que isso era algo que eu não queria para mim. Se abriríamos capital em 2002 (e depois de chegarmos a um milhão de assinantes em dezembro, e de Barry começar a fazer uma nova sondagem com bancos e possíveis investidores, essa hipótese parecia cada vez mais provável), eu queria estar apto para vender as minhas ações.

O problema, claro, é que os bancos e os investidores não costumam ver com bons olhos um executivo de alto escalão vendendo grandes quantidades de ações. Parecia o prenúncio de algo ruim, um possível indício de que esse executivo sabia de algo que eles não sabiam.

Esse era o meu caso. Eu tinha confiança total de que a Netflix seria uma empresa de sucesso. Mas nunca tive certeza de que a empresa que estávamos construindo estava destinada ao sucesso de longo prazo. Eu só queria a opção de poder vender as ações.

E, para isso, eu precisava ser bem menos visível para os bancos e os investidores. Eu não podia ser listado como "presidente" em nosso S-1. E isso implicaria duas coisas: primeiro, eu precisava de um título que não transparecesse que eu estava em posição de liderança; segundo, eu teria de abandonar a minha cadeira de conselheiro da Netflix.

A primeira era fácil. Não ligo para títulos, nem nunca liguei. "Fundador e produtor executivo" estava de bom tamanho para mim.

Deixar o conselho foi um pouco mais difícil. Eu tinha me esforçado muito para ocupar aquela cadeira. E quase a perdi uma vez. Logo depois de assumir o cargo de CEO, Reed me pediu para abrir mão do meu cargo para que um investidor pudesse ocupá-lo. Recusei taxativamente, argumentando que poderia desistir do meu cargo de CEO e até de algumas ações, mas jamais abriria mão da minha cadeira no conselho de administração. Isso já era demais. Eu queria ter algum poder de controle sobre a direção da empresa e achava importante que um membro fundador fizesse parte do conselho para contrabalançar os interesses dos capitalistas de risco.

— Todo mundo que já integrou um conselho de administração diz que só está interessado no sucesso da empresa — falei para Reed. — Mas tanto você quanto eu sabemos que o "sucesso" para os fundadores da empresa é uma coisa, mas tem um significado um pouco diferente para os capitalistas de risco.

Isso é bem verdade. E é algo que sempre digo aos fundadores hoje em dia. Os capitalistas de risco sempre vão dizer que estão alinhados com a missão da empresa, e que querem o melhor para a empresa. Mas o que eles querem mesmo é o melhor para o investimento que fizeram na empresa. O que nem sempre é a mesma coisa.

Todos estão alinhados quando o vento sopra na direção certa. Mas só quando surge uma tempestade de repente, fica claro que as pessoas têm metas e objetivos diferentes.

Reed não via as coisas desse jeito. Mas Patty, a única capaz de fazer a cabeça dele, concordava comigo.

— Se as coisas derem errado — perguntou a ele —, quem você gostaria de ter ali, em torno daquela mesa? Quem você gostaria que estivesse lá, quando fizesse uma pergunta difícil e precisasse de uma resposta direta?

Um tempo depois, Reed me contou que assim que Patty lançou essa pergunta para ele, ele soube que me manter no conselho seria a coisa certa a se fazer (não só para mim, mas para a empresa).

Pois bem. Desistir da minha cadeira em 2002, depois de ter lutado tanto para consegui-la e mantê-la, foi um remédio amargo, difícil de engolir. Mas foi uma decisão que tive de tomar se quisesse a segurança financeira de liquidar qualquer valor significativo das minhas ações. Estava claro desde o começo do ano que, desta vez, nenhuma bolha da internet poderia nos refrear. Abriríamos capital. E seria um marco, uma guinada muito significativa que mudaria as coisas para sempre.

Pena que eu não fazia ideia do que representaria essa mudança.

— Pai, qual é o número da matrícula?

Logan esticava o tronco à frente e consequentemente o cinto de segurança, tentando enxergar o painel. Fechei a janela enquanto o portão de metal abria devagar, à nossa frente. Mais adiante, um avião nos esperava na pista, com as luzes das asas piscando no crepúsculo do amanhecer. Atravessei o portão e aproximei o carro da pista, chegando bem perto do avião.

— Da última vez que estava para pegar um jatinho assim, eu fiz essa mesma pergunta, filho — disse a ele.

Era 22 de maio de 2002, um dia antes do nosso IPO, e mais ou menos cinco anos depois de eu ter lançado pela primeira vez a ideia de enviar DVDs pelo correio, naquele dia, no carro, com Reed. Eu já não andava mais de Volvo. Seis meses antes, com a situação financeira melhorando pouco a pouco, eu finalmente criei coragem e comprei um carro novo, um Audi Allroad. Ele tinha tração nas quatro rodas para dirigir na neve, suspensão de altura adaptativa para estradas alternativas (que eu costumava pegar para chegar aos lugares em que mais gostava de surfar) e, claro, espaço para dois assentos traseiros espaçosos. Não era um carrão (aos olhos de muita gente), mas para mim ele era. Eu disfarçava esse pecado ostentatório deixando de lavar a parte externa do carro, e mantendo sempre uma prancha de surfe, uma bicicleta ou uma roupa de mergulho escondida na parte de trás.

O Audi não foi o único upgrade na minha vida desde a nossa malfadada viagem a Dallas, para aquela reunião com a Blockbuster. O avião também era mais um degrauzinho que eu subia. Não voamos mais no Learjet de Vanna. Em vez dele, Reed fretou um Gulfstream G450. Se o Learjet era pequeno e delicado feito um avião de brinquedo, o Gulfstream era pesado, imponente e ameaçador. As escadas que levavam a ele eram maciças, substanciais, diferentemente dos degraus frágeis e oscilantes do Learjet. Estofado e suntuoso, com poltronas enormes de couro, o interior do avião parecia o lounge de um hotel de luxo. Abaixar a cabeça para ter de circular dentro dele? Nem pensar. O teto era alto o suficiente para você não precisar se preocupar nem um pouco com isso. As paredes sequer aparentavam a menor curvatura. Não fosse pelas janelas circulares, quem estava a bordo facilmente esqueceria que em breve esse lounge estaria nas alturas, rumo ao leste, a mais de mil quilômetros por hora. Logan mal podia acreditar nos que seus olhos viam. Passando na minha frente ao atravessar a porta, entusiasmado, ele dava gritos de alegria a cada nova descoberta que fazia ao admirar todas as regalias que havia dentro do avião:

— Olha isso! — exclamou, correndo pelo corredor. — Um sofá! Dentro de um avião!

Logan se atirou nele, levantou e depois voltou a se jogar no sofá, procurando a melhor posição por entre as almofadas. Dali a alguns minutos, ele escolheu o "cantinho do dinheiro", recostou-se confortavelmente, cruzou as pernas e sorriu.

— Este lugar é meu — declarou.

Escondi minha mochila sob a mesa de nogueira polida que ficava entre o conjunto de quatro poltronas e me acomodei. Virando para olhar para a janela, vi o Avalon dourado de Reed entrando na pista, se aproximando ao avião. Caminhando rapidamente pela pista, ele estava claramente no *modo business*: calça de linho preta, suéter cinza de gola rolê (este, com um logotipo da Netflix no peito).

Eu também tinha tomado as devidas providências para me vestir a rigor: coloquei a minha única calça cáqui limpa, blazer cinza e uma polo preta, com uma das golas casualmente escapando para fora do blazer. Desenterrei um par de mocassins pretos com borlas, que lustrei na noite anterior, e estava com os meus óculos "elegantes", cuja armação tartaruga me deixava com cara de economista (ou pelo menos assim pensava eu). Para completar o look elegante de entusiasta da tecnologia, fiz questão de assegurar que o meu fiel Motorola StarTAC estava preso no cinto da calça.

— Amanhã é o grande dia — disse Reed enquanto se acomodava na poltrona à minha frente. — Merrill acha que provavelmente estamos na faixa dos 13, 14 dólares.

Ele inclinou o corpo em direção ao corredor para cumprimentar o meu filho.

— Oi, Logan! Está elegante, hein! — comentou.

Logan riu e acenou para Reed. Ele estava elegante mesmo. Lorraine o vestiu e arrumou com todo capricho. Quando decidimos que ele viria comigo para Nova York, chegamos rapidamente ao consenso de que o shorts e a camiseta de uniforme de sempre provavelmente não seriam o melhor para a ocasião, então, Lorraine foi até a Mervyn's, a loja de roupas com desconto do Capitola Mall. Ela voltou com um blazer azul (Imperdível! US$ 39,99!) e um par de mocassins pretos, que custou 18,49 dólares.

— Não me importa quanto dinheiro a gente vai ter depois dessa viagem — explicou Lorraine enquanto com muita habilidade cortava as etiquetas da nova jaqueta. — Ele tem dez anos. Não faz sentido gastar muito dinheiro com uma coisa que daqui a pouco não vai mais servir nele.

— Ou que logo pode acabar manchando se ele derramar alguma coisa em cima — acrescentei.

Lorraine também tinha comprado uma gravata vermelha para Logan, mas logo que ele descobriu que eu não planejava usar gravata, insistiu em não usar também e a substituiu por um colar com dente de tubarão que não tirava do pescoço desde o verão na praia, quando atuou como salva-vidas júnior.

Assim que levantei para mostrar a Logan como colocar o cinto de segurança, Barry entrou no avião com a pasta na mão. Como de costume, ele parecia melhor do que todos nós: corte de cabelo típico de banqueiro, blazer azul, camisa branca e ofuscante e — ao contrário de todos nós — uma bela gravata de seda.

— Prazer, eu sou o Barry — disse ele, esticando o braço para cumprimentar Logan. — Fico contente de saber que vai nos ajudar a fazer a abertura de capital.

Bem típico de Barry tratar um menino de dez anos como se ele fosse um executivo de empresa — ou pelo menos como se um dia viesse ser. Afinal, nunca se sabe quem poderia acabar sendo útil no futuro.

— Jay está atrasado — disse sem se dirigir a nenhum de nós em particular, acomodando-se numa poltrona. Ele tirou um bloco amarelo de dentro da pasta e na sequência escorregou a pasta para o assento livre, ao lado dele.

Jay Hoag era um de nossos capitalistas de risco. Não era de se surpreender que ele quisesse nos acompanhar naquela viagem, afinal, Jay era nosso maior investidor. Ele era o cofundador de uma empresa de capital de risco chamada TCV (Technology Crossover Ventures), que tinha a missão de apoiar empresas com investimentos tanto antes quanto depois do IPO. O apoio de Jay foi fundamental para o nosso sucesso.

A TCV não só liderou o nosso financiamento da série C no início de 1999, com um investimento de seis milhões de dólares, como também fez algo ainda mais importante: convenceu a LVMH, o conglomerado francês de bens de luxo, a seguirem seus passos. Graças ao fato, quase que única e exclusivamente, de Jay ter apostado em nós, o representante da LVMH veio ao Vale do Silício, fez uma única reunião comigo e com Reed e, dali a poucos dias, transferiu mais de 25 milhões de dólares para a Netflix.

E o melhor de tudo, em 4 de abril de 2000 — dez dias antes de a bolha da internet estourar — a TCV arriscou uma bela cartada e injetou quarenta milhões na Netflix. Considerando o momento desse investimento (e a carnificina que aconteceu no Vale do Silício, na sequência), Jay provavelmente teve a certeza de que aquilo era tudo que tinha restado de dinheiro da sua empresa. Imagine como deve ter sido especialmente gratificante para ele, naquele momento, dois anos depois, entrar num avião rumo ao IPO da Netflix: o último passageiro da última etapa de uma expedição por uma mata densa.

* * *

Em algum lugar sobre o Nebraska, enquanto descíamos para reabastecer, Barry pegou o celular.

— Quero ver como está o *bookbuilding* — disse, apoiando o telefone entre a orelha e o ombro, abrindo o bloco de notas numa página em branco. — O mercado está quase fechado. Devem estar com uma expectativa boa do que está por vir amanhã.

Bookbuilding é o estágio final antes de efetivamente lançar a IPO. Há poucos dias o processo tinha atingido o pico, quando Reed e Barry pegaram a estrada para apresentar a história da Netflix para possíveis investidores.

No dia em que você abre o capital da empresa, apenas algumas ações são compradas individualmente, o chamado "varejo", para usar os termos de Wall Street. A maior parte do que se vende no primeiro dia é institucional: grandes fundos administrados por investidores sofisticados que têm visão de longo prazo. Pense em fundos de pensão, doações para universidades, fundos de aposentadoria, fundos mútuos, sem falar nos "indivíduos com patrimônio líquido altíssimo", pessoas que têm tanto, mas tanto dinheiro que contratam escritórios inteiros especializados em investimento para administrá-lo.

Como a Merrill Lynch, o banco líder do consórcio que abriria o nosso capital, se comprometeu a vender mais de setenta milhões de dólares em ações no dia da abertura, não deixariam nada ao sabor do acaso. Portanto, nas duas semanas que antecederam o IPO, eles montaram um *road show** muito bem orquestrado que cobriu todos os principais mercados financeiros. Feito uma produção da Broadway na estreia de *Miss Saigon* em New Haven, antes de chegar à Big Apple, a "turnê" começou longe de Wall Street e terminou em Nova York. Começando em San Francisco, de frente para investidores interessados em tecnologia, o jato fretado fez escalas em Los Angeles, Denver, Dallas, Chicago e Boston antes de finalmente pousar em Nova York para dois dias de estada. A cada parada, Barry e Reed eram levados de escritório em escritório, de sala de reunião a sala de reunião, do café da manhã a apresentações no

---

* Uma série de reuniões/apresentações que acontecem em diferentes cidades em que os executivos da empresa prestes a fazer o IPO fazem a apresentação da empresa e de seus respectivos serviços e produtos a potenciais investidores (N.T.).

almoço, listando os motivos pelos quais o investimento na Netflix valeria a pena.

Levou um tempo para chegarem a um consenso sobre o que dizer, descobrir o que funcionava, o que era confuso e o que era melhor deixar de lado. A certo ponto, no meio dessa jornada, depois de uma noite difícil com uma criança chorando, cheguei ao escritório às cinco da manhã e encontrei Joel e Suresh já à mesa de trabalho deles.

— Chegaram cedo — falei, me sentindo tão grogue e desorientado quanto Joel e Suresh também pareciam estar.

— Na verdade, a gente passou a noite aqui — disse Joel, explicando que Reed e Barry vinham recebendo informações nada boas do *churn*, ou seja, os índices que apontavam o cancelamento das assinaturas.

— Estamos analisando como os diferentes segmentos estão se comportando. Mas toda vez que enviamos para Reed os dados que ele pede, ele volta com alguma pergunta.

— Esse homem não dorme nunca? — perguntou Suresh, esfregando os olhos.

E a resposta era: quase nunca.

Mas Reed também se cansava. Quando ele e Barry chegaram a Nova York, pareciam dois sonâmbulos durante a apresentação. Felizmente, tinham conseguido alinhar a fala, e construíram um discurso focado e objetivo. Barry me contou depois, ao final da *turnê*, que a sinergia entre os dois era tanta que um terminava a fala do outro, e conseguiam até antecipar as perguntas dos investidores, antes de eles sequer abrirem a boca.

Logo que terminaram a turnê, Barry e Reed passaram o bastão para Merrill e seu batalhão de vendedores, que seguiram os passos dos dois, juntando toda e qualquer demanda que Barry e Reed trouxeram para, em seguida, afunilar o que seria levado para a mesa principal em Nova York, onde seria tabulado detalhadamente num painel eletrônico, ainda (tradicionalmente) chamado de "book de ofertas", ou "livro de ofertas".

Mas esse livro não era escrito com tinta indelével, claro. Todas as ordens preliminares, ou melhor, "manifestações de interesse" eram baseadas numa estimativa de preço. Alguns clientes queriam a Netflix independentemente de quanto ela custasse, enquanto outros tinham uma visão mais clara do preço de negociação — e podiam definir previamente os limites: se estivessem abaixo do preço, aceitariam. Acima dele, caíam fora.

O desafio do banco, na manhã do nosso IPO, seria descobrir o número ideal para lançar como preço de abertura para ações individuais. Se jogassem o preço lá em cima, os compradores interessados desistiriam — e com isso perderíamos as chances de atingir a nossa meta de setenta milhões de dólares; se definissem um valor muito baixo, os milhões da Netflix ficariam a ver navios. E as complicações não paravam por aí. Dada a escolha, o banco realmente não se importava que o preço estivesse lá embaixo. Eles persistiram em fechar um acordo conosco, em partes porque (afora a grande comissão) era a oportunidade de oferecer aos seus melhores clientes a chance de comprar a um valor baixo na abertura, e vender por um preço alto no fechamento. Os bancos costumam chamar esse procedimento de "repique".

Um repique não é necessariamente uma coisa ruim. O salto rápido repentino no preço pode mostrar ao público que a empresa está "com as engrenagens aquecidas" e tomando "impulso". Mas se tinha alguém ali que ganharia dinheiro naquele primeiro dia, queríamos que fôssemos nós, não os clientes da Merrill Lynch. Queríamos um salto seguro, não a sensação de estar pulando de um trampolim.

— Pai!

Com a boca entreaberta e uma bola de sorvete de baunilha enorme devidamente equilibrada na colher, Logan interrompeu a sobremesa por um momento e disse:

— O Barry está falando no telefone. Dentro do avião. Achei que a gente não pudesse fazer isso.

Ele me lançou um olhar interrogativo, levando cuidadosamente à boca a colher de sorvete, e em seguida olhou para baixo para pegar um pouco mais de brownie do fundo de seu sundae.

— Muito legal, não? — Não consegui conter a risada. — Quer ligar para alguém também? Que tal falar com a sua mãe?

Pressionei o botão de discagem rápida e esperei Lorraine atender.

— Saudações de Omaha — falei. — Tem alguém aqui que quer falar com você.

Logan pegou o telefone e atualizou Lorraine sobre a viagem. Sem tomar fôlego, começou a contar sobre o cardápio do almoço: salada Caesar, batata assada e filé mignon (pronunciando este último como "mi-nham").

— Alguém aí parece bem animadinho, hã? — comentou Lorraine quando eu finalmente consegui pegar o telefone de volta.

— Um pouco agitado. Mas muito contente. Você tinha que ter visto quando a gente atingiu a altitude de cruzeiro. Ele começou a dar cambalhotas corredor abaixo. Sério, sem brincadeira. Ficou rolando de um lado para o outro do corredor.

— Fico contente em saber que ele está aproveitando bem — respondeu Lorraine e, imitando Barry, falando bem baixinho, como se estivesse contando um segredo, disse: — Diga a ele para não se acostumar com isso, hein?

Olhei em direção a Logan e o vi raspando o próprio prato, tentando pegar com a colher as últimas raspas de chocolate. Eu estava tão animado quanto ele, a diferença é que eu sabia disfarçar. Verdade seja dita, acho que todo mundo ali sentia o mesmo, e se fôssemos tão espontâneos quanto Logan, estaríamos dando cambalhota junto com ele.

Já estava bem escuro quando o Lincoln Town Car parou sob o pórtico da casa dos meus pais em Chappaqua. Logan dormia um sono pesado, apoiado no meu ombro.

Eu estava de volta para casa.

— Bem-vindo de volta, sr. Executivo das Novas Mídias — disse a minha mãe, segurando a porta aberta para mim enquanto eu carregava Logan nos braços, subindo os degraus da frente, entrando na cozinha. Sonolento, ele deu uma ou duas piscadas ao sentir a luz nos olhos, enquanto eu o colocava no chão.

— Pode dormir na sala, se quiser — disse a minha mãe para ele. Logan fez que sim com a cabeça e saiu arrastando os pés pelos degraus.

Naquela noite, dormi no quarto que era meu, antes de eu me casar, cercado pelos meus livros, minha coleção de garrafas de cerveja e meus troféus da Little League. De certo modo, era como se eu nunca tivesse ido embora dali. Eu estava com 44 anos. Casado e pai de três filhos. Tinha uma casa grande e um Audi Allroad. Mas, por dentro, eu ainda me sentia como se estivesse no ensino médio, animado com a partida de futebol do dia seguinte, contra a Fox Lane.

Como eu me sentiria no dia seguinte, depois que tudo acabasse? Será que me sentiria mais como um adulto? E quanto ao dinheiro? Será que ele mudaria a pessoa que eu sou?

Lorraine e eu certamente nos preocuparíamos menos, disso eu sabia. Mas eu não achava que seríamos mais felizes. Se Chappaqua tinha me trazido alguma lição, era que a felicidade residia num eixo totalmente diferente do dinheiro. Cresci cercado de pessoas incrivelmente ricas e incrivelmente tristes. Eram aquele tipo de gente que você reconhece de cara: mocassim impecável, terno sob medida, de fina costura, e no rosto, um sorriso vazio.

Eu me mexi e me revirei a maior parte da noite, minha mente antecipando e vasculhando absolutamente tudo que poderia dar errado. E se eu acordasse e o mercado tivesse quebrado durante a noite? E se acontecesse outro ataque terrorista? E se Reed fosse atropelado por um ônibus? E se, depois de todo esse trabalho, eu tivesse de voltar à estaca zero?

A única coisa que me acalmava era olhar para o trenzinho na cômoda encostada na parede, uma das criações mais perfeitas do meu pai, terminada em meados dos anos 1970. A máquina a vapor brilhava à luz da lua, provocando um efeito como se os pistões estivessem em movimento. Foi a última coisa que vi antes de cair no sono.

Em muitos aspectos, era um anticlímax.

Como a maioria das empresas de tecnologia, a Netflix entraria para a lista da Nasdaq, que é cem por cento eletrônica. Não há nenhum pregão, nenhum aglomerado de negociadores gritando histericamente com seus blazers extravagantes, nenhum balcão com campainha para tocar. Na Nasdaq, todas as negociações acontecem quase que instantaneamente — os compradores encontram os vendedores — num invisível, eficiente, silencioso e organizado mundo de servidores computacionais.

Aquela imagem icônica do empresário feliz, tocando um sino por entre um mar de pessoas, com uma porção de serpentina e confete caindo sobre ele? Opa, desculpe, endereço errado. Essa era a Bolsa de Valores de Nova York.

Embora o processo totalmente digital possa tornar as transações mais eficientes, pode ser meio brochante para quem está se preparando há quase cinco anos para um IPO. Se quiséssemos comemorar nossa primeira negociação efetiva, havia duas opções: reunir-se numa sala de servidores da Nasdaq, com ar-condicionado e sem janela, em algum lugar de Weehawken, Nova Jersey, ou ficar observando o painel no pregão da Merrill Lynch (o que, devo confessar, é quase tão dramático quanto ficar numa sala com um monte de servidores, sem janelas, mas pelo menos lá tem uma fileira enorme de máquinas de venda automática, amontoadas num canto, de frente para o elevador).

Logan encontrou essas máquinas rapidinho.

— É sobre essas aqui que o tio Randolph estava falando?

— É parecido — respondi. O tio de Logan, meu irmão, trabalhava na Merrill Lynch. Uma noite, na nossa casa, Randolph começou a contar umas histórias sobre o pregão, enquanto Logan ouvia tudo atentamente e com os olhos arregalados.

— Essas pessoas vivem de apostas — Randolph começou a contar. — Então, isso quer dizer que elas vivem procurando algo novo para poder apostar. Procuram de tudo, qualquer coisa pode virar objeto de aposta. Uma vez, apostamos se um cara conseguiria comer todos os produtos da máquina num único dia. Todo mundo apostou, cada um, vinte dólares, e dissemos para o cara que ele poderia ficar com o dinheiro se conseguisse acabar com tudo que tinha na máquina, mas a coisa mais doida eram as apostas paralelas. As pessoas começaram a oferecer centenas de dólares, desafiando umas as outras, perguntando se ele conseguiria ou não e, se não, em que momento ele desistiria.

A essa altura, Logan tinha arregalado ainda mais os olhos.

— Durante boa parte da manhã, a coisa estava andando bem. Ele passou pelos Snickers, salgadinhos e pelo chiclete de hortelã, que ele mastigava uma vez e depois engolia. Mas quando chegou a parte do Doritos, o cara começou a dar sinais de que estava cansado. E tinha três fileiras de Doritos na máquina. Então, um dos meus amigos, que tinha apostado uma grana alta, confiante de que o cara conseguiria terminar, desceu as escadas correndo e foi até a Duane Reed que ficava no primeiro andar do edifício.

— Pra quê? — perguntou Logan.

— Pra comprar um liquidificador — explicou Randolph, rindo.

Naquele exato momento, ali comigo, Logan estava de frente para as máquinas de venda automática, olhando tudo que tinha lá dentro, fazendo cálculos sozinho.

— Sem chance — disse ele. — Não tem como.

O pregão podia ser silencioso, mas era enorme: uma fileira enorme de mesas que ocupava uma sala do tamanho de um campo de futebol. Em cada uma dessas mesas, havia três monitores, posicionados lado a lado, ligeiramente inclinados para que o ocupante de cada estação pudesse ter uma visão dos monitores como um todo. Alguns dos corretores tinham ainda uma outra fileira com três monitores, montada em cima da primeira. Nas telas havia várias sequências de linhas coloridas, rastreando movimentos aparentemente aleatórios de vários instrumentos financeiros. Cada estação tinha um teclado especial, de tamanho maior que um convencional, com um layout de teclas QWERTY, mas com dezenas de outras teclas — uma mistura maluca entre letras e números que pareciam não fazer o menor sentido. Mas os corretores manipulavam esses teclados bizarros sem o menor problema, feito aprendizes de Chopin.

Cada estação tinha um console telefônico enorme, todos com botões vermelhos piscando freneticamente. Quando Logan e eu chegamos, Barry estava com um desses telefones apoiado entre o ombro e a orelha, com a metade de baixo do paletó vestida e abotoada e a outra metade de cima pendendo abaixo dos ombros, numa conversa animada com alguém do outro lado da linha. Reed estava respondendo a e-mails na mesa ao lado, na maior tranquilidade. Jay Hoag estava parado, meio que de lado em uma das mesas, como sempre, relaxado e com sua camisa Oxford azul.

— Nada ainda — informou Jay. — Os mercados estão prestes a abrir, mas ainda estão definindo um preço. Pode demorar uma hora ou um pouco mais.

Ele apontou para um canto do pregão, onde havia quatro ou cinco corretores conversando freneticamente ao telefone, alguns deles segurando dois aparelhos ao mesmo tempo.

— Cada vez que tentam um novo preço, precisam ligar de volta pra todo mundo. Pode ser que leve um tempo.

Tínhamos aí um entrave. Podíamos esperar o dia inteiro, se preciso fosse, mas em Los Gatos as coisas funcionavam de um jeito um pouco diferente. Como a cidade estava três horas atrás de Nova York, a empresa inteira tinha chegado cedo para tomar café às seis da manhã. Todos estavam reunidos numa área do andar de baixo, aguardando ansiosamente o início das negociações. E eu havia prometido a eles que ligaria de vez em quando para contar o andamento das coisas, mas o que eu diria para eles agora?

Nem uma novidadezinha para compartilhar.

Às 9h15, horário da Costa Leste dos Estados Unidos, quinze minutos antes da abertura, liguei para o escritório.

— Bom dia, Los Gatos! — cumprimentei, imaginando a minha voz nos alto-falantes enormes que tinham sido instalados no escritório. E imaginando também todo mundo ali interrompendo suas conversas e deixando o café de lado. O grande momento tinha chegado (assim pensavam eles). Lego engano. Ainda não era a hora.

— Estou aqui no pregão da Merrill Lynch com Reed, Barry e Jay — falei. — Faltam mais ou menos quinze minutos para abrir e… — hesito, tentando pensar no que dizer. — Bom, *er*… não aconteceu nada ainda.

Não há coisa pior que tentar descrever o processo de "correspondência de preços" para uma sala cheia de gente sem ter a chance de olhar no rosto delas e ouvi-las. Eu me sentia feito um narrador de jogo de beisebol, relatando lance por lance, tentando preencher o tempo durante uma partida interrompida por conta da chuva. E descobri que é preciso uma habilidade e tanto para fazer uma sala cheia de mesas e monitores soar interessante para os ouvintes.

Se eu já estava entediado, posso fazer ideia de como aquelas pessoas reunidas na Netflix estavam.

Por fim (e felizmente!), Patty atendeu o telefone e sugeriu que talvez fosse melhor eu voltar a ligar quando surgisse alguma novidade.

E por incrível que pareça, tinha alguém que não estava nem um pouco entediado com o atraso: Logan. Ele estava encantado com absolutamente tudo. Tinha aprendido a usar o terminal Bloomberg e pesquisava nele notícias sobre Santa Cruz. Ele digitava no teclado feliz da vida, feito uma criança que tinha acabado de ganhar um doce.

Mas, para mim, a espera foi insuportável. Coisas como *"Tem um cara conversando em dois telefones ao mesmo tempo"* e *"Tem uma pessoa regando uma planta"* estavam entre as atualizações periódicas que eu repassava para Los Gatos durante as ligações, enquanto andava de um lado para o outro, roendo as unhas. Eu me sentia como se estivesse no hospital, esperando um ente querido sair da sala de cirurgia. Pensar em toda e qualquer possibilidade (sendo a maioria delas ruim), me deixava mais e mais nervoso e ansioso. Eu precisava ocupar a cabeça com outra coisa. Por fim, acabei lembrando da câmera fotográfica que Lorraine tinha enfiado no bolso da minha jaqueta, e ocupei a mente tirando fotos. Peguei Barry ao telefone, Reed com cara de pensativo. A que tirei de Logan, ele olhando para mim, sentado a uma das mesas, com as mãos cruzadas e uma cara séria, como se estivesse profundamente preocupado com a oscilação da Krugerrand, continua sendo uma das fotos favoritas que tenho do meu filho.

Quando finalmente chegou o momento, não houve luzes piscantes. Nem toque de trombetas. Nenhum anúncio num alto falante ou coisa do tipo, nada disso. Apenas alguns passos de Barry, se aproximando de onde Jay, Reed e eu estávamos reunidos, para anunciar:

Temos um preço.

Em um monitor na parede e no topo da maioria dos monitores da sala, um monte de letras e números mostravam as negociações à medida que elas aconteciam. Um corretor experiente avaliaria o que aparecia ali e compreenderia de maneira imediata e visceral o que estava acontecendo: APPL—16.94 _MSFT—50.91 _CSCO—15.78. Todos voltamos o rosto para a tela, olhando fixamente para ela, evitando piscar para não perder absolutamente nada. O próprio Logan sabia que havia algo importante se passando ali, e ergueu os olhos para tentar descobrir o que tanto chamava a nossa atenção.

Lá estava: NFLX—16.19.

Finalmente eu tinha algo concreto para contar a Patty.

— Ligue e me coloque no viva-voz — falei.

Ali, entre os presentes, foi uma festa incrivelmente emocionante. Reed e eu nos abraçamos. Barry, Jay e eu demos as mãos. Abaixei e dei um abraço bem apertado em Logan. Os vários executivos da Merrill que nos orientaram durante o processo pararam para nos parabenizar. Alguém abriu uma garrafa de champanhe. Até Logan tomou uns goles. E detestou o gosto.

Reed e Barry ficariam por ali para falar com os repórteres, mas meu trabalho como narrador de jogo terminou no segundo em que ouvi a explosão de gritos eufóricos e de aplausos do outro lado da linha, em Los Gatos. Logan e eu podíamos ir embora. Nosso voo não sairia de Teterboro (aeroporto que opera voos privativos dentro e fora da cidade de Nova York) antes das cinco da tarde. E isso significa que teríamos a tarde livre.

Havia algo que eu queria fazer. Eu queria visitar o *Intrepid*, um porta-aviões da Segunda Guerra Mundial ancorado permanentemente em um píer, no Hudson. Lá tinha também um submarino e funcionava um museu.

Mas, primeiro, Logan e eu tínhamos uma tarefa importante a cumprir.

Caminhamos em direção à saída que dava para a rua e, enquanto nos aproximávamos das portas giratórias, com cuidado eu tirei as etiquetas com os nossos nomes da roupa e as coloquei na mochila, para guardar de lembrança. Dei sinal e chamei um táxi, que parou no meio-fio.

— Rua Onze com a Sexta Avenida, por favor — falei para o motorista enquanto entrava no carro, logo atrás de Logan.

— Pra onde a gente vai? — perguntou Logan.

— Já, já você vai descobrir — respondi. — Sei que você nasceu na Califórnia, mas está na hora de ser batizado como nova-iorquino.

Quando o táxi saiu e pegou o trânsito, no finalzinho da manhã, eu me recostei no banco de couro rachado e fiquei olhando a rua pela janela entreaberta, vendo os prédios passarem. Eu começava a perceber que a minha vida tinha mudado para sempre. Naquele intervalo entre a espera e o surgimento de um código rolando pela tela, um caminho completamente novo tinha se aberto. Pela primeira vez na minha vida adulta, eu não precisava trabalhar. E nunca mais precisaria.

O táxi parou no sinal vermelho e me peguei olhando para as pessoas atravessando a faixa de pedestres à nossa frente. Um homem de terno, meio que com uma carranca, mordiscando um donut. Uma mulher com uniforme de enfermeira, cansada depois de um turno de doze horas. Um operário com um capacete amarelo na mão.

Todos eles tinham que trabalhar. Mas eu não tinha. Pouquíssimas horas antes, eu estava na mesma situação que eles. Mas, de repente, as coisas tinham mudado. E eu não sabia ao certo como me sentiria a partir de então.

A questão não era o dinheiro. Mas ter alguma utilidade, o prazer de saber que você é útil para alguma coisa. O objetivo do trabalho, para mim, nunca foi enriquecer, mas sim a sensação agradável de fazer algo bem-feito, o prazer de resolver problemas. E, na Netflix, esses problemas eram incrivelmente complexos, e o que me preenchia era me reunir em torno de uma mesa com um bando de gente brilhante e fritar o cérebro até conseguir encontrar a solução para cada um desses problemas.

Eu não era apaixonado pela Netflix porque achava que ela um dia me faria um cara rico. Eu amava a Netflix por causa das pistolas d'água de brinquedo. Das guerrinhas de água. Dos versos satíricos que a gente inventava. Das moedas no mictório, das épicas e acaloradas discussões na sala de reunião. Adorava os brainstormings descontraídos no banco do passageiro do carro, as reuniões numa lanchonete, numa sala de reuniões de um hotel ou em torno de uma piscina. Amei a experiência de construir a empresa, vê-la tropeçar e depois reconstruí-la. Amava as chegadas e partidas, os triunfos e as perdas, as gargalhadas estridentes na área externa do prédio e o silêncio atordoante dentro do jatinho de Vanna White.

Eu amava a Netflix por causa de Christina, Mitch, Te, Jim, Eric, Suresh e todas as centenas de outras pessoas que sacrificaram suas noites e fins de semana, que trabalharam nos feriados, cancelaram planos e remarcaram os compromissos que tinham. Tudo para ajudar ao Reed e a mim a realizar um sonho.

A questão não era o dinheiro. Mas sim o que fizemos antes de sequer saber que o conseguiríamos.

E como seria agora?

Eu não receberia o dinheiro imediatamente. Com o objetivo de evitar uma enxurrada de ofertas, os bancos exigiram que todos concordássemos em manter nossas ações por seis meses. Então, de certo modo, nada tinha mudado ainda efetivamente. Dali a algumas horas, eu pegaria um avião e voltaria para a Califórnia, e provavelmente voltaria direto para o escritório e ficaria ali por algumas horas, respondendo aos e-mails, antes de ir para casa.

Afinal, ainda havia muito o que fazer. A mira da Blockbuster estava apontada para a gente. E começávamos a ouvir boatos assustadores de que o Walmart entraria para o mercado de locação on-line. Havia ainda uma penca de coisas que a gente queria testar. E eu estava ansioso para retomar as minhas pesquisas sobre streaming.

Mas uma parte de mim sabia que essa fase da jornada tinha acabado de terminar. O sonho se transformou em realidade. Tínhamos conseguido — transformamos um envelope com um CD da Patsy Cline em uma empresa de capital aberto. Era o tipo de sucesso que todos esperávamos, e que tínhamos prometido às pessoas que tinham investido dinheiro em nós. E significava uma verdadeira recompensa para aqueles que tinham investido tempo em tudo isso. Era o tipo de conquista que, para a maioria das pessoas, combinava com caviar, champanhe e um filé mignon que ocupasse um prato inteiro. Um jantar farto e extenso no Le Bernardin, seguido de uma ou quem sabe três saideiras no Ritz.

Mas não era isso que eu e meu filho faríamos dali a pouco.

O táxi parou e eu enfiei uma nota de vinte dólares no compartimento. Ali, bem onde paramos, a fachada do famoso Ray's Pizza brilhava quase que imperceptível à luz do sol. Da janela, viam-se fatias de pizza de calabresa, linguiça e queijo numa bandeja rotatória, lá dentro. Por um momento, antes de abrir a porta, saboreei aquela cena: no dia com o qual eu vinha sonhando por anos, minutos depois de toda a trajetória da minha vida mudar, eu estava prestes a comer uma fatia de pizza numa genuína pizzaria nova-iorquina, com meu filho mais velho.

Eu estava exatamente onde eu queria estar.

— A gente chegou aonde queria, pai? — perguntou Logan, tirando os olhos das folhas impressas que tinha surrupiado do pregão, com uma lista de milhares de preços de ações.

— Com certeza, Logan — respondi, abrindo a porta do táxi. — Vamos. Conseguimos.

Epílogo

As regras de Randolph para o sucesso

Quando eu tinha 21 anos, recém-formado na faculdade e prestes a começar no meu primeiro emprego, meu pai me deu uma lista de instruções escrita à mão, menos de meia página com a caligrafia linda de engenheiro que o meu pai tinha. Dizia o seguinte:

As regras de sucesso de Randolph

1. Faça pelo menos 10% a mais do que lhe pedem.
2. Nunca jamais de forma alguma e com ninguém opine sobre coisas que você não conhece. Seja muito cuidadoso e disciplinado.
3. Seja sempre cortês e atencioso. Com todas as pessoas.
4. Não discuta, não reclame — faça apenas as críticas construtivas e sérias.
5. Não tenha medo de tomar decisões se elas você tiver fundamentos suficientes para tomá-las.
6. Quantifique sempre que possível.
7. Tenha a mente aberta, mas seja cético.
8. Seja pontual.

Ainda tenho a versão original da lista, numa moldura, protegida por um vidro e pendurada ao lado do espelho, no meu banheiro. Eu a leio todos os dias de manhã, enquanto escovo os dentes. E fiz uma cópia para cada um dos meus filhos. E tentei, durante toda a minha vida, viver de acordo com todas as oito regras.

As regras de sucesso de Randolph são abrangentes, liberais e pontuadas de maneira característica (toda vez que meus filhos e eu lemos o item 2 da lista, rimos da falta de vírgulas). Elas de algum modo são extremamente generalistas ("Tenha a mente aberta, mas seja cético") e encantadoramente precisas (adoro como o "Seja pontual" encerra a lista — parece a regra de menor importância, mas sua posição na lista indica o contrário). A conduta que cada uma dessas regras prega representa a franqueza e o trabalho duro, um verdadeiro ideal que meu próprio pai, homem curioso, decente e dedicado, personificou ao longo da vida.

As regras de Randolph me ajudaram muito na escola. E fora dela. E me ajudaram (incomensuravelmente) na minha carreira. É nessas regras que está a base do que faço: o hábito de sempre testar (2 e 6); o cultivo da curiosidade e da criatividade (7); a disposição de correr riscos em prol de um objetivo (5). Vejo as sementes da cultura da Honestidade Radical da Netflix arraigadas na regra número 4, que recomenda ater-se às críticas construtivas e sérias. E é claro que todas as madrugadas movidas a café e pizza no escritório da Netflix têm tudo a ver com a regra número 1 (faça pelo menos 10% a mais do que lhe pedem).

Meu pai raramente conseguia ver o lado profissional do filho. Como meus pais moravam na Costa Leste, nunca tiveram muito contato com o meu lado profissional. Claro, eu tinha pedido dinheiro para a minha mãe naquela época em que as sementes da Netflix começaram a ser plantadas. E falava com os meus pais sobre o meu trabalho na Borland, na Integrity, na Netflix. Em 1999, quando vim para Nova York para dar uma palestra para um grupo de executivos que trabalhavam com DVD, e convidei meus pais, eles já sabiam que a Netflix era um sucesso e que crescia cada vez mais. Mas nunca tinham visto isso pessoalmente. Pelo menos não antes daquela noite.

Eu lembro que estava nervoso. E também orgulhoso (muito, muito orgulhoso) de olhar para um auditório cheio e ver os meus pais na última fileira.

Terminada a palestra, meu pai e eu ficamos ali sentados, no auditório vazio. E o palco à nossa frente também estava vazio. Ele apoiou a mão no ombro, me parabenizou e disse que estava orgulhoso de mim. Depois, me contou que o médico tinha encontrado algo estranho numa radiografia craniana e que ele faria uma biópsia cerebral no hospital Mount Sinai, no dia seguinte.

De repente, senti um nó na garganta. Minha mãe já tinha me dito que meu pai andava meio estranho nos últimos tempos, daí a consulta, mas essa história do que o médico havia dito e da radiografia não me cheirava nada bem. Disfarcei o nervosismo e a ansiedade como sempre costumo fazer: contando uma piada.

— O médico deve ter estranhado o parafuso a menos que você tem na cabeça, pai.

Ele riu.

Meu pai e eu tínhamos o mesmo senso de humor.

Meu pai morreu de câncer cerebral em março de 2000. Foi um choque, uma dor muito grande para mim, e tudo aconteceu durante boa parte do tempo da última história que contei aqui. Entre 1999 e o começo de 2000, enquanto fazíamos vários testes do que viria a ser o Marquee e dávamos os toques finais no Cinematch, eu pegava o avião e ia para Nova York pelo menos uma vez por mês, enquanto meu pai fazia o tratamento. Foi o maior tempo que passamos juntos no decorrer de tantos anos.

Meu pai encarou o diagnóstico do câncer com a mesma atitude com que enfrentou a maioria das coisas na vida. Ao receber um feedback positivo sobre o progresso do tratamento, ele o recebia com a mente aberta, mas também com ceticismo. Ele não reclamou. Era cortês e atencioso com todos com quem interagia no hospital: médicos, cirurgiões, enfermeiros, auxiliares de enfermagem e assistentes. E chegava sempre pontualmente aos compromissos e reuniões.

Quando ele morreu, tirei mais ou menos uma semana de licença para viver o luto com a minha mãe, em Nova York. Depois, voltei para a Califórnia.

Mas alguma coisa tinha mudado em mim. A morte do meu pai me fez encarar as coisas por outra perspectiva, e me levou a considerar o que realmente era importante para mim — o que me preenchia como pai, marido, empresário. Como pessoa.

Comecei a perceber que o orgulho que senti, naquela noite, no auditório em Lower Manhattan, não era pelo fato de o lugar estar lotado de gente, mas porque meus pais tinham visto, pela primeira vez, o profissional bem-sucedido que eu havia me tornado.

Bom, na verdade havia outro motivo também que contribuía para aquela sensação.

Eu estava orgulhoso da mensagem que tentei transmitir naquela noite: *como a mídia vinha se transformando e o que era possível aprender com as empresas que promoviam essa transformação.*

Meu pai morreu poucos dias antes do colapso da bolha da internet. Como todo bom investidor de valor, ele nunca compreendeu o furor, o frenesi daquela época. E teria ficado muito feliz em saber que tinha razão. O tempo todo.

Gostaria que ele tivesse vivenciado isso. E que ele tivesse visto a Netflix sobreviver à bolha. Meu pai não viu a gente abrindo o capital da empresa. Nunca ouviu minhas histórias sobre pegar um jatinho particular rumo a Nova York, com o meu filho a tiracolo. Nunca chegou a me ouvir falando sobre os frutos inesperados do IPO e tudo que eles representaram para a minha família.

Mas, quer saber? Não faz mal. Porque meu pai me viu no palco, falando sobre o que amo fazer: resolver problemas. Formar uma equipe. Criar uma cultura organizacional efetiva. Refinar a visão de uma startup.

Meu pai me viu fazendo o que eu amava fazer. E é isso que realmente importa.

À medida que envelhece, quem tem autoconsciência aprende duas coisas importantes sobre si mesmo: aquilo que adora e aquilo que faz de melhor. Quem passa o dia fazendo essas duas coisas é uma pessoa de sorte.

Logo que completou sete anos de existência, a Netflix mudou completamente. E o meu papel na empresa também. O site continuava sendo responsabilidade minha: o aperfeiçoamento contínuo do modo como captamos novas assinaturas, como efetuar a cobrança, como os clientes escolhiam seus filmes e em qual ordem enviávamos os DVDs, mas, aos poucos, redirecionei muitos outros aspectos da empresa para executivos mais bem-preparados para a função.

Há muito tínhamos ultrapassado a marca de um milhão de assinantes. Mudamos de sede duas vezes, enquanto o número de funcionários cada vez mais crescente ameaçava uma terceira mudança.

Finalmente tínhamos descoberto uma maneira de fazer a entrega no dia seguinte para a maior parte do país, e o famoso boca a boca da repercussão positiva do serviço acelerou ainda mais o nosso crescimento.

Tínhamos aberto capital. Com o dinheiro que entrava (somado a nossa crescente reputação), conseguimos atrair pessoas incríveis para trabalhar para a gente. Pessoas muito qualificadas, especialistas em suas respectivas áreas de atuação. Gente que dirigia a própria empresa, ou que fazia a logística para multinacionais, ou que tinha participado da construção da infraestrutura da internet.

Nossa maior batalha era a disputa com a Blockbuster pela supremacia da locação on-line. Àquela altura, todo envaidecido, Reed já tinha começado a contar a história da ideia original da Netflix pelos quatro cantos. Lembra dela? Foi mais ou menos assim: Reed teve a ideia da Netflix quando encontrou uma velha cópia alugada de Apollo 13 na casa dele, foi devolvê-la à Blockbuster e viu que teria de pagar uma multa de quarenta dólares pelo atraso. E aí ele pensou: *e se eu nunca mais precisasse pagar multa por atraso?*

Se tem alguma lição que você pode tirar desse livro, espero que seja o fato de saber que a história por trás da origem da Netflix é um pouco mais complicada que isso. E também torço para que este livro tenha mostrado a você o quanto uma narrativa pode ser útil. Se você está tentando derrotar um gigante, a história do surgimento da sua empresa não pode ser um livro de trezentas e poucas páginas como esse. Há de ser um parágrafo. A história frequentemente repetida por Reed é o melhor da marca, e eu não fico nem um pouco ressentido com ele por conta disso.

É mentira? Não. É uma história. E fantástica, por sinal.

A verdade é que toda e qualquer inovação envolve questões complexas. Sempre há muitas pessoas envolvidas, que lutam, pressionam, argumentam. Cada um contribui com diferentes experiências e inspirações: anos de experiência com o negócio da entrega em domicílio, paixão por algoritmos, o desejo incessante de fazer a coisa certa para o cliente, uma visão sobre a relação custo-benefício do frete, expertise com o poder de personalização. E sim, talvez até envolva uma má experiência com multa por atraso da entrega de um filme. E por meio de um processo que pode levar dias, semanas, ou até anos, esse grupo de pessoas descobre algo novo, diferente e grandioso. E, como você viu, no nosso caso, essa descoberta foi a Netflix.

Mas essa é uma história complexa.

E quando se está falando com a imprensa, com um investidor ou com um parceiro de negócios, as pessoas não estão a fim de ouvir a história verdadeira; querem uma versão asseada, atraente, com uma fita e um laço. Reed descobriu isso muito rapidamente, então tratou de criar a sua versão, que é ótima: simples, clara e memorável. Essa história captou a essência da Netflix e resolveu um grande problema que tínhamos.

Essa história nos conferia uma narrativa.

Em 2003, a Netflix já existia fazia tempo suficiente para escrever a própria história: Davi contra Golias. E, ao que parecia, Davi tinha grandes chances de sair vencedor.

A Netflix tinha crescido. E eu também, como me dei conta.

Eu ainda amava a empresa. Com a mesma paixão que só um pai é capaz de sentir pela filha. Corrigi erros, me livrei de inimigos e estava sempre me esforçando mais e mais para que a empresa fosse bem-sucedida. Mas, à medida que os números trimestrais iam e vinham sucessivamente, a cada ano, aos poucos fui percebendo que, embora adorasse a empresa, eu não gostava mais de trabalhar nela.

A questão é que eu sabia o que eu adorava e o que eu sabia fazer de melhor. E certamente isso não envolvia uma empresa tão grande quanto a Netflix, mas as empresas pequenas, que estivessem batalhando para encontrar a trilha certa. Eram pessoas com sonhos embrionários, para os quais ninguém havia descoberto ainda um modelo de negócios escalável e repetível. Era ingressar numa empresa em crise para resolver problemas complexos com pessoas de inteligência ímpar.

E, modéstia à parte, isso é algo que sei fazer muito bem. Acontece com toda startup: centenas de coisas dão errado ao mesmo tempo, e todas precisam ser resolvidas urgentemente. Tenho a sensação de que duas ou três sempre são as mais críticas, mesmo que não pareçam as mais gritantes. Mas essas duas ou três são aqueles problemas que, uma vez corrigidos, farão toda a diferença para o resto caminhar bem.

Tenho a habilidade (que beira a obsessão) de me concentrar nessas questões mais críticas, vou para cima delas sem desviar o foco e não sossego enquanto não as resolvo definitivamente. Só então começo a pensar em todo o resto.

Outra especialidade minha é conseguir inspirar as pessoas a abandonarem seus empregos, aceitarem um salário menor e ajudar a travarem uma batalha contra um inimigo aparentemente invencível.

E todas essas habilidades são cruciais para administrar uma startup, e menos necessárias quando se está à frente de uma empresa com centenas de funcionários e milhões de assinantes.

Era chegada a hora.

Acho que eu já sabia disso havia algum tempo, depois do IPO. Mas até a primavera de 2003, quando pedi para trabalhar no desenvolvimento de um quiosque com Mitch Lowe, eu não tinha experimentado a sensação na própria pele.

Pensamos em muitas alternativas para competir com a Blockbuster e conseguir fornecer um serviço imediato aos nossos usuários. Embora os clientes da Netflix tivessem um estoque pronto de filmes na estante de casa, esse era o mais máximo próximo possível de gratificação instantânea que podíamos oferecer. Se mais tarde um cliente resolvesse assistir a alguma coisa diferente daquilo que tinha em casa, ficava "na mão". Mas os clientes da Blockbuster, por outro lado, podiam simplesmente pegar o carro e ir até uma das milhares de lojas da rede em vez de esperar o correio. Essa questão do tempo era o nosso calcanhar de Aquiles. Nosso maior medo (e mais apavorante) era de que a Blockbuster lançasse um modelo de negócios híbrido, que combinasse o on-line e o varejo. Sabíamos que essa seria uma opção irresistível para os clientes.

Mitch Lowe era um defensor inveterado de um modelo que envolvesse quiosques, pequenos pontos físicos da Netflix onde os assinantes poderiam alugar e devolver os DVDs. Muito antes de entrar para a Netflix, Mitch já sonhava com a possibilidade de colocar isso em prática, uma espécie de braço da Video Droid. E agora Reed parecia disposto a testar essa ideia.

— Mitch e eu encontramos um lugar perfeito em Las Vegas para fazer o teste — contei a Reed. — E acho que devo ir com ele. Preciso me concentrar nisso. Quem sabe até me concentrar *só* nisso.

— Tudo bem — disse Reed. — A gente pode repassar para Neil todo o *front-end* que você faz. Concentrar os gerentes de projetos e os engenheiros de *front-end* numa única pessoa provavelmente vai ser melhor para todo mundo.

— Mas e se a ideia não der certo... — disse, observando o rosto de Reed enquanto ambos chegávamos à mesma conclusão. — Não acho que seja justo com Neil daqui a seis meses eu voltar e tomar o lugar dele.

Reed engoliu em seco e inclinou a cabeça para o lado.

— Bom, nesse caso... — disse ele. — Acho melhor a gente começar a falar sobre o seu desligamento. Vai que...

Nós dois ficamos em silêncio. Até que não consegui mais segurar e caí na gargalhada.

Reed também sorriu, mais discretamente.

— É... Já conversamos sobre isso — falei. — Nós dois sabíamos que cedo ou tarde, isso ia acontecer.

E era verdade. Eu já vinha conversando com Reed sobre como andava me sentindo em relação à empresa. Era esperto demais para não perceber que o que eu podia oferecer não era aquilo de que a Netflix precisaria nos próximos anos, e sincero demais para conseguir esconder isso de mim por muito tempo.

Mas, agora, ele parecia aliviado. Se chegássemos a um consenso, Reed não precisaria se preocupar em ter nenhuma conversa desconfortável comigo. Não precisaria esquentar a cabeça com nenhuma apresentação de PowerPoint, nem teria de preparar outro sanduíche de merda, simplesmente porque a decisão não seria dele.

Era o último projeto em que eu trabalharia. Se as coisas não dessem certo, eu sairia da empresa. Por livre e espontânea vontade.

Seis meses depois, eu estava de volta a Los Gatos, usando meu Outfit de Novas Mídias pela última vez. Ou pelo menos uma versão parecida dele. Mantive o blazer iridescente, mas troquei a calça cáqui por jeans. E a camisa *moiré* foi substituída por uma camiseta.

Se era para sair, eu queria que fosse de um modo confortável.

A Netflix tinha alugado o histórico Los Gatos Theatre para a minha festa de despedida. A pequena empresa que funcionou por vários meses sem um escritório próprio, que deixava pendurados vários almoços e jantares no Hobee's e cujas primeiras reuniões foram feitas em uma sala de conferências em péssimo estado de um hotel de beira de estrada, agora tinha ficado grande demais para caber inteira dentro de algum espaço do escritório. E para despachar o fundador original, outra reunião em massa naquelas mesas de piquenique do lado de fora do prédio não daria conta do recado. Em vez disso, recebi tratamento de tapete vermelho — ou pelo menos de assento de veludo vermelho. O Los Gatos Theatre é o tipo de lugar com cortinas de veludo penduradas nas paredes e poltronas de veludo legítimo. Tal como o escritório da Netflix, ele tinha uma máquina de pipoca na frente. Mas essa é daquelas de verdade, da época em que pipoca era a única coisa que dava para comprar nas lanchonetes do cinema.

Ou seja, ali tinha pipoca de verdade.

Enquanto eu caminhava até a frente do teatro, com Lorraine e as crianças, não pude deixar de reparar (e de me admirar) no tamanho que a empresa tinha agora. As pessoas se amontoavam no saguão e se espalhavam pela rua. Reconheci a maioria, mas não todas.

— Uau! — exclamou Lorraine. — Eu sabia que a empresa tinha crescido, mas uma parte de mim ainda te imagina trabalhando todo dia ao lado daquelas dez pessoas, sentadas nas nossas cadeiras de jantar antigas.

Dei risada. Mas Lorraine tinha razão. As coisas tinham mudado muito. A equipe original de oito pessoas agora tinha se multiplicado para centenas. Nosso IPO rendeu à empresa, de cara, aproximadamente oitenta milhões de dólares. Aqueles dias em que eu ligava para Steve Kahn ou para a minha mãe para pedir 25 mil dólares tinham ficado para trás. E por falar nela, o investimento que minha mãe fez tinha rendido quase cem vezes mais. Com esse dinheiro, ela comprou um apartamento em Upper East Side.

Mas os dias de cão tinham ficado para trás. E eu sentia falta deles, acredite. Sentia falta das horas a mais no escritório depois do expediente, de chegar bem cedinho à empresa, das cadeiras de jardim e das mesas de jogo. Sentia falta daquela atmosfera de "força-tarefa", da expectativa de se empenhar todo dia em resolver um problema que não fosse estritamente ligado às incumbências da sua própria função.

De certa forma, com Mitch, durante a nossa estada em Las Vegas, voltei a experimentar um pouco disso. Foram dias incríveis. Por três meses, moramos juntos num condomínio em Summerlin, uma comunidade a oeste de Las Vegas, perto de Red Rock Canyon. Montamos o protótipo de um quiosque em um supermercado da rede Smith, a algumas quadras desse condomínio, onde oferecíamos aluguéis instantâneos para os assinantes da Netflix. Bem no estilo Netflix, não tínhamos desenvolvido uma interface eletrônica para os clientes usarem. Simplesmente instituímos ali o nosso costumeiro modelo de validação de negócios — montamos uma pequena loja dentro do supermercado, onde os assinantes da Netflix podiam escolher os títulos que queriam entre uma seleção de DVDs e devolver os filmes que tinham alugado. Mitch tinha até usado uma fresadora para transformar uma prancha de surfe num letreiro da Netflix, e nós o penduramos no teto da nossa lojinha. Nosso intuito não era testar se um quiosque daria certo ou não, mas procurar entender como os clientes o usariam. Alugariam filmes? Devolveriam? Ou simplesmente escolheriam outros títulos para acrescentar à fila de filmes a serem assistidos?

Passamos boa parte daquele verão no supermercado, principalmente à noite. Em Las Vegas, nessa época do ano, esse era o horário que as pessoas costumavam ir ao supermercado para fazer compras. Fazia muito calor durante o dia e, nos cassinos, o horário de trabalho das pessoas era meio esquisito. À uma da manhã, garçonetes, traficantes e strippers costumavam visitar o nosso pseudoquiosque. Andávamos pelos corredores com pranchetas, perguntando que sensação eles tinham de poder alugar e devolver filmes no supermercado. Se não eram assinantes da Netflix, tentávamos convencê-los a se tornarem e, quando não aceitavam, procurávamos escutar atentamente os motivos.

Aprendemos muito. O mais importante, porém, foi perceber que a ideia do quiosque virou. As pessoas adoraram.

Fiquei triste quando aqueles três meses em Nevada chegaram ao fim. Eu tinha me acostumado a andar de bicicleta de madrugada, fazer caminhada com Mitch, logo que começava a escurecer, ou simplesmente ficar sentado em volta da piscina deserta do condomínio, à tarde, conversando sobre negócios e sobre a vida. Mitch não via a hora de contar as novidades para Reed. Ele achava que aqueles testes comprovavam que os quiosques poderiam ser uma solução intermediária para o problema da entrega imediata (se a entrega no dia seguinte não era tão rápida quando o cliente desejava, talvez os quiosques pudessem preencher essa lacuna).

Mas quando voltamos para a Califórnia, Reed não aprovou.

— É cara — disse. — Uma vez instalado o quiosque, temos aí uma loja física, que vai demandar contratar e gerenciar uma frota inteira de gente nos quatro cantos do país para manter os quiosques. A ideia é boa, mas é melhor a gente investir tempo e dinheiro no foco do nosso negócio.

— O Princípio do Canadá — falei.

Reed assentiu.

Um princípio e tanto. Mas que acabou me deixando sem emprego. Os quiosques eram inviáveis. E isso significava que eu começava a fazer as malas para logo, logo, puxar o carro.

Mitch, por sua vez, aproveitou o teste daqueles três meses em Las Vegas para abrir uma pequena empresa. Talvez você tenha ouvido falar dela. É a Redbox.

Então, lá estava eu, no palco do Los Gatos Theatre, olhando para um mar de rostos no meu último dia de trabalho. Lorraine estava bem ao meu lado. E Logan também, com o blazer e o mocassim do IPO. Enquanto isso, Morgan tentava segurar Hunter (agora com cinco anos e muito mais agitado e autônomo) e impedi-lo de atirar os sapatos na plateia. Sem sucesso.

— É meio louco isso, né? — comentei com Lorraine enquanto Reed caminhava em direção ao microfone. — Essa coisa toda… nossa vida tem sido assim nos últimos sete anos.

— Ouvi falar que os correios estão contratando — adicionou Lorraine, com um sorriso. — Precisam de um cara lá em Missoula. Tá a fim?

Segurei o riso enquanto Reed pigarreava e começava seu discurso. Que foi, bem no estilo Reed de ser, bastante objetivo. Mas também sincero e genuíno. Ele fez um resumo da história da empresa, destacando o meu papel naquela fase inicial. Com eloquência, falou sobre a nossa relação de trabalho e como ela evoluiu ao longo do tempo. E terminou me agradecendo e convidando vários dos meus colegas para vir ao palco.

E o que aconteceu depois foi bem a cara da Netflix. Sabe aquelas pessoas que dizem que quando morrerem querem que o funeral seja uma verdadeira festa? Que, em vez de um velório, preferem um desfile? Pois é, as coisas na Netflix funcionavam de um jeito parecido. Quando uma pessoa saía da empresa, a festa de despedida nunca era motivo de tristeza. Nenhuma música fúnebre. A coisa se parecia mais com um churrasco. Alguns faziam um discurso, mas com um espírito muito mais sarcástico do que de despedida propriamente. Digamos, uma rodada *"limericks"**.

---

* Espécie de poema jocoso, com cinco versos que rimam entre si (N. T.).

Naquela noite, os *limericks* foram compridos, com rimas inusitadas e obscenas. Tive que tapar os ouvidos de Logan algumas vezes. Mas chorei de rir.

Por fim, chegou a minha vez de discursar. Naquele dia, eu não tinha ensaiado nada, preparado nada, foi um discurso improvisado, então não vou conseguir reproduzi-lo *ipsis litteris* aqui. Mas falei o quanto a empresa e a equipe significavam para mim e como eu me sentia feliz por fazer parte de algo que estava de fato transformando o mundo. Agradeci os meus colegas, agradeci Reed e todos naquele auditório que fizeram da Netflix o que ela se tornou.

E, no final, encerrei com um poema também. Foi a única parte do meu discurso que eu tinha preparado, digitado e impresso. Peguei o papelzinho dobrado, abri e, pigarreando, comecei:

Estou um tanto surpreso, confesso
Com essas rimas e versos
Um brinde, era o que eu esperava, e mais nada!
Mas a festa toda virou uma piada
Ora, pois deixa estar

Prossegui com o poema, tentando criar alguma coisa engraçada para os meus colegas, muitos dos quais já tinham declamado seus versos para mim.

Eu me virei para Reed.

E ah, Reed, o implacável!
Com seu discurso indomável,
Sobre um filme que entregou atrasado
Aquela história de Apollo 13? Puro papo furado!
Era um filme pornô, na verdade, que mentira mais execrável!

A plateia ficou enlouquecida. Olhei para Reed, que ria e balançava a cabeça, sem conseguir acreditar na minha obra de arte.

Faltava pouco para terminar. Só mais uma estrofe. Achei Patty McCord na plateia e pisquei para ela. Hesitei por um momento, observando meu público de amigos e colegas pela última vez, e sorri.

> E então li as últimas palavras da folha:
> E por último, Patty, que duvida da minha rima
> Peço que não desdenhe desse poema, minha obra-prima
> Não via a hora de trolar você
> Desde que arranquei o pôster da parede, pra você não ver
> Você não pode se vingar, eu me demito, vou sair por cima!

Espere. A história não acaba aqui.

É provável que você esteja acostumado a ouvir isso por aí. Mas este livro é a mais pura verdade. Porque a história da Netflix está longe de terminar, claro.

Reed continua lá, ainda como CEO e presidente do conselho, e se divertindo à beça com isso. Ao contrário de mim, Reed não só foi um CEO ímpar no começo, como continua tão bom (ou melhor) depois de um tempo de experiência no cargo. Ele alçou a empresa a um nível em que eu jamais teria imaginado. Continuamos bons amigos. Ele me diz que vez ou outra recebe um e-mail enfurecido de pessoas reclamando que foram fechadas no trânsito por um carro com uma placa personalizada, com o nome da Netflix, e presumem que só pode ter sido ele.

Depois de alguns anos afastada do trabalho, Christina fundou uma empresa de exercícios chamada Poletential, que oferece aulas de pole dance só para mulheres, em Redwood City. Devo admitir que de certo modo a notícia me surpreendeu, mas a dedicação, o talento, o senso de organização e o comprometimento de Christina com a saúde das mulheres têm inspirado milhares de pessoas a cuidar do corpo e da mente.

Te assumiu o cargo de vice-presidente de marketing de várias empresas, entre elas a MarkMonitor e a Recurly. E continua com o sotaque de Boston.

Depois que saiu da Netflix, Eric Meyer assumiu o cargo de CTO da LowerMyBills, e levou Vita (e depois Boris) para trabalhar com ele. Hoje ele é vice-presidente de software da Align, uma empresa de grande porte da área de impressão 3-D.

Bóris por fim se tornou CTO, primeiro na ShoeDazzle e depois na Carbon38. Vita trabalhou mais alguns anos como tecnóloga antes de mudar totalmente de área ao obter o título de doutora em

Psicologia. Da última vez que tive notícias dela, soube que estava cursando pós-doutorado na USC.

Depois da Netflix, Jim Cook trabalhou alguns anos na Wine-Shopper antes de finalmente conseguir o cargo de CFO que tanto desejava, ao entrar para a Mozilla. E lá ficou por quase quinze anos.

Steve Kahn alçou voo logo. Ele agora está em San Diego, correndo atrás de seu sonho de se tornar fotógrafo profissional. Tenho duas fotos dele penduradas num lugar especial, na parede da minha casa.

Corey Bridges é o único entre nós (além de Reed, claro) que permaneceu no mercado do entretenimento. Ele passou anos trabalhando com estratégia de marketing para James Cameron antes de começar a trabalhar por conta própria, quando abriu uma empresa de consultoria.

Suresh Kumar continua na Netflix, 21 anos depois. Atualmente ele é gerente de engenharia e ainda tem guardada aquela moeda de prata do centésimo pedido.

Kho Braun? Não faço ideia de onde ele esteja.

Desde que saí da empresa, a Netflix expandiu muito a sua atuação. Enquanto escrevo isso, a empresa acaba de ultrapassar 150 milhões de assinantes e tem clientes em quase todos os países do mundo. Ela produz seus próprios programas de TV, os próprios filmes e transformou o modo como as pessoas consomem entretenimento. A Netflix introduziu o conceito de maratonar séries e acabou se tornando um eufemismo popular para transar[*].

Sei que o mercado de ações nunca é um indicador real de valor, mas não posso deixar de apontar que, no momento em que escrevo este livro, a insignificante empresa que enviava DVD pelo correio e que a Blockbuster poderia ter comprado por cinquenta milhões de dólares vale agora 150 bilhões de dólares.

E adivinha o que aconteceu com a Blockbuster?

Sobrou apenas uma loja física. Que fica em Bend, Oregon.

---

[*] Referência ao termo "Netflix and chill" (N.T.).

Estou sempre pensando em viajar até lá para prestar as minhas últimas homenagens. Mas ainda não encontrei tempo hábil para isso.

Não posso receber os créditos pelo sucesso da Netflix nos anos após a minha saída. Porém, como muitas das iniciativas da empresa foram tomadas depois da minha estada por lá, creio estar claro que muitas delas têm as minhas impressões digitais.

Muito da cultura organizacional da Netflix é resultado do modo como Reed e eu lidávamos um com o outro e do modo como nos relacionávamos com todo o pessoal da empresa: honestidade radical; autonomia e responsabilidade. Coisas que nos acompanharam desde o início — no carro, na Highway 17, no jantar no Hobee's, nos primeiros dias naquele cofre do banco.

O foco em análise de dados também sempre esteve lá. É o que acontece quando um cara com experiência em marketing direto e outro com um brilhante raciocínio lógico se juntam dentro de um carro (e depois numa sala de reunião, e mais tarde numa sala de diretoria).

Reed trouxe o impulso necessário para criarmos uma estrutura escalável. Eu assegurei que nunca deixássemos de focar no cliente individual. E nós dois percebemos que a forma como tratamos cada cliente era importante, tanto para 150 milhões de assinantes quanto para apenas 150.

A Netflix tem milhares de funcionários agora. Dezesseis anos se passaram depois que saí do estacionamento da empresa pela última vez. Mas sempre que me deparo com alguma notícia sobre a atuação da Netflix no cinema, quando leio uma entrevista com Reed ou quando simplesmente começo a assistir a algum episódio de Ozark em casa, sinto um arrepio de orgulho. *Essa era a minha empresa*, penso, *e ela ainda carrega o meu DNA*. A criança pode não se parecer muito comigo, mas com certeza o nariz é uma cópia do meu.

E o que eu faço quando não estou maratonando na Netflix nem escrevendo um livro? Bem, uma vez picado pela mosca da startup, impossível deixar de estar sempre envolvido com esse tipo de negócio. Depois de sair da Netflix, em 2003, eu sabia que não teria fôlego para abrir uma nova empresa de cara (e só me aventurei nisso em 2012), mas eu também sabia que não conseguiria escapar muito tempo disso. Ao mesmo tempo, percebi que poderia de certo modo preencher esse espaço ajudando fundadores de empresas jovens a realizarem seus sonhos. Nos últimos quinze anos, como coach de CEO ajudei várias startups, apostei em dezenas de outras em estágio inicial como investidor e orientei centenas de jovens empreendedores em todo o mundo. Como fiz com a Netflix, ainda tenho, trabalhando com profissionais inteligentes, a habilidade de ajudar as empresas a resolver problemas complexos e superar uma crise. A diferença é que, agora, posso ir para casa às cinco horas e não preciso voltar para o escritório, enquanto eles ficam acordados até tarde para fazer as coisas acontecerem.

Às vezes, é preciso dar um passo para trás — especialmente naquele momento em que você sente que o seu sonho se transformou em realidade. Porque é aí que você começa a enxergar as coisas com outros olhos. No meu caso, saí da Netflix porque percebi que o produto acabado da empresa não era o meu sonho propriamente. O meu sonho, na verdade, era desenvolver as coisas. Era o *durante*, não o *depois*. O *processo* de desenvolvimento da Netflix.

Sair da empresa me permitiu continuar construindo as coisas e ajudar as outras pessoas a transformarem seus sonhos em realidade. E dar um passo à frente e iniciar um novo estágio me deu tempo para buscar outras coisas que são importantes para mim. Embora eu não seja mais um funcionário fixo de uma empresa, nunca vou deixar de ser uma personalidade tipo A. Ainda faço listas obsessivas de afazeres. A diferença é que, agora, todos os itens da minha lista dizem respeito a mim. Incluo nessa lista todas as coisas que amo fazer: aprender a preparar um cappuccino perfeito, plantar e cultivar as minhas uvas e fazer o meu próprio vinho. E estudar o processo de desenvolvimento do ladrilho em igrejas católicas.

(Eu sei, gente, eu sei, uma vez tiozão, sempre tiozão.)

Sinto muito, muito orgulho do que conquistamos na Netflix. Ela excedeu todas as minhas expectativas mais ousadas. Mas percebi que o sucesso não se define pelo que a *empresa* conquista. Penso diferente. Sucesso é o que *você* conquista. É estar em uma posição em que você faz o que gosta, trabalhar com o que te faz bem e buscar aquilo que é importante para você.

Essa definição é uma boa definição do que é ser bem-sucedido.

Mas o sucesso pode ser visto de um modo mais amplo: ter um sonho e, com tempo, talento e perseverança, ver esse sonho se transformar em realidade.

E acho que posso me orgulhar e dizer que essa segunda definição de sucesso também casa bem comigo.

Sabe do que eu tenho mais orgulho? Fiz tudo isso enquanto continuava casado com a minha melhor amiga, vendo os meus filhos crescerem sabendo quem eu era (ou assim espero eu) e gostando de mim. Acabei de passar duas semanas na praia com Lorraine, Logan, Morgan e Hunter. Fazendo *absolutamente* nada. Simplesmente curtindo a companhia deles.

Acho que as regras de sucesso de Randolph consistem nisso — e que o que acabo de listar era tudo que o meu pai desejava para mim. Atingir objetivos, transformar sonhos em realidade, viver cercado pelo amor da família.

Dinheiro? Opções de compra de ações? Esqueça.

O sucesso *não* tem a ver com isso.

Bom, peço desculpas de novo, mas... a história não termina aqui.

Porque agora começa a *sua* história.

Olhe para a capa do livro. Leia o título de novo.

Isso nunca vai dar certo.

Foi a primeira coisa que ouvi da boca de Lorraine na noite em que contei para ela a ideia da Netflix. Mas ela não foi a única. Escutei essa frase de muita gente, inúmeras vezes.

E, sejamos justos com Lorraine, a ideia original, no sentido mais genuíno da palavra, não teria dado certo mesmo. Foram anos de ajustes, mudanças de estratégia, ideias novas e a boa e velha sorte para chegar à versão de uma ideia que vingaria.

Mas quem já teve um sonho já passou por essa experiência, não é mesmo? Um belo dia você acorda com uma ótima ideia e tem a certeza de que ela vai mudar o mundo! Você mal pode esperar para descer até a cozinha e contar para a sua esposa ou para o seu marido. E explicar para os seus filhos. Compartilhar com o seu professor. Ou invadir a sala do chefe para dividir de uma vez a novidade.

E o que todos eles dizem?

Isso nunca vai dar certo.

A essa altura, espero que você saiba o que costumo dizer toda vez que ouço isso.

Ninguém sabe de nada.

Só tenho a chance de escrever este livro uma única vez. E não posso perder a oportunidade de encerrar essa história sem te dar alguns conselhos.

O passo mais importante para transformar um sonho em realidade é: simplesmente dê o primeiro passo. A única maneira de descobrir se a sua ideia é boa mesmo é colocá-la em prática. Você aprenderá muito mais se ficar uma hora com a mão na massa do que se passar a vida inteira pensando no assunto.

Portanto, dê esse primeiro passo. Construa algo, faça algo, teste algo, venda algo. Experimente e por conta própria comprove se a ideia é mesmo boa.

E o que acontece se não der certo? O que acontece se o teste fracassar, se ninguém fizer pedido na sua loja ou se ninguém quiser se afiliar ao seu programa de assinaturas? E se as vendas não aumentarem e as reclamações dos clientes não diminuírem? E se você começar a escrever um romance e no meio do livro tiver um bloqueio criativo? E se depois de dezenas de tentativas (ou quem sabe centenas?) você não chegar nem perto de ver o seu sonho se transformar em realidade?

Você precisa aprender a gostar do problema, não da solução. É assim que você se engaja quando as coisas levam mais tempo do que o esperado para acontecer.

E acredite, leve o tempo que for, elas vão acontecer. Se você chegou até essa parte do livro, viu que o processo de transformar um sonho em realidade tem um arco dramático — não é rápido, nem fácil, e você vai encontrar problemas e obstáculos pelo caminho.

Uma das coisas que aprendi em *Adventures in the Screen Trade*, de William Goldman (além, é claro, de *Nobody Knows Anything*) é que todo filme começa com uma questão intrigante, que inicia o conflito do enredo. O protagonista do filme está sempre em busca de algo e, para que o filme fique interessante, deve haver obstáculos entre o protagonista e o que ele ou ela quer alcançar.

No meu caso, havia poucos obstáculos (ou, para usar a linguagem dos roteiristas, *complicações*) entre o sonho da Netflix e a transformação desse sonho em realidade. Mas o grande barato de ter um sonho é começar a escrever a própria história; você é ao mesmo tempo o protagonista e o roteirista do filme.

E a sua ideia é a questão intrigante.

Acredito que pelo menos parte do que eu disse aqui fez você pensar em alguma ideia que tem guardada aí. Algo que gostaria de testar e colocar em prática. Abrir a sua própria empresa. Criar algum produto. Conseguir aquele emprego dos sonhos. Escrever aquele livro que você tanto quer.

Certa vez, Nolan Bushnell, cofundador da Atari, disse uma coisa que me tocou:

"Todo mundo que entra debaixo de um chuveiro já teve alguma ideia. Mas aqueles que saem do boxe, pegam a toalha, se enxugam e tomam uma atitude são os que fazem a diferença".

Talvez você esteja se perguntando se é possível aplicar algumas das dicas que listei aqui para transformar seu sonho em realidade. Talvez você tenha extraído dessas páginas a confiança necessária para saber que existe um caminho aberto para o seu primeiro passo e para transformar o seu sonho em realidade, por mais difícil que possa parecer. Talvez você esteja preparado para sair do chuveiro, pegar a toalha, se enxugar e tomar uma atitude.

Se for esse o caso, fiz o meu trabalho.

A partir de agora, é com você.

Agradecimentos

Quando digo às pessoas que escrevi um livro, a primeira pergunta que costumo ouvir é: "Foi você mesmo quem escreveu?". Acho que elas imaginam que contratei um *ghostwriter*, que "encomendei" essa história. Ou, então, pensam que as palavras brotaram de mim feito um passe de mágica, depois de acordar, de ter sonhado que ia entregar um filme na locadora e pagava uma multa por atraso. Mas, como imagino que você tenha percebido, nenhum empreendimento, seja um livro ou uma empresa, é resultado de uma única pessoa. Portanto, escrevi ou não este livro sozinho? Claro que não. Tal como a Netflix, este livro é fruto de dezenas de mãos trabalhando juntas, cada uma acrescentando um pouco de si à mistura. Nunca vou conseguir agradecer um a um como deveria... mas se você tiver a paciência de me acompanhar por mais algumas páginas, prometo que vou tentar.

Primeiro, meu grande agradecimento a Jordan Jacks, que, com suas orientações pacientes e incontáveis brados de incentivo ("Essa história é uma joia!"), revisou, afagou, reorganizou, moldou e aprofundou infinitamente o manuscrito. Jordan, devo muito a você.

Agradeço também meu amigo Doug Abrams, da Idea Architects, que em uma das nossas longas horas de caminhada na floresta me convenceu que poderia haver um livro dentro de mim, e depois passou inúmeras horas me ajudando a trazê-lo para o papel. Este livro não existiria sem ele.

Ao meu editor Phil Marino, da Little, Brown, que pegou a minha ideia inicial e percebeu que ela seria mais robusta e poderosa se estruturada como um livro de memórias. Ele tinha razão. A edição e as contínuas sugestões de Phil tornaram o livro infinitamente mais forte; e à Claudia Connal, minha editora da Endeavour, no Reino Unido, que não só me ajudou a evitar o incidente de cometer erros ortográficos e escrever *color* em vez de *colour*, (e *endeavour* em vez de *endeavor*)*, como também me ofereceu inúmeras e ótimas sugestões que tornaram o livro mais preciso e mais claro em todos os países.

Agradeço também a Janet Byrne, minha revisora, que, com meticulosidade, corrigiu cada vírgula errada, cada erro ortográfico e cada inconsistência factual. A gente só percebe certas coisas quando alguém as aponta. Não fosse por Janet, você poderia ter ficado com a impressão que os testículos do dr. Evil foram "cortados", não simplesmente (e mais precisamente) "tosados".

Um agradecimento enorme a todos que fizeram parte da equipe inicial da Netflix, que passaram inúmeras horas comigo, ao telefone e pessoalmente: Christina Kish, Te Smith, Jim Cook, Eric Meyer, Suresh Kumar, Mitch Lowe, Patty McCord e Steve Kahn. Eles compartilharam suas histórias, preencheram as lacunas da minha memória e revisaram o conteúdo dos primeiros rascunhos do livro. Peço desculpas por não ter incluído aqui todas as histórias grandiosas a respeito de cada um de vocês, mas saibam que adorei escutar todas elas.

Um agradecimento especial a Gina Keating, autora de *Netflixed: The Epic Battle for America's Eyeballs*, que gentilmente compartilhou suas anotações e transcrições de entrevistas que me ajudaram a descrever com precisão não apenas a fala das pessoas como também o modo como elas foram ditas.

Agradeço também à minha primeira leitora avançada, Sally Rutledge, que, ao ler o livro inteiro de uma só vez, durante um voo

---

* Aqui, o autor faz referência às grafias diferentes da mesma palavra para o inglês americano (*color e endeavor*) e o inglês britânico (*colour e endeavour*) (N.T.).

transcontinental, de cara me disse que ele se tratava se uma história digna de *maratonar* (comentário bem apropriado para um livro cuja temática é a Netflix).

Meu muito obrigado ao pessoal da equipe de Doug Abram, na Idea Architects: Lara Love, Ty Love, Cody Love, Mariah Sanford e Janelle Julian que passaram dois longos dias ouvindo pacientemente as minhas histórias sobre a Netflix, e me ajudando a transformá-las em algo semelhante a uma narrativa.

Agradeço a toda equipe editorial da Little, Brown: Craig Young, Ben Allen, Maggie Southard, Elizabeth Gassman e Ira Boudah, e a todo o pessoal da Endeavour: Alex Stetter, Shona Abhynakar, Caro Parodi e Juliette Norsworthy, que aguentaram com muita paciência um novato insaciavelmente curioso, tentando entender o mundo da indústria editorial. E, ah!, por terem publicado e divulgado o livro também.

Agradeço a Caspian Dennis e Camilla Ferrier, que ajudaram a levar este livro a leitores de outros países.

E um rápido alô (literalmente) para Anthony Goff e Chrissy Farrell, os responsáveis pelo audiolivro. Obrigado por me alertarem que durante todos esses anos tenho pronunciado "timbre" e "incipiente" do jeito errado.

Um grupo grande de pessoas se empenhou em divulgar este livro ao redor do mundo. Sou especialmente grato a Heidi Krupp, Mariah Terry, Jenn Garbowski, Alana Jacobs, Lindsey Winkler, Colleen McCarthy e Callie Rome, da K2 Communications; a Barrett Cordero, Ken Sterling, Blair Nichols, Daria Wagganer e Aggie Arvizu da BigSpeak; a Rob Noble, Jinal Shah, Simon Waterfall, Kyle Duncan e Paul Bean da Group of Humans; a Kristen Taylor da KThread; a Colby Devitt da Catch the Sun Media; e a TJ Widner, cujo negócio (até onde sei) não tem um nome próprio.

Achou esse último grupo de pessoas grande demais? Por acaso você está se perguntando como alguém conseguiria manter uma equipe desse tamanho organizada, marchando na mesma direção? Pois é uma pergunta que eu também me faço. E é por isso que ofereço um agradecimento especial à minha amiga Auny Abegglen por assumir a ingrata tarefa de reunir todos esses gatos. Obrigado, Auny. Espero que a tarefa tenha sido mais divertida do que fazer comercial de comida para cachorro.

Estamos nos aproximando do fim, mas não posso terminar sem falar dos alunos da High Point University and Middlebury College que, anos adentro, compartilharam comigo grandes ideias de novos negócios e me ajudaram a perceber que as lições que aprendi como empreendedor podem ser aplicadas por qualquer pessoa que queira realizar seu sonho. Agradeço particularmente a Jessica Holmes, ex-diretora do MiddCORE, um programa de estágio de verão da Middlebury College. Por meio do apoio e da paciência dela, descobri como articular com clareza as realizações conquistadas a duras penas, de um modo que outras pessoas pudessem compreender.

Nada disso teria sido possível sem todos os meus amigos e colegas — do passado e do presente — da Netflix. Fique ligado ao volume que acompanha esses agradecimentos, nos quais agradeço a todos os 7.137 funcionários da Netflix. Mas enquanto espera por isso, permita-me pelo menos agradecer a um grupo muito menor que, além dos já mencionados, eram os outros funcionários da época do pré-lançamento, e que trabalhavam em tempo integral: Corey Bridges, Bill Kunz, Heidi Nyburg, Carrie Kelley, Merry Law, Boris Droutman, Vita Droutman, Greg Julien e Dan Jepson. Beleza, pessoal, será que me esqueci de alguém?

Por mais que eu me esforce, as palavras são insuficientes para agradecer a Reed Hastings. Se ele não tivesse entrado em cena, eu não estaria escrevendo este livro. Ou duvido que você estivesse lendo-o. Repassar coisas que aconteceram tantos anos atrás me fez admirar ainda mais essa história e ver o quanto suas contribuições, Reed, foram incríveis, e o quanto aprendi com você. Honrar a nossa amizade e o que criamos juntos era um dos meus maiores objetivos. Espero ter conseguido. Reed, quando sua missão na Netflix chegar ao fim e você se sentir pronto para o próximo desafio, saiba que estou dentro!

E, por último, agradeço à minha família. Obrigado por todo o carinho e por todo o apoio. E pela tolerância. Agora, neste exato momento, estamos de férias, minha filha e minha esposa estão na piscina, e eu estou aqui, no quarto do hotel, escrevendo este livro. Peço que me desculpem. Novamente.

Obrigado aos meus filhos, Logan, Morgan e Hunter. Além do apoio incessante, vocês três leram as diferentes versões deste livro à medida que ele tomava forma e me forneciam um feedback inestimável. A primeira vez que senti que poderia estar no caminho certo foi quando vocês três, se revezando, leram todos os capítulos em voz alta durante as nossas férias, no Natal do ano passado. E com a maior boa vontade do mundo.

Lorraine, por mais que eu te agradeça, nunca será suficiente. Muito obrigado pelo seu apoio, pelos seus conselhos e pelo seu amor. Obrigado por entender que escrever este livro era importante para mim e por estar ao meu lado a cada minuto. Eu te amo.

E... Kho? Muito obrigado. Esteja onde estiver.

* * *

Índice remissivo

"A lista" 119
AdultEntertainment Expo 152
adultos, tratando as pessoas como 97-8
Aeroporto de Santa Bárbara 275
Airbnb 14
alinhamento 98-9. Veja também Autonomia e Responsabilidade
All Movie Guide103
All Music Guide 102-3
alternativas estratégicas, buscando 266
aluguéis
   custo de envio/embalagem 163-5
   decisão de manter o foco 177-9
   de pornografia soft-core 270-1
   dois meses após o lançamento 161-3
   e os proprietários de DVD player 147
   e o teste gratuito 180-1
   foco em, 177-8
   no primeiro mês após o lançamento 144
   novo modelo de negócios para 234-48
   parceria de vendas/aluguel com a Amazon 203-5, 233-4
   potencial de receita com 161-2
   promoção de DVD player 149-55, 159-60, 179-81, 185-6, 243
   reputação dos 100-1
   serviço à la carte 243-8
   serviço de correspondência algorítmica para 254-8
Amazon
   a primeira sede da 168-73
   filtragem colaborativa usada pela 255-6
   IPO da 169-70
   nome original da 111-2, 174
   oferta de compra para a Netflix 169-9
   parceria de vendas/aluguel com a 203-5
   software inovador da 46
Análise de dados346
Antioco, John281-2, 284-6
Antone, Doug 83
Apple 306
armazenamento de dados 143
Arnold, Kate271
Autonomia e responsabilidade 95, 98, 223-5, 346
Avaliação 42-3
avaliação dos funcionários 224-5

Balkanski, Alexandre 68, 93, 309
Balut 230
banco de dados, fase inicia, 102, 106-7
Bernays, Edward 18-9
Bernays, Martha 18

Bezos, Jeff 27, 47, 169, 171-3, 175, 177-8, 182, 204
biblioteca de filmes em casa 235-8
Black Ops 87
Blockbuster 234
   banco de dados para a 100-1
   como possível compradora 266-8
   gratificação instantânea da 337
   história da 266-7
   insatisfação causa pela 282-3
   meta de receita anual da 266-7
   modelo de negócios da 30-1
   morte da 345
   multa por atraso de Hastings, paga à 13, 27
   negociação da Netflix com a 275-87
   número de funcionários da 266-7
   reviravolta de Antioco na 280-2
   sede da 279-80
bolha do ponto-com 263-6 Ver *bolha da internet.*
Boo.com 264
"book de ofertas" 319-20
Bookbuilding 317-8
Borland International 21, 47, 68
Braun, Kho 88, 343
Bridges, Corey
   análise online pós-lançamento por 146
   e a promoção de aluguel de DVDs 153-4
   e o DVD de Clinton 198-9
   na equipe da startup 87
   no dia do lançamento 127-8, 130, 133, 135-6
   trabalho após a saída da Netflix 345
Brincadeira de comida no refeitório 228-30, 293
Buck's 57-9
buscando alternativas estratégicas 266
Bushnell, Nolan 350

C-Cube Microsystems 68, 71
CAC (custo de aquisição de um cliente) 180-1
Cadabra, 111, 174
Candescent 231

capitalistas de risco
   a importância dos títulos para os 219
   contrabalanceando os interesses dos 311-3
   dependência de 187-9
   e a potencial IPO em 2000 262-3
   e corrida de carros sem motor em Sand Hill Road e os 58
   e o estouro da bolha ponto-com 263-6
   na rodada de financiamento da Série C 316
   para a rodada de financiamento da Série B 178-83
captação de clientes 87
CES (ConsumerElectronics Show) 147, 149, 151-3, 159
Chesky, Brian 14
Cinematch, 258, 261, 272, 288, 299, 333
compartilhamento ilegal de arquivos 71
Cook, Jim 51-2
   a partida de 231
   e cultura da Netflix 94
   e nome da empresa 114-5
   e o DVD de Bill Clinton 196-9
   e o estoque de DVDs 89-90, 100-1
   e os custos de envio e embalagem 163-5
   impulsividade e a criatividade de 189-90
   na equipe da startup 51, 86
   na WineShopper 305-6
   no dia do lançamento 125-8, 130-1, 135-6
   trabalho pós-Netflix 345
   visão sobre os DVDs 165-6
Correios de Santa Cruz 37-9
Corrida de carros sem motor em Sand Hill Road 58
Covey, Joy, 169-71
Crowdsourcing 256
cultura (da Netflix) 346
   à medida que a equipe cresceu 220-30
   a paixão de Randolph pela 328
   codificação 225-7
   e o crescimento da equipe 189-90

ÍNDICE REMISSIVO   **357**

e o ritual de almoço com novos funcionários 154-6
na startup 94-9
retiro corporativo e a construção da 268-70
cultura (em geral)
contratação/manutenção dos melhores profissionais 302
das empresas de eletrônicos de consumo 148
das startups 43, 88
custos
demissões para diminuir os 292
de envio e embalagem 163-5
do serviço de assinatura 265-6, 288-9

Declaração de registro no formulário S-1 261-2, 312
Demissões 293-302
Deutsche Bank, 262-3
dias de calmaria 182-4
Digital Bits 155
Dillon, Tom 231-2, 248, 250-1, 261, 303
Diluição 44-5
Distribuidores 86-7, 99-100, 103, 152, 255
dono do seu próprio negócio 19-21
Dr. Hollywood: uma receita de amor 252, 255
Drkoop.com, 264
Droutman, Boris
cargos após a saída da Netflix 344
deslocamento de 188-9
e brincadeira de comida do refeitório 229-30
E o DVD de Bill Clinton 193-4
e o nome da empresa 114
na equipe da startup 50, 86
no dia do lançamento 127-9, 132-4
no retiro corporativo 270-1
proatividade e criatividade de 189-90
Droutman, Vita
demissão de 300, 305-6
deslocamento de 188-9
e nome da empresa 114
na equipe da startup 50, 86
no dia do lançamento 127-9, 134

trabalho pós-Netflix 345
Dubelko, Michale 154
DVD Daily, 155
DVD do Bill Clinton 192-9
DVD Express, 145, 154
DVD player
custo decrescente do 180-1
golpe do número de série 186, 204-5
promoção de aluguel com 149-55, 159-60, 179-81, 185-6, 243
proprietários de 147
rodando o DVD de Bill Clinton no 196-7
DVD Video Group 149
DVDs. Veja também inventário; aluguel; vendas
armazenamento e manuseio de 89, 100-1, 165-6, 187-8, 234-6, 303-5
como nova tecnologia 33-5, 68-9
conversão de fitas analógicas para 191-2
e serviço de assinatura 247-52
número de, em setembro de 2000 261
número disponível de 98-100
testando a possibilidade de envio por correio 37-9

e-mails de confirmação 130, 136, 139
embalagem, custo da 31, 164
empresas de eletrônicos de consumo
cronogramas de desenvolvimento de produto para as 152-3
cultura organizacional das 148
e a padronização da tecnologia de DVD 148-9
negociando com as 244
engenheiros 42, 47-8, 92, 97, 120, 139, 156-7, 184, 188, 229, 255, 272, 338
entrega
Embalagem 90-1, 163-6
entrega noturna 249-50, 303-5
"Hubs" para 303-5
para o serviço de assinatura 247-9
entrega digital 308
entrega noturna 249-51, 303-5
entrega serializada 235-9, 247-8, 303
epifanias 14, 16

equilíbrio de vida 52
equipe (na Netflix)
  crescimento da 188-92
  gerenciando o crescimento da 188-90
  montagem da 49-59, 86-7
  opções de ações para a equipe da startup 88-9
  o sonho de Randolph adotado pela 213-4
  substituição da equipe original 231-3, 304-6
equipes (em geral)
  de startups típicas 189-90
  diferentes caminhos para os objetivos das 96-8
  e mudança na cultura da empresa 219-20
  mudança nas equipes depois da startup 231-2
  principal motivo da satisfação das 97-9
escritório
  em Los Gatos 217, 229-31, 364-5
  histórias de como começou o 13-4, 16-31, 34-39, 335-6
  montando o 79-80, 85-6
  no Best Western 46, 53-5
  no conjunto comercial de Scotts Valley 80, 187-9, 201-2
  OPM (Dinheiro de Outras Pessoas) 60-1
escritório no Best Western 46, 53, 78
Escritório de Los Gatos 217, 230-1, 234, 240, 250, 264, 267, 294, 297, 304, 325-7, 339
Espaço para escritório em Scotts Valley 78, 81, 130-1, 137, 157, 181, 183, 188, 191
Erlewine, Michael 102-4, 106-8, 119, 128

faturamento automático pelo cartão de crédito 240
Feedback 11, 49, 212, 333, 355
Férias 224-6
Fidler, Mike 149, 151-2, 160, 245
filtragem colaborativa 256-7

Financiamento Ver fundos e financiamento
fitas de vídeo (VHS) 28-31, 34-5, 41, 70, 99-101, 126
Flexibilidade 97-8. Veja também Autonomia e Responsabilidade
Foco 177, 247
frases sem sentido 266
Freud, Sigmund 18
funções do marketing, mensurando as dificuldades das 65-6
fundos e financiamento. Veja também *capitalistas de risco*
  avaliando sua ideia para procurar 40-3
  como validação de sua ideia 61
  da Série B rodada de, 178-83
  da Série C rodada de, 316-7
  dificuldade de pedir dinheiro 62, 65-8
  informações para 178-81
  Investimentos da Série E 261-2
  na era pós-bolha da internet 263-6
  para startups 43-4
  pós-lançamento 178-83
  primeiros investidores na Netflix 40-5, 60-3, 67-76, 178-9
  validação do produto para 39-40

Gebbia, Joe 14
Goldman, William 241, 350

Haley, Tim, 188, 203-4
Hastings, Reed
  a ideia de comida para cachorro 26
  ao volante 9
  a reputação de 181-3
  avaliação da ideia de DVD pelo correio 43
  como CEO 344
  contribuições para a Netflix 346
  decisão sobre pornografia tomada por, 270-1
  e a cadeira de Randolph no Conselho de Administração 311-4
  e a contratação de Balkanski 67-71

e a história de origem da Netflix 335-6
e a ideia do quiosque 377, 341
e a IPO da Netflix 314-9, 324-8
e a negociação da Amazon 168-79
e a noite do pré-lançamento 115-9
e a parceria de venda/aluguel com a Amazon 203-5, 233-4
e a potencial venda para a Blockbuster 267-8
e a redivisão das opções de ações 215, 231
e a reunião com a Blockbuster 273-87
e a rodada de financiamento da Série B 178-83
e as raízes da cultura Netflix 221
e a transformação que mudaria o mundo 21-2
e demissões 292-4, 296-9
e ideia de entrega noturna 248-50
e Meyer 45-6
e o acordo de CEO/presidente 204-15, 219, 257-9, 310
e o faturamento automático de cartão de crédito 243-5
e o fracasso do ponto-com 264-5
e o novo modelo de negócios 234-8
e o pedido de investimento a Kahn 73-4
e o serviço à la carte 246-8
e o teste de DVDs pelo correio 36-9
epifanias avaliadas por 9-13, 26-7
e uma ideia original para a Netflix 33
fusão entre a Integrity QA e a Pure Atria, 9, 21
Manipulação de McCord de 219-20
multa por atraso pago à locadora de vídeo 13, 27, 33
na equipe da startup 50
na festa de despedida de Randolph 342-3
no dia do lançamento 130, 134, 138-9
no piquenique da empresa 183-4
no retiro corporativo 269-71, 273-4
o investimento inicial ofertado por 43, 60-2
procurando filmes 253-8

quantidade de ações de 44-5
venda da Pure Atria por 21
Hoag, Jay 317, 325
Hobee's 49-51, 54, 183, 214, 339, 346
Hollywood Vídeo 31, 119
honestidade radical 332, 346
honestidade radical 332, 346
Huizenga, Wayne 267
Humildade 64
Hunt, Bill 155
Hunt, Neil 307

Ideias
avaliação das 40-3
caderno de 22-3
como base para o financiamento 39-41
e "Ninguém sabe de nada" 241-2
e o desenvolvimento do conceito da Netflix 23-33
financiamento externo como validação das 61
Pitch 68-9
recebendo feedback sobre 49
Ruins 242
Testes 348-9
vida de 14
índice de recomendação de filmes 255, 258, 261
indústria cinematográfica 282-3, 305-7
indústria da música 70, 306
inflação de títulos, 51-2
insatisfação gerenciada 100
Institutional Venture Partners (IVP) 179-80, 182-3, 188, 203, 208, 212, 215
Integrity QA 9, 33, 72-3
Internet
baixando filmes da 69-71
capacidade de banda larga maior 307-8
inovações na 46-7
monetizando 47
portais na 262-4
inventário
banco de dados sobre 100-7
criação de uma biblioteca e política de empréstimo 89

do AllMovieGuide 102-5
em setembro de 2000 262
estoque e 89, 100-1
inicial 39, 98-101
IPOs. Veja *oferta pública inicial*
IVP. Veja*Institucional Venture Partners*

Jepson, Dan 250
Jobs, Steve, 173, 182
Julien, Greg 135, 205

Kahn, Karen, 117-8, 121
Kahn, Philippe 68
Kahn, Steve 33, 72, 112, 116-7, 121, 279, 340, 345
Kalanick, Travis 14
Kibble 112-3, 174
Kilgore, Leslie 261
Kish, Christina 23, 203-4
   a cultura da Netflix e 94
   a pesquisa de filmes feita por, 253-4
   a procura de DVDs feita por 34
   design do site feito por 93
   deslocamento de 188-9
   e a brincadeira de comida na cozinha 229-30
   e a parceria de vendas/aluguel com a Amazon 233
   e a propaganda boca a boca 250
   e as ideias para uma nova empresa 24
   em fóruns da web pós-lançamento 145-6
   e nome da empresa 113-5
   e o plano de negócios as startup 46
   e o tamanho da biblioteca de DVD 39
   e o teste de novo modelo de negócios 237-8
   e um ícone para a lista 119
   na equipe da startup 50, 86
   no dia do lançamento 125-6, 128-30, 134-5
   no refinamento da ideia original da Netflix 27-33
   o banco de dados para DVDs e 100-1, 106-7
   o DVD de Clinton e 192-8
   período de licença 305-6

Poletential fundada por 344
Kish, Kirby 148
Koop, C. Everett 265, 289
Kozmo.com 265
Kumar, Devisree 166
Kumar, Suresh
   cargo atual na Netflix 345
   e a IPO da Netflix 319
   na equipe da startup 87
   no dia do lançamento 127-8, 134, 135
   o casamento de 166-7
   e o serviço de assinatura 240, 245

lançamento da Netflix 123-39
   cobertura da imprensa durante o 125-8, 131
   Kahn e a noite do pré-lançamento 115-21
   problemas identificados durante o 138-40
   processo de pedido durante o 127-8, 130
   prontidão do site para o 128-9
   servidor trava durante o 132-5
   traçando estratégias para o 125-6
   volume dos pedidos durante o 130-1
liderança
   de Hastings 310
   e senso de responsabilidade para os funcionários 23
   no desenvolvimento da cultura organizacional 96-8
   novo acordo CEO/presidente 204-16, 257-9
   Programa NOLS para 62, 95
Logan Randolph 29, 93, 110-1, 144-5, 158, 163, 219, 240, 314-6, 320-1, 323-4, 326-8, 330, 342-3, 348
Lorraine Randolph 166-7
   e a compra da casa em Scotts Valley 80-2
   e a ideia original a Netflix 28-30, 348
   e a noite do pré-lançamento 115-8, 120-2
   e a redistribuição das opções de ações 215
   e festa de despedida de Marc 340, 342

e IPO e Netflix 314, 320-2
e móveis do primeiro escritório 79
e o novo acordo CEO/presidente 214-5
e o novo modelo de negócios 240-1
e o Outfit de Novas Mídias 148-9
e o sonho de uma vida mais simples 35-6
e preocupações financeiras 155-7, 163-4
e quarteto acapella 217
e rotina matinal 144
e a jornada de trabalho na fase de startup 110-1
noites de terças-feiras com 107-11
Los Gatos Theatre 342
Lowe, Mitch 53
   antecedentes familiares de 59
   a Redbox fundada por 342
   e a criação da biblioteca por 89, 99-100
   e a fraude do número de série do DVD 186
   e a procura de filmes 253-4
   e o DVD de Bill Clinton 190-3, 195-8
   deslocamento de 190-1
   e a brincadeira de comida no refeitório 293
   e o teste de quiosque 340-1
   na ConsumerElectronics Show 148, 151-2
   na equipe da startup 86-7
   o primeiro encontro de Randolph com 56-7
   placa de carro personalizada 183-4
   tentativa de contratação de 56-9
Lucas, George 59
Lulu Carpenter's 37
LVMH 317

MacWarehouse 21
Mala-direta 83, 147
Maltin, Leonard 262
Marc Randolph
   a doença/morte do pai de 333-4
   antecedentes familiares de, 16-9
   ao volante 9-10
   arrecadação inicial de fundos 60-1, 67-76
   casas de 80-2
   cadeira no Conselho de Administração 310-3
   como presidente da Netflix, 219
   conselho financeiro do pai para, 20-1
   conselhos aos leitores de 348-50
   contribuições para a Netflix 345-6
   e a brincadeira da comida na cozinha 228-30
   e a cultura organizacional da Netflix 94-9, 221-4
   e a fraude do número de série do DVD 186
   e a ideia da entrega noturna 248-51
   e a IPO da Netflix 314-29
   e a negociação com a Amazon 168-79
   e a promoção de aluguel de DVD 147, 149-55, 159-60
   e a proposta de parceria com a Amazon, 203-5
   e a reunião com a Blockbuster 273-87
   e a reunião com os executivos da Microsoft 307-10
   e a rotina diária na fase da startup 83-5
   e as questões envolvidas na startup, 85-6
   e as Regras de Randolph para o sucesso 331-2
   e a venda de estoque, 310-3
   e demissões 292-9
   em busca do seu sonho 200-2
   e o acordo CEO/presidente 204-16, 257-9, 310
   e o DVD de Clinton 191-200
   e o estouro da bolha da internet 263-6
   e novo modelo de negócios 234-48
   e o plano de negócios da startup, 45-6
   e o refinamento da ideia original da Netflix, 27-33
   e o teste do quiosque 337, 340-2
   e o trabalho na área de publicidade 308-10
   e quartetoacapella 217-9
   e os testes de envio de DVDs pelo correio 36-39
   epifania e ideias 10-4, 22-7

e programa de liderança NOLS 62, 95
equipe da startup montada por 50-9
e reavaliação do meio de envio 164-6
e rodada de financiamento da Série B 178-83
e seu papel para o desenvolvimento de produto 305-8
e uma possível oferta do Deutsche Bank, 262-3
experiênciana Wilderness School 62-8
festa de despedida para 338-40, 343-4
filme favorito de 251-3
filosofia de dinheiro de 82-3
funções redefinidas na Netflix 310-3, 333
fusão entre a Integrity QA e a Pure Atria 9, 21, 23
experiência na WildernessSchool 62-8
investimento inicial 44-5
irmão de 323
mãe de 73-6, 81, 321, 333
na Adult Entertainment Expo 151-3
na fase pós-lançamento 142-67
na noite do pré-lançamento 115-22
não precisa mais trabalhar após a IPO, 327-8
no dia do lançamento 123-40
no piquenique da empresa 183-4
no retiro corporativo 268-74
nova perspectiva de vida pós-IPO 310-1
novo título para o cargo de 311
o sonho de uma vida mais simples de, 35-6
Outfit de Novas Mídias 147-50, 338
pai de, 16-21, 73-4, 330- 4
paixão por pequenas empresas em dificuldade, 336-7, 340-1
pôster de Austin Powers 228
procura por filmes 253-8
redivisão das opções de ações 215, 231
startups ajudadas por 346-7
trabalho de marketing 20-1
valor das ações pertencentes a 262
viagens de mochila de 95
visita aos correios de Santa Cruz 38-9
Marquee 237, 243, 246, 248-9, 271-2, 289, 333

McCarthy, Barry
  contratação de 231
  e a demissão de 292-4
  e a IPO da Netflix 316-20, 324, 326-7
  e a reunião com a Blockbuster 267-8, 273-7, 281-2, 283-7
  no retiro corporativo 273
  raspando as cracas do navio 290-1
McCord, Patty 97-8
  e a codificação da cultura 225-7
  Filosofia de RH de 97-8
  na festa de despedida de Randolph 343-4
  e a cadeira de Randolph no Conselho de Administração 313
  e a IPO da Netflix 325
  e a parceria vendas/aluguel com a Amazon 233
  e as demissões 292-3, 296-7, 298-9
  e redefinição da função do RH 226-7
  e seu papel no RH 219-20
Media Galleries 192, 197
Mensinger, Duane 51, 179
Merrill Lynch 318, 320, 323, 325
Metodologia do ponto de reflexão 304
Meyer, Eric 45
  a demissão de 296-7, 305-6
  cargos pós-Netflix 344
  como CTO, 67-8
  desenvolvimento do site por 93
  deslocamento de 188-9
  e a contratação de engenheiros, 156-7
  e banco de dados para DVDs 106-7
  e crescimento da empresa 203-4
  e o DVD de Bill Clinton DVD 193-4, 196-7
  e o nervosismo dos funcionários no dia do lançamento 154-5
  e o teste do novo modelo de negócios 237-8
  e o site duplicado 128-9
  na equipe da startup 50, 86
  no dia do lançamento 125-30, 133-4
Microsoft 306, 308-9, 311
MicroWarehouse 21
Mier, Joel 293
Mindset 192-3, 195

ÍNDICE REMISSIVO **363**

modelo de negócios
  empreendedorismo 237
  para o mundo do DVD 71
  para o sistema de assinaturas 235-48, 265-6
Moedas da fonte 228, 294
monitores (resumo dos dados) 143-4
Morgan, Jennifer 300
Mrozowski, Arthur 191
Music Choice, 231

N. W. Ayer 310-1
Napster 70, 306
Narrativa 335-6
Nasdaq 262, 322-3
National Outdoor Leadership School (NOLS) 62
navegando no Netflix 252-8
Nervous Systems, Inc., 87
Netflix. *Veja também tópicos específicos, por exemplo: escritório*
  a aposentadoria do autor deste livro 342-4
  abertura da empresa 42-3
  armazenamento de dados da 143
  as tratativas pré-lançamento da 98-102
  blockbuster como possível compradora da 266-8
  crescimento da equipe da 188-92
  compondo a equipe da startup para a 49-59, 86-7
  contratação de engenheiros para a 154-6
  cortes e otimização da 288-301
  crescimento pós-lançamento da empresa 154-6, 187-91
  cultura da 94-99, 189-90, 220-30, 268-70, 328, 346
  dias de Halcyon 182-4
  DVDs para a 33-5, 37-9
  entrada no Canadá 246-7
  e rompimento da bolha ponto-com 262-6
  escolhendo o nome para a 110-5
  festas de despedida da 342
  financiamento pós-lançamento para a 178-83
  fitas VHS 27-32
  foco no aluguel de DVDs 177-9
  Funções redefinidas de Randolph na 310-3, 334
  história de origem da 13-4, 16-32, 34-39, 335-6
  horas de trabalho durante a fase de startup 107-11
  iniciativas recentes da 345
  IPO da 314-29
  lançamento da 123-40
  liderança nova da 204-16, 257-9
  meta de receita em 2000 266-7
  modelo de negócios para a 235-48
  mudança de papel após o sucesso da 188-90
  navegando no site da 252-8
  negociação da Blockbuster com a 275-87
  número de funcionários da 262, 266-7, 346
  oferta de compra feita pela Amazon 169-79
  o preço do sucesso para a 265-6
  piquenique da 183-4
  porcentagens de propriedade da 43-5
  potencial IPO da, em 2000 261-3
  primeiro banco de dados da 100-7, 128-9
  primeiro inventário da 39, 98-101
  primeiro retiro corporativo da 261, 267-74
  primeiros donos da, 43-4
  primeiros investidores da 43-5, 60-76, 178-9
  problemas da fase de startup 85-93
  promoção da, para DVDs players da Sony 185-6
  Randolph como presidente da 219
  receita de vendas vs. Receita de aluguel da 160-3
  reuniões da 295-8
  ritual de vestimenta dos novos contratados 189-90, 226
  rodada de financiamento da Série B 178-83
  rodada de financiamento da Série C 316

substituição da equipe da startup 231-3, 304-6
trabalho na, pós-lançamento 142-67
valor atual da40, 345
valor avaliado pós-lançamento da 158
Nickerson, Steve, 149, 151, 153-4, 160, 245
Ninguém sabe de nada241-2, 349
nome beta 112
nomes para a empresa 110-5, 289

o problema da "última milha" 71
ofertas públicas iniciais (IPOs)
   building the book com 318-9
   da Amazon 169-70
   da Blockbuster 281-2
   da Drkoop.com 264-5
   da Netflix 313-29
   preparação da Netflix para, em 2000 261-3
opções de ações 216
Osterstock, Rusty 149, 151-2
Outfit de Novas Mídias (ONM), 147, 150, 311, 339

Panasonic 149, 151, 153, 197
Paternot, Stephan 264
pedir dinheiro. *Veja também fundos e financiamento*
   dificuldade de 62, 65-8
   para a startup Netflix 60-2, 67-76
   para os pais 74-5
Perez, Steve 126, 131
pesquisa de mercado 50
Pets.com 264
plano de negócios 46
*Pleasantville*255
Poletential, 344
pornografia
   confusão entre o DVD de Bill Clinton DVD com DVD de 198-200
   soft-core, aluguel de 270-1
portais 262
preparação219
prevenção da pirataria 71
Princípio Canadá 246-7, 263, 289

produtividade 107-8
profissionais de ponta da área de tecnologia 45, 188-9
   dificuldade de recrutamento 188-9
   meritocracia 267-8
   para a equipe da startup 86-7
   recrutando engenheiros 155-7
promoções
   aluguel grátis na compra de um DVD player 147-55, 159-60, 179-81, 185-6, 243
   para serviço de assinatura 242-4
propaganda boca a boca 63, 250, 335
propaganda durante o Super Bowl 264
propriedade intelectual 43
publicidade
   boca a boca 250
   durante o Super Bowl 264
   trabalho de Randolph com 308-10
Pure Atria 9, 22, 25, 33, 45, 50, 61, 72, 78, 85, 88, 176-7, 220

Quarteroacapella 217-9
Quiosques 59, 338, 341

Randolph, Hunter 29-30, 43, 142-5, 163, 167, 240, 342, 348
Randolph, Morgan 29-30, 117, 144-5, 157-8, 163, 240, 342, 348
raspando as cracas do casco 289
Ray's Pizza 330
recrutamento de engenheiros 155-7, 188-9
Redbox 342
redes de televisão 305-7
reembolso de despesas 226
regras 224-5
Regras de Sucesso de Randolph 331-2, 348
Repique 320
responsabilidade para com os funcionários23
retiro no hotel-fazendaAlisal 260, 264, 269
Revista *MacUser*21
road show para a IPO 318
"Rodada de amigos e família" 74
Rossmann, Alain 68

salários durante a fase de startup 88
San Francisco Chronicle 126, 133
sanduíche de merda 207, 210, 283, 339
satisfação do funcionário 97-8
Santa Cruz 9, 21, 37, 39-40, 47, 52-3, 77, 81, 108-9, 137, 147, 155-6, 158, 188-9, 217-8, 269, 297, 326
Santa Cruz Sentinel, 126, 131
Sarandos, Ted 261, 270
Schell, Rick 178
Seagate 231-2
seed funding 62
serviço de assinatura 236-51, 257-8
  custo do 288-9
  custo mensal do 265-6
  e churn 319
  e o Princípio Canadá 245-8
  entrega noturna 248-51
  envio com o 247-51
  faturamento automático de cartão de crédito para 243-5
  número de assinantes 262, 292, 345
  promoções para o 242-4
  publicidade boca a boca 250
  teste de preço para o 289-90
serviço de correspondência algorítmica 254
Sickles, Steve 155
Simpson, Jessica 191, 198
sistema de recomendação 255, 258, 261
site (da Netflix)
  correção de erros no 162-3
  desenvolvimento do 92-3
  informações sobre o 143
  vendas vs. aluguel no 162-3
  versões duplicadas do 128-30
sites (em geral)
  desenvolvimento de 39-41
  número de, na internet 46-7
  sabedoria popular sobre 262-3
Smith, Te 23-4
  cargos na área de marketing pós--Netflix 344
  e a brincadeira de comida no refeitório 229-30
  e a cultura da Netflix 94
  e a promoção da Sony 158-60

e ideias para uma nova empresa 24
e o DVD de Bill Clinton DVD 192-5
e o nome da empresa 114-5
e o refinamento da ideia original da Netflix 27-33
e o tamanho da biblioteca de DVDs 39
na equipe da startup 50, 86
na Zone Labs 305
no dia do lançamento 125-7, 130-1, 134
ritual de vestimenta para novos contratados 189-90
Sociedade de Preservação e Incentivo ao Canto de Quarteto de Barbearia da América (SPEBSQSA), 217-8
Sonhos
  dando um passo para trás em relação aos seus 347
  dono dos próprios 213-4
  e o sucesso da empresa 212-4
  persistindo em seus 200-2, 308-10
  transformando-se em realidade 348-9
Sony 149, 152-3
  credibilidade oferecida pela 204-5
  cultura da 148
  e o esquema com o número de série de DVD 186, 204-5
  e o novo serviço de assinatura 244
  na conferência CES 148-9
  promoção de aluguel de DVD player com a 151-3, 159-60, 179-81, 185-6
startups
  ajuda necessária para as 153-4
  arrecadação de dinheiro pelas 43-4
  ciclo de vida útil das 79
  craques nas 302
  cultura das 43, 88
  em busca do sonho nas 200-2
  foco para as 177-8
  mudanças inerentes às 231-2
  nomes para as 110-2
  paixão de Randolph pelas 336-7, 346-7
  preparando-se para reagir às situações da 123-4
  primeiros funcionários das 189-90
  problemas da fase inicial das 85-93, 187-8

viagens de mochila comparadas com as 95-7
Status 111
Stead, Ed 273, 282-5
streaming de vídeo 305
sucesso
　construindo o caminho para o 348-50
　custo do 265-6
　das iniciativas da Netflix 345-6
　definição de, para os capitalistas de risco 310-11
　definição de Randolph para o 347-8
　definindo o 347-8
　e os sonhos 212-4
　problemas que o, acarreta 188-9
　Regras de Randolph para o 332-3
Swartz, Jon 133

Taylor, James 159
TCV (Technology Crossover Ventures) 317
tecnologia(s)
　banda larga DSL 305-6
　codecs de vídeo 191-2
　disco compacto 34
　na ConsumerElectronics Show, 147
　para DVDs, padronizando 148-9
　para o primeiro banco de dados do site 106-7
　para o primeiro escritório da Netflix 80-1
　para substituir DVDs 68-70
tecnologia DSL de banda larga 305
Teenagers: as apimentadas 270
TheGlobe.com 264
títulos 51-2
Toshiba, 147
　cultura da 148
　e o novo serviço de assinatura 244 na CES 149
　promoção de aluguel de DVD com a 149, 152-4, 160, 178-81, 185-6
Twitter 111

Uber 14

Vale do Silício
　atmosfera casual do 267-8
　Engenheiros indianos 156-7
　escassez de talentos da tecnologia no 45
　exuberância do 47
　frases sem sentido 266-7
　Meritocracia 267-8
　Ninguém sabe de nada 241-2
　preços 36
　reação ao pitch no 71
　velocidade da mudança no 46-7
validação do produto 39-40
valores compartilhados 94
vendas
　custo de envio/embalagem 163-5
　de DVDs como commodity 161-2
　mensurando a dificuldade de adesão às 65-6
　no primeiro mês após o lançamento 144
　no segundo mês após o lançamento 161-3
　parceria para vendas/aluguel com a Amazon 203-5, 233-4
　preço de 193-4
　saindo das 177-8, 203-5
Viacom 282
viagens de mochila nas costas 63, 95-6
Video Droid 56, 59, 101, 134, 242, 338
Video Software Dealers Association (VSDA) 54-5, 57-8, 87, 100, 147, 152
Viesturus, Ed 288
Visionário 23, 128-9

Warfield, Bob 73
Warner Bros. 34
Webvan, 264-5
White, Vanna 132, 279, 287, 329
Wilderness School 63-4

Xbox 308

Yahoo! 126, 193, 209

**Acreditamos
nos livros**

Este livro foi composto em Minion Pro e impresso pela Geográfica para a Editora Planeta do Brasil em setembro de 2021.